GRAN GUÍA VISUAL
DE LA HISTORIA

Título original: 箱庭西洋史 *Hakoniwa Seiyoshi*

© del texto: Masato Tanaka
Con la colaboración de Shûzen Iwata
© de las ilustraciones: Mayuko Tamai
Derechos de traducción al castellano cedidos por KANKI PUBLISHING INC, a través de Japan UNI Agency, Inc., Tokio
© de la traducción: Sergi Pérez Compte, Jesús Espí y Rubén Suárez Abadín (Daruma Serveis Lingüístics)
© de la edición: Blackie Books S.L.
Calle Església, 4-10
08024 Barcelona
www.blackiebooks.org
info@blackiebooks.org

Diseño de cubierta: Luis Paadin
Maquetación: Daruma
Impresión: Tallers Gràfics Soler
Impreso en España

Primera edición: abril de 2025
ISBN: 978-84-10323-33-9
Depósito legal: B 21727-2024

Todos los derechos están reservados. Queda prohibida la reproducción total o parcial de este libro por cualquier medio o procedimiento, comprendidos la reprografía y el tratamiento informático, la fotocopia o la grabación sin el permiso expreso de los titulares del copyright.

MASATO TANAKA
Y SHÛZEN IWATA
ILUSTRACIONES DE MAYUKO TAMAI

GRAN GUÍA VISUAL DE LA HISTORIA

Traducción de Sergi Pérez Compte, Rubén Suárez Abadín y Jesús Espí

ÍNDICE

EDAD ANTIGUA

001 **El nacimiento de la humanidad**
Del nomadismo al sedentarismo **14**

002 **Las cuatro grandes civilizaciones**
Las distintas civilizaciones antiguas que prosperaron **16**

003 **El surgimiento del mundo griego**
La civilización egea y la cultura griega **18**

004 **La madurez del mundo griego**
Las guerras médicas y la democracia ateniense **20**

005 **El declive del mundo griego**
La guerra del Peloponeso y la decadencia de las polis **22**

006 **La expedición oriental de Alejandro**
El gran imperio de Alejandro **24**

007 **La República romana, futura dueña del Mediterráneo**
Las guerras púnicas, Aníbal y Escipión **26**

008 **La desestabilización de la República romana**
Pan y circo **28**

009 **Ascensión al poder y muerte de Julio César**
El cruce del río Rubicón **30**

010 **La fundación del Imperio romano**
La Pax Romana **32**

011 **La crisis del siglo III**
Del Principado al Dominado **34**

012 **La división del Imperio romano**
El Imperio romano de Oriente y el Imperio romano de Occidente **36**

013 **El nacimiento del cristianismo**
Las enseñanzas de Jesucristo **38**

EDAD MEDIA

014 **Las migraciones de los pueblos germanos**
De la Edad Antigua a la Edad Media 42

015 **La expansión del reino franco**
La coronación de Carlos y el establecimiento de la Europa occidental 44

016 **El establecimiento del mundo medieval**
La división del reino franco 46

017 **La penitencia de Canosa**
El poder de la Iglesia alcanza su apogeo 48

018 **Las migraciones normandas**
Los vikingos venidos del norte 50

019 **Los pueblos eslavos y los países de Europa oriental**
El mundo europeo en expansión 52

020 **El Imperio bizantino y la Iglesia ortodoxa**
Los mil años del Imperio romano de Oriente 54

021 **Las cruzadas 1**
Los cruzados en Tierra Santa 56

022 **Las cruzadas 2**
La secularización de las cruzadas 58

023 **La influencia de las cruzadas**
La crisis del sistema feudal y el desarrollo del comercio 60

024 **Países en la Edad Media 1**
Francia 62

025 **Países en la Edad Media 2**
Inglaterra 64

026 **Países en la Edad Media 3**
Alemania (Sacro Imperio Romano Germánico) 66

027 **Países en la Edad Media 4**
Portugal, España, Italia y los países nórdicos 68

028 **La guerra de los Cien Años**
Juana de Arco desatada 70

5

EDAD MODERNA

029	**El Renacimiento** El resurgimiento del humanismo 74
030	**La era de los descubrimientos 1** La ruta portuguesa a la India 76
031	**La era de los descubrimientos 2** La ruta española por el Atlántico 78
032	**La Reforma protestante 1** El luteranismo alemán 80
033	**La Reforma protestante 2** El calvinismo suizo 82
034	**La Reforma protestante 3** La Iglesia anglicana 84
035	**Establecimiento de los Estados nación** La era de los reyes y las guerras italianas 86
036	**El absolutismo español** El imperio donde nunca se pone el sol 88
037	**La independencia de los Países Bajos y su prosperidad** Siglo XVI: Edad de Oro neerlandesa 90
038	**El absolutismo inglés 1** Del absolutismo monárquico a la Revolución puritana 92

039	**El absolutismo inglés 2** La Revolución gloriosa y la monarquía constitucional 94
040	**El colonialismo inglés y francés** El Imperio colonial británico 96
041	**El absolutismo francés** El Estado soy yo 98
042	**El absolutismo alemán 1** La guerra de los Treinta Años y la debilitación del Sacro Imperio Romano Germánico 100
043	**El absolutismo alemán 2** Federico II y María Teresa 102
044	**El absolutismo ruso** En busca de puertos libres de hielo 104

EDAD CONTEMPORÁNEA I

045 **La Revolución Industrial**
La nueva corriente de Gran Bretaña **108**

046 **La Revolución francesa 1**
La chispa de la revuelta **110**

047 **La Revolución francesa 2**
La huida del rey **112**

048 **La Revolución francesa 3**
La ejecución del rey **114**

049 **La Revolución francesa 4**
El Reinado del Terror de Robespierre **116**

050 **La consagración de Napoleón**
El inicio del Imperio francés **118**

051 **La caída de Napoleón**
La batalla de las Naciones y el destierro a la isla de Elba **120**

052 **El inicio de la Europa de la Restauración**
El Congreso no avanza, baila **122**

053 **El fin de la Europa de la Restauración**
La Primavera de los Pueblos **124**

054 **La era de la reina Victoria 1**
Pax Britannica **126**

055 **La era de la reina Victoria 2**
La expansión colonial de la época victoriana **128**

056 **La unificación italiana**
La ambición de Víctor Manuel II **130**

057 **La unificación alemana 1**
La ambición de Otto von Bismarck **132**

058 **La unificación alemana 2**
La fundación del Imperio alemán **134**

059 **Las antiguas civilizaciones de América**
Las esplendorosas culturas del centro y el sur de América **136**

060 **El comercio triangular atlántico**
La paz robada **138**

061 **La Independencia de los Estados Unidos 1**
No hay tributación sin representación **140**

062 **La Independencia de los Estados Unidos 2**
La Declaración de Independencia **142**

063 **La conquista del oeste**
El destino manifiesto **144**

064 **La guerra de Secesión**
El gobierno del pueblo, por el pueblo y para el pueblo **146**

065	**Estados Unidos, la tierra de los inmigrantes** En busca del sueño americano **148**
066	**La independencia de Latinoamérica** El crecimiento de los movimientos independentistas en Centroamérica y América del Sur **150**
067	**La estrategia política estadounidense del mar Caribe** Theodore Roosevelt y la diplomacia del gran garrote **152**
068	**La fiebre imperialista** La estrategia política colonial de Europa **154**
069	**La expansión de Rusia hacia el sur 1** La guerra de Crimea **156**
070	**La expansión de Rusia hacia el sur 2** La guerra ruso-turca **158**
071	**El ocaso del Imperio otomano** Un estado moribundo **160**
072	**La formación del Imperio indio** El Reino Unido domina la India **162**
073	**La colonización africana** El reparto de África **164**
074	**El colonialismo del sudeste asiático y el Pacífico** La ampliación de la esfera de influencia **166**
075	**La inestabilidad de China 1** Las guerras del opio **168**
076	**La inestabilidad de China 2** La caída de la dinastía Qing **170**
077	**La inestabilidad de China 3** La Revolución de Xinhai **172**
078	**La guerra ruso-japonesa** Japón aumenta su influencia **174**
079	**Los sistemas bismarckianos y su destrucción** Bismarck y la subida al trono de Guillermo II **176**
080	**La situación previa a la Primera Guerra Mundial** Postura de cada país **178**
081	**La Primera Guerra Mundial 1** El atentado de Sarajevo **180**
082	**La Primera Guerra Mundial 2** La participación de Estados Unidos y el final de la Gran Guerra **182**
083	**La Revolución rusa de 1905** Lenin, el revolucionario **184**
084	**La Revolución de Octubre** El nacimiento de un Estado socialista **186**

085	**La Conferencia de Paz de París y la Conferencia de Washington** Unos tratados desproporcionados	**188**
086	**La caída del Imperio otomano** La Revolución de Mustafa Kemal Atatürk	**190**
087	**El auge y la prosperidad de Estados Unidos** Los felices años veinte	**192**
088	**El Jueves Negro** La depresión económica que dará pie a la Segunda Guerra Mundial	**194**
089	**La ascensión del fascismo** El nacimiento del Partido Nazi	**196**
090	**La situación previa a la Segunda Guerra Mundial** El Partido Nazi, desbocado	**198**

EDAD CONTEMPORÁNEA II

091	**La Segunda Guerra Mundial 1** La guerra europea – Primera parte	**202**
092	**La Segunda Guerra Mundial 2** La guerra europea – Segunda parte	**204**
093	**La Segunda Guerra Mundial 3** La guerra del Pacífico	**206**
094	**El rumbo que sigue China 1** El período de cooperación nacionalista-comunista	**208**
095	**El rumbo que sigue China 2** Rumbo a su economía de mercado partiendo de la Revolución Cultural	**210**
096	**La Guerra Fría 1** El telón de acero	**212**
097	**La Guerra Fría 2** El bloqueo de Berlín y la guerra de Corea	**214**
098	**La Guerra Fría 3** La crisis de Cuba	**216**
099	**La Guerra Fría 4** La guerra de Vietnam	**218**
100	**La independencia de la India** La desobediencia civil no violenta de Gandhi	**220**

101 **El conflicto de Palestina 1**
Árabes y judíos **222**

102 **El conflicto de Palestina 2**
Las guerras de Oriente Medio y las continuas tensiones **224**

103 **Irán e Irak 1**
La guerra entre Irán e Irak **226**

104 **Irán e Irak 2**
La guerra del Golfo y la guerra de Irak **228**

105 **La disolución de la Unión Soviética 1**
La perestroika y el fin de la Guerra Fría **230**

106 **La disolución de la Unión Soviética 2**
El renacimiento de Rusia **232**

107 **Europa, rumbo a la unidad**
El nacimiento de la Unión Europea **234**

Bienvenidos a la Gran guía visual de la Historia

Este libro contiene 107 dioramas sobre eventos importantes de la historia. Recomendamos empezar por las señales de «Comienzo» de las páginas situadas en el lado derecho para ver de forma rápida el desarrollo de los acontecimientos y hacer un repaso general desde la Edad Antigua hasta nuestra historia más reciente.

En las páginas del lado izquierdo se puede leer más en profundidad sobre los eventos dibujados en los dioramas de la derecha.

El libro también incluye un poco de historia china a partir del siglo xix y el conflicto en Oriente Medio para así ofrecer un pequeño vistazo a los hechos que han llevado a la relación actual entre oriente y occidente.

Esperamos que disfrutéis del viaje.

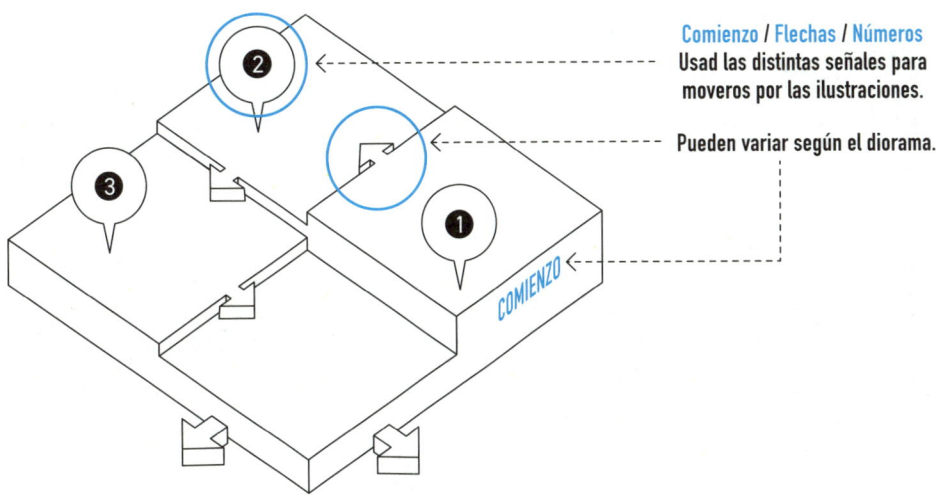

EDAD ANTIGUA

001 — EL NACIMIENTO DE LA HUMANIDAD

DEL NOMADISMO AL SEDENTARISMO

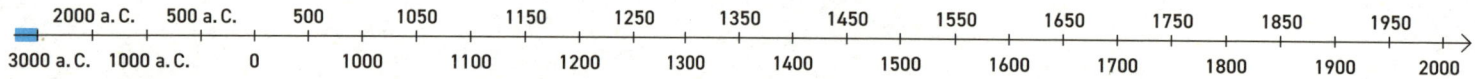

Hace unos 7 millones de años nacieron los **homininos**, ancestros de la **humanidad** (**australopiteco**, etc.). Eran bípedos y capaces de tallar la piedra.

Más tarde, hace unos 2,4 millones de años, aparecieron los primeros **hombres primitivos** que manipulaban el fuego (**el hombre de Java**, etc.) y, hace unos 600 000 años, surgieron los **humanos arcaicos** (**el hombre de Neandertal**, etc.) con la costumbre de enterrar a sus muertos.

Por último, hace 200 000 años nacieron los **humanos modernos** (**el hombre de Cromañón**, etc.).

Durante la **Edad de Hielo**, los **humanos modernos** eran cazadores nómadas. Sin embargo, cuando esta terminó y el clima se volvió cálido, eligieron asentarse y se dedicaron a la agricultura y la ganadería. Esto supuso la transición del **Paleolítico**, en el que se cazaba con armas de **piedra tallada**, al **Neolítico**, en el que se cultivaba la tierra con herramientas de **piedra pulida**.

Con el tiempo, la piedra pulida dio paso a metales como el bronce y comenzó la **Edad de los Metales** (la **Edad del Bronce** y la **Edad del Hierro**).

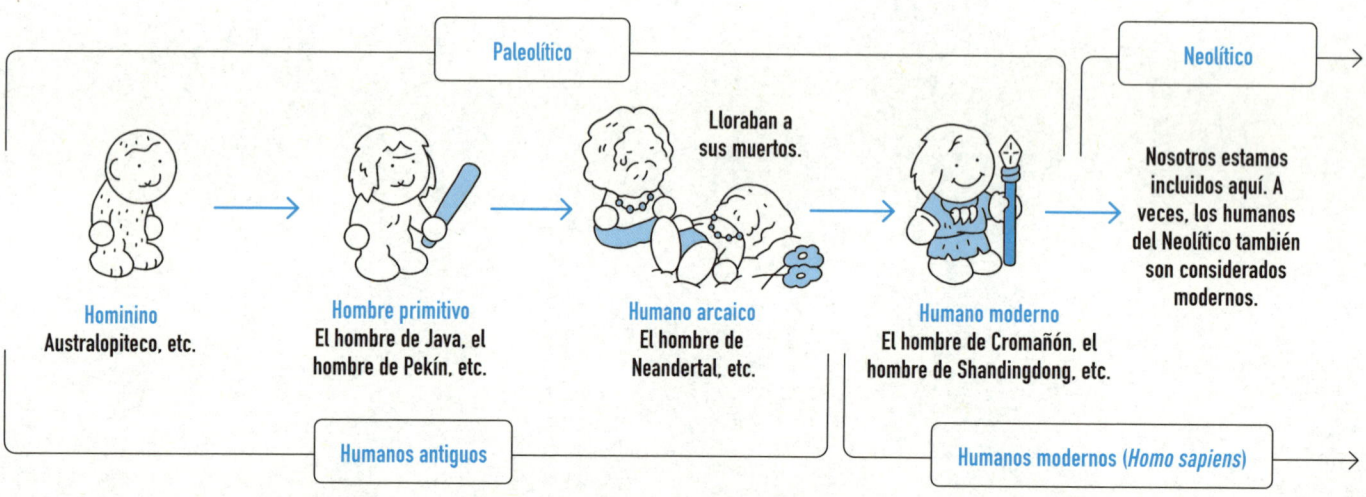

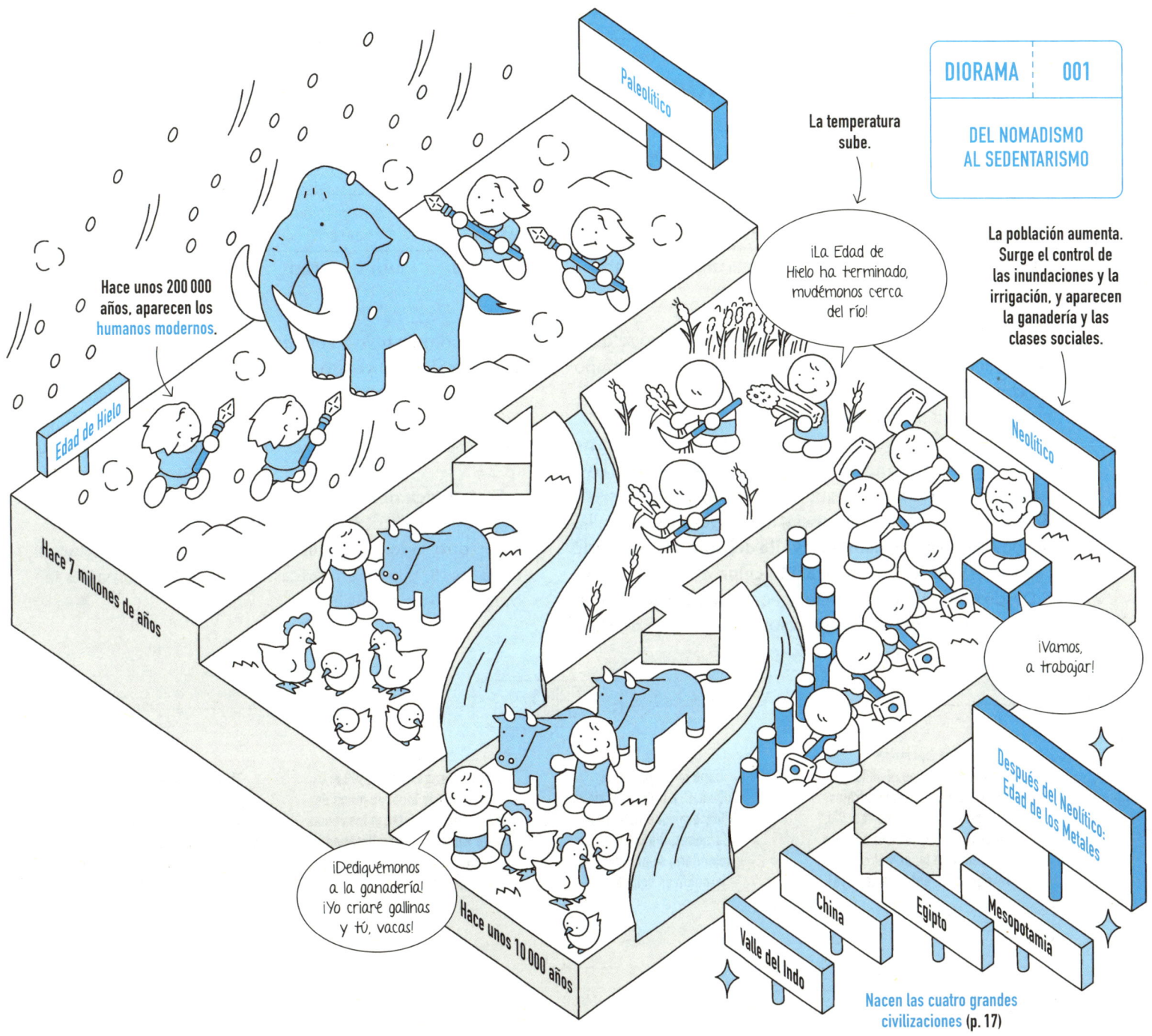

002 LAS CUATRO GRANDES CIVILIZACIONES

LAS DISTINTAS CIVILIZACIONES ANTIGUAS QUE PROSPERARON

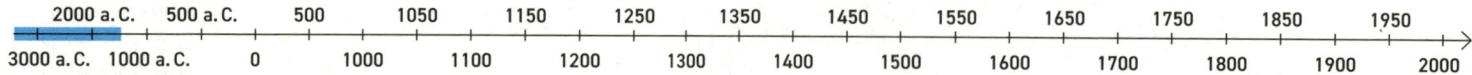

Al terminar la **Edad de Hielo** (p. 14), el ser humano se dedicó a practicar la agricultura y la ganadería. Con el tiempo, las comunidades crearon **ciudades** y **reinos** de los que nacieron diferentes civilizaciones.

De entre ellas, las más antiguas son las llamadas **cuatro grandes civilizaciones** (*c. 5000 a. C.-1500 a. C.*): la **civilización mesopotámica**, que nació entre los ríos **Tigris** y **Éufrates**; la **civilización egipcia**, que se desarrolló a orillas del río **Nilo**; la **civilización del valle del Indo**, que apareció cerca del río **Indo**, y la **civilización china**.

Desde un punto de vista europeo, las **civilizaciones mesopotámica** y **egipcia** también son consideradas **orientales**. La primera tuvo su origen en los **sumerios**, un pueblo que aún sigue envuelto en misterio, pero las guerras con tribus extranjeras acabaron con ellos. En cuanto al Antiguo Egipto, lo gobernaban **faraones** (reyes) considerados hijos del dios del sol hasta que el **Imperio romano** lo destruyó (p. 32).

En **América del Sur** prosperaron las **civilizaciones mesoamericanas** (p. 136) y **andinas** (p. 136).

Por otro lado, en **Europa** existieron las **civilizaciones egea** (p. 18) y las **megalíticas**. Una de estas últimas es famosa por **Stonehenge**.

Las cuatro grandes civilizaciones

Mesopotamia	Egipto	Valle del Indo	China
Tiene su origen en el 3000 a. C., entre los ríos Tigris y Éufrates, a manos de los sumerios. Dio lugar a la escritura cuneiforme, el calendario lunar y el sistema sexagesimal, entre otras cosas.	Tiene su origen en el 3000 a. C. a orillas del río Nilo y era gobernado por faraones. Dio lugar al calendario solar y a los jeroglíficos egipcios.	Tiene su origen en el 2500 a. C., cerca del río Indo, de mano de los drávidas. Destacan las ruinas de Mohenjo Daro y Harappa. Desapareció de repente alrededor del año 1500 a. C.	Tiene su origen en el 5000 a. C. Se divide en la civilización del río Chang Jiang y la del río Huang He. Son famosas sus piezas de cerámica negra, de ceniza y de colores y también las ruinas de Hemudu.

Civilizaciones orientales

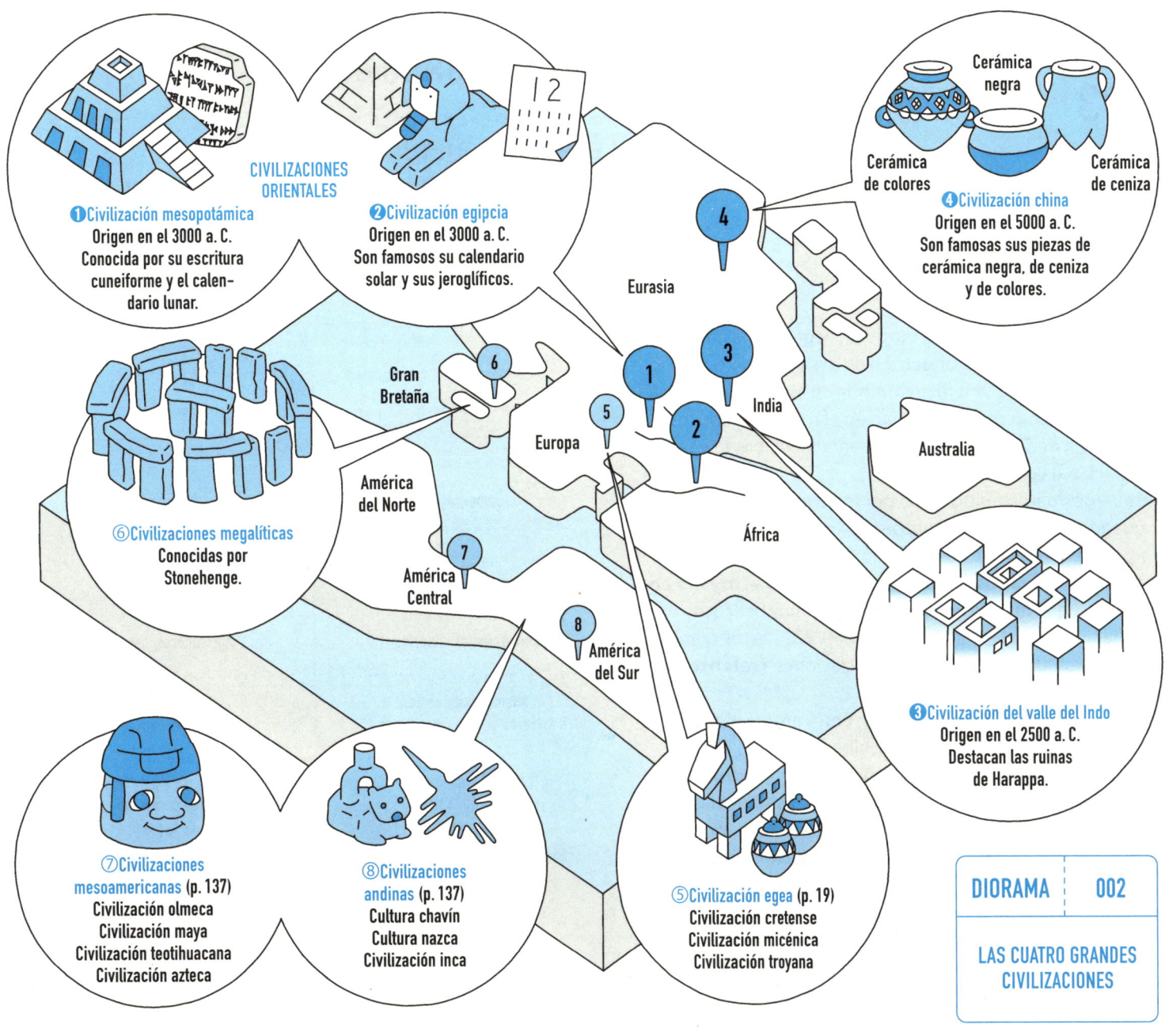

003 EL SURGIMIENTO DEL MUNDO GRIEGO

LA CIVILIZACIÓN EGEA Y LA CULTURA GRIEGA

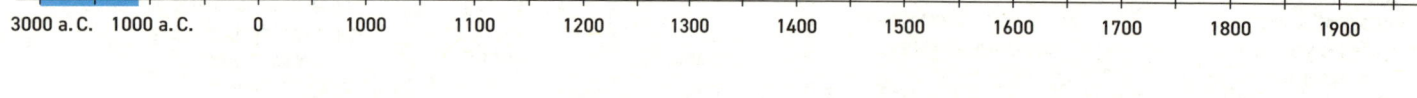

Si buscamos la raíz de la cultura europea, llegamos hasta la **cultura griega**, que tiene su origen en la **civilización cretense (c. 2000 a. C.-1400 a. C., civilización minoica)** (su linaje étnico es desconocido). Los **cretenses** vivían en el mar Egeo, concretamente en la isla de Creta. Tenían una mentalidad abierta y proliferaron gracias al comercio.

Sin embargo, fueron aniquilados por los **aqueos** (cuyo idioma era el griego) del continente europeo. Estos desarrollaron la **civilización micénica (c. 1600 a. C.-1200 a. C.)** y solían guerrear con sus vecinos **troyanos** (origen de la **civilización troyana** en el noroeste de la actual Turquía), ya que eran muy belicosos.

La **civilización egea (c. 3000 a. C.-1200 a. C.)** es el nombre que recibe el conjunto de estas tres civilizaciones: **cretense, minoica** y **troyana**.

Más tarde, durante 400 años, la región entró en una etapa convulsa de revueltas y guerras entre pueblos.

Con el tiempo, los griegos empezaron a vivir en **ciudades Estado** llamadas **polis**. De entre todas las que existieron, las más conocidas son **Atenas** y **Esparta**. **Atenas** fue la nación que creó el concepto de democracia. Por otro lado, el duro entrenamiento por el que pasaban los habitantes de **Esparta** convirtió a la ciudad en una **potencia militar**.

Las polis poseían unas políticas y unos ideales distintos entre sí y eran independientes. No obstante, en todas se hablaba en **griego**, por lo que valoraban el espíritu **griego** que compartían, celebrando eventos como las **Olimpiadas**.

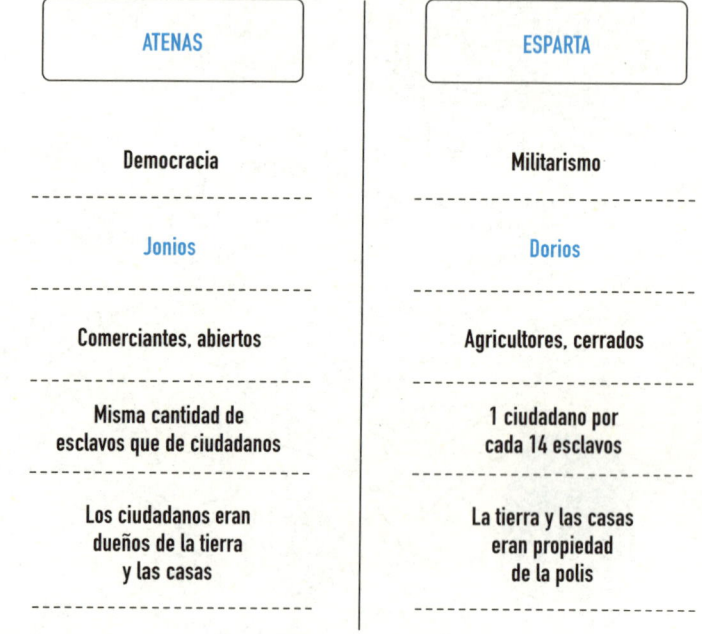

ATENAS	ESPARTA
Democracia	Militarismo
Jonios	Dorios
Comerciantes, abiertos	Agricultores, cerrados
Misma cantidad de esclavos que de ciudadanos	1 ciudadano por cada 14 esclavos
Los ciudadanos eran dueños de la tierra y las casas	La tierra y las casas eran propiedad de la polis

Los griegos se dividían en distintos pueblos según su dialecto: dorios, jonios, aqueos, etc.

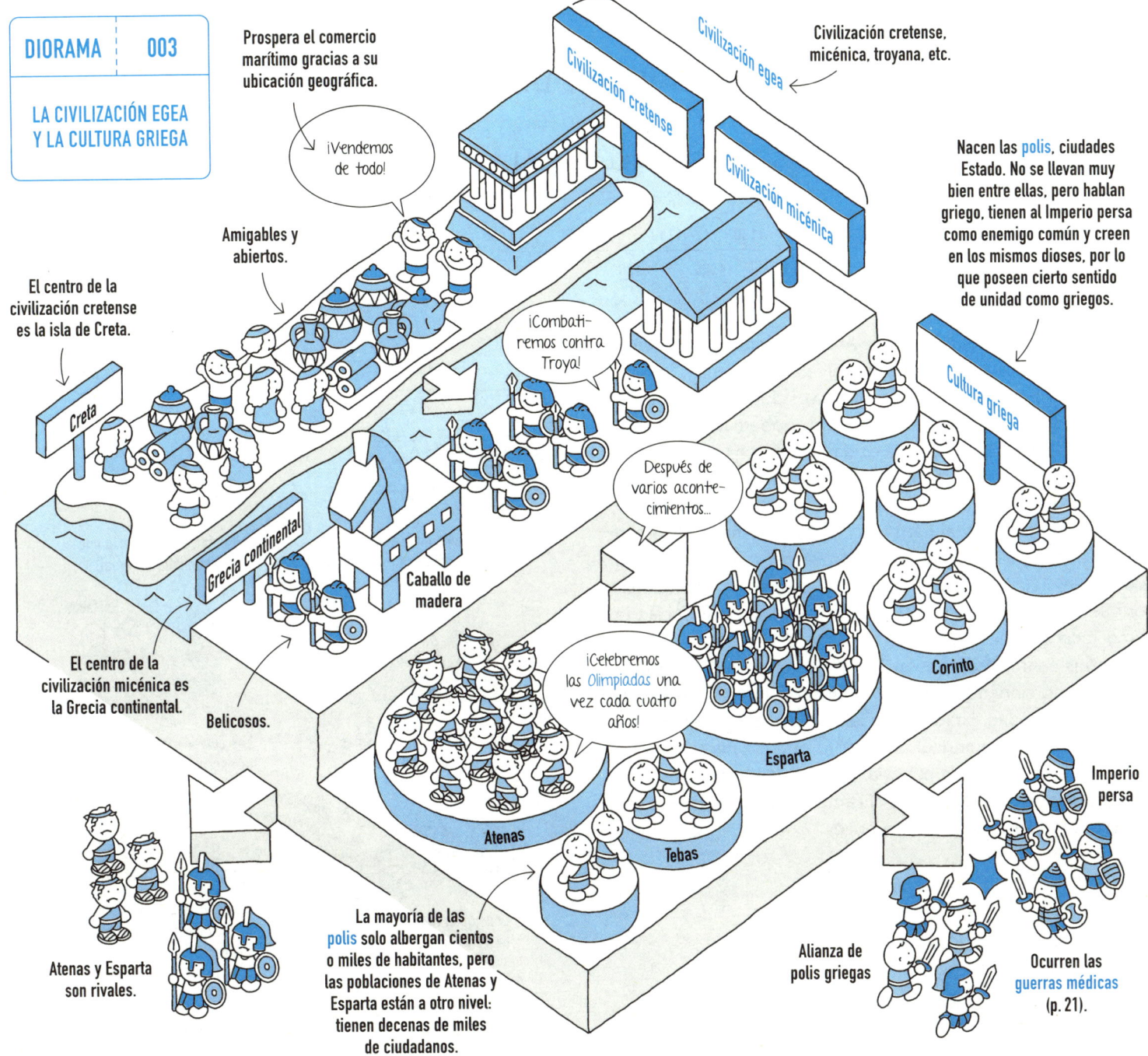

004 — LA MADUREZ DEL MUNDO GRIEGO

LAS GUERRAS MÉDICAS Y LA DEMOCRACIA ATENIENSE

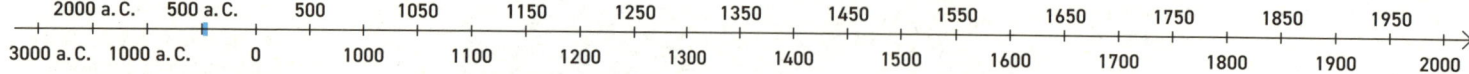

Las **polis** más conocidas son las de **Atenas** y **Esparta**. En **Atenas** no abundaba el cereal, por lo que proliferó el comercio. Sin embargo, la prosperidad que este brindó a sus ciudadanos también inició su descontento hacia los nobles que gobernaban. Para poder participar en la política de la ciudad, formaron una asamblea denominada *ecclesía* y crearon la democracia directa.

En la misma época, la nación vecina, el **Imperio persa (dinastía aqueménida)** (actual Irán) atacó Grecia. Atenas se alió con Esparta y otras polis y logró repeler al invasor **(guerras médicas, 500 a. C.-449 a. C.)**. A raíz de aquello, la opinión de los ciudadanos que participaron como **hoplitas** cobró más importancia y la democracia ateniense se asentó.

Mientras tanto, **Esparta** se dedicó enteramente al **militarismo**, proporcionando un severo entrenamiento a sus ciudadanos. En la ciudad Estado abundaba el cereal y su economía giraba en torno a la agricultura, por lo que era necesario que los ciudadanos, que eran minoría, vigilaran de manera estricta a los **esclavos agrícolas** *(ilotas)*. El antagonismo entre Atenas y Esparta se fue agravando poco a poco.

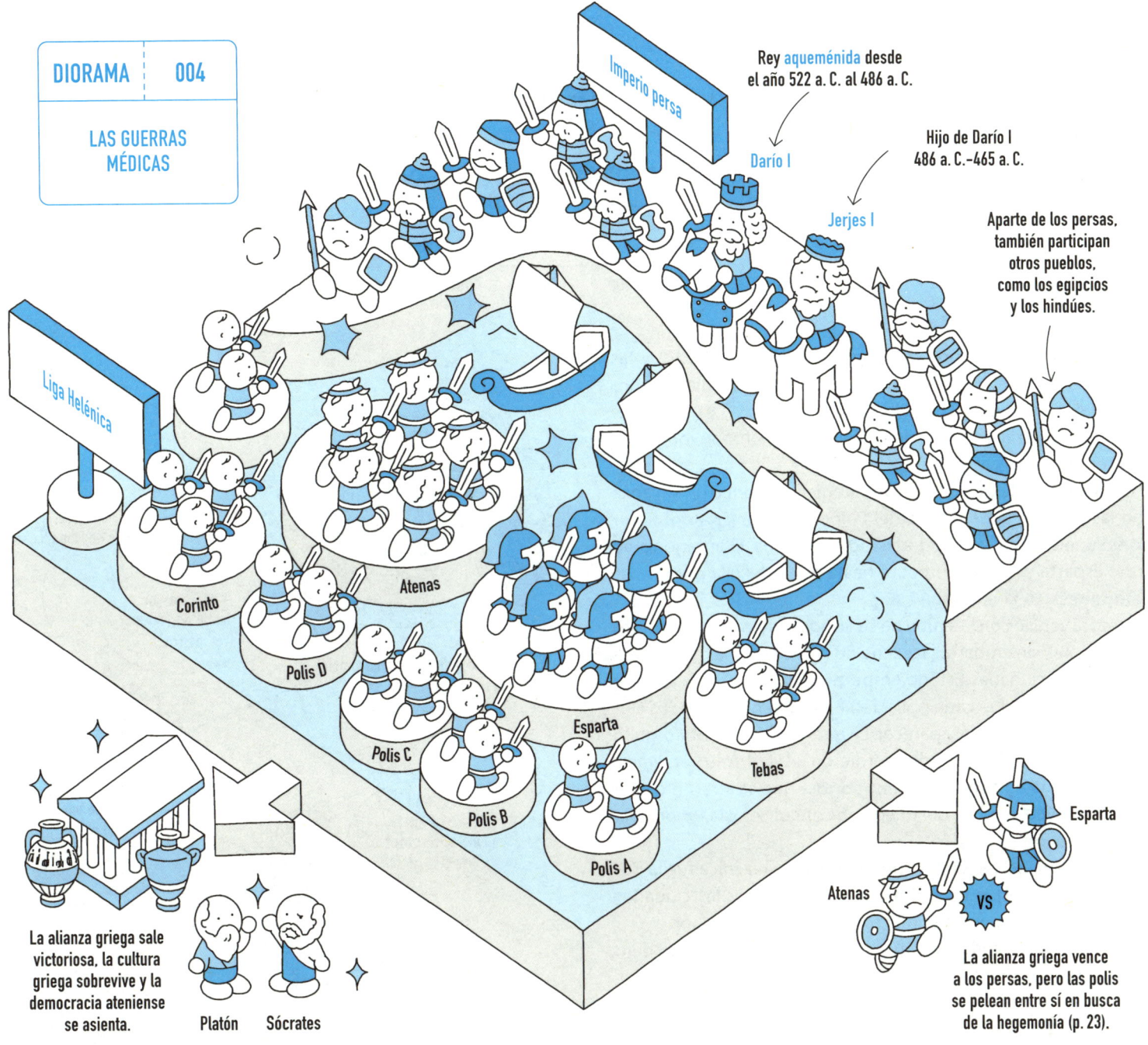

005 EL DECLIVE DEL MUNDO GRIEGO

LA GUERRA DEL PELOPONESO Y LA DECADENCIA DE LAS POLIS

La alianza griega venció en las **guerras médicas** (p. 20) y las polis griegas, como contramedida ante una nueva invasión por parte del Imperio persa, fundó la Liga de Delos (478 a. C.). **Atenas**, que era el pilar central de la alianza, aumentó su influencia en la esfera griega.

Esparta, que desconfiaba de los atenienses, formó una alianza con las polis de la península del Peloponeso, la Liga del Peloponeso, en contraposición a la Liga de Delos. El antagonismo entre Esparta y Atenas empeoró hasta que estalló la guerra del Peloponeso (431 a. C.-404 a. C.).

Esparta venció con la ayuda de su antiguo enemigo, el **Imperio persa** (p. 20); sin embargo, la lucha de las polis por la hegemonía no cesó. Las ciudades Estado empezaron a usar **mercenarios**, y la costumbre de que cada polis debía ser defendida por sus ciudadanos comenzó a desaparecer. La gente dejó de sentir orgullo por sus hogares y las ciudades perdieron unidad. A su vez, emergieron **líderes agitadores (demagogos)** que se alzaron con el poder, aprovechándose del miedo, los prejuicios y la ignorancia de la población.

En última instancia, quien dominó la esfera helénica fue la polis de Tebas, aunque no por mucho tiempo, pues las ciudades griegas, agotadas por los conflictos, empezaron a decaer.

El **Reino de Macedonia**, situado al norte de Grecia, no dejó escapar la oportunidad, y el rey **Filipo II** (p. 24) conquistó los territorios griegos. Su hijo, **Alejandro**, iniciaría una **expedición hacia oriente** (p. 24).

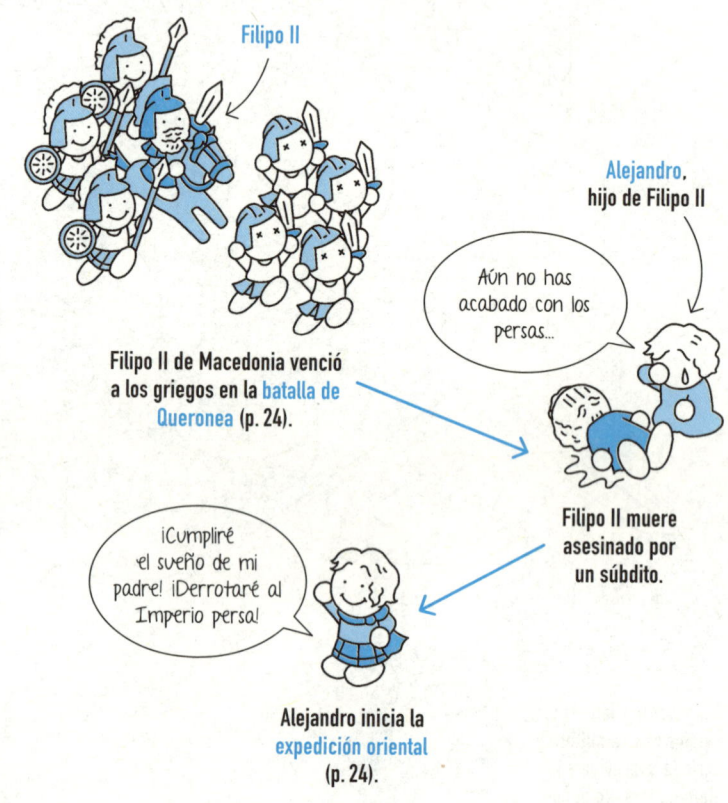

Filipo II de Macedonia venció a los griegos en la batalla de Queronea (p. 24).

Filipo II muere asesinado por un súbdito.

Alejandro inicia la expedición oriental (p. 24).

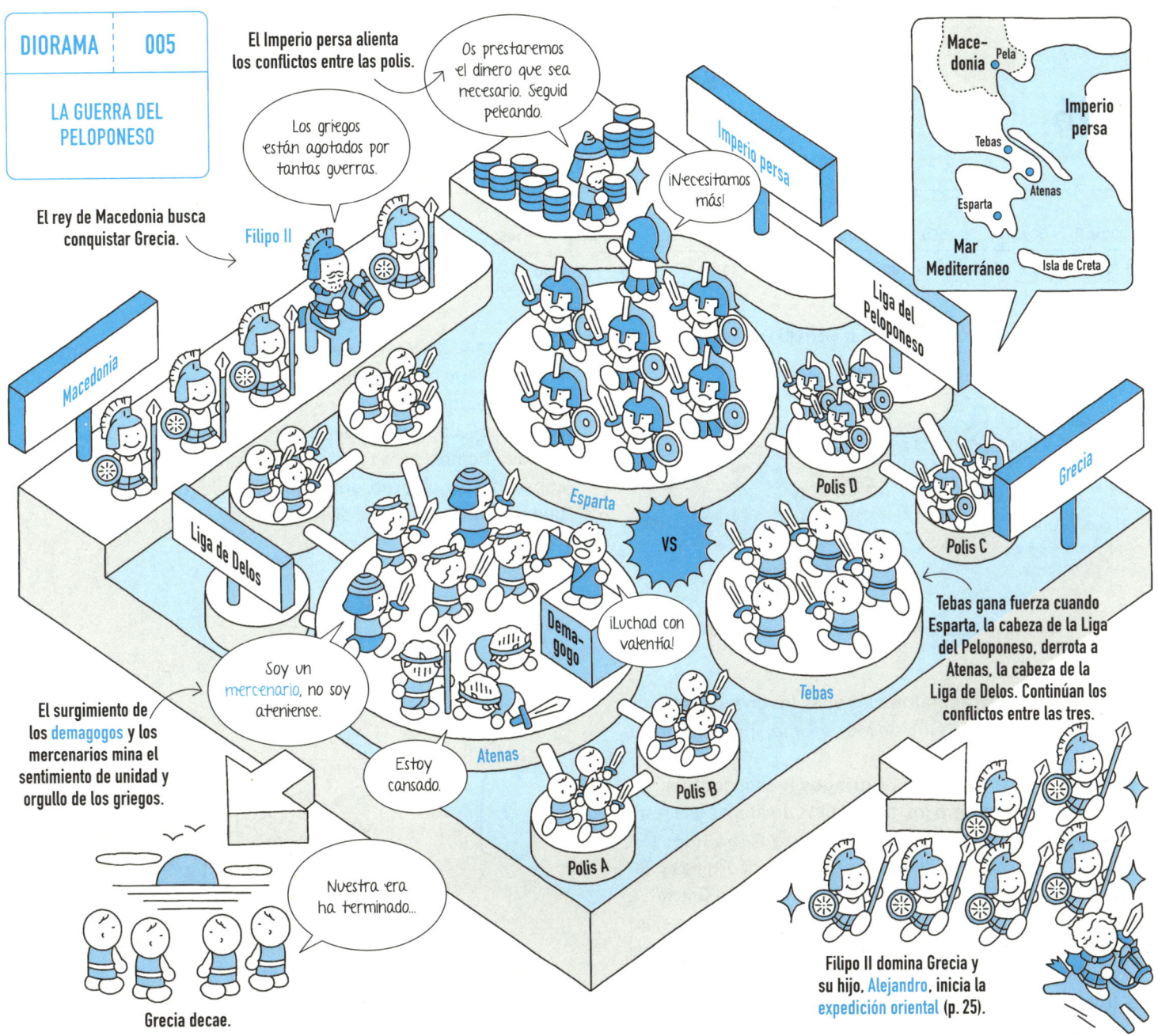

006 LA EXPEDICIÓN ORIENTAL DE ALEJANDRO

EL GRAN IMPERIO DE ALEJANDRO

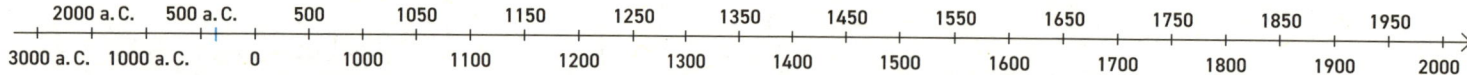

El gran imperio de Alejandro Magno en pleno apogeo

Para más detalles sobre la numeración, ver la página de la derecha.

Los múltiples conflictos agotaron a las polis, los griegos entraron en decadencia (p. 22) y el **Reino de Macedonia**, situado al norte, aprovechó la ocasión.

Macedonia estaba poblada por **griegos** (gente cuya lengua materna era el griego), pero los ciudadanos de Atenas y el resto de las polis los consideraban **bárbaros**. El rey **Filipo II (g. 359 a. C.-336 a. C.)** derrotó a la debilitada coalición de Atenas y Tebas en la **batalla de Queronea (338 a. C.)** y conquistó Grecia. Su sucesor, **Alejandro Magno (g. 336 a. C.-323 a. C.)** tuvo un éxito impresionante: lideró a los macedonios y a los griegos en una **expedición oriental (334 a. C.)** contra su enemigo, el **Imperio persa (dinastía aqueménida)**, y lo derrotó en la **batalla de Issos (333 a. C.)**. Y no se detuvo ahí: avanzó con su ejército hasta la periferia de la India, creando el **gran imperio alejandrino**.

Sin embargo, Alejandro cayó enfermo cerca del río Indo y murió (323 a. C.). Su gran imperio se expandió con tanta rapidez que no tuvo tiempo para terminar de gestionar las colonias ni para consolidar el gobierno, por lo que, después de su muerte, estalló una disputa interna y se dividió en tres.

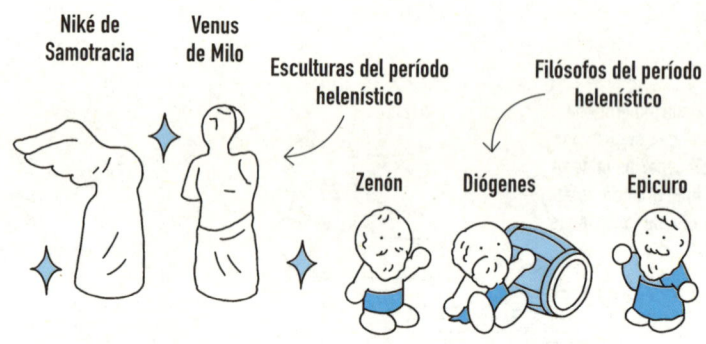

Con el nacimiento del imperio de Alejandro Magno, la cultura griega y la oriental se mezclaron y nació la **cultura helénica**. Se denomina **período helenístico** al lapso de tres siglos que transcurrió después de la expedición oriental de Alejandro (la palabra «heleno» es sinónimo de «griego»).

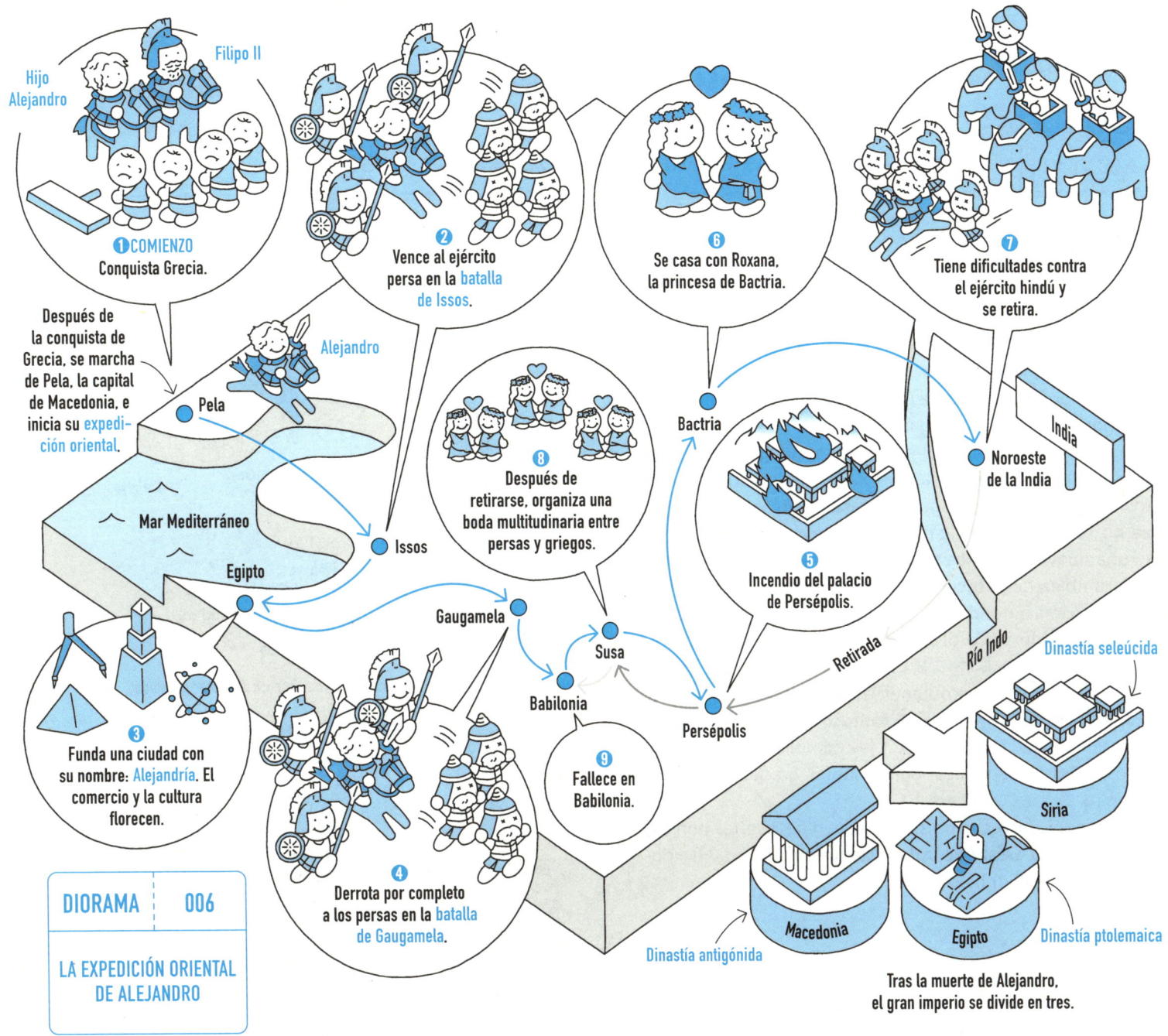

007 — LA REPÚBLICA ROMANA, FUTURA DUEÑA DEL MEDITERRÁNEO

LAS GUERRAS PÚNICAS, ANÍBAL Y ESCIPIÓN

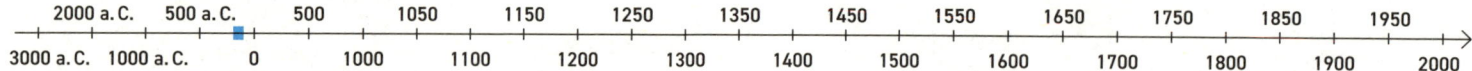

Mientras **Alejandro Magno** (p. 24) conquistaba oriente, en la península itálica, la **República** (estado cuya máxima autoridad es elegida por los ciudadanos) de **Roma**, poblada por latinos (cuya lengua era el latín), fue ganando poder.

Pese a ser una república, al principio estaba gobernada por **nobles (patricios)**. Sin embargo, los ciudadanos **(plebeyos)**, hartos, se rebelaron y consiguieron tener representación en el gobierno, los **tribunos de la plebe**. A partir de aquel momento, nació una nueva **república** gobernada por los **tribunos**, el **Senado** (asamblea de patricios) y los **cónsules** (magistrados que tenían la máxima autoridad).

La República romana prosperó y acabó peleando en las **guerras púnicas (264 a. C.-146 a. C.)** contra **Cartago**, un Estado al otro lado del mar, para obtener la hegemonía sobre el Mediterráneo occidental y Sicilia. El **famoso general cartaginés Aníbal Barca (247 a. C.-183 a. C.)** les complicó la tarea a los romanos, pero la República logró triunfar gracias al general **Escipión (c. 235 a. C.-183 a. C.)**.

Los romanos aprovecharon su victoria en las guerras púnicas para conquistar la **esfera de influencia helenística** (p. 24) y dominar todo el Mediterráneo.

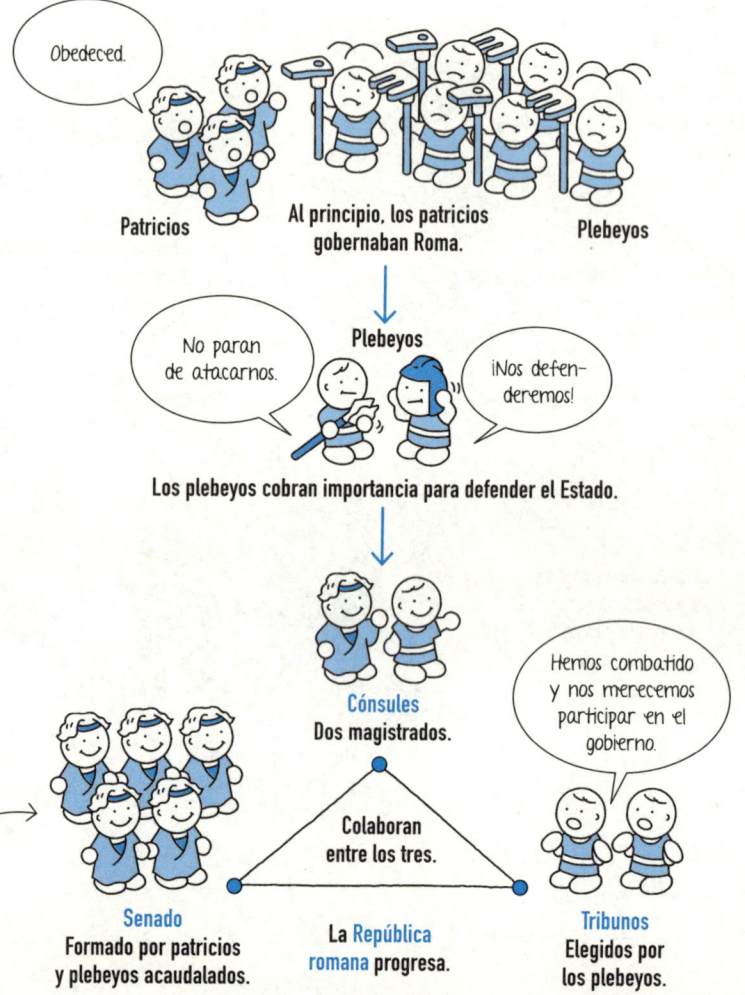

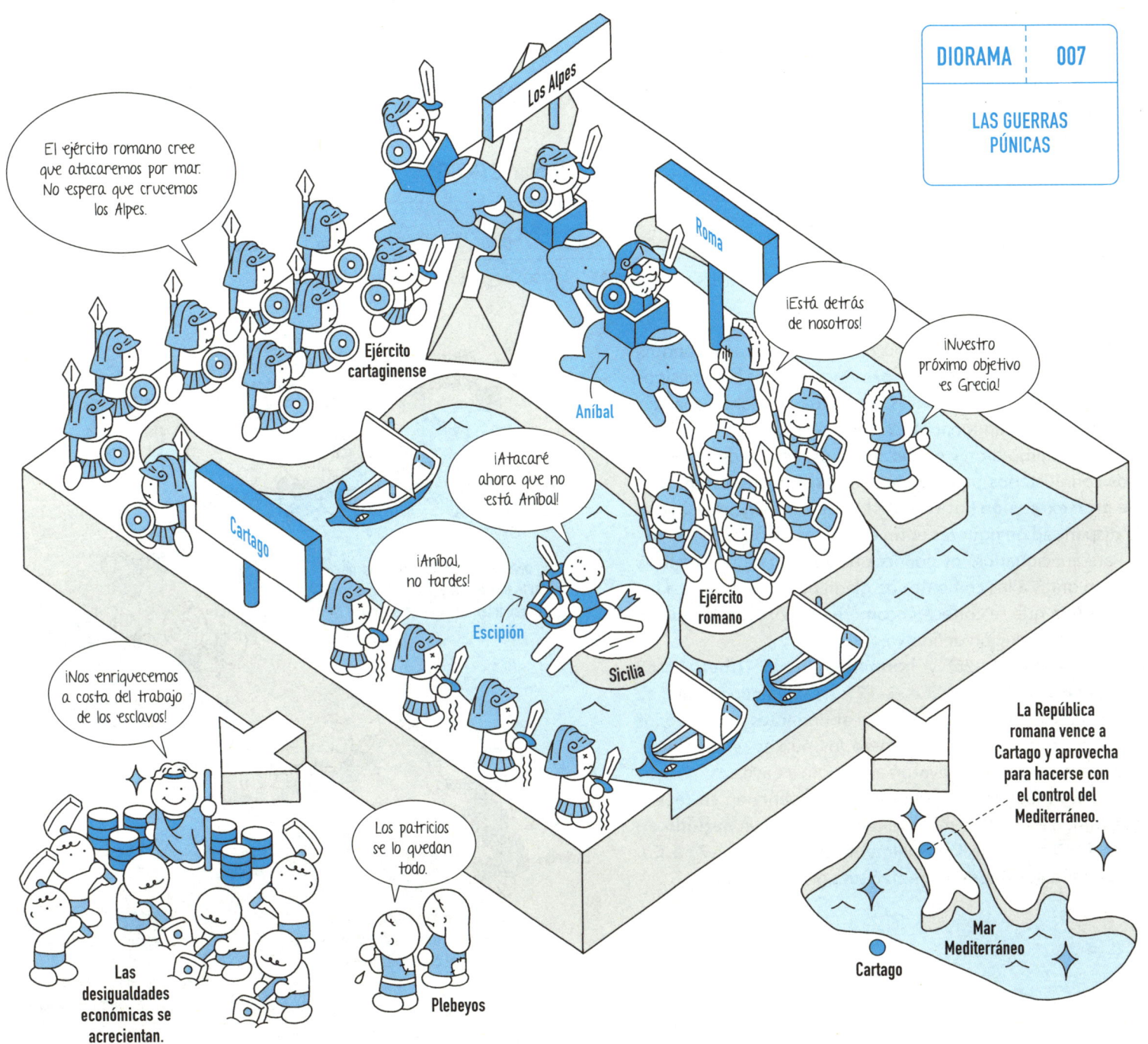

LA DESESTABILIZACIÓN DE LA REPÚBLICA ROMANA

PAN Y CIRCO

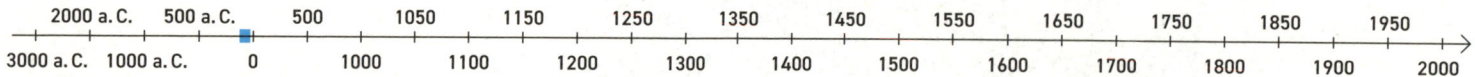

La **República romana** venció en varias guerras y conquistó numerosos **territorios (provincias)**. Los campesinos, exhaustos después de tantos conflictos, no daban abasto y tuvieron que abandonar muchas parcelas de cultivo. Los patricios las compraron y empezaron a usar esclavos de territorios conquistados para administrar **explotaciones agrarias de gran extensión (latifundios)**, lo que incrementó aún más la disparidad de riquezas entre ellos y los plebeyos.

Para apaciguarlos, los políticos decidieron darles comida y acceso gratis a los combates de gladiadores, una política **oscurantista** que se conocería como **pan y circo**, pero que no supuso una solución definitiva.

Los **tribunos** (p. 26) y **hermanos Graco (Tiberio, 162 a. C.-132 a. C.; Cayo, 153 a. C.-121 a. C.)**, viendo peligrar su posición, propusieron repartir las abundantes tierras de los patricios entre los plebeyos, pero los nobles se opusieron, asesinaron a Tiberio y llevaron al suicidio a Cayo.

Tras sus muertes, los campesinos se levantaron en repetidos tumultos y la República romana entró en un **período de crisis (133 a. C.-27 a. C.)**. Finalmente, **Espartaco (¿?-71 a. C.)**, un **esclavo gladiador**, organizó una gran rebelión.

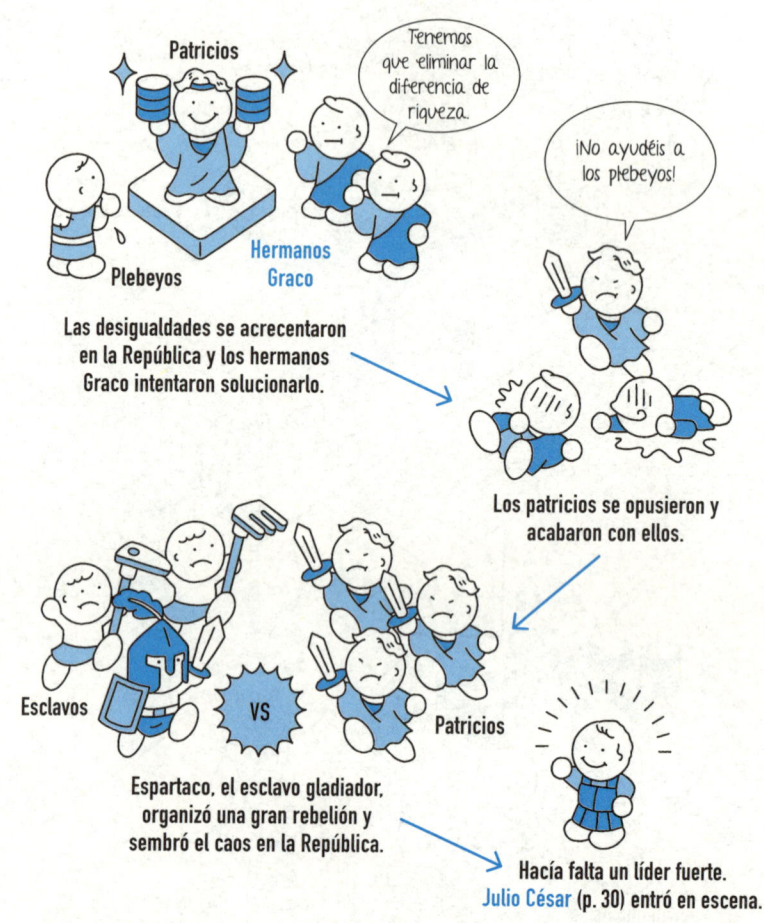

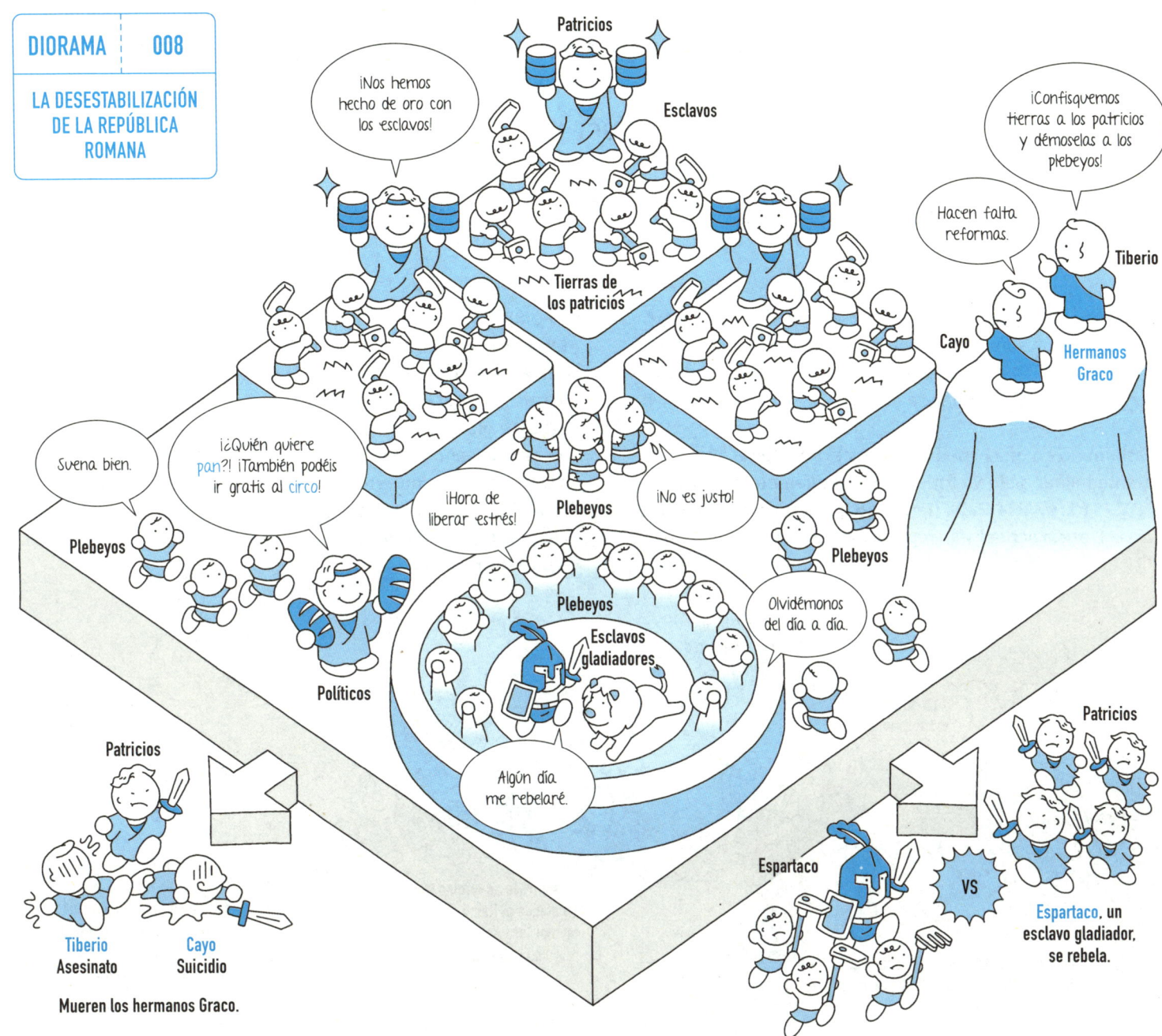

009 ASCENSIÓN AL PODER Y MUERTE DE JULIO CÉSAR

EL CRUCE DEL RÍO RUBICÓN

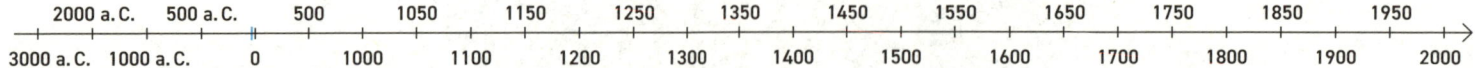

Los generales **Pompeyo (106 a. C.-48 a. C.)** y **Craso (115 a. C.-53 a. C.)** lograron sofocar la rebelión de Espartaco (p. 28) y **Julio César (100 a. C.-44 a. C.)** se unió a ellos para oponerse al Senado y gobernar Roma, formando el **Primer Triunvirato (60 a. C.-53 a. C.)**.

Craso murió en una expedición al este, pero César, que era un excelente militar, salió victorioso de sus diferentes **incursiones (58 a. C.-51 a. C.) a la Galia** (territorio que equivale en gran medida a la Francia actual) y su reputación aumentó.

Pompeyo, que temía la popularidad de César, se alió con el Senado y se enfrentó a él cuando cruzó el **Rubicón** al volver de una expedición. Sin embargo, César venció, ignoró al Senado y se puso al frente de la **República** como un dictador (p. 26). A la larga, se granjeó el odio de muchos y fue **asesinado** por políticos republicanos (44 a. C.).

Después de su muerte, su hijo adoptivo, **Octaviano (63 a. C.-14 a. C.)**, y sus subordinados, **Marco Antonio (83 a. C.-30 a. C.)** y **Marco Emilio Lépido (90 a. C.-13 a. C.)**, formaron el **Segundo Triunvirato (43 a. C.)**.

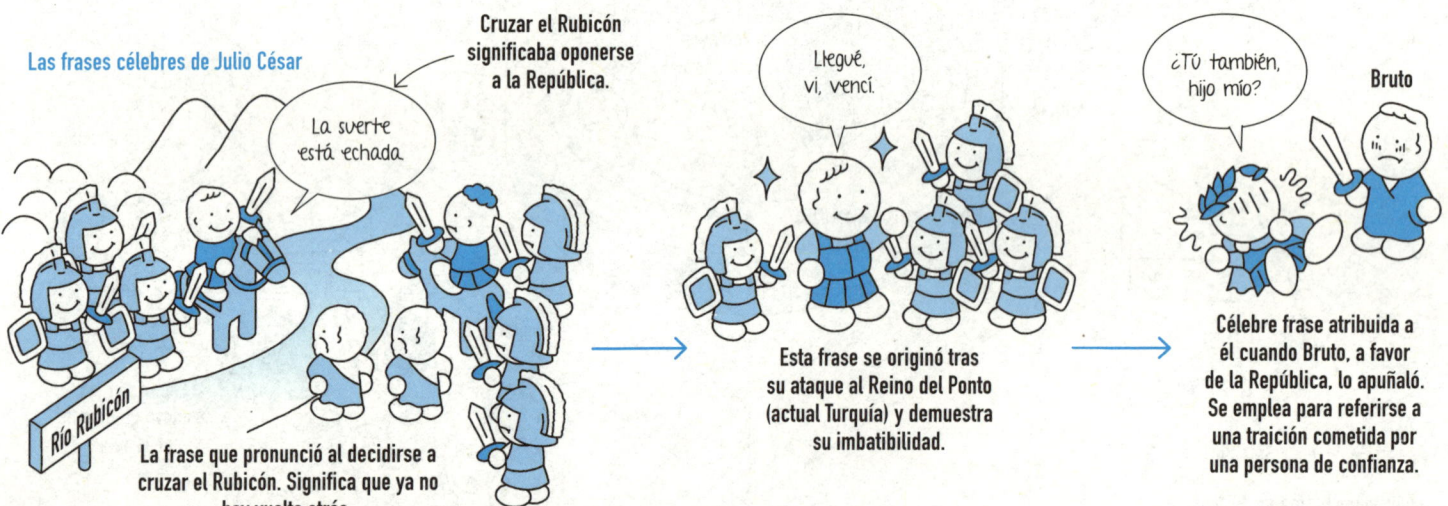

Las frases célebres de Julio César

DIORAMA | 009

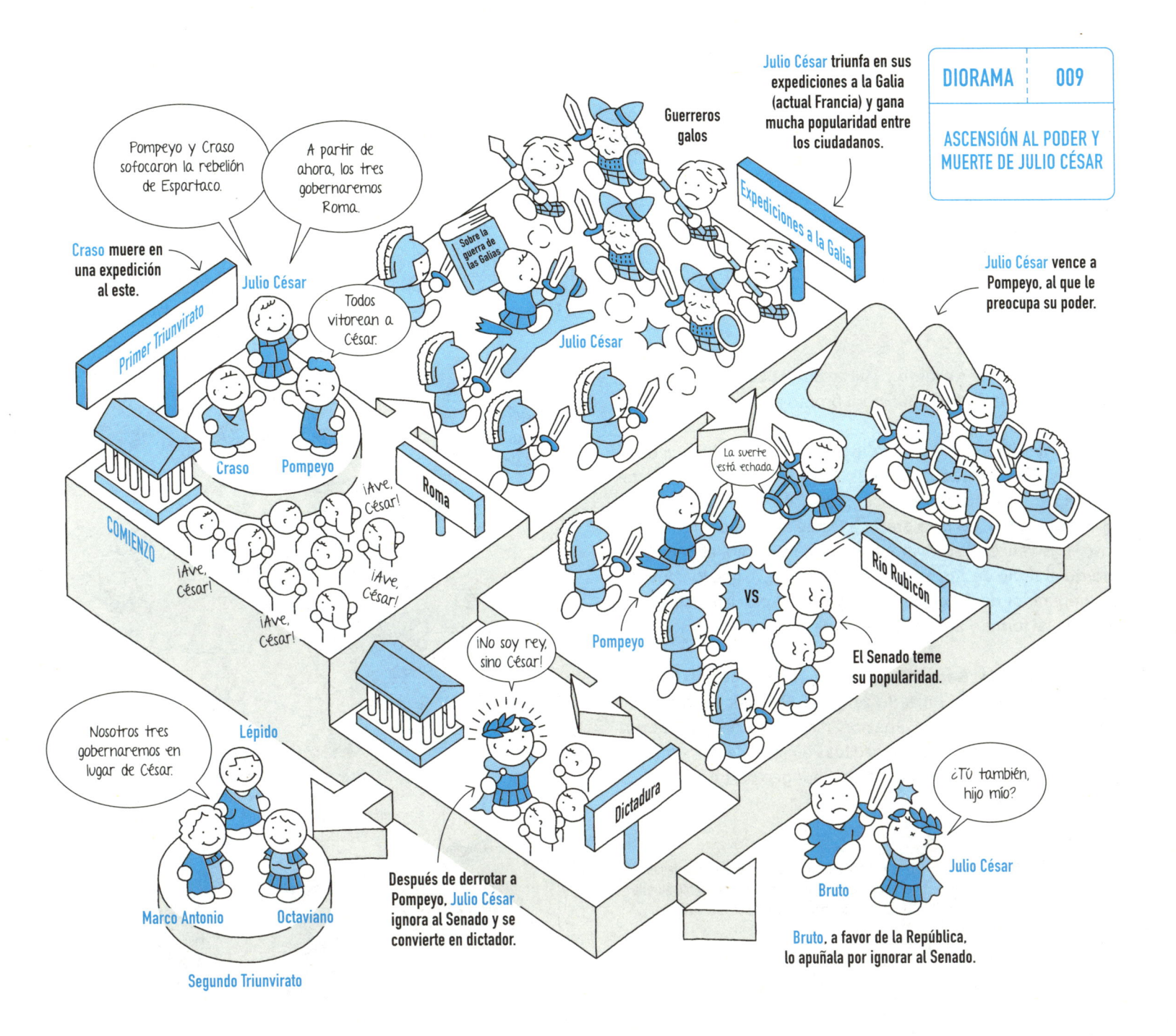

ASCENSIÓN AL PODER Y MUERTE DE JULIO CÉSAR

Julio César triunfa en sus expediciones a la Galia (actual Francia) y gana mucha popularidad entre los ciudadanos.

Julio César vence a Pompeyo, al que le preocupa su poder.

Pompeyo y Craso sofocaron la rebelión de Espartaco.

A partir de ahora, los tres gobernaremos Roma.

Craso muere en una expedición al este.

Todos vitorean a César.

Guerreros galos

Sobre la guerra de las Galias

Primer Triunvirato

Julio César — Craso — Pompeyo

COMIENZO

¡Ave, César! ¡Ave, César! ¡Ave, César! ¡Ave, César!

Roma

Expediciones a la Galia

Julio César

La suerte está echada.

Río Rubicón

Pompeyo

VS

El Senado teme su popularidad.

¡No soy rey, sino César!

Dictadura

Después de derrotar a Pompeyo, **Julio César** ignora al Senado y se convierte en dictador.

Nosotros tres gobernaremos en lugar de César.

Lépido — Marco Antonio — Octaviano

Segundo Triunvirato

¿Tú también, hijo mío?

Bruto — Julio César

Bruto, a favor de la República, lo apuñala por ignorar al Senado.

010 LA FUNDACIÓN DEL IMPERIO ROMANO

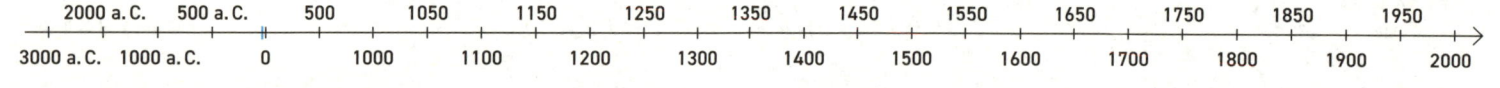

LA PAX ROMANA

Octaviano, **Marco Antonio** y **Marco Emilio Lépido** formaron el **Segundo Triunvirato** (p. 30), pero pronto acabaron peleándose por el poder.

En primer lugar, Lépido perdió en su pugna contra Octaviano y cayó en desgracia. Después, Marco Antonio unió fuerzas en **Egipto** (dinastía ptolemaica, p. 25) con la reina **Cleopatra (g. 51 a. C.-30 a. C.)** para atacar a Octaviano, pero también fracasó. Tras vencer a su rival y hacerse con Egipto, el Senado le otorgó el título de **Augusto (27 a. C.-14 a. C.)**, que lo convirtió en emperador *de facto*. Sin embargo, evitó proclamarse en público de tal forma y adoptó el cargo de *princeps* **(primer ciudadano)**.

De esta forma, la **República romana** (p. 26) llegó a su fin y nació el **Principado** del **Imperio romano**. El Estado se consolidó políticamente, empezó a anexionarse **provincias** (territorios fuera de Italia) y dieron comienzo los 200 años de **Pax Romana (paz romana)**, el período de máximo apogeo del Imperio.

Los casi 200 años que transcurrieron desde el gobierno de Augusto hasta el de Marco Aurelio son considerados la edad de oro de Roma.

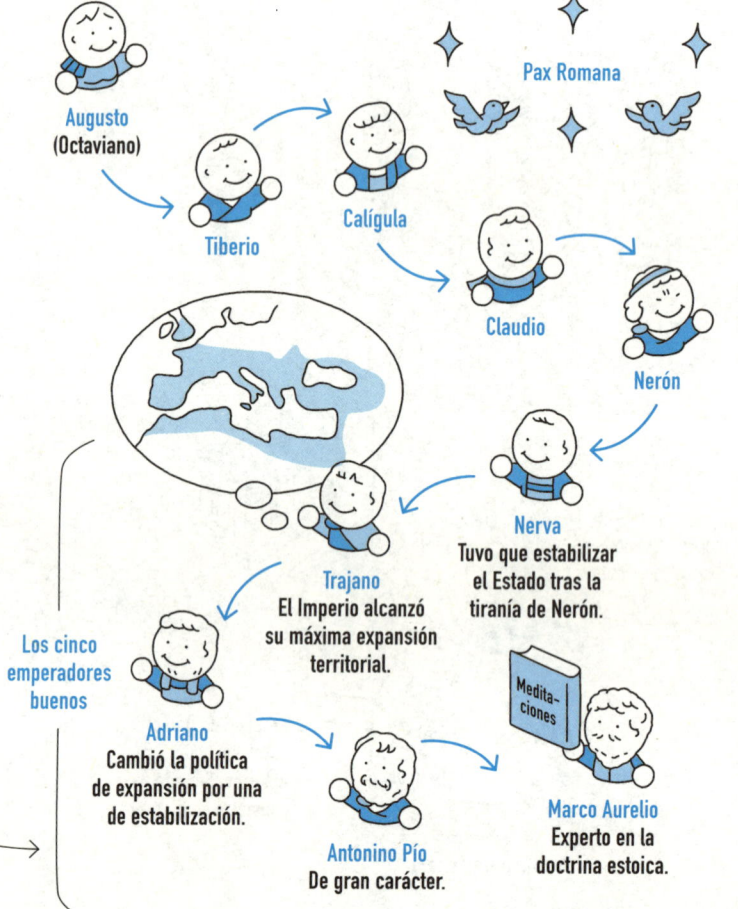

Augusto (Octaviano) → **Tiberio** → **Calígula** → **Claudio** → **Nerón** → **Nerva** Tuvo que estabilizar el Estado tras la tiranía de Nerón.

Pax Romana

Los cinco emperadores buenos: **Trajano** El Imperio alcanzó su máxima expansión territorial. → **Adriano** Cambió la política de expansión por una de estabilización. → **Antonino Pío** De gran carácter. → **Marco Aurelio** Experto en la doctrina estoica. (Meditaciones)

DIORAMA | 010

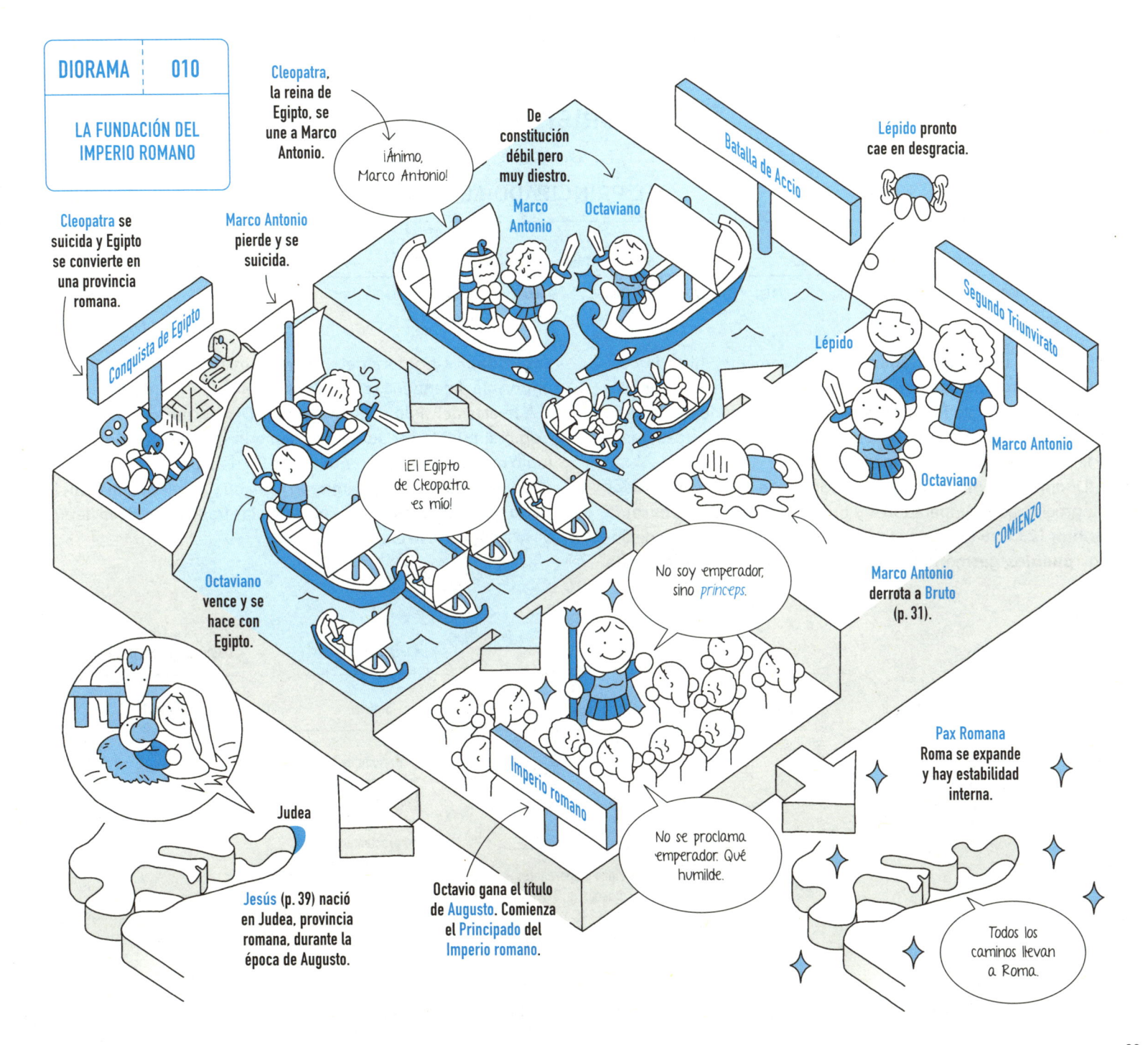

LA FUNDACIÓN DEL IMPERIO ROMANO

Cleopatra, la reina de Egipto, se une a Marco Antonio.

¡Ánimo, Marco Antonio!

De constitución débil pero muy diestro.

Batalla de Accio

Lépido pronto cae en desgracia.

Cleopatra se suicida y Egipto se convierte en una provincia romana.

Marco Antonio pierde y se suicida.

Marco Antonio / Octaviano

Conquista de Egipto

Segundo Triunvirato

Lépido / Marco Antonio / Octaviano

¡El Egipto de Cleopatra es mío!

No soy emperador, sino *princeps*.

COMIENZO

Marco Antonio derrota a **Bruto** (p. 31).

Octaviano vence y se hace con Egipto.

Pax Romana
Roma se expande y hay estabilidad interna.

Imperio romano

No se proclama emperador. Qué humilde.

Judea

Jesús (p. 39) nació en Judea, provincia romana, durante la época de Augusto.

Octavio gana el título de **Augusto**. Comienza el **Principado** del **Imperio romano**.

Todos los caminos llevan a Roma.

33

011 — LA CRISIS DEL SIGLO III

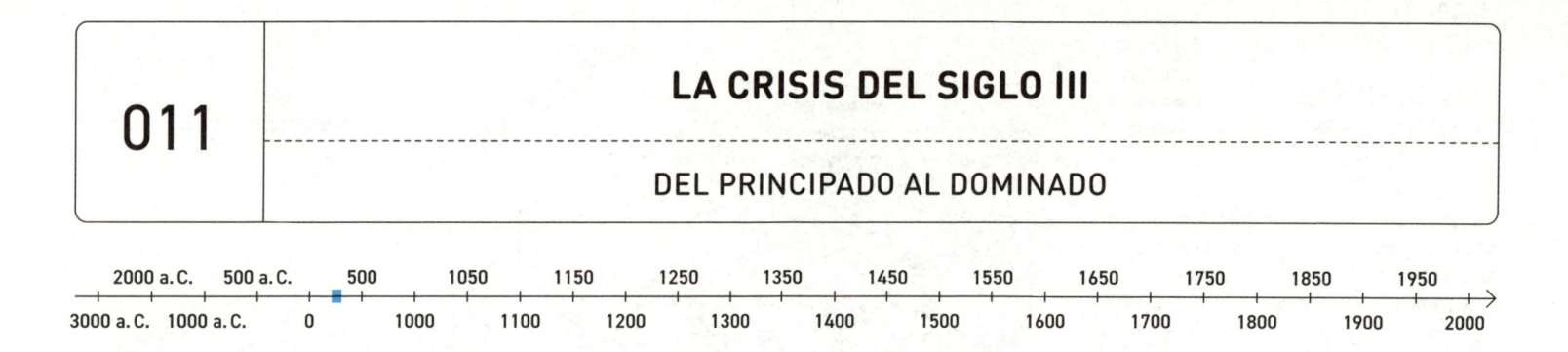

DEL PRINCIPADO AL DOMINADO

El **Imperio romano**, estabilizado políticamente, inició la conquista de **provincias** (territorios fuera de Italia) y dieron comienzo los 200 años de **Pax Romana** (p. 32), el período de máximo apogeo del Imperio. Con el tiempo, las **provincias** prosperaron y la autoridad de Roma empezó a flaquear.

Durante el **siglo III**, los gobernadores de muchos territorios se proclamaron emperadores y hubo un período de **anarquía militar (235-284)**. Además, el reino sufre los ataques de distintos **pueblos germanos** (p. 42) y del **Imperio persa (dinastía sasánida)**. La frontera del Imperio romano crece tanto que es imposible defenderla **(crisis del siglo III)**.

A finales del siglo III, el emperador **Diocleciano (g. 284-305)** exigió al pueblo ser adorado y llamado *dominus* (**señor**), acumuló mucho poder e intentó tomar las riendas del reino.

A partir de entonces, el Imperio romano pasó de ser un **Principado** (p. 32) que intentaba conservar las tradiciones de la República a convertirse en un **Dominado**.

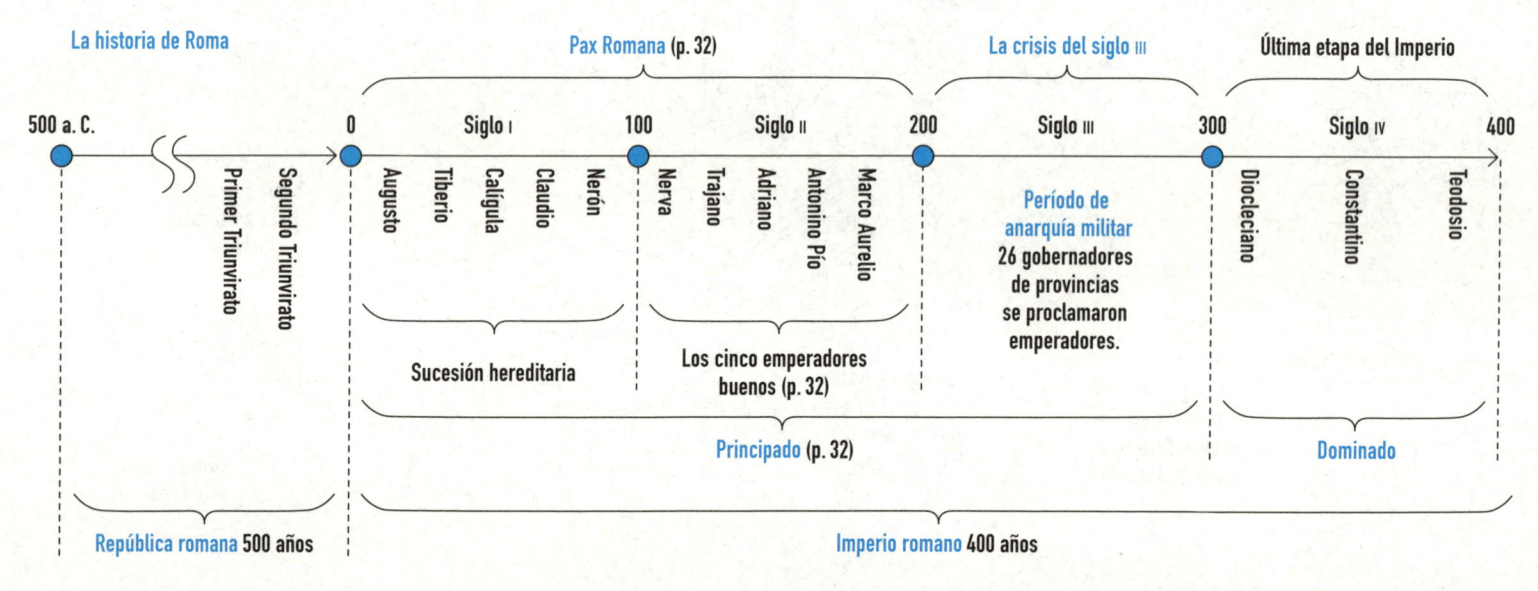

La historia de Roma

500 a. C. — Primer Triunvirato — Segundo Triunvirato — 0

Pax Romana (p. 32)

Siglo I: Augusto, Tiberio, Calígula, Claudio, Nerón — 100 — Siglo II: Nerva, Trajano, Adriano, Antonino Pío, Marco Aurelio — 200

Sucesión hereditaria · Los cinco emperadores buenos (p. 32)

La crisis del siglo III

Siglo III — Período de anarquía militar: 26 gobernadores de provincias se proclamaron emperadores. — 300

Última etapa del Imperio

Diocleciano, Constantino, Teodosio — Siglo IV — 400

Principado (p. 32) · **Dominado**

República romana 500 años · Imperio romano 400 años

DIORAMA 011

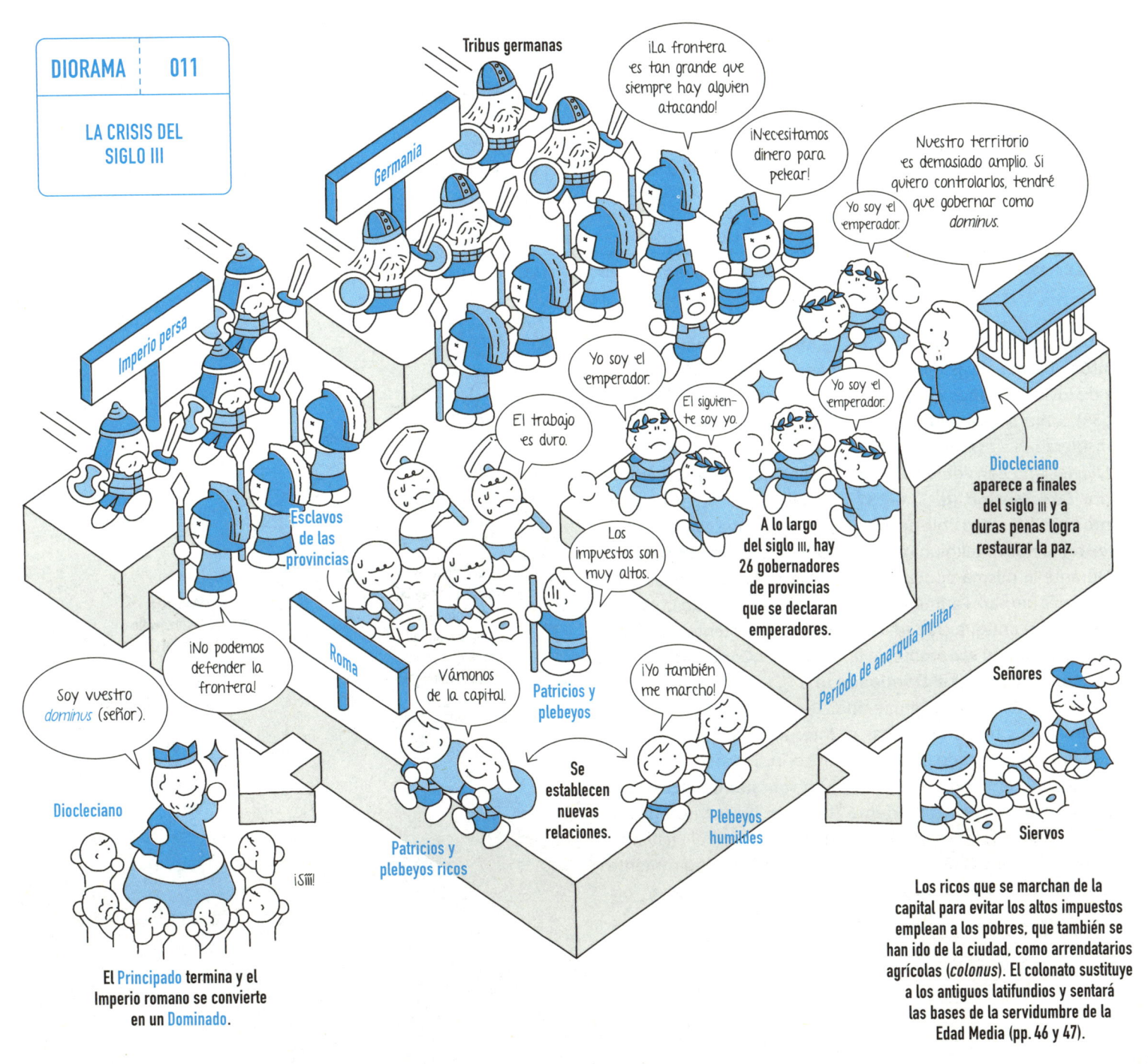

LA CRISIS DEL SIGLO III

Tribus germanas

Germania

¡La frontera es tan grande que siempre hay alguien atacando!

¡Necesitamos dinero para pelear!

Nuestro territorio es demasiado amplio. Si quiero controlarlos, tendré que gobernar como *dominus*.

Yo soy el emperador.

Imperio persa

Yo soy el emperador.

El siguiente soy yo.

Yo soy el emperador.

Diocleciano aparece a finales del siglo III y a duras penas logra restaurar la paz.

El trabajo es duro.

Esclavos de las provincias

Los impuestos son muy altos.

A lo largo del siglo III, hay 26 gobernadores de provincias que se declaran emperadores.

¡No podemos defender la frontera!

Roma

Vámonos de la capital.

¡Yo también me marcho!

Período de anarquía militar

Soy vuestro *dominus* (señor).

Patricios y plebeyos

Se establecen nuevas relaciones.

Plebeyos humildes

Señores

Diocleciano

¡Sííí!

El **Principado** termina y el Imperio romano se convierte en un **Dominado**.

Patricios y plebeyos ricos

Siervos

Los ricos que se marchan de la capital para evitar los altos impuestos emplean a los pobres, que también se han ido de la ciudad, como arrendatarios agrícolas (*colonus*). El colonato sustituye a los antiguos latifundios y sentará las bases de la servidumbre de la Edad Media (pp. 46 y 47).

35

012 — LA DIVISIÓN DEL IMPERIO ROMANO

EL IMPERIO ROMANO DE ORIENTE Y EL IMPERIO ROMANO DE OCCIDENTE

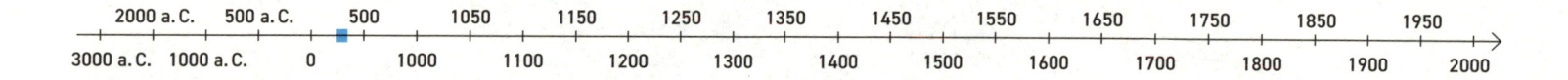

El emperador **Diocleciano** (p. 34) se hizo llamar *dominus* e intentó gobernar el vasto Imperio romano, pero se ganó la antipatía de los ciudadanos que se habían convertido al **cristianismo** (p. 38) como consecuencia de los altos impuestos, ya que no lo consideraban su **señor**.

Diocleciano consiguió subyugarlos, pero, en la era del emperador **Constantino (g. 306-337)**, los creyentes llegaron a ser tantos que fue imposible oprimirlos, de modo que este tuvo que **aceptar** la nueva religión mediante el **Edicto de Milán (313)**.

Durante la misma época, las revueltas en las provincias y las invasiones bárbaras aumentaron. Constantino trasladó la capital de Roma a la antigua ciudad de **Bizancio** para intentar empezar de nuevo, cambió el nombre de la ciudad por **Constantinopla** y se propuso mantener el **Dominado** (p. 34).

Más tarde, en la era del emperador **Teodosio (g. 379-395)**, los ataques de las tribus germanas se intensificaron y fue imposible mantener unificado el enorme territorio. Entonces, Teodosio **dividió** (395) el reino entre el **Imperio romano de Occidente** y el **Imperio romano de Oriente (Imperio bizantino)**, dejándolos en herencia a sus dos hijos. Además, declaró el cristianismo la religión oficial del Imperio para unificarlo teológicamente **(cristianización del Imperio romano, 392)**.

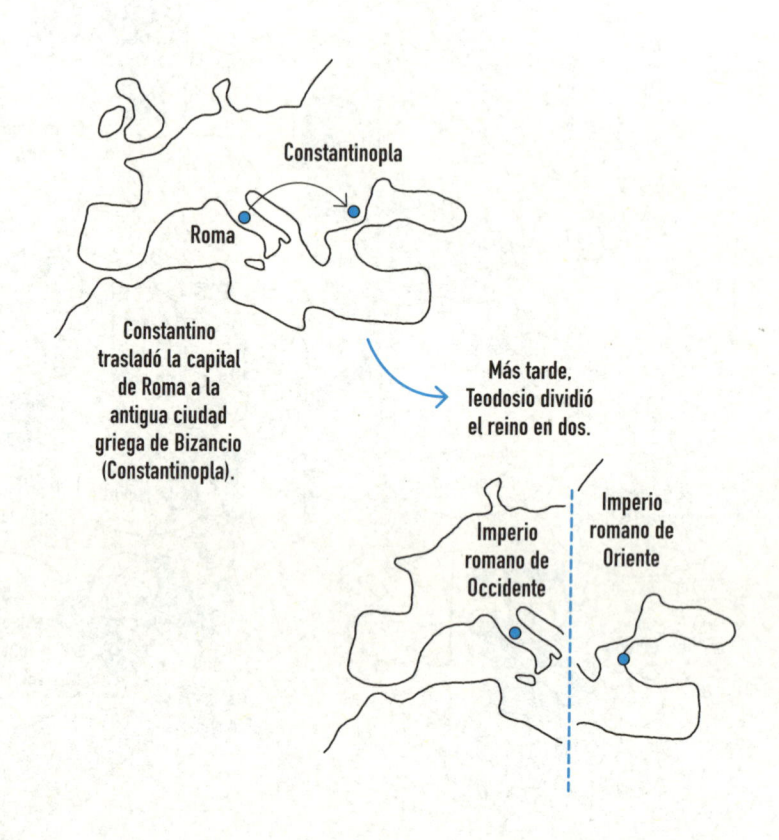

Constantino trasladó la capital de Roma a la antigua ciudad griega de Bizancio (Constantinopla).

Más tarde, Teodosio dividió el reino en dos.

Imperio romano de Occidente — Imperio romano de Oriente

DIORAMA 012

LA DIVISIÓN DEL IMPERIO ROMANO

Diocleciano se declara *dominus* y evita la destrucción del Imperio romano, pero se gana la antipatía de los cristianos.

La defensa de las fronteras supone un coste cada vez más elevado.

"¡Admito el cristianismo! Trasladaré la capital para empezar de nuevo." — **Constantino**

Edicto de Milán

Cada vez más pobres se convierten al cristianismo.

"¡El emperador no es el señor de los cristianos!"

"Soy vuestro dominus (señor)."

Opresión

Diocleciano (p. 35)

Cristianos

"¡Es imposible mantener el Imperio!" — **Teodosio**

Hunos

Tribus germanas

¡Dominus!

COMIENZO

¡Dominus!

El Imperio se estabiliza un tiempo.

Occidente / Oriente

Cristianismo

Los persas también atacan.

Hay revueltas en las provincias.

Las tribus germanas huyen de los hunos, lo que provoca grandes migraciones.

"¡El Imperio es demasiado grande! Lo dividiré en oriente y occidente, y la religión oficial será el cristianismo."

Cristianización del Imperio romano

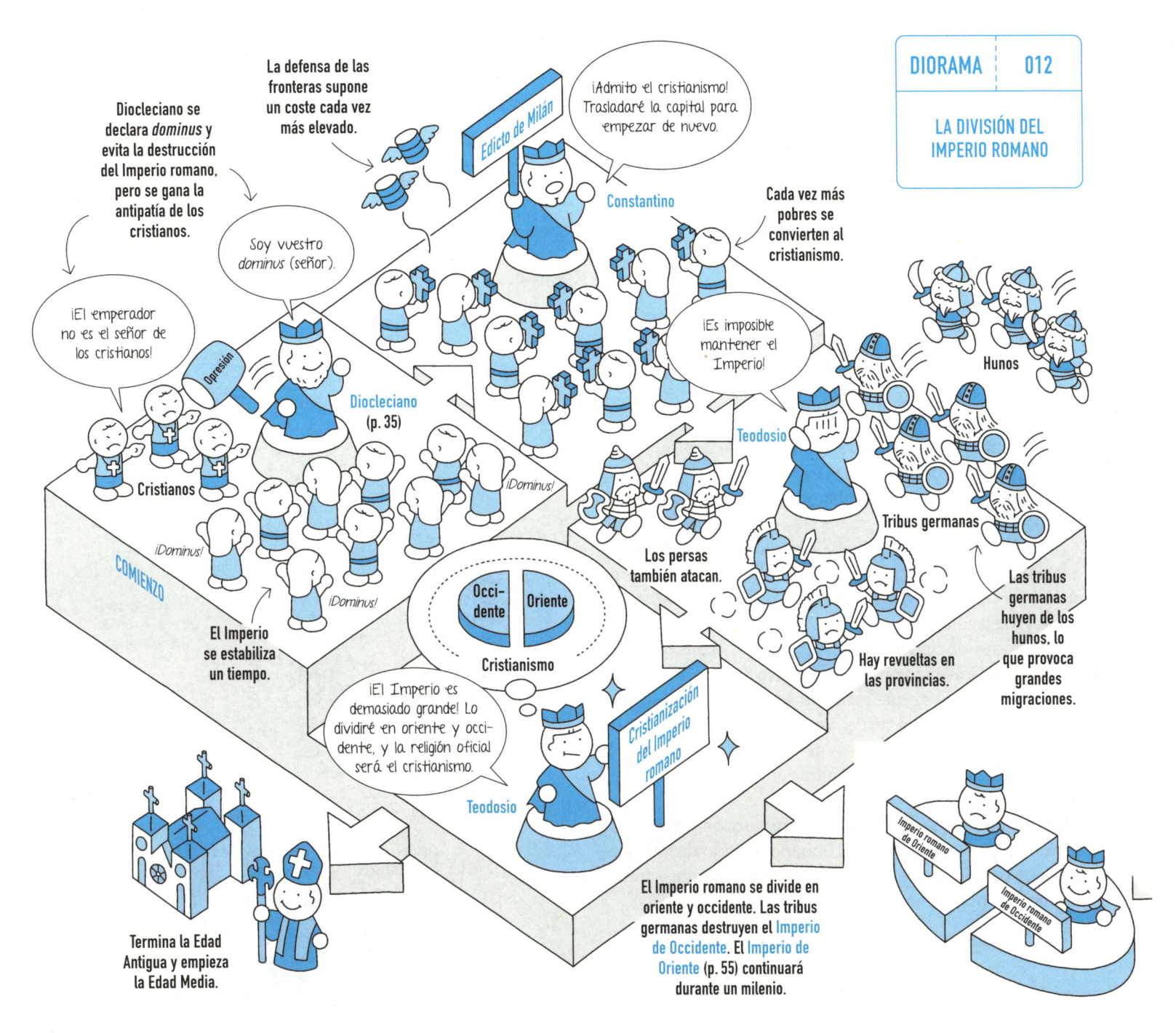

Teodosio

Termina la Edad Antigua y empieza la Edad Media.

El Imperio romano se divide en oriente y occidente. Las tribus germanas destruyen el **Imperio de Occidente**. El **Imperio de Oriente** (p. 55) continuará durante un milenio.

Imperio romano de Oriente

Imperio romano de Occidente

37

013 | EL NACIMIENTO DEL CRISTIANISMO

LAS ENSEÑANZAS DE JESUCRISTO

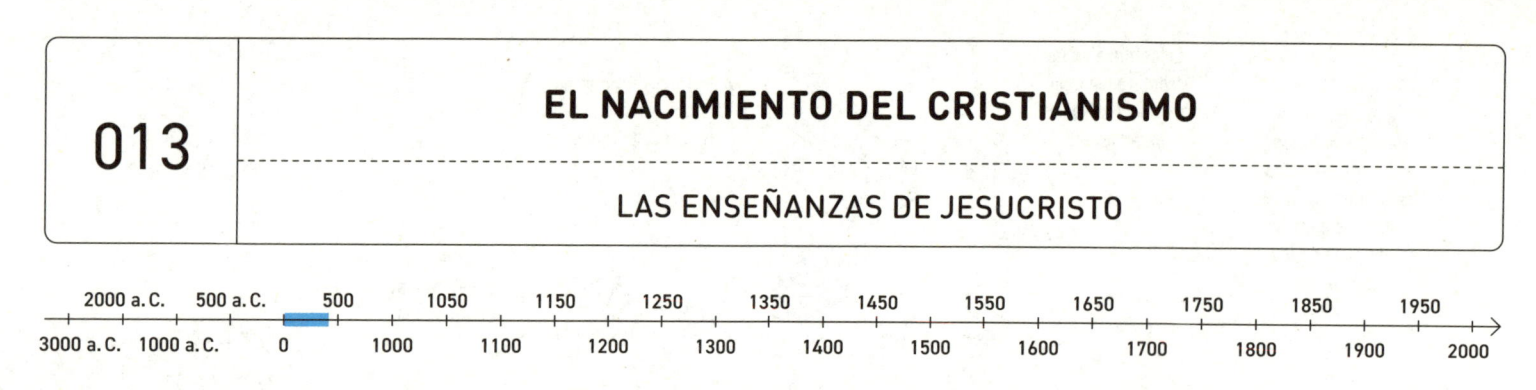

Jesús (*c. 7-4 a. C.-30*) nació en **Judea** (actual Palestina), durante el florecimiento del Imperio romano, en la época de **Augusto** (p. 32).

Los habitantes de la región eran **judíos** y creían en el **judaísmo**. La corriente principal de la religión era la **farisea**, que recalcaba la importancia de conocer la Ley de Dios (las enseñanzas y las advertencias de Dios). Sin embargo, Jesús promulgó el amor y la fe hacia Dios.

Los milagros de Jesús, que curaba a los enfermos, hicieron que se ganara el corazón de plebeyos y esclavos, pero el gobierno romano y los fariseos lo consideraron un peligro. Al final, lo crucificaron y lo ejecutaron.

Más tarde, sus discípulos **Pedro** (*c. ¿?-64*) y **Pablo** (*c. ¿?-60*) difundieron las **enseñanzas de Jesucristo (cristianismo)** por todo el Imperio a la vez que eran perseguidos por el gobierno romano. Con el tiempo, el cristianismo también se asentó entre la nobleza y la clase alta y, a finales del siglo IV, se convirtió en la **religión oficial** del Imperio (cristianización del Imperio romano, p. 36).

Cuando el Imperio se dividió en oriente y occidente (p. 36), la Iglesia católica se estableció en el Imperio romano de Occidente, la Iglesia ortodoxa en el Imperio romano de Oriente y ambas se propagaron por el mundo Mediterráneo.

LAS ENSEÑANZAS DE JESUCRISTO

Oísteis que fue dicho: "Ojo por ojo y diente por diente". Pero yo os digo: a cualquiera que os hiera en la mejilla derecha, volvedle también la otra.

¿Qué hombre de vosotros, si tiene cien ovejas y se le pierde una de ellas, no deja las noventa y nueve en el desierto y va tras la que se perdió, hasta encontrarla?

No solo de pan (dinero y comida) vive el hombre.

Las enseñanzas de Jesucristo se expandieron por el territorio romano gracias a sus discípulos, Pedro y Pablo.

¿Es lícito sanar en sábado? ¿Quién de vosotros, si su asno o su buey cae en algún pozo, no lo saca inmediatamente aunque sea sábado? (Amonesta a los fariseos y su formalismo.)

DIORAMA 013
EL NACIMIENTO DEL CRISTIANISMO

Judea (actual región de Palestina, cuya capital era Jerusalén) era una provincia romana. La corriente principal del judaísmo era la de los fariseos (una facción muy estricta).

Región de Palestina

Esclavos → Ciudadanos → Nobles

El cristianismo se expandió en este orden.

COMIENZO — Nacimiento de Jesús

Jesús nace en Judea.

Enseñanzas — Judíos fariseos: «¡Chorradas!»

Jesús: «Hay que amar a Dios.»

Ejecución — Jesús / Romanos

Fariseos: «¡Ejecutadlo!»

«¡Es su crimen por no venerar al emperador!»

Divulgación — Pedro, Pablo

Los discípulos de Jesús divulgan sus enseñanzas (cristianismo).

Persecución — Nerón

Nerón acosa a los cristianos.

A pesar de todo, se sigue expandiendo.

Persecución — Diocleciano (p. 35) los subyuga.

«Yo soy vuestro *dominus*.»

No se rinden y siguen divulgando su religión.

Divulgación — Se escribe el Nuevo Testamento.

Edicto de Milán — Constantino (p. 37)

«¡Acepto la existencia del cristianismo! Voy a trasladar la capital y a empezar de cero.»

«No hay forma de eliminar el cristianismo.»

Cristianización del Imperio romano — Teodosio

«Unificaré el Imperio bajo una misma religión: el cristianismo.»

Iglesia católica — Imperio romano de Occidente
Iglesia ortodoxa — Imperio romano de Oriente

Al igual que el Imperio se divide en oriente y occidente, la religión también.

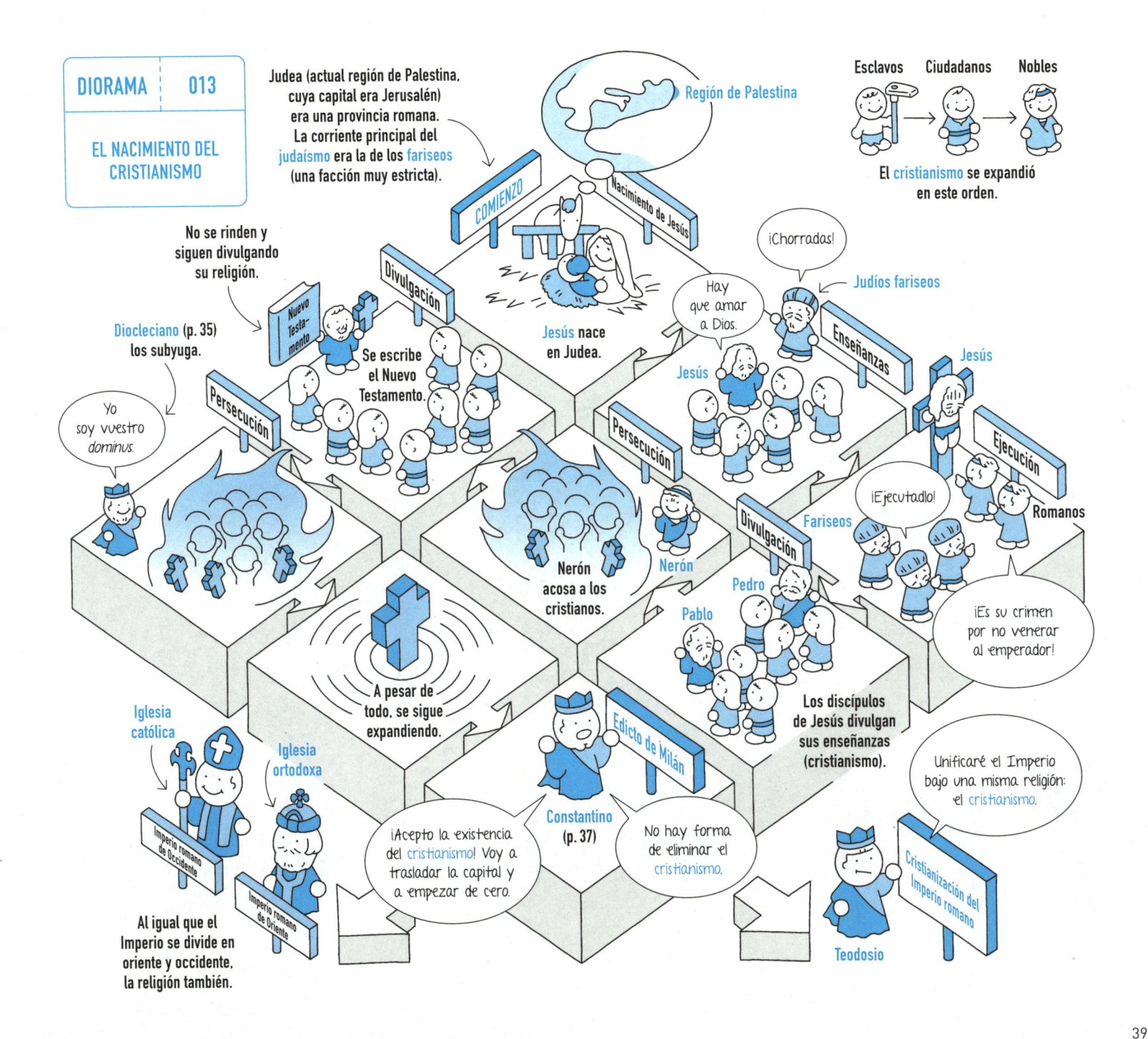

EDAD MEDIA

014 · LAS MIGRACIONES DE LOS PUEBLOS GERMANOS

DE LA EDAD ANTIGUA A LA EDAD MEDIA

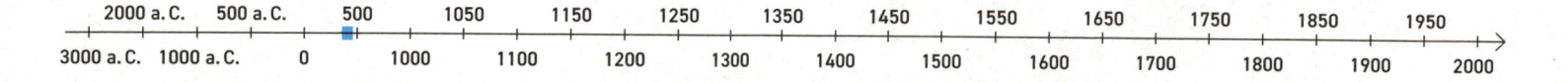

La etapa de esplendor de Roma llegó a su fin con el emperador **Marco Aurelio Antonino** (p. 32). El Imperio romano se sumió después en un turbulento período conocido como **anarquía militar** (p. 34), en el que los emperadores se sucedían tras un corto período de tiempo. Después, en la segunda mitad del siglo IV, los **pueblos germanos** (p. 36) intensificaron sus incursiones en los territorios del Imperio.

Los pueblos germanos vivían en **Germania** (región que incluye las actuales Alemania, Polonia, la República Checa, Eslovaquia y Dinamarca). Sin embargo, cuando los **hunos**, pueblo nómada de origen asiático, los desplazaron de sus asentamientos, se produjo una migración a gran escala. Los pueblos germanos se fueron apoderando de territorios del Imperio y estableciendo sus propios reinos, como el **franco** (desde 486, p. 44), el **visigodo** (418-711), el **ostrogodo** (493-555), el **vándalo** (429-534), el **burgundio** (443-534), la **heptarquía anglosajona** (449-829) y el **lombardo** (568-774). Ese impulso condujo al declive del Imperio romano, dominado por los latinos, y a su **división en Imperio romano de Oriente e Imperio romano de Occidente** (p. 36).

En el 476, **Odoacro** (c. 434-493), un general germano mercenario, puso fin al Imperio romano de Occidente unos 80 años después de la división (476, el Imperio romano de Oriente sobrevivió). No obstante, la **Iglesia católica** (p. 38) siguió existiendo después de la caída del Imperio occidental. Este momento dio paso a la **Edad Media**.

Reinos que establecieron los pueblos germanos

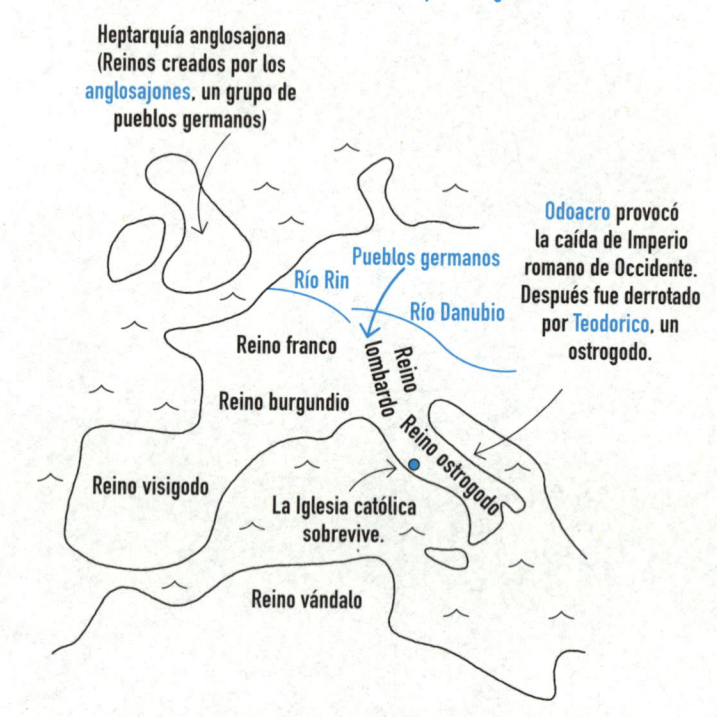

Heptarquía anglosajona (Reinos creados por los anglosajones, un grupo de pueblos germanos)

Odoacro provocó la caída de Imperio romano de Occidente. Después fue derrotado por Teodorico, un ostrogodo.

Pueblos germanos
Río Rin
Río Danubio
Reino franco
Reino lombardo
Reino burgundio
Reino ostrogodo
Reino visigodo
La Iglesia católica sobrevive.
Reino vándalo

Los reinos germanos tuvieron una duración efímera. Sin embargo, el de los francos (p. 44) se desarrolló hasta ser el núcleo del mundo europeo occidental.

DIORAMA 014

LAS MIGRACIONES DE LOS PUEBLOS GERMANOS

Los pueblos germanos vivían en la orilla opuesta de los ríos Rin y Danubio.

Imperio romano de Occidente

Río Rin · Río Danubio

Pueblos germanos

Hunos

El Imperio romano de Oriente no se vio afectado por las migraciones germanas.

Estamos a salvo.

¡Fundaremos aquí un reino!

La futura Inglaterra

Lugareños

Reino franco

Reino lombardo

Odoacro depone al emperador. **Caída del Imperio romano de Occidente**

Emperador

Imperio romano de Oriente

Heptarquía anglosajona

Reino burgundio

Reino ostrogodo

Papa

¿Qué será de mí? He perdido el amparo del Imperio romano de Occidente.

Reino visigodo

Reino vándalo

Lugareños

Lugareños

¡Nombro emperador de Roma al rey de los francos!

La caída del Imperio romano de Occidente da paso a la Edad Media.

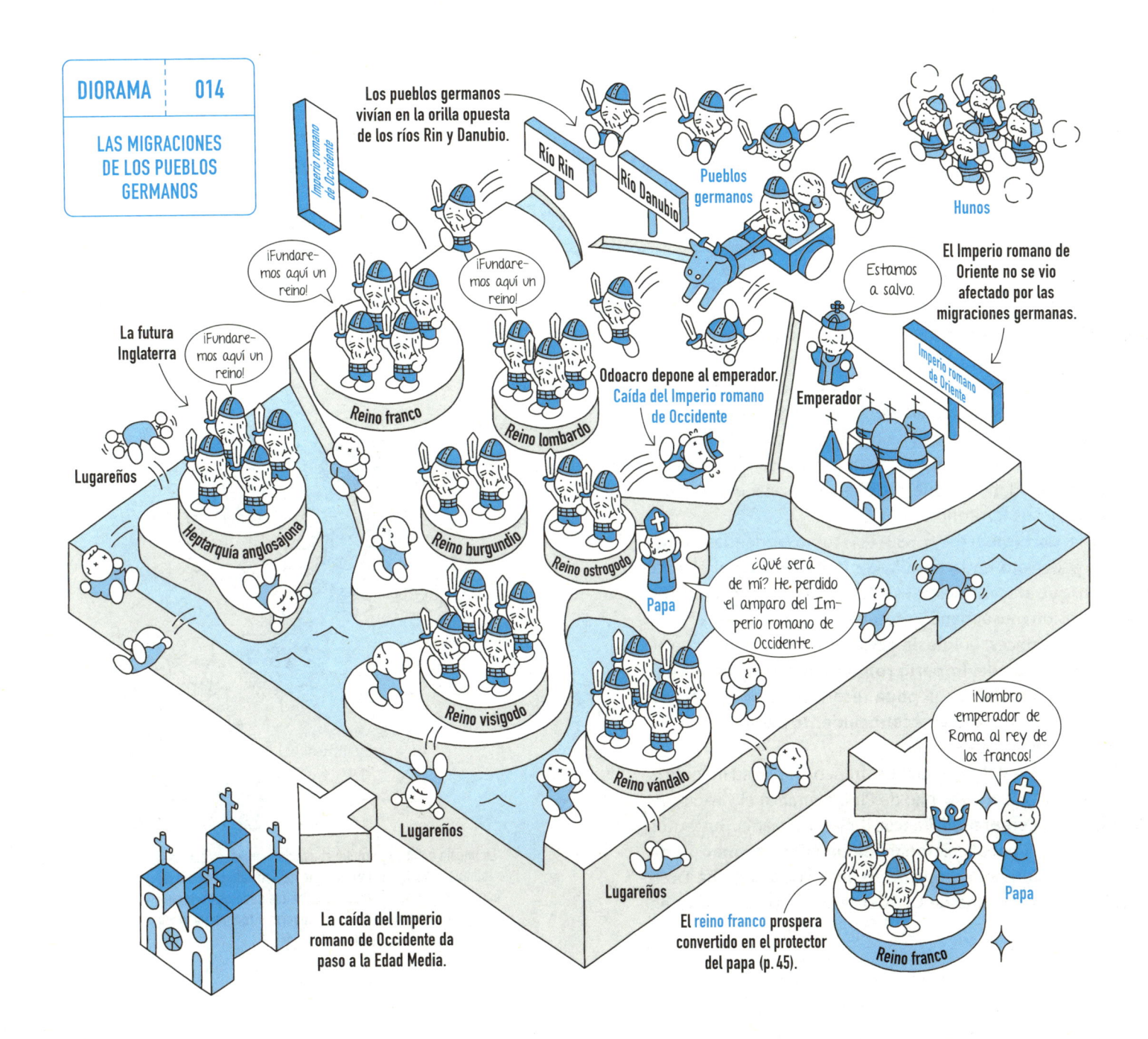

El **reino franco** prospera convertido en el protector del papa (p. 45).

Reino franco

Papa

015 LA EXPANSIÓN DEL REINO FRANCO

LA CORONACIÓN DE CARLOS Y EL ESTABLECIMIENTO DE LA EUROPA OCCIDENTAL

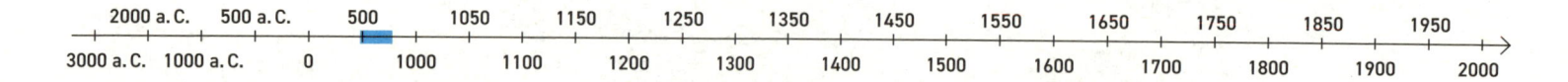

Los **pueblos germanos** (p. 42) crearon varios reinos en Europa. Entre ellos, el **reino franco** fue el que más se desarrolló.

La gran mayoría de los pueblos germanos creían en el arrianismo, considerado una herejía del cristianismo. Sin embargo, el **rey franco Clodoveo** (g. 481-511) se convirtió a la doctrina ortodoxa de Atanasio. Al hacerlo, se granjeó la confianza de los romanos locales (latinos) que profesaban el atanasianismo y pudo expandir sus territorios.

Más tarde, **Carlos Martel** (g. 688-741) tomó las riendas del reino franco y derrotó en la **batalla de Poitiers** (732) al ejército musulmán, que atacaba desde el este, con lo que consiguió frenar la expansión musulmana y preservó el cristianismo.

Por aquel entonces, la **Iglesia católica** había perdido la protección por la caída del **Imperio romano de Occidente** (p. 42). Al ver los éxitos de Carlos, el **papa** reconoció a su hijo **Pipino** (g. 751-768) como **rey con el reconocimiento papal** y se garantizó la protección del reino franco.

Con la bendición del papa, el reino franco amplió su influencia y **Carlomagno** (g. 768-814), hijo de Pipino, unificó el vasto territorio que ahora comprende Francia, Italia y Alemania. Sus éxitos le valieron que el papa le coronara emperador **(coronación de Carlomagno, 800)** del desaparecido Imperio romano de Occidente. El Imperio romano de Occidente se restauró *de facto* en el reino franco.

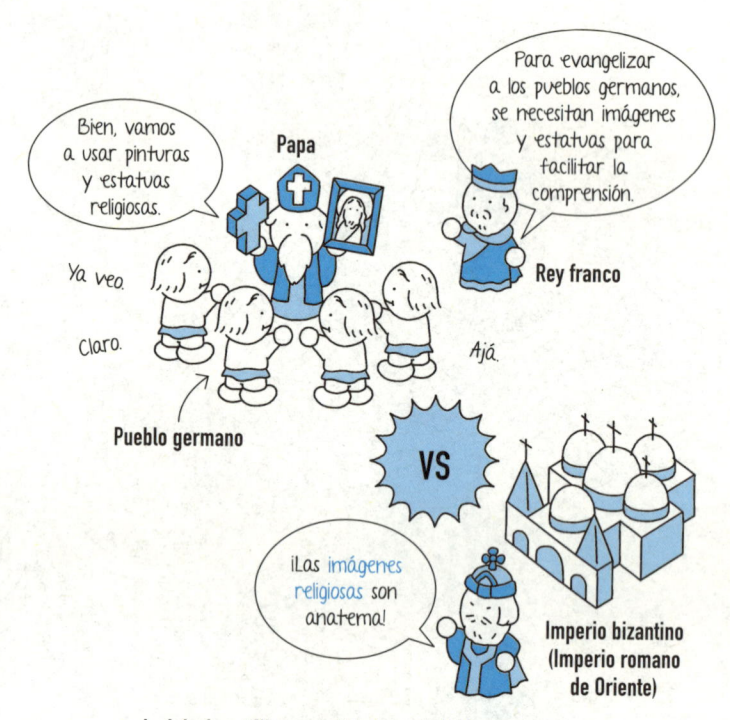

La Iglesia católica permitió el uso de imágenes religiosas (pinturas, iconos, estatuas), que habían sido prohibidas, para propagar el cristianismo entre los pueblos germanos. La Iglesia ortodoxa (p. 38) del Imperio bizantino no lo vio con buenos ojos.

DIORAMA 015

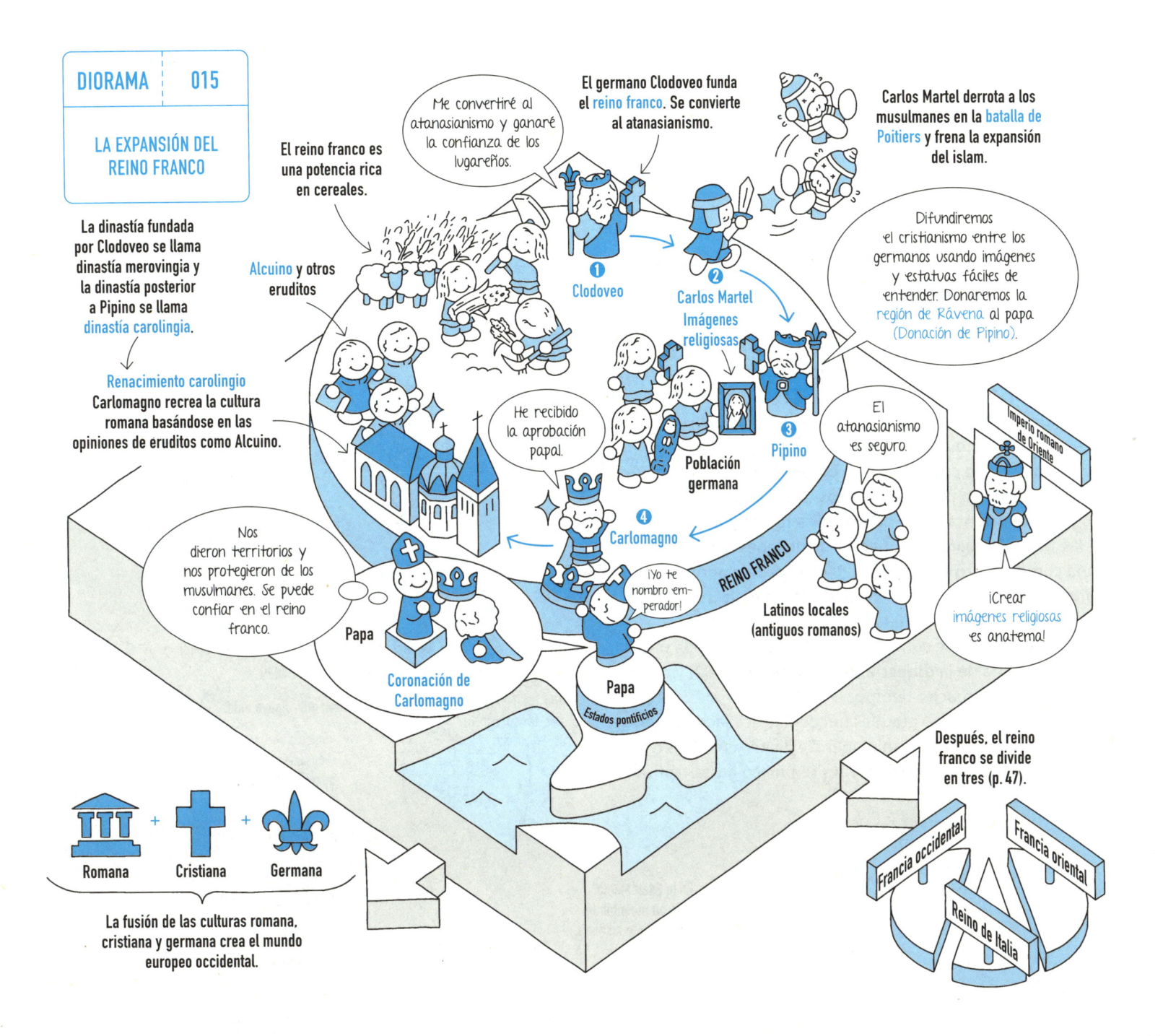

LA EXPANSIÓN DEL REINO FRANCO

La dinastía fundada por Clodoveo se llama **dinastía merovingia** y la dinastía posterior a Pipino se llama **dinastía carolingia**.

Renacimiento carolingio
Carlomagno recrea la cultura romana basándose en las opiniones de eruditos como Alcuino.

El reino franco es una potencia rica en cereales.

Me convertiré al atanasianismo y ganaré la confianza de los lugareños.

El germano Clodoveo funda el **reino franco**. Se convierte al atanasianismo.

Carlos Martel derrota a los musulmanes en la **batalla de Poitiers** y frena la expansión del islam.

Difundiremos el cristianismo entre los germanos usando imágenes y estatuas fáciles de entender. Donaremos la **región de Rávena** al papa (Donación de Pipino).

Alcuino y otros eruditos

① Clodoveo
② Carlos Martel — Imágenes religiosas
③ Pipino
④ Carlomagno

He recibido la aprobación papal.

Población germana

El atanasianismo es seguro.

REINO FRANCO

Latinos locales (antiguos romanos)

Imperio romano de Oriente

¡Crear **imágenes religiosas** es anatema!

Nos dieron territorios y nos protegieron de los musulmanes. Se puede confiar en el reino franco.

Papa

¡Yo te nombro emperador!

Coronación de Carlomagno

Papa — Estados pontificios

Después, el reino franco se divide en tres (p. 47).

Francia occidental · Francia oriental · Reino de Italia

Romana + Cristiana + Germana

La fusión de las culturas romana, cristiana y germana crea el mundo europeo occidental.

016 EL ESTABLECIMIENTO DEL MUNDO MEDIEVAL

LA DIVISIÓN DEL REINO FRANCO

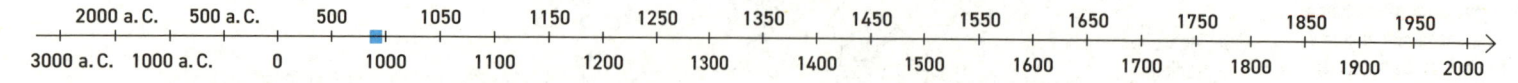

Tras la muerte de **Carlomagno** (p. 44), el **reino franco** se dividió en tres debido a las disputas hereditarias entre sus tres nietos: **Francia oriental** (843-911), **Francia occidental** (843-987) y **Reino de Italia**, territorios que corresponden a las actuales Alemania, Francia e Italia, respectivamente.

El papa, que había contado con la protección del reino franco, tuvo que decantarse por uno de estos tres reinos y, a la postre, eligió **Francia oriental**, que parecía más fuerte y había repelido a las tribus bárbaras que hacían incursiones desde el este. El papa coronó a **Otón I** (g. 936-973) como emperador romano y **Francia oriental** pasó a ser conocida como el **Sacro Imperio Romano Germánico** (962-1806).

Francia occidental se convirtió en el **Reino de Francia** tras la ascensión al trono de la **dinastía de los Capetos** (p. 62) y siguió existiendo durante mucho tiempo.

El **Reino de Italia** sufrió ataques frecuentes del Sacro Imperio Romano Germánico y los musulmanes. Se dividió en varios territorios, como Génova y Venencia, y no se unificó hasta tiempos modernos.

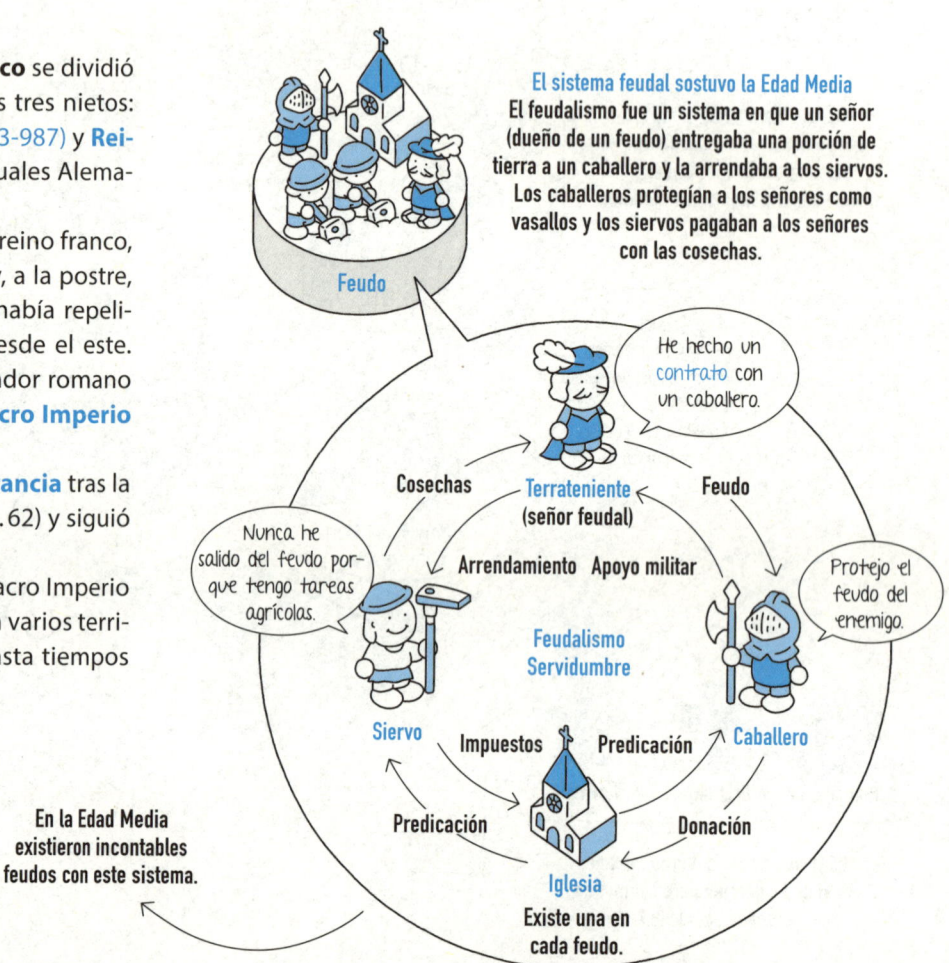

En la Edad Media existieron incontables feudos con este sistema.

El sistema feudal sostuvo la Edad Media
El feudalismo fue un sistema en que un señor (dueño de un feudo) entregaba una porción de tierra a un caballero y la arrendaba a los siervos. Los caballeros protegían a los señores como vasallos y los siervos pagaban a los señores con las cosechas.

Feudo

He hecho un contrato con un caballero.

Cosechas — Terrateniente (señor feudal) — Feudo

Nunca he salido del feudo porque tengo tareas agrícolas.

Protejo el feudo del enemigo.

Arrendamiento — Apoyo militar

Feudalismo Servidumbre

Siervo — Impuestos — Predicación — Caballero

Predicación — Donación

Iglesia
Existe una en cada feudo.

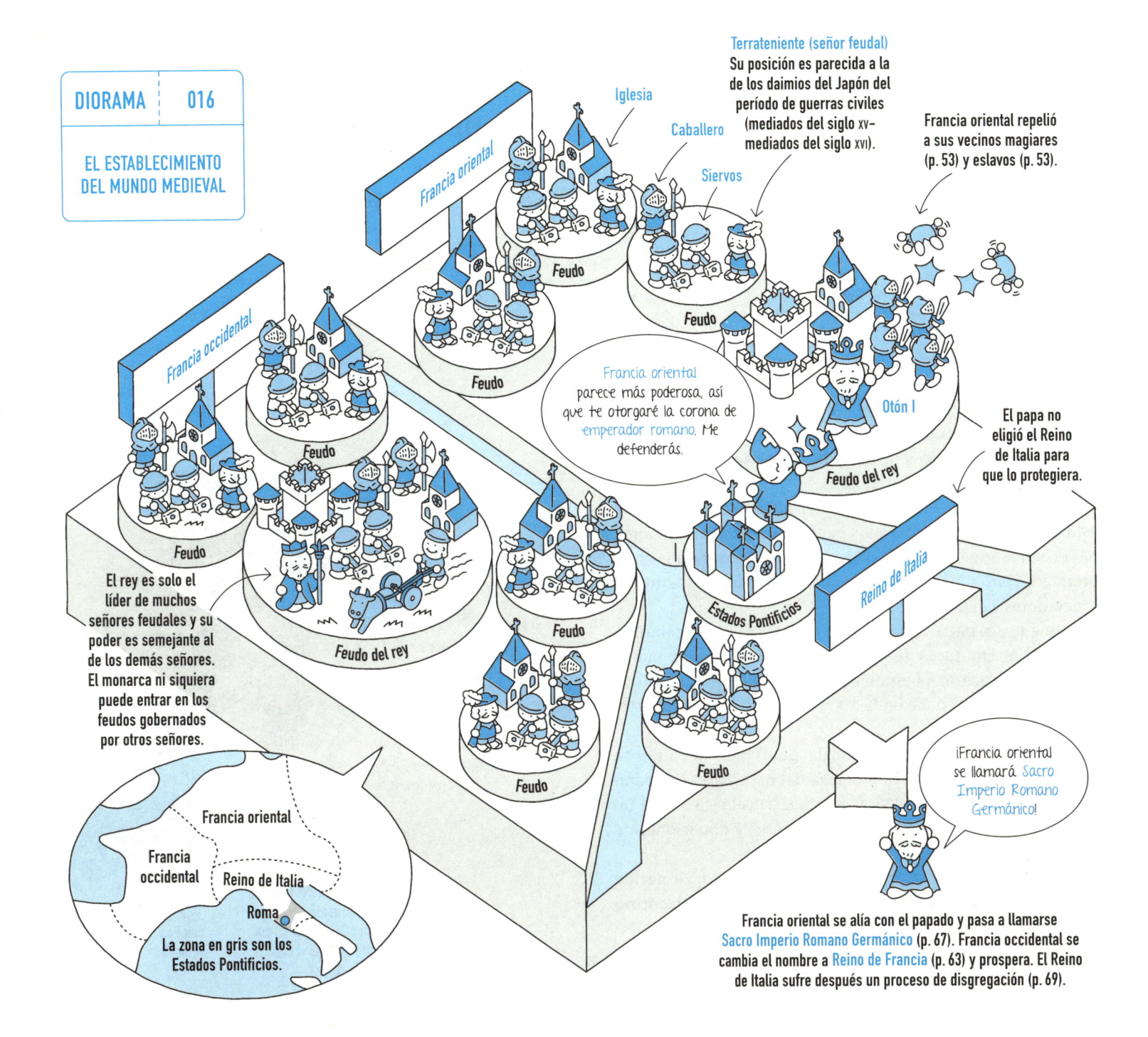

DIORAMA 016
EL ESTABLECIMIENTO DEL MUNDO MEDIEVAL

Francia oriental

Iglesia
Caballero
Terrateniente (señor feudal)
Su posición es parecida a la de los daimios del Japón del período de guerras civiles (mediados del siglo XV–mediados del siglo XVI).

Siervos

Francia oriental repelió a sus vecinos magiares (p. 53) y eslavos (p. 53).

Feudo

Francia oriental parece más poderosa, así que te otorgaré la corona de emperador romano. Me defenderás.

Otón I

Feudo del rey

El papa no eligió el Reino de Italia para que lo protegiera.

Francia occidental

Feudo

El rey es solo el líder de muchos señores feudales y su poder es semejante al de los demás señores. El monarca ni siquiera puede entrar en los feudos gobernados por otros señores.

Feudo del rey

Feudo

Estados Pontificios

Reino de Italia

Feudo

Feudo

¡Francia oriental se llamará Sacro Imperio Romano Germánico!

Francia oriental
Francia occidental
Reino de Italia
Roma
La zona en gris son los Estados Pontificios.

Francia oriental se alía con el papado y pasa a llamarse Sacro Imperio Romano Germánico (p. 67). Francia occidental se cambia el nombre a Reino de Francia (p. 63) y prospera. El Reino de Italia sufre después un proceso de disgregación (p. 69).

47

017 — LA PENITENCIA DE CANOSA

EL PODER DE LA IGLESIA ALCANZA SU APOGEO

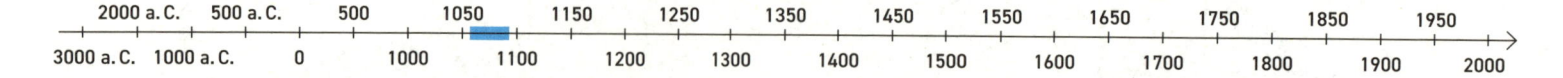

Cuando **Enrique IV** (g. 1056-1106) era **emperador** del **Sacro Imperio Romano Germánico** (p. 46), el **derecho a nombrar obispos y otros clérigos** (**investidura**) pertenecía tradicionalmente al **emperador** del Sacro Imperio. Dado que ostentar un cargo eclesiástico significaba una vida opulenta, los sobornos al emperador estaban muy extendidos.

Para atajar esta situación, el **papa** declaró que el derecho a investir clérigos correspondía a los papas y no a los emperadores. Pero el emperador no estaba dispuesto a ninguna merma en su autoridad. Surgió así la **querella de las investiduras** entre los emperadores y el papado.

Finalmente, el papa **Gregorio VII** (g. 1073-1085) **excomulgó** al emperador Enrique IV (una persona excomulgada no puede alcanzar la salvación). El emperador quedó estupefacto y tuvo que pedir perdón al papa en la nieve, descalzo ante las puertas del **castillo de Canosa**.

Este incidente se conoce como la **penitencia de Canosa** (1077) y muestra la enorme influencia del papado en comparación con los reyes y emperadores. La Iglesia católica reunía un gran poder al recaudar **impuestos** (**diezmos**) y donaciones de toda Europa occidental.

En esta posición de supremacía papal, Gregorio VII decide promover una **cruzada** (p. 56) para salvar al **Imperio bizantino** (p. 54), sumido en una crisis por los ataques musulmanes.

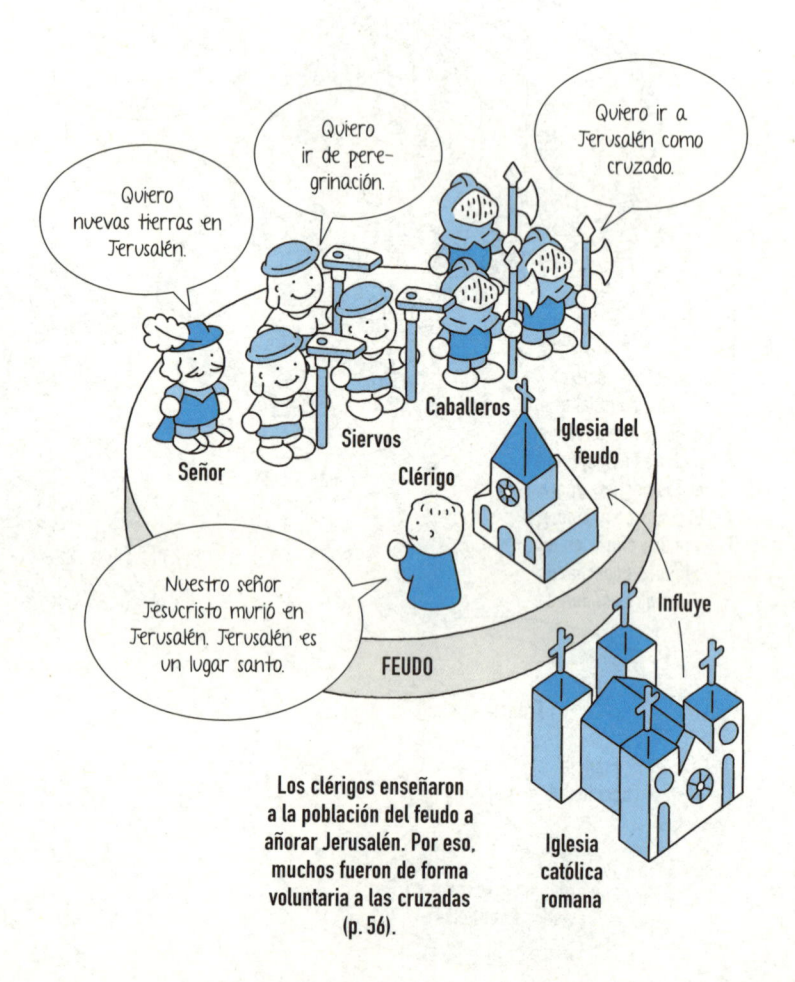

Los clérigos enseñaron a la población del feudo a añorar Jerusalén. Por eso, muchos fueron de forma voluntaria a las cruzadas (p. 56).

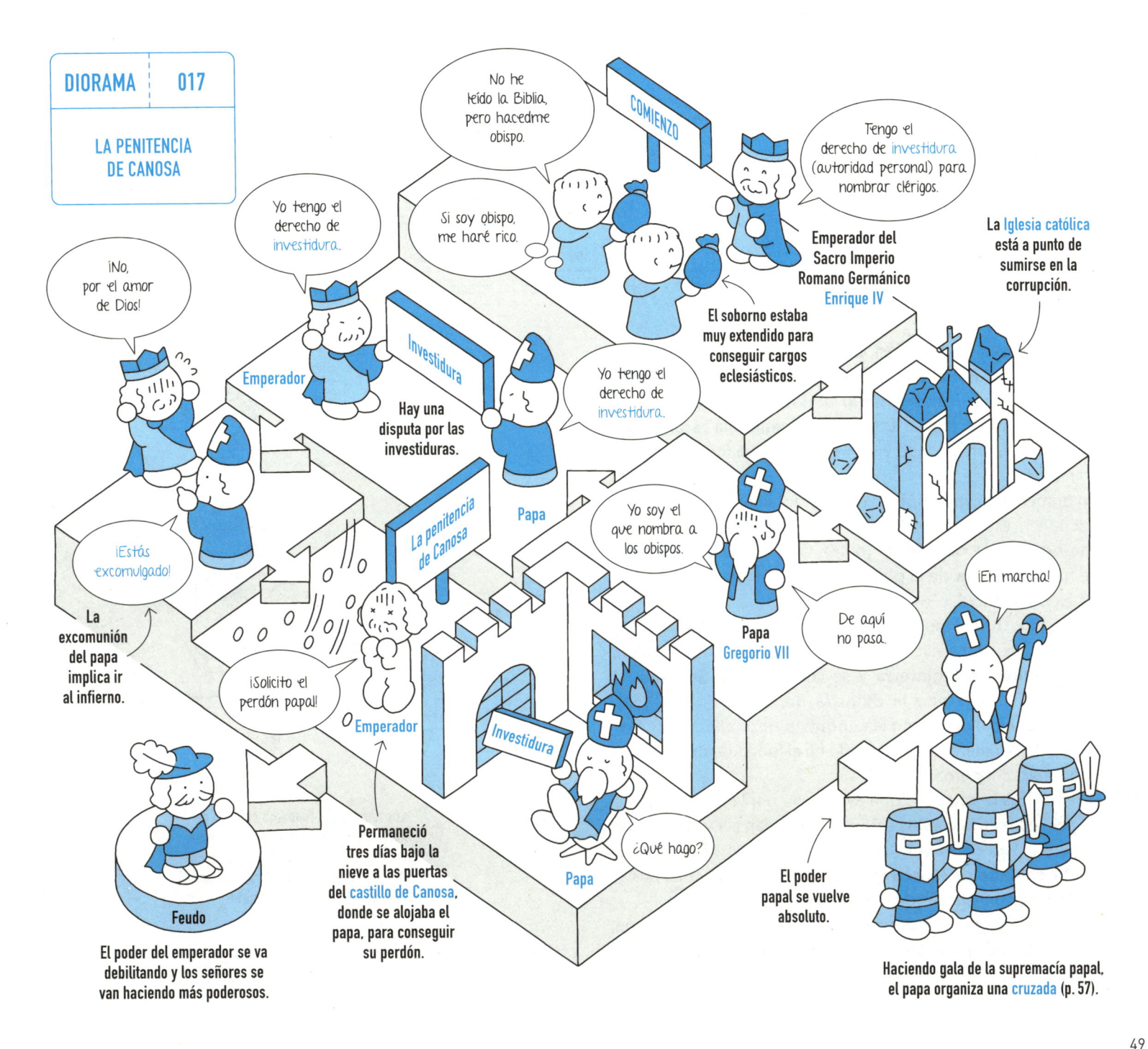

DIORAMA 017
LA PENITENCIA DE CANOSA

018 LAS MIGRACIONES NORMANDAS

LOS VIKINGOS VENIDOS DEL NORTE

Poco después de las migraciones de los **pueblos germanos** (p. 42) se produjo otra gran migración de los pueblos del norte de Europa. En esta ocasión, los **normandos**, conocidos como **vikingos**, emigraron desde Jutlandia y la península escandinava en busca de lugares donde vivir y empezaron a fundar sus propios reinos.

En primer lugar, un grupo de normandos liderados por **Rollón** (*c.* 860-933) establece el **Ducado de Normandía** en la franja norte de **Francia occidental** (p. 46). Otro grupo escindido de este fundó en el sur de la península itálica el **Reino de las Dos Sicilias** (1130-1860).

Asimismo, **Guillermo** (alrededor de 1027-1087), **duque de Normandía** y descendiente de quinta generación de Rollón, llegó al **Reino de Inglaterra** y se coronó como **Guillermo I** (g. 1066-1087), iniciando la **dinastía normanda** (1066-1154). Este hecho se conoce como la **conquista normanda de Inglaterra** (1066). Guillermo I se convirtió en el fundador de la familia real británica moderna.

Además, los normandos que avanzaron por la cuenca del río Dniéper se unieron con los **eslavos** que vivían allí y crearon en el siglo IX la **Rus de Nóvgorod** y la **Rus de Kiev** (siglos IX-XIII). El **Gran Principado de Moscú** (p. 52), el origen de la actual Rusia, se independizó de la Rus de Kiev.

Más tarde, los normandos pusieron fin a su gran migración fundando los **reinos de Dinamarca, Noruega y Suecia**.

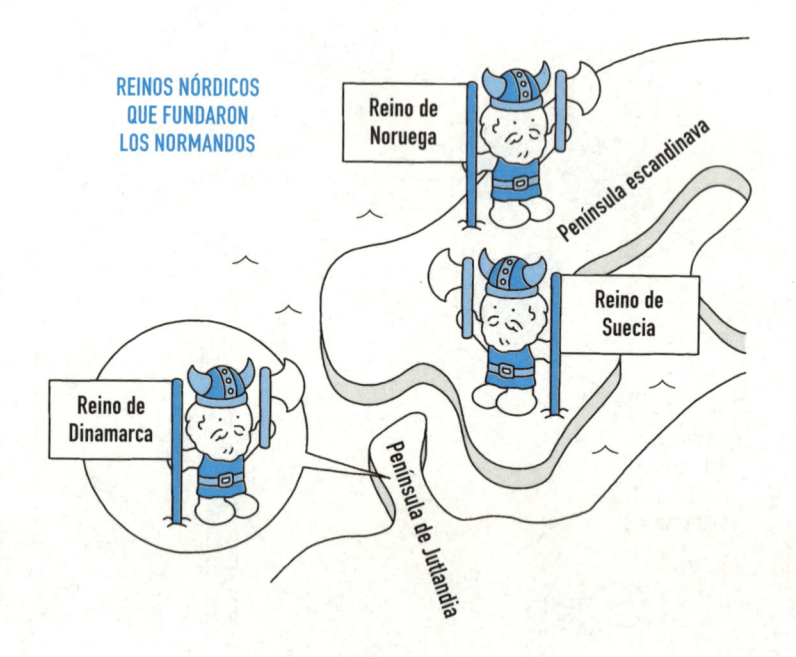

REINOS NÓRDICOS QUE FUNDARON LOS NORMANDOS

Los normandos fundaron el Reino de Dinamarca en la península de Jutlandia, donde viven en la actualidad, y el Reino de Noruega y el Reino de Suecia en la península escandinava.

DIORAMA	018
	LAS MIGRACIONES NORMANDAS

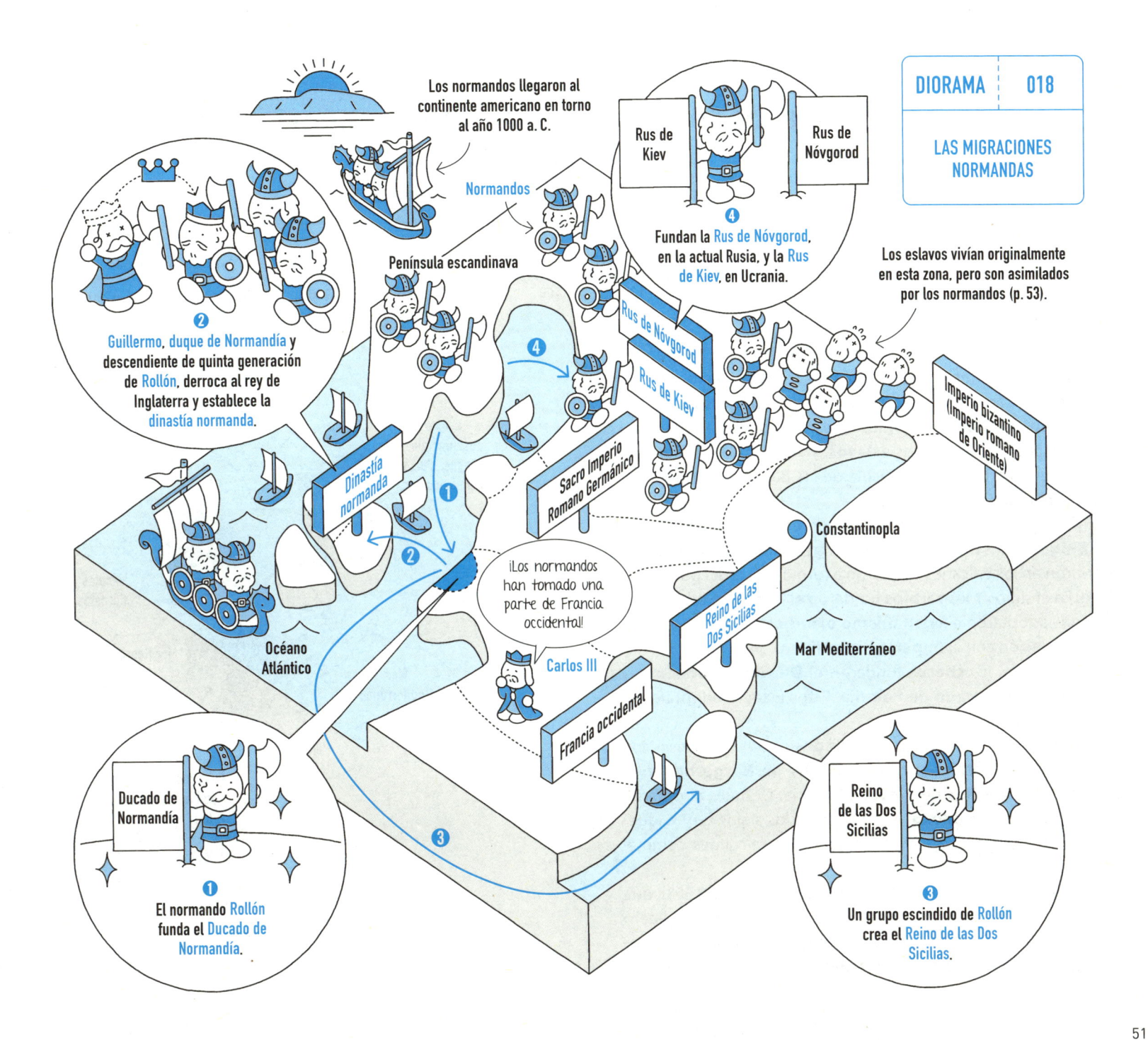

Los normandos llegaron al continente americano en torno al año 1000 a. C.

Normandos

Península escandinava

Los eslavos vivían originalmente en esta zona, pero son asimilados por los normandos (p. 53).

Rus de Kiev — **Rus de Nóvgorod**

❹ Fundan la **Rus de Nóvgorod**, en la actual Rusia, y la **Rus de Kiev**, en Ucrania.

❷ **Guillermo**, duque de Normandía y descendiente de quinta generación de **Rollón**, derroca al rey de Inglaterra y establece la **dinastía normanda**.

Dinastía normanda

Sacro Imperio Romano Germánico

Rus de Nóvgorod

Rus de Kiev

Imperio bizantino (Imperio romano de Oriente)

Constantinopla

¡Los normandos han tomado una parte de Francia occidental!

Reino de las Dos Sicilias

Mar Mediterráneo

Océano Atlántico

Carlos III

Francia occidental

Ducado de Normandía

❶ El normando **Rollón** funda el **Ducado de Normandía**.

Reino de las Dos Sicilias

❸ Un grupo escindido de **Rollón** crea el **Reino de las Dos Sicilias**.

019 LOS PUEBLOS ESLAVOS Y LOS PAÍSES DE EUROPA ORIENTAL

EL MUNDO EUROPEO EN EXPANSIÓN

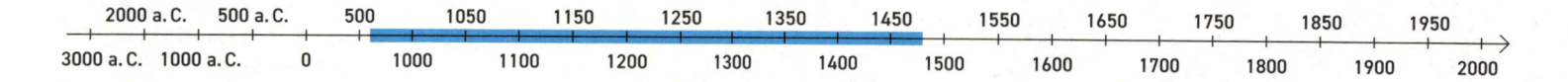

Al nordeste de la península de los Balcanes se encuentran los imponentes montes Cárpatos. **Polacos**, **checos** y **eslovacos**, al oeste de los Cárpatos; **rusos**, al este, y **eslovenos**, **croatas** y **serbios**, al sur, crearon sus propias áreas culturales. Pertenecían a un mismo grupo étnico, los **eslavos**, y se extendieron desde el este de Europa hasta la península de los Balcanes, aunque acabaron creando Estados diferentes.

En el siglo VII, los **búlgaros** fundaron en esta zona el **Kanato de Bulgaria**. Los búlgaros eran de origen turco (no eslavo), pero entraron en los Balcanes y pasaron a formar parte del pueblo eslavo. En el siglo XII, los **serbios** fundaron el Reino de Serbia. Estos Estados adoptaron el **cristianismo ortodoxo** (p. 38) y estrecharon su relación con el **Imperio bizantino** (p. 54).

En el siglo X, los **checos** fundaron el **Ducado de Bohemia** y los polacos, el **Ducado de Polonia**. Estos Estados adoptaron el **cristianismo católico** (p. 38).

Además, en el siglo IX, los **normandos** (p. 50) se unieron con los **eslavos orientales** y crearon la **Rus de Nóvgorod**, en la actual Rusia, y la **Rus de Kiev**, en Ucrania. Después adoptaron el **cristianismo ortodoxo**, aunque entre los siglos XIII y XV quedaron bajo el dominio mongol. Esta época se conoce como el «**yugo tártaro**».

El **Gran Principado de Moscú** de **Iván III** (g. 1462-1505), que se desarrolló en torno a la ciudad comercial de Moscú, los liberó del dominio mongol en el siglo XV. Iván III se consideraba sucesor del legado del **Imperio bizantino** y consideró a Moscú la **tercera Roma**.

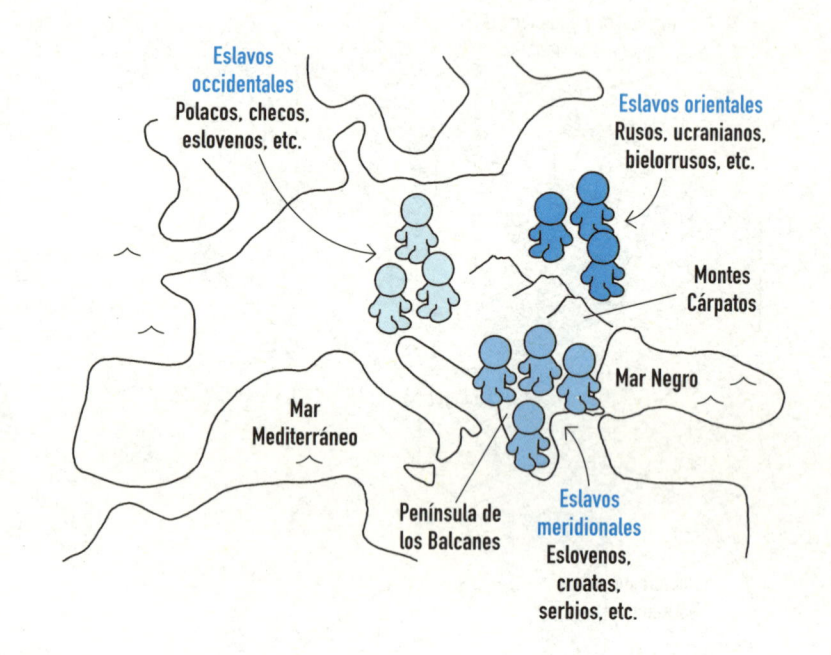

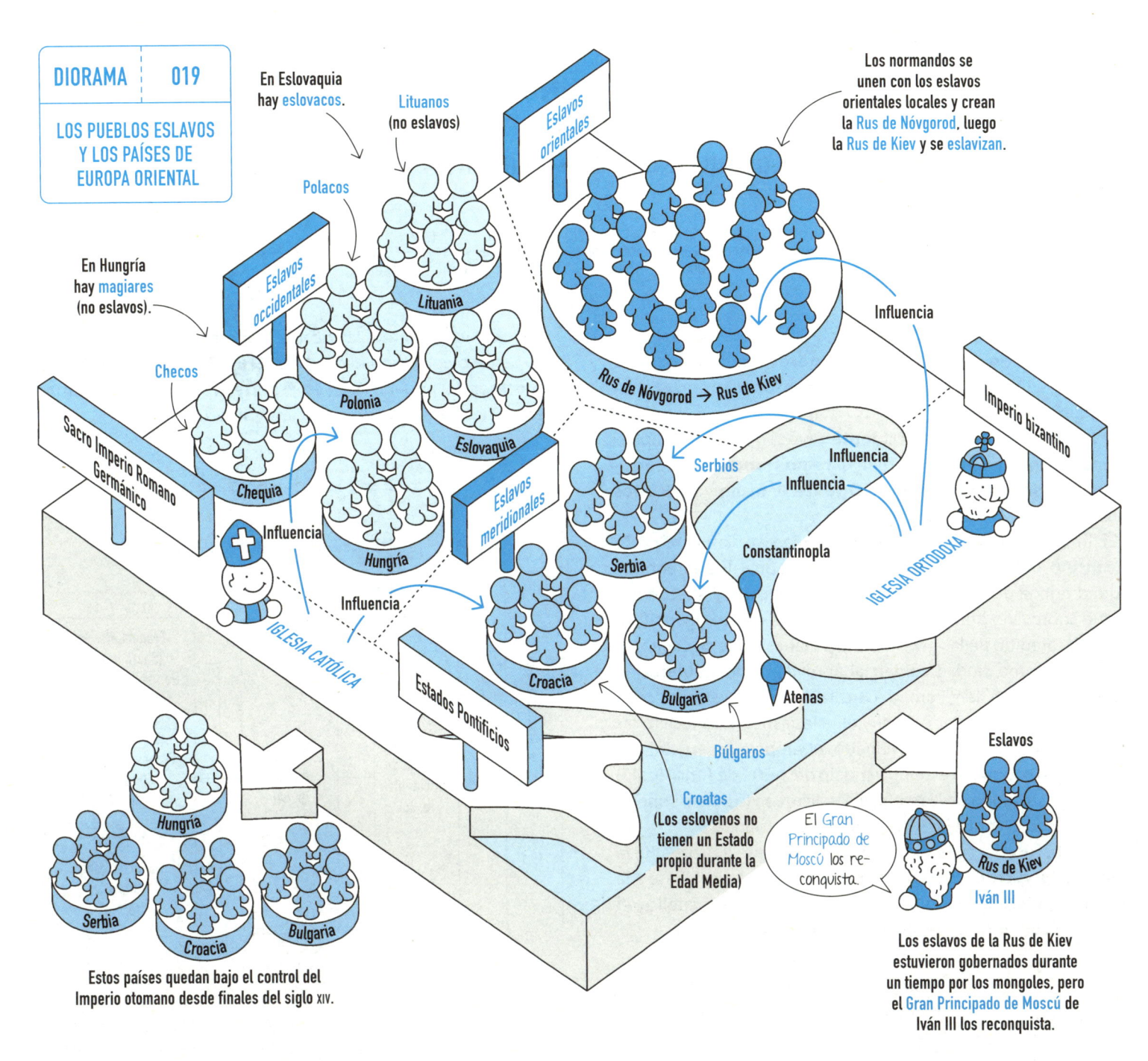

DIORAMA 019
LOS PUEBLOS ESLAVOS Y LOS PAÍSES DE EUROPA ORIENTAL

En Eslovaquia hay **eslovacos**.

Lituanos (no eslavos)

Eslavos orientales

Los normandos se unen con los eslavos orientales locales y crean la **Rus de Nóvgorod**, luego la **Rus de Kiev** y se **eslavizan**.

Polacos

En Hungría hay **magiares** (no eslavos).

Eslavos occidentales

Lituania

Checos

Polonia

Eslovaquia

Rus de Nóvgorod → Rus de Kiev

Sacro Imperio Romano Germánico

Chequia

Influencia

Eslavos meridionales

Serbios

Influencia

Imperio bizantino

Hungría

Serbia

Influencia

Constantinopla

IGLESIA CATÓLICA

Influencia

IGLESIA ORTODOXA

Croacia

Bulgaria

Atenas

Estados Pontificios

Búlgaros

Croatas (Los eslovenos no tienen un Estado propio durante la Edad Media)

Hungría

Serbia

Croacia

Bulgaria

Estos países quedan bajo el control del Imperio otomano desde finales del siglo XIV.

El Gran Principado de Moscú los reconquista.

Eslavos

Rus de Kiev

Iván III

Los eslavos de la Rus de Kiev estuvieron gobernados durante un tiempo por los mongoles, pero el **Gran Principado de Moscú** de Iván III los reconquista.

53

020 — EL IMPERIO BIZANTINO Y LA IGLESIA ORTODOXA

LOS MIL AÑOS DEL IMPERIO ROMANO DE ORIENTE

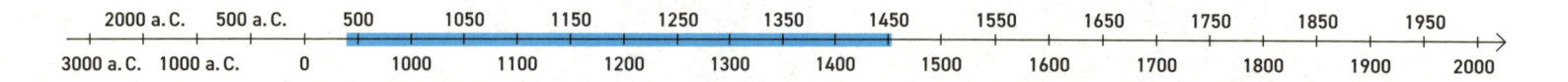

A la muerte del emperador **Teodosio**, el Imperio romano se dividió en el **Imperio romano de Occidente**, de tradición **cristiana católica**, y el **Imperio romano de Oriente**, de tradición **cristiana ortodoxa** (p. 36).

El **Imperio romano de Occidente** cayó a manos de los pueblos germanos y se reencarnó en el **reino franco** (p. 44), mientras que el **Imperio romano de Oriente** se mantuvo **mil años** más.

El Imperio romano de Oriente también se llama **Imperio bizantino (395-1453)** debido a que su capital fue la antigua ciudad griega de **Bizancio** (Constantinopla, p. 36). La razón por la que sobrevivió durante un milenio es que estuvo geográficamente protegido de las invasiones germanas y que su capital se desarrolló como ciudad comercial aprovechando su ubicación en el centro de Asia y Europa. Otro factor fue la estrecha colaboración entre el poder estatal y el eclesiástico, que facilitó las tareas de gobierno. Bajo su reinado, el emperador **Justiniano (g. 527-565)** conquistó el reino vándalo del norte de África (p. 42) y el reino ostrogodo de la península itálica, con lo que el Imperio bizantino logró controlar toda el área mediterránea.

Sin embargo, después sufrieron una aplastante derrota ante la **dinastía selyúcida** (dinastía islámica de origen turco). Pese a la ayuda de los **cruzados** (p. 56) enviados por la Iglesia católica, el **Imperio otomano** conquistó al bizantino.

No obstante, cuando la sobrina del último emperador bizantino se casó con Iván III (p. 52) del **Gran Principado de Moscú** (antecesor del Imperio ruso) en el norte, **Rusia** heredó la cultura y el **cristianismo ortodoxo** del Imperio bizantino.

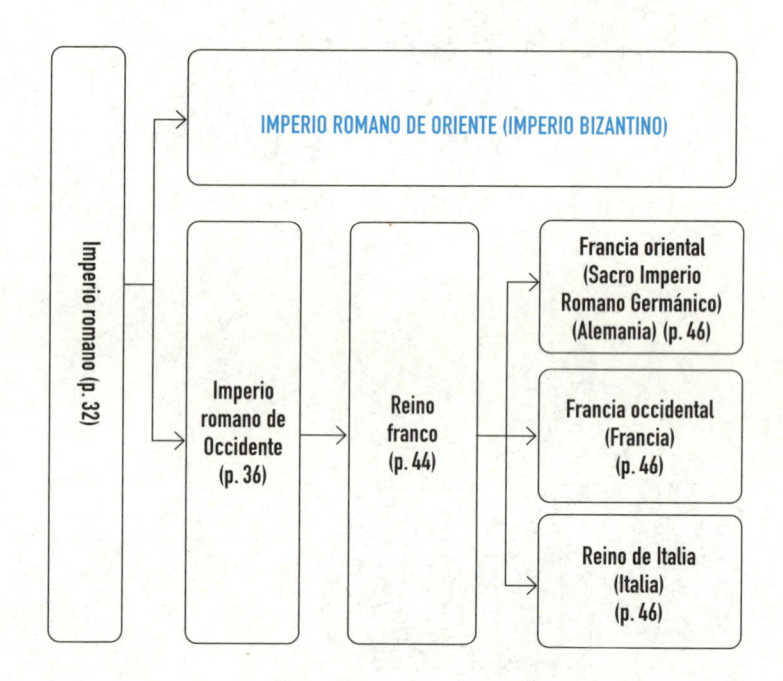

Imperio romano (p. 32)
→ IMPERIO ROMANO DE ORIENTE (IMPERIO BIZANTINO)
→ Imperio romano de Occidente (p. 36) → Reino franco (p. 44) →
- Francia oriental (Sacro Imperio Romano Germánico) (Alemania) (p. 46)
- Francia occidental (Francia) (p. 46)
- Reino de Italia (Italia) (p. 46)

DIORAMA 020

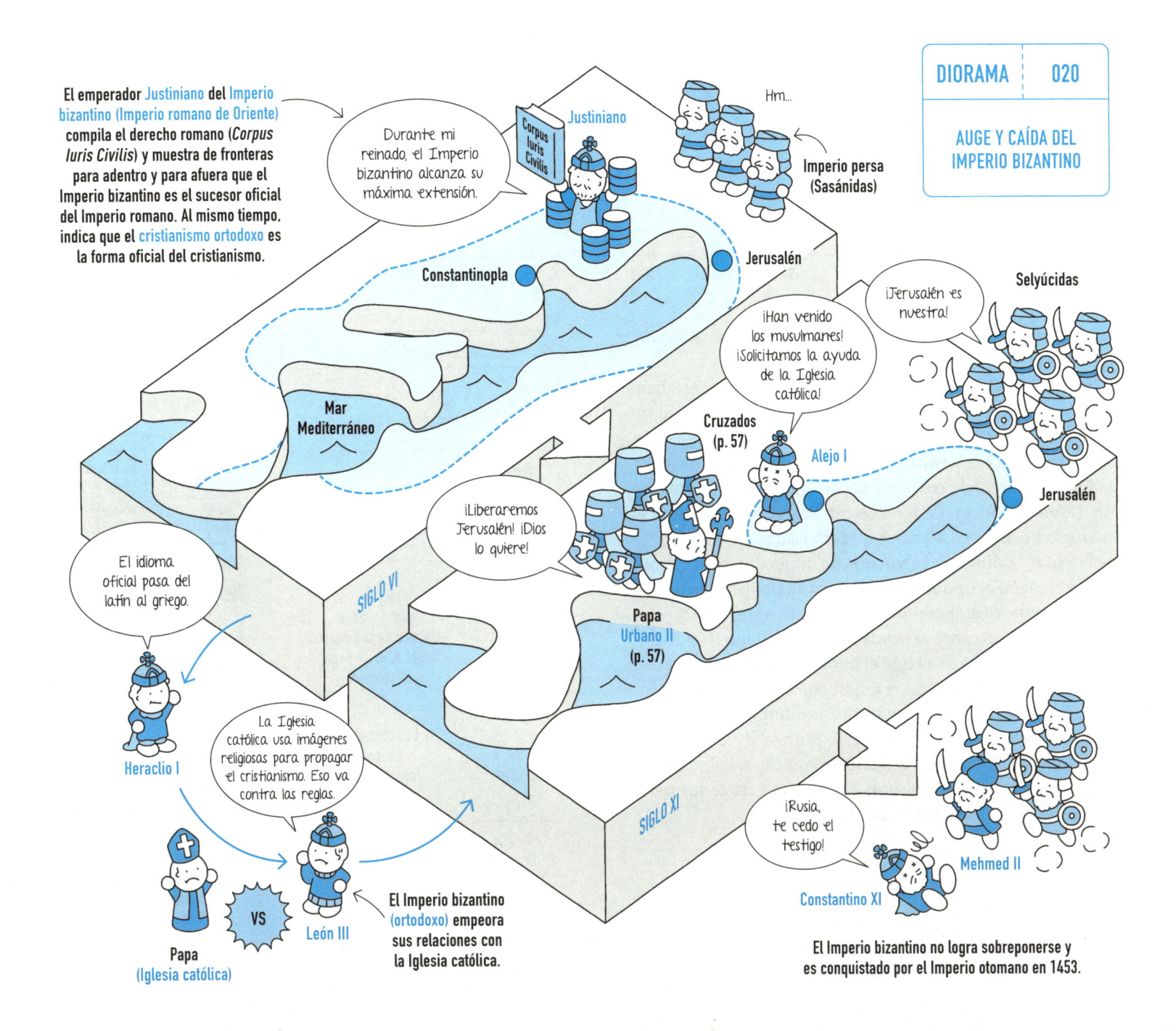

AUGE Y CAÍDA DEL IMPERIO BIZANTINO

El emperador **Justiniano** del **Imperio bizantino (Imperio romano de Oriente)** compila el derecho romano (*Corpus Iuris Civilis*) y muestra de fronteras para adentro y para afuera que el Imperio bizantino es el sucesor oficial del Imperio romano. Al mismo tiempo, indica que el **cristianismo ortodoxo** es la forma oficial del cristianismo.

Durante mi reinado, el Imperio bizantino alcanza su máxima extensión. — **Justiniano**

Hm... — **Imperio persa (Sasánidas)**

Constantinopla · **Jerusalén** · **Mar Mediterráneo**

¡Jerusalén es nuestra! — **Selyúcidas**

¡Han venido los musulmanes! ¡Solicitamos la ayuda de la Iglesia católica! — **Alejo I**

Cruzados (p. 57)

¡Liberaremos Jerusalén! ¡Dios lo quiere! — **Papa Urbano II (p. 57)**

SIGLO VI

El idioma oficial pasa del latín al griego. — **Heraclio I**

La Iglesia católica usa imágenes religiosas para propagar el cristianismo. Eso va contra las reglas.

Papa (Iglesia católica) VS **León III**

El Imperio bizantino (ortodoxo) empeora sus relaciones con la Iglesia católica.

SIGLO XI

¡Rusia, te cedo el testigo! — **Constantino XI**

Mehmed II

El Imperio bizantino no logra sobreponerse y es conquistado por el Imperio otomano en 1453.

55

021 LAS CRUZADAS ①

LOS CRUZADOS EN TIERRA SANTA

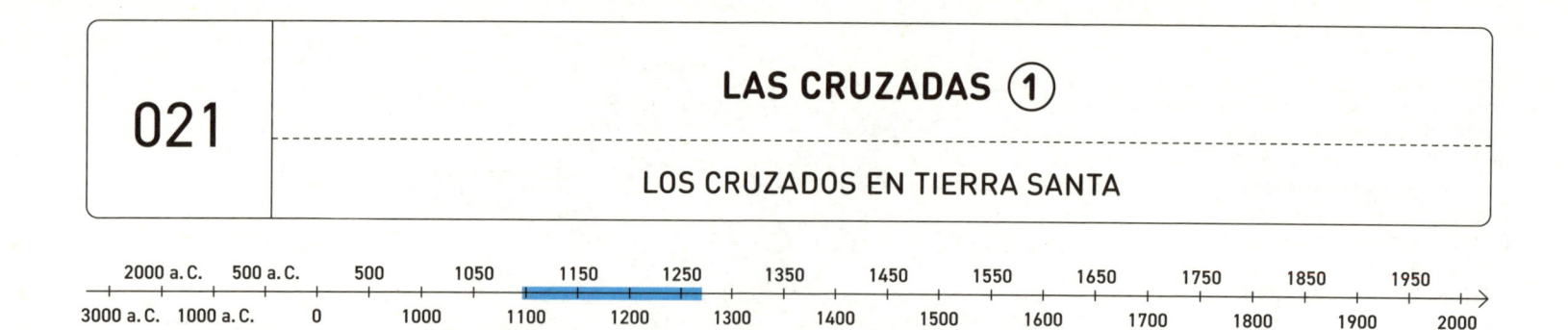

El acontecimiento más emblemático de la Edad Media fueron **las cruzadas** (1096-1270).

La **Iglesia católica** usó **imágenes religiosas**, que estaban prohibidas, para propagar el cristianismo entre los pueblos germanos (p. 44). El **Imperio romano de Oriente** criticó la medida e insistió en que el **cristianismo ortodoxo** en el que ellos creían era la forma correcta de cristianismo y el que preservaba la tradición. Desde entonces, las Iglesias católica y ortodoxa, pese a compartir la doctrina cristiana, empezaron a distanciarse.

En el siglo XI, la **dinastía selyúcida**, de origen turco y cuya religión era el islam, ocupó **Jerusalén**, lugar santo del Imperio romano de Oriente. Al emperador romano de Oriente no le quedó más remedio que recurrir a la ayuda del papa **Urbano II** (g. 1088-1099), en un momento en el que el poder papal de la Iglesia católica estaba en su apogeo. La respuesta de Urbano II fue enviar una **cruzada** a Jerusalén (**Concilio de Clermont, 1095**).

El ejército cruzado estaba compuesto por efectivos del Sacro Imperio Romano Germánico, el Reino de Francia, el Reino de Inglaterra y otros países. Se llevaron a cabo **siete cruzadas** para liberar Jerusalén y otros lugares santos.

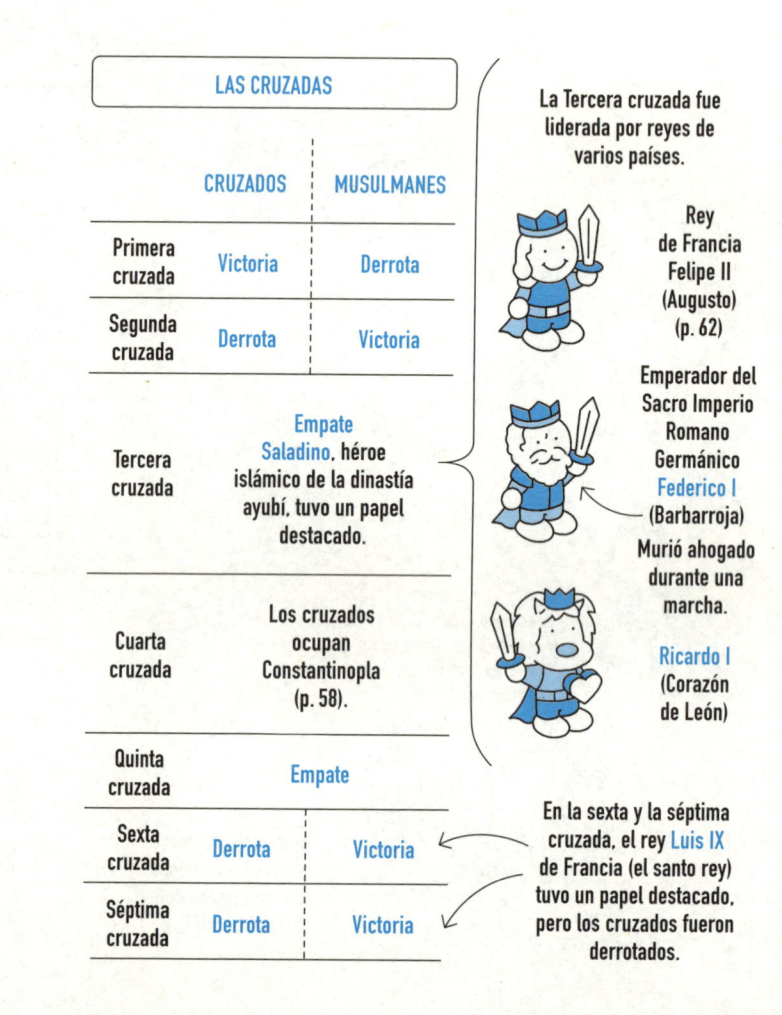

LAS CRUZADAS

	CRUZADOS	MUSULMANES
Primera cruzada	Victoria	Derrota
Segunda cruzada	Derrota	Victoria
Tercera cruzada	\multicolumn{2}{c}{Empate} Saladino, héroe islámico de la dinastía ayubí, tuvo un papel destacado.	
Cuarta cruzada	\multicolumn{2}{c}{Los cruzados ocupan Constantinopla (p. 58).}	
Quinta cruzada	Empate	
Sexta cruzada	Derrota	Victoria
Séptima cruzada	Derrota	Victoria

La Tercera cruzada fue liderada por reyes de varios países.

Rey de Francia Felipe II (Augusto) (p. 62)

Emperador del Sacro Imperio Romano Germánico Federico I (Barbarroja) Murió ahogado durante una marcha.

Ricardo I (Corazón de León)

En la sexta y la séptima cruzada, el rey Luis IX de Francia (el santo rey) tuvo un papel destacado, pero los cruzados fueron derrotados.

DIORAMA 021

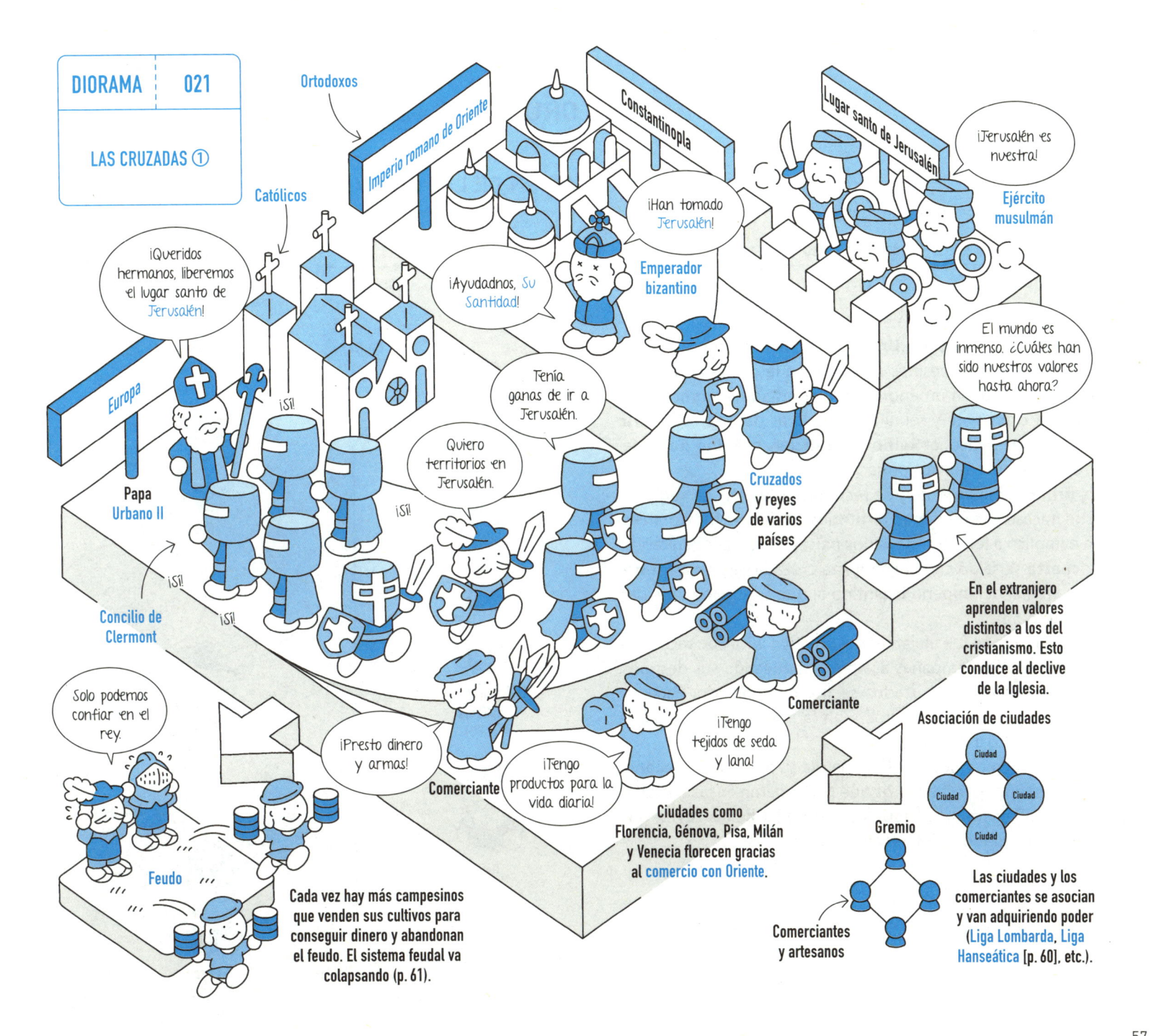

LAS CRUZADAS ①

Ortodoxos

Imperio romano de Oriente

Constantinopla

Lugar santo de Jerusalén

¡Jerusalén es nuestra!

Ejército musulmán

Católicos

¡Han tomado Jerusalén!

¡Ayudadnos, Su Santidad!

Emperador bizantino

¡Queridos hermanos, liberemos el lugar santo de Jerusalén!

Europa

Tenía ganas de ir a Jerusalén.

Quiero territorios en Jerusalén.

El mundo es inmenso. ¿Cuáles han sido nuestros valores hasta ahora?

Papa Urbano II

¡Sí!

¡Sí!

¡Sí!

Cruzados y reyes de varios países

Concilio de Clermont

En el extranjero aprenden valores distintos a los del cristianismo. Esto conduce al declive de la Iglesia.

Solo podemos confiar en el rey.

¡Presto dinero y armas!

¡Tengo productos para la vida diaria!

¡Tengo tejidos de seda y lana!

Comerciante

Comerciante

Asociación de ciudades

Feudo

Comerciante

Ciudades como Florencia, Génova, Pisa, Milán y Venecia florecen gracias al **comercio con Oriente**.

Gremio

Ciudad — Ciudad — Ciudad — Ciudad

Cada vez hay más campesinos que venden sus cultivos para conseguir dinero y abandonan el feudo. El sistema feudal va colapsando (p. 61).

Comerciantes y artesanos

Las ciudades y los comerciantes se asocian y van adquiriendo poder (**Liga Lombarda**, **Liga Hanseática** [p. 60], etc.).

022 LAS CRUZADAS ②

LA SECULARIZACIÓN DE LAS CRUZADAS

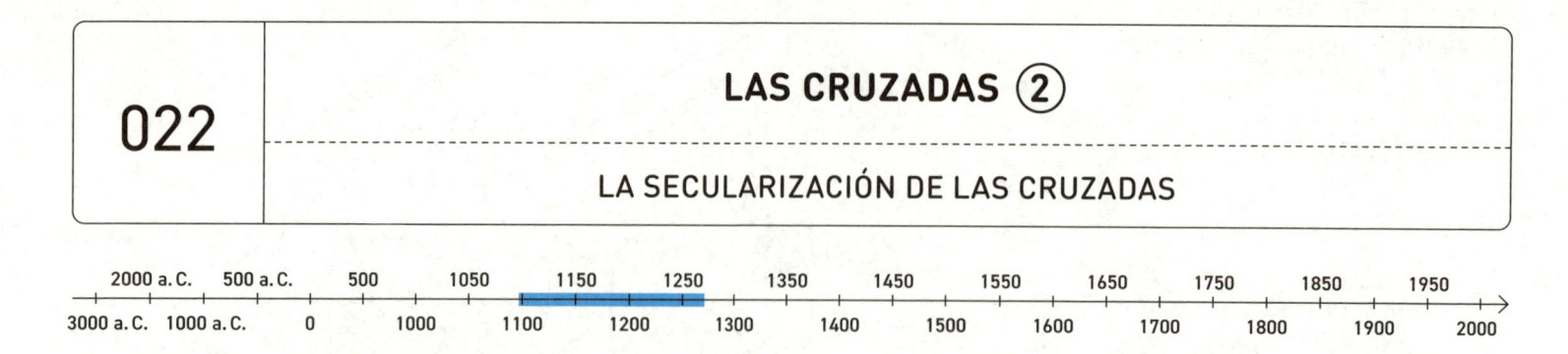

Al llamamiento del papa **Urbano II**, muchos señores feudales, caballeros y campesinos se unieron a la cruzada (p. 56). La Iglesia católica tenía un enorme poder en aquel momento. Se llevaron a cabo siete y reunieron efectivos del **Sacro Imperio Romano Germánico**, el **Reino de Francia** y el **Reino de Inglaterra**, entre otros muchos países.

La **primera** fue un éxito y se recuperó Jerusalén. La **segunda** fue un fracaso y se perdieron territorios. La **tercera** fue a gran escala e implicó a los reyes de varios países, pero acabó en tablas. Y la **cuarta** se saldó con la conquista cruzada de **Constantinopla**, la capital del Imperio bizantino al que se supone que iban a ayudar (p. 56).

Cada cruzada se fue alejando del objetivo inicial de recuperar Tierra Santa y las campañas acabaron saqueando sus destinos. La reputación de los cruzados se fue deteriorando. Paralelamente, la confianza en el papa y en la autoridad de la Iglesia católica empezó a disminuir.

Al mismo tiempo que la Iglesia perdía su autoridad, la economía de los señores y caballeros que participaron en las cruzadas se resintió. En cambio, se fortaleció el poder de los **reyes**, que habían demostrado su liderazgo en las cruzadas.

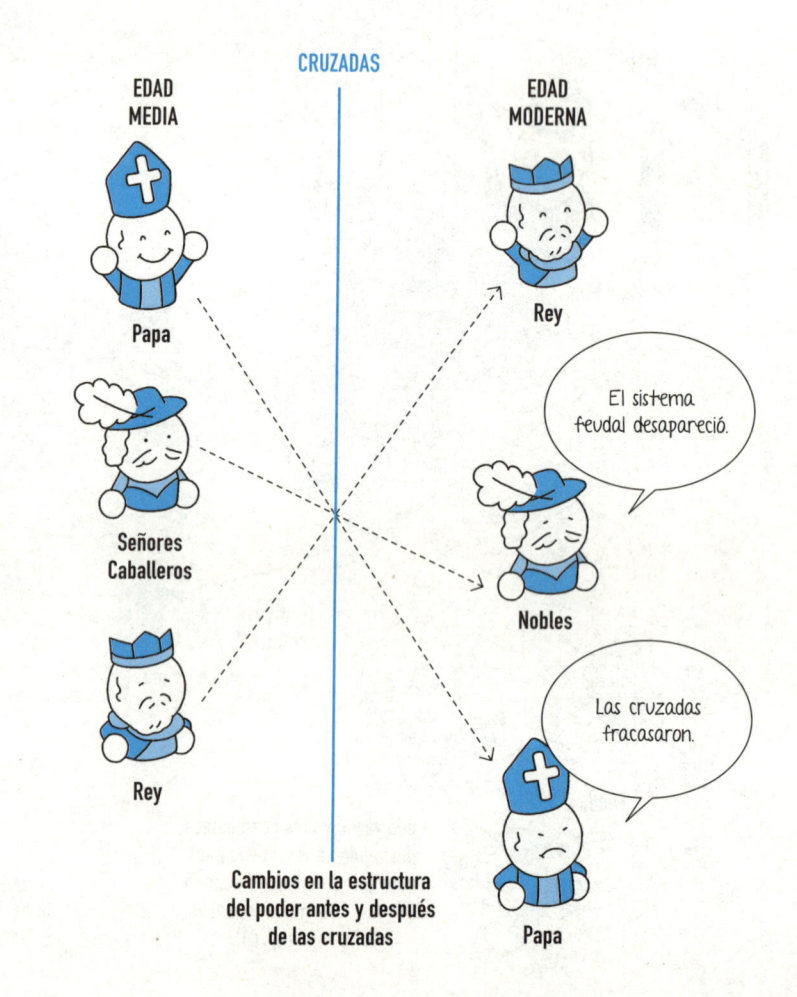

CRUZADAS

EDAD MEDIA — EDAD MODERNA

Papa → Rey
Señores Caballeros → Nobles ("El sistema feudal desapareció.")
Rey → Papa ("Las cruzadas fracasaron.")

Cambios en la estructura del poder antes y después de las cruzadas

DIORAMA 022

LAS CRUZADAS ②

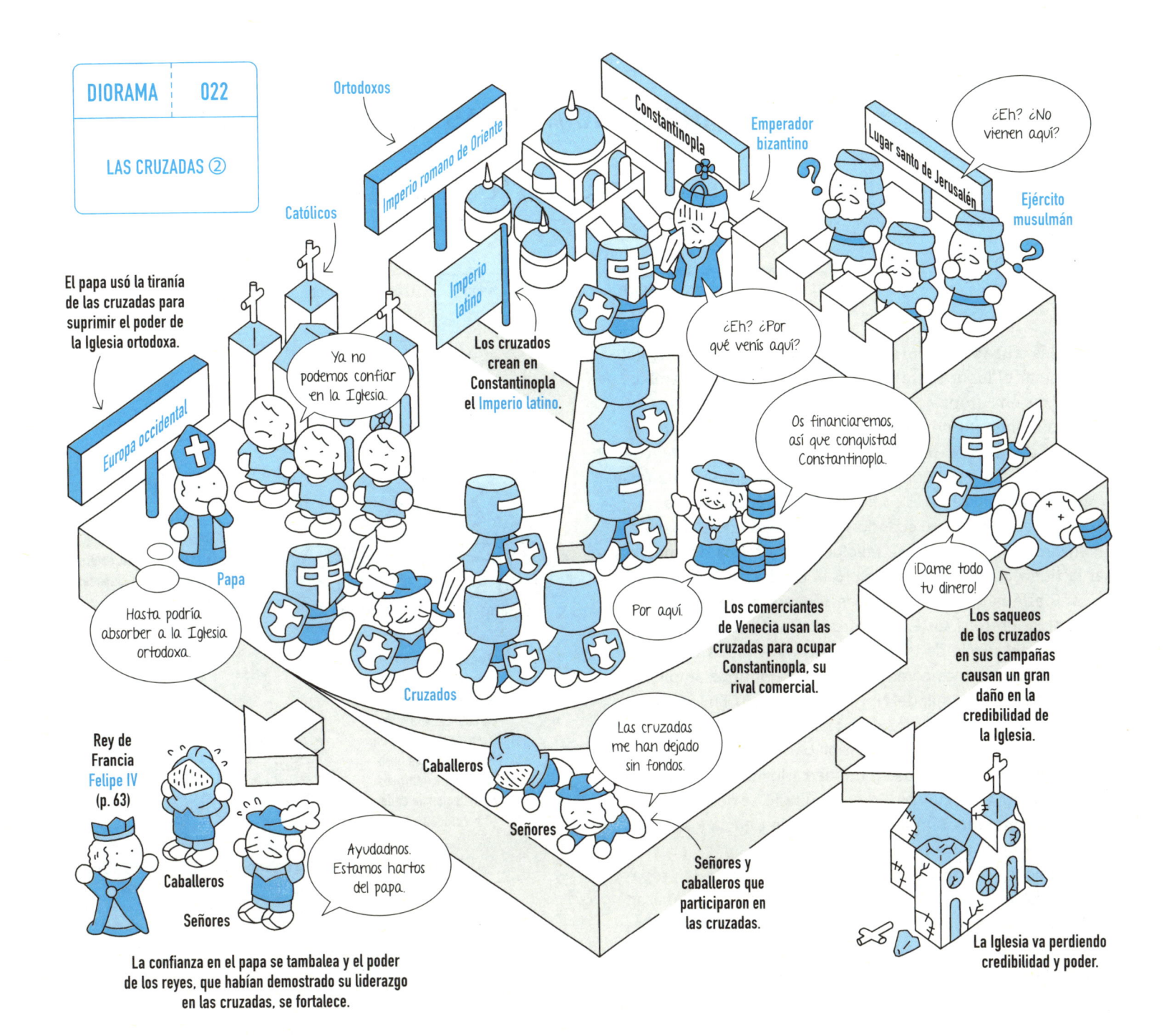

El papa usó la tiranía de las cruzadas para suprimir el poder de la Iglesia ortodoxa.

Ortodoxos

Imperio romano de Oriente

Constantinopla

Emperador bizantino

Lugar santo de Jerusalén

¿Eh? ¿No vienen aquí?

Ejército musulmán

Católicos

Europa occidental

Papa

Hasta podría absorber a la Iglesia ortodoxa.

Ya no podemos confiar en la Iglesia.

Imperio latino

Los cruzados crean en Constantinopla el Imperio latino.

¿Eh? ¿Por qué venís aquí?

Os financiaremos, así que conquistad Constantinopla.

Por aquí.

Los comerciantes de Venecia usan las cruzadas para ocupar Constantinopla, su rival comercial.

¡Dame todo tu dinero!

Los saqueos de los cruzados en sus campañas causan un gran daño en la credibilidad de la Iglesia.

Cruzados

Las cruzadas me han dejado sin fondos.

Caballeros

Señores

Señores y caballeros que participaron en las cruzadas.

Rey de Francia Felipe IV (p. 63)

Caballeros

Señores

Ayudadnos. Estamos hartos del papa.

La confianza en el papa se tambalea y el poder de los reyes, que habían demostrado su liderazgo en las cruzadas, se fortalece.

La Iglesia va perdiendo credibilidad y poder.

023 LA INFLUENCIA DE LAS CRUZADAS

LA CRISIS DEL SISTEMA FEUDAL Y EL DESARROLLO DEL COMERCIO

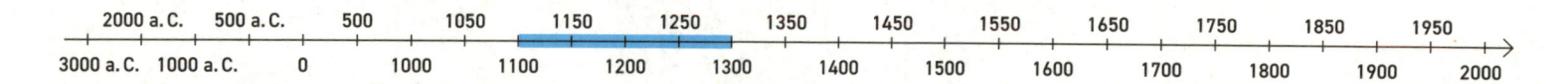

Aunque las **cruzadas** (p. 56) se desviaron de su objetivo original de recuperar el lugar santo de Jerusalén, provocaron cambios importantes en Europa.

El desplazamiento de los cruzados vino acompañado de un desarrollo del transporte y se activó el comercio oriental con mercaderes islámicos. Como resultado, surgieron ciudades-república independientes como **Venecia**, **Génova** y **Pisa**.

Además, en el siglo XII, cuando las hachas y hoces de metal comenzaron a extenderse, se revolucionó la forma de aprovechar la tierra cultivable y se mejoró la productividad agrícola. Los campesinos que trabajaban en los feudos comenzaron a intercambiar entre sí sus excedentes de producción. Todo esto propició el desarrollo de las ciudades como centros comerciales. Ciudades alemanas como **Lübeck** y **Hamburgo** ampliaron sus alianzas desde el mar del Norte al mar Báltico. En Inglaterra, Londres prosperó asociándose con la industria lanera belga.

Los productos locales se intercambiaban en la región francesa de **Champaña**, convertida en un mercado internacional, y se extendieron por toda Europa. Como resultado, se desarrolló una economía monetaria. También florecieron la ciencia y la teología, y surgieron las universidades.

En el siglo XIV, la **Iglesia** no pudo hacer nada ante la propagación de la peste negra. Asimismo, los cruzados no pudieron recuperar Jerusalén y el papado perdió toda su autoridad. Los señores feudales y los caballeros también entraron en un proceso de decadencia. En cambio, el poder de los reyes aumentó.

Las alianzas entre ciudades como la Liga Hanseática, con sede en Lübeck, y la Liga Lombarda, con sede en Milán, surgieron para proteger los intereses y privilegios de cada ciudad.

Las asociaciones de comerciantes y artesanos (gremios) favorecieron el funcionamiento de las ciudades.

Se desarrollaron ciudades-república independientes como Venecia, Pisa y Génova.

DIORAMA 023

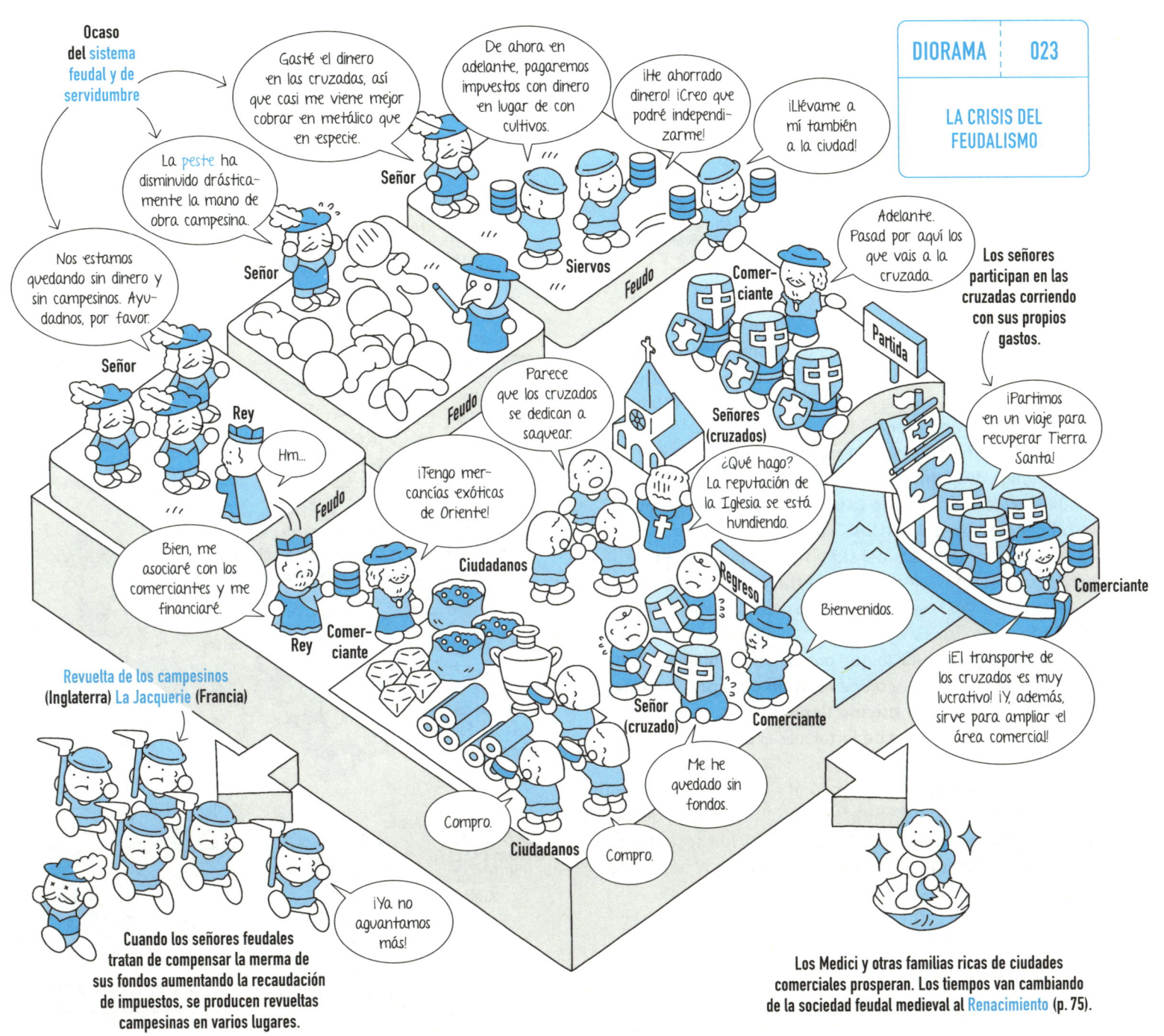

LA CRISIS DEL FEUDALISMO

Ocaso del sistema feudal y de servidumbre

"Gasté el dinero en las cruzadas, así que casi me viene mejor cobrar en metálico que en especie." — Señor

"La peste ha disminuido drásticamente la mano de obra campesina." — Señor

"De ahora en adelante, pagaremos impuestos con dinero en lugar de con cultivos." — Señor

"¡He ahorrado dinero! ¡Creo que podré independizarme!" — Siervos

"¡Llévame a mí también a la ciudad!"

"Nos estamos quedando sin dinero y sin campesinos. Ayudadnos, por favor." — Señor

"Hm..." — Rey

"Bien, me asociaré con los comerciantes y me financiaré." — Rey

"¡Tengo mercancías exóticas de Oriente!" — Comerciante

"Parece que los cruzados se dedican a saquear." — Ciudadanos

"Adelante. Pasad por aquí los que vais a la cruzada." — Comerciante

Los señores participan en las cruzadas corriendo con sus propios gastos.

"¿Qué hago? La reputación de la Iglesia se está hundiendo."

"¡Partimos en un viaje para recuperar Tierra Santa!" — Señores (cruzados)

"Bienvenidos."

"Me he quedado sin fondos." — Señor (cruzado)

"¡El transporte de los cruzados es muy lucrativo! ¡Y, además, sirve para ampliar el área comercial!" — Comerciante

"Compro." / "Compro." — Ciudadanos

Revuelta de los campesinos (Inglaterra) La Jacquerie (Francia)

"¡Ya no aguantamos más!"

Cuando los señores feudales tratan de compensar la merma de sus fondos aumentando la recaudación de impuestos, se producen revueltas campesinas en varios lugares.

Los Medici y otras familias ricas de ciudades comerciales prosperan. Los tiempos van cambiando de la sociedad feudal medieval al Renacimiento (p. 75).

024 — PAÍSES EN LA EDAD MEDIA ①

FRANCIA

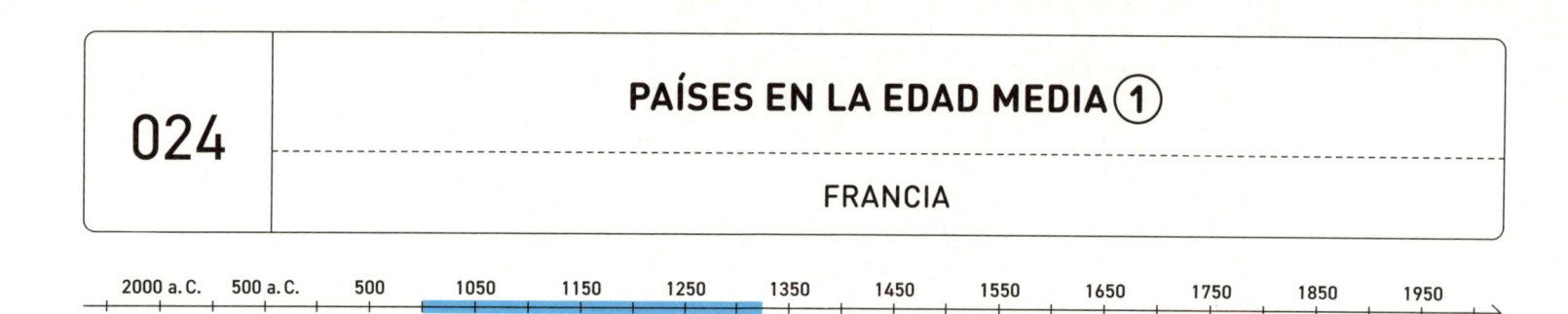

En la Edad Media, el mundo giraba en torno a la Iglesia. El poder del **papa** era considerable. Sin embargo, como el **movimiento cruzado** fue un fracaso, el prestigio de los papas comenzó a decaer (p. 58) y el poder secular se fue abriendo paso en su lugar. Estos cambios se produjeron en toda Europa.

En primer lugar, en el Reino de **Francia** que se fundó en el 987, cuando el linaje de la **dinastía carolingia** (p. 45) se interrumpió y el duque de los francos **Hugo Capeto** (g. 987-996) se convirtió en su primer rey (**dinastía de los Capetos,** 987-1328).

Sin embargo, a mediados del siglo XII, la mitad occidental de Francia pasó a ser posesión de Inglaterra (p. 64). En el siglo XIII, **Felipe II** (g. 1180-1223) recuperó gran parte de ese territorio.

En el siglo XIV, **Felipe IV** (g. 1285-1314), nieto de Felipe II, impuso impuestos a la Iglesia, lo que provocó un conflicto abierto con el papa. Por ello, convocó una **reunión de representantes del clero, la nobleza y el pueblo llano**, llamada **Estados Generales** (1302). Era su forma de fortalecer el Estado y oponerse al papa.

Al año siguiente, Felipe IV provocó el **atentado de Anagni** (1303), por el que el papa **Bonifacio VIII** (g. 1294-1303), que insistía en el carácter absoluto del poder papal, fue secuestrado y encarcelado. A raíz de este suceso, el rey Felipe IV afianzó su posición de poder.

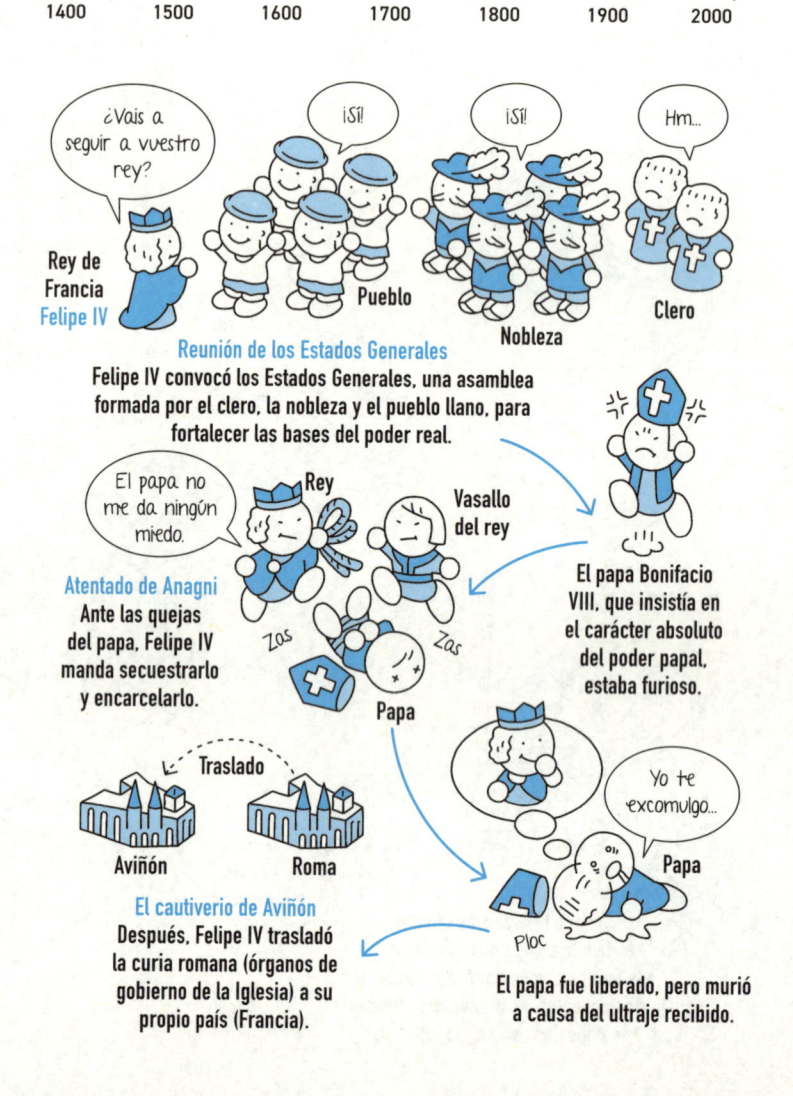

Reunión de los Estados Generales
Felipe IV convocó los Estados Generales, una asamblea formada por el clero, la nobleza y el pueblo llano, para fortalecer las bases del poder real.

El papa Bonifacio VIII, que insistía en el carácter absoluto del poder papal, estaba furioso.

Atentado de Anagni
Ante las quejas del papa, Felipe IV manda secuestrarlo y encarcelarlo.

El cautiverio de Aviñón
Después, Felipe IV trasladó la curia romana (órganos de gobierno de la Iglesia) a su propio país (Francia).

El papa fue liberado, pero murió a causa del ultraje recibido.

DIORAMA 024

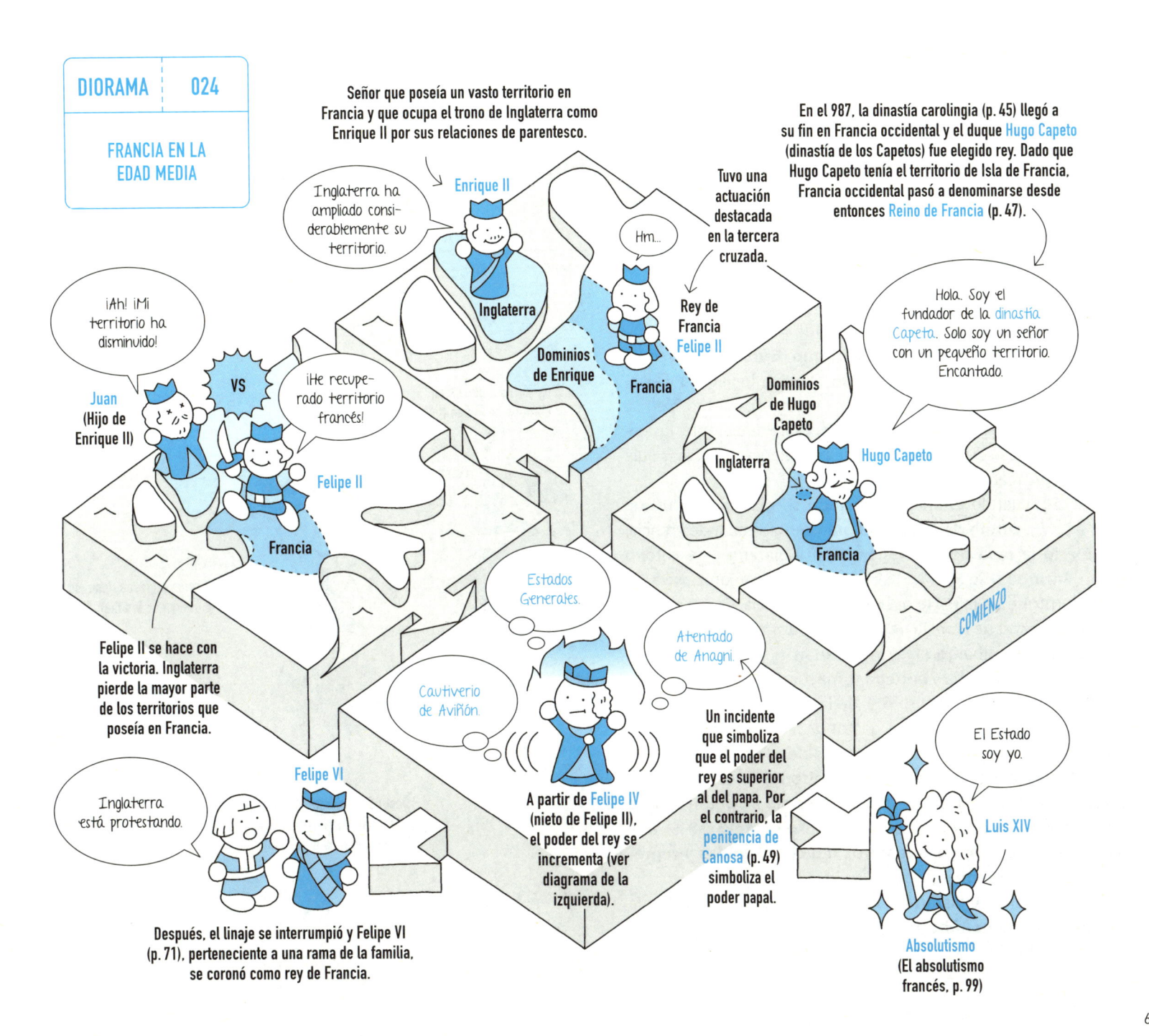

FRANCIA EN LA EDAD MEDIA

En el 987, la dinastía carolingia (p. 45) llegó a su fin en Francia occidental y el duque Hugo Capeto (dinastía de los Capetos) fue elegido rey. Dado que Hugo Capeto tenía el territorio de Isla de Francia, Francia occidental pasó a denominarse desde entonces Reino de Francia (p. 47).

Señor que poseía un vasto territorio en Francia y que ocupa el trono de Inglaterra como Enrique II por sus relaciones de parentesco.

Tuvo una actuación destacada en la tercera cruzada.

Enrique II: "Inglaterra ha ampliado considerablemente su territorio."

Felipe II (Rey de Francia): "Hm..."

Hugo Capeto: "Hola. Soy el fundador de la dinastía Capeta. Solo soy un señor con un pequeño territorio. Encantado."

Juan (Hijo de Enrique II): "¡Ah! ¡Mi territorio ha disminuido!"

Felipe II: "¡He recuperado territorio francés!"

Juan VS Felipe II

Dominios de Enrique — Francia

Dominios de Hugo Capeto — Inglaterra — Francia

COMIENZO

Felipe II se hace con la victoria. Inglaterra pierde la mayor parte de los territorios que poseía en Francia.

Felipe IV: "Estados Generales." "Cautiverio de Aviñón." "Atentado de Anagni."

A partir de Felipe IV (nieto de Felipe II), el poder del rey se incrementa (ver diagrama de la izquierda).

Un incidente que simboliza que el poder del rey es superior al del papa. Por el contrario, la penitencia de Canosa (p. 49) simboliza el poder papal.

Luis XIV: "El Estado soy yo."

Absolutismo (El absolutismo francés, p. 99)

Felipe VI: "Inglaterra está protestando."

Después, el linaje se interrumpió y Felipe VI (p. 71), perteneciente a una rama de la familia, se coronó como rey de Francia.

025 PAÍSES EN LA EDAD MEDIA ②

INGLATERRA

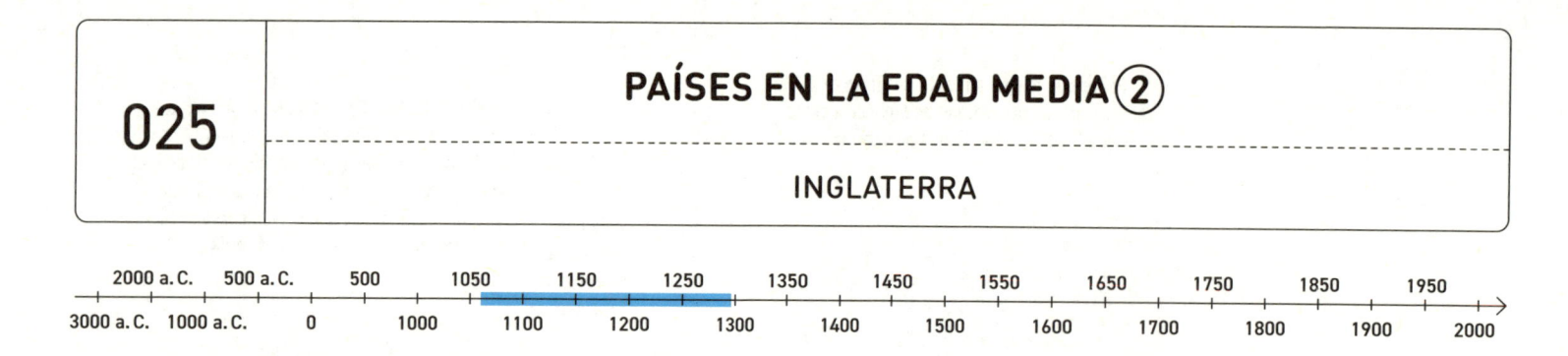

Se dice que **Inglaterra** es un país nacido de Francia. En el año 1066, el **duque de Normandía Guillermo** (**Guillermo I**), vasallo de **Francia** (**dinastía de los Capetos**), llega a Inglaterra y establece la **dinastía normanda** (p. 50). En esta época también se introdujeron la lengua y la cultura francesa. Por ejemplo, las palabras inglesas *beef* y *pork* derivan de las palabras francesas *buef* (vaca) y *porc* (cerdo).

En 1154, cuando el linaje normando se extinguió, **Enrique (1133-1189)**, **conde de Anjou**, un gran señor feudal de Francia, estableció la **casa de Plantagenet** en Inglaterra y se coronó como **Enrique II** (g. 1154-1189). El conde de Anjou poseía un vasto territorio en la parte occidental de Francia. Como resultado, casi la mitad de Francia pasó a ser territorio inglés.

Después, sin embargo, el rey inglés **Juan** (g. 1199-1216) perdió una guerra con Francia y entregó la mayor parte de este territorio al rey francés **Felipe II** (p. 62), de la dinastía de los Capetos. Cuando Juan intentó cubrir los gastos de la derrota con impuestos, se topó con la resistencia de los nobles. Por ello, reconoció la **Carta Magna** (1215), que incluía disposiciones contra impuestos y arrestos injustos. A finales del siglo XIII, por influencia de la nobleza, se estableció el **Parlamento modelo** (1295), una **asamblea que reunía a miembros del clero, nobles y representantes del pueblo**.

Posteriormente, Inglaterra volvió a luchar contra Francia en la **guerra de los Cien Años** (p. 70) por cuestiones territoriales e intereses en Flandes.

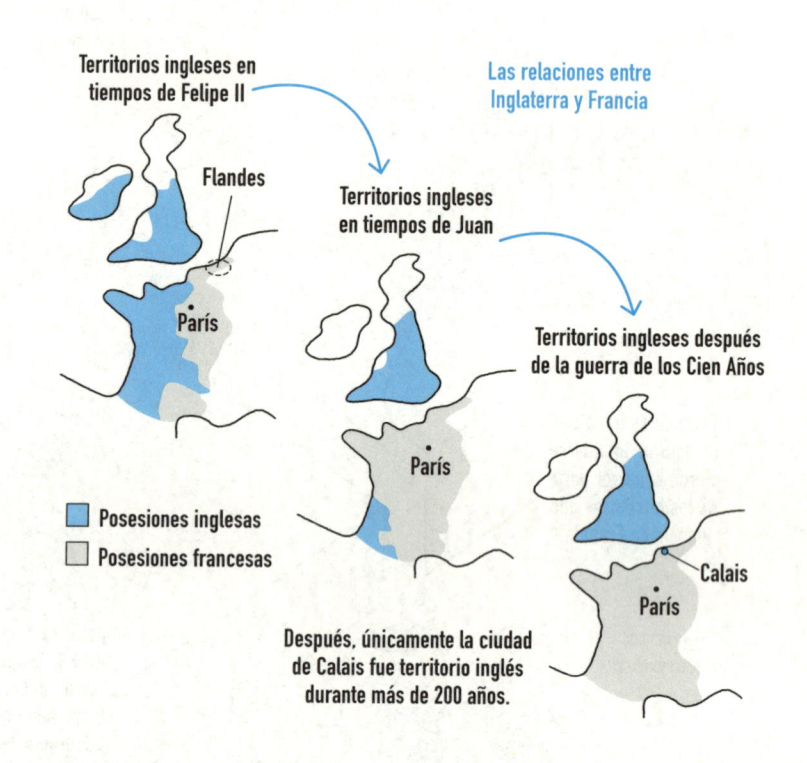

Las relaciones entre Inglaterra y Francia

- Territorios ingleses en tiempos de Felipe II
- Territorios ingleses en tiempos de Juan
- Territorios ingleses después de la guerra de los Cien Años

Posesiones inglesas
Posesiones francesas

Después, únicamente la ciudad de Calais fue territorio inglés durante más de 200 años.

DIORAMA 025

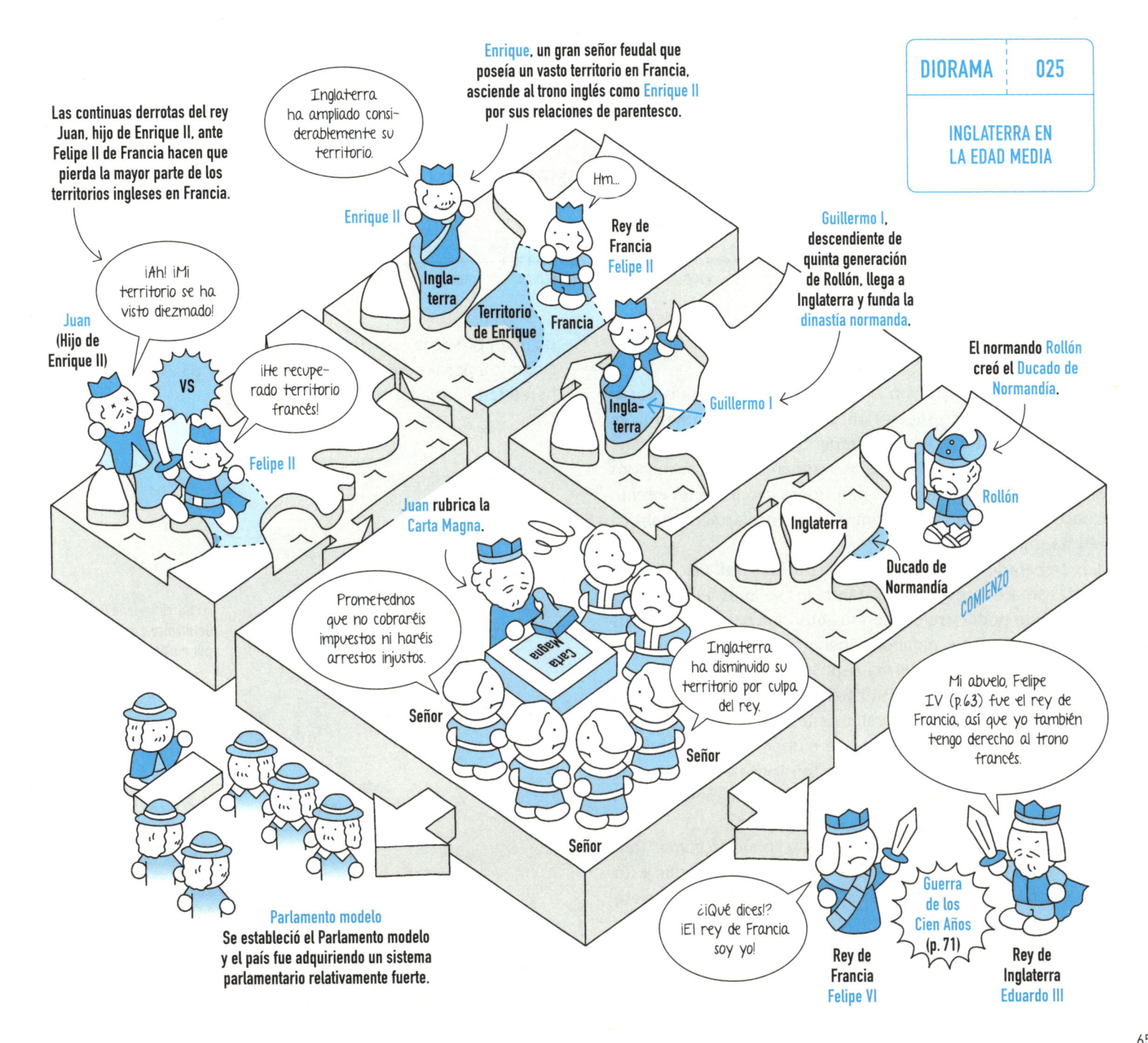

INGLATERRA EN LA EDAD MEDIA

Enrique, un gran señor feudal que poseía un vasto territorio en Francia, asciende al trono inglés como **Enrique II** por sus relaciones de parentesco.

Inglaterra ha ampliado considerablemente su territorio.

Las continuas derrotas del rey Juan, hijo de Enrique II, ante Felipe II de Francia hacen que pierda la mayor parte de los territorios ingleses en Francia.

¡Ah! ¡Mi territorio se ha visto diezmado!

Juan (Hijo de Enrique II)

VS

¡He recuperado territorio francés!

Felipe II

Enrique II — Inglaterra — Territorio de Enrique — Francia — **Rey de Francia Felipe II**

Hm...

Guillermo I, descendiente de quinta generación de Rollón, llega a Inglaterra y funda la **dinastía normanda**.

Inglaterra — **Guillermo I**

El normando **Rollón** creó el **Ducado de Normandía**.

Rollón

Inglaterra — **Ducado de Normandía**

COMIENZO

Juan rubrica la **Carta Magna**.

Prometednos que no cobraréis impuestos ni haréis arrestos injustos.

Señor

Inglaterra ha disminuido su territorio por culpa del rey.

Señor

Señor

Mi abuelo, Felipe IV (p.63) fue el rey de Francia, así que yo también tengo derecho al trono francés.

¿Qué dices!? ¡El rey de Francia soy yo!

Rey de Francia Felipe VI — *Guerra de los Cien Años (p.71)* — **Rey de Inglaterra Eduardo III**

Parlamento modelo
Se estableció el Parlamento modelo y el país fue adquiriendo un sistema parlamentario relativamente fuerte.

65

026 PAÍSES EN LA EDAD MEDIA ③

ALEMANIA (SACRO IMPERIO ROMANO GERMÁNICO)

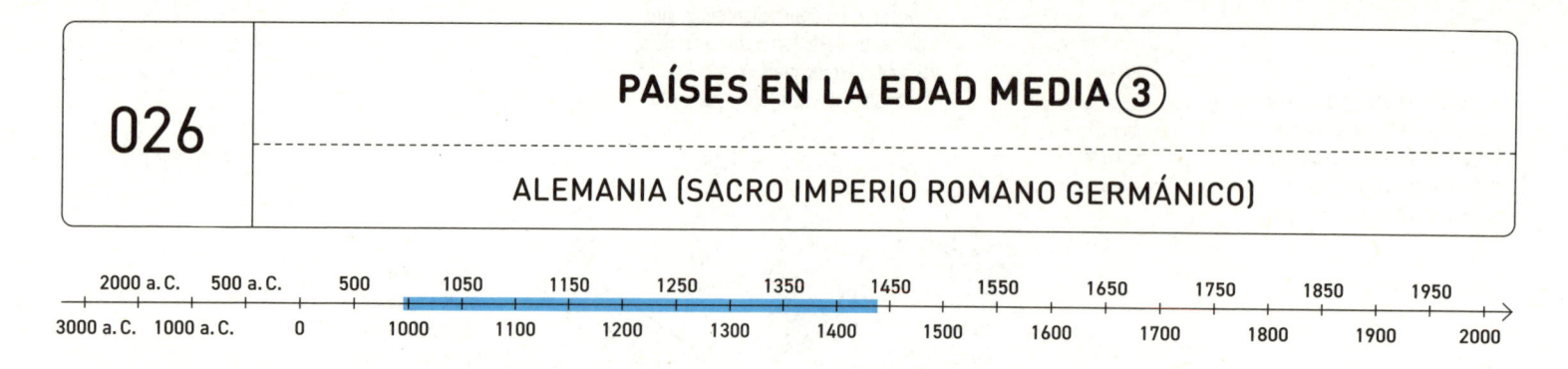

A continuación, el Sacro Imperio Romano Germánico (p. 46), las raíces de Alemania.

El Sacro Imperio Romano Germánico fue reconocido por el **papa** como el Estado sucesor oficial del **Imperio romano**. Sin embargo, el territorio del Sacro Imperio Romano Germánico no incluía a la trascendental **Roma**. Sus emperadores, preocupados por este matiz, a menudo enviaron tropas a Italia en un intento de hacerse con la ciudad de Roma y la península itálica (**política italiana, siglos X-XIII**).

Los emperadores, enfrascados en la **política italiana**, a menudo estaban ausentes. Mientras tanto, los señores feudales fueron ganando poder y reforzaron su autoridad para gobernar sus dominios. A la postre, ganaron soberanía sobre ellos y hubo un momento en el que llegaron a existir 300 de estos territorios.

Así, el Sacro Imperio Romano Germánico se convirtió en un **Estado federal** formado por muchos territorios en lugar de un Estado unificado gobernado por un emperador. Los dominios del emperador eran uno más de esos territorios. A diferencia de Francia, el emperador (soberano) ni siquiera ganó más poder en la Edad Moderna.

Como resultado, se produjo un período conocido como Gran Interregno (1256-1273) en el que no hubo emperador. Esto no fue bien visto, por lo que se estableció la regla de que **siete grandes señores** (siete príncipes electores) decidirían el emperador mediante elecciones (**bula de oro,** 1356). En el siglo XV, un miembro de la casa de Habsburgo fue elegido para ocupar el trono y, a partir de entonces, el emperador pasó a ser un título hereditario entre los Habsburgo.

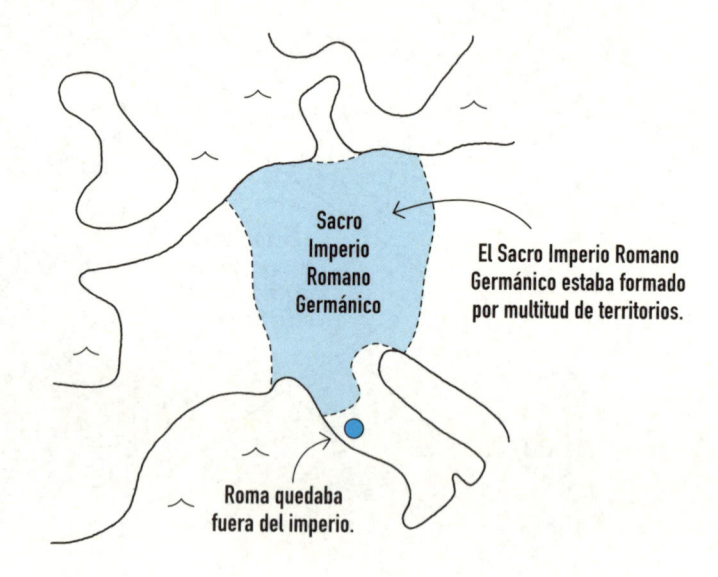

El Sacro Imperio Romano Germánico estaba formado por multitud de territorios.

Roma quedaba fuera del imperio.

LOS SIETE PRÍNCIPES ELECTORES
Los siete señores que gobernaban estos siete territorios elegían al emperador: Maguncia, Colonia, Tréveris, Palatinado, Sajonia, Bohemia y Brandeburgo.

| DIORAMA | 026 |

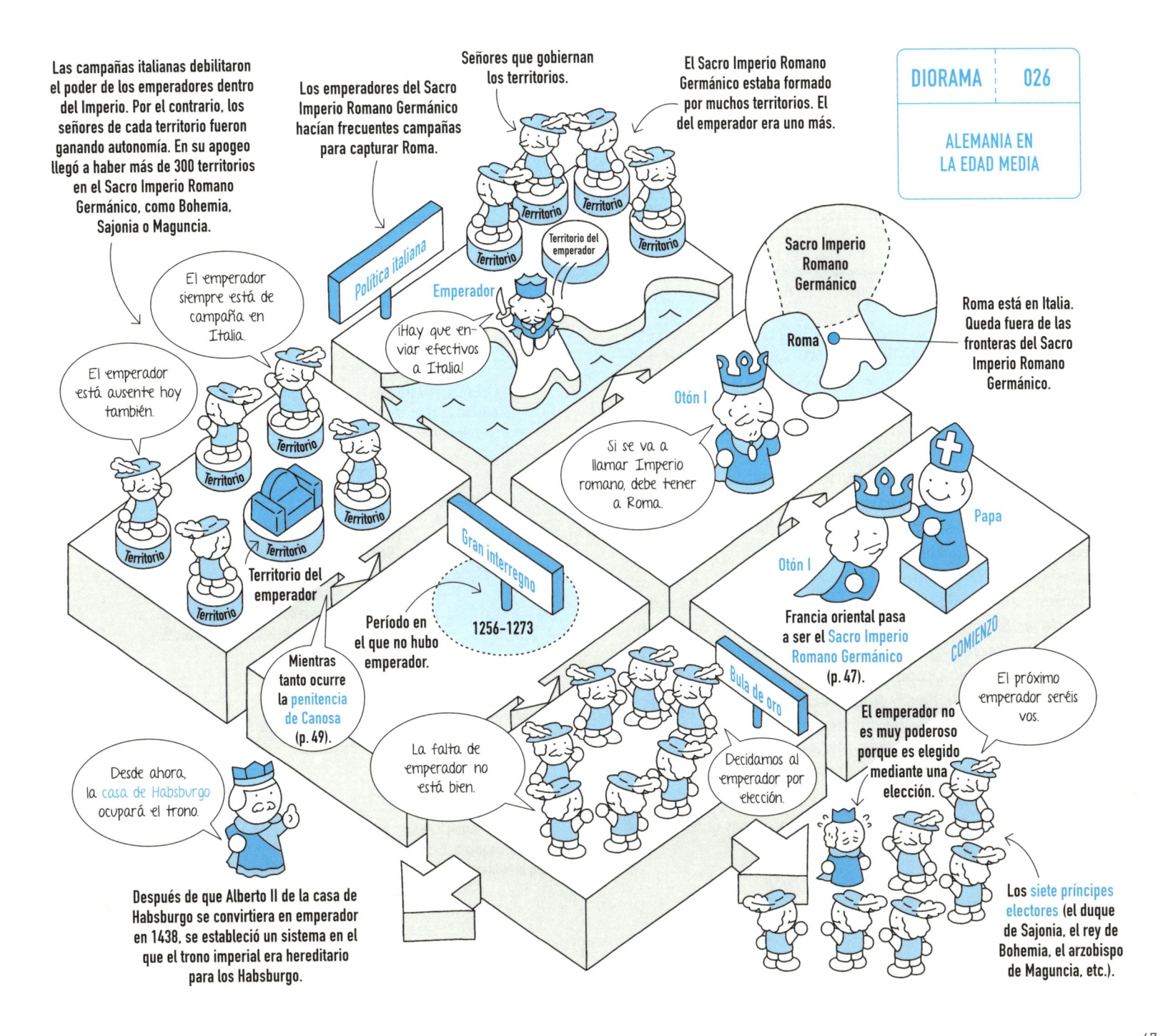

ALEMANIA EN LA EDAD MEDIA

Las campañas italianas debilitaron el poder de los emperadores dentro del Imperio. Por el contrario, los señores de cada territorio fueron ganando autonomía. En su apogeo llegó a haber más de 300 territorios en el Sacro Imperio Romano Germánico, como Bohemia, Sajonia o Maguncia.

Los emperadores del Sacro Imperio Romano Germánico hacían frecuentes campañas para capturar Roma.

Señores que gobiernan los territorios.

El Sacro Imperio Romano Germánico estaba formado por muchos territorios. El del emperador era uno más.

Política italiana

El emperador siempre está de campaña en Italia.

El emperador está ausente hoy también.

¡Hay que enviar efectivos a Italia!

Emperador

Territorio del emperador

Roma está en Italia. Queda fuera de las fronteras del Sacro Imperio Romano Germánico.

Sacro Imperio Romano Germánico

Roma

Otón I

Si se va a llamar Imperio romano, debe tener a Roma.

Otón I

Papa

Francia oriental pasa a ser el Sacro Imperio Romano Germánico (p. 47).

COMIENZO

Territorio del emperador

Gran interregno

1256-1273

Período en el que no hubo emperador.

Mientras tanto ocurre la penitencia de Canosa (p. 49).

Bula de oro

La falta de emperador no está bien.

Decidamos al emperador por elección.

El emperador no es muy poderoso porque es elegido mediante una elección.

El próximo emperador seréis vos.

Desde ahora, la casa de Habsburgo ocupará el trono.

Después de que Alberto II de la casa de Habsburgo se convirtiera en emperador en 1438, se estableció un sistema en el que el trono imperial era hereditario para los Habsburgo.

Los siete príncipes electores (el duque de Sajonia, el rey de Bohemia, el arzobispo de Maguncia, etc.).

027 — PAÍSES EN LA EDAD MEDIA (4)

PORTUGAL, ESPAÑA, ITALIA Y LOS PAÍSES NÓRDICOS

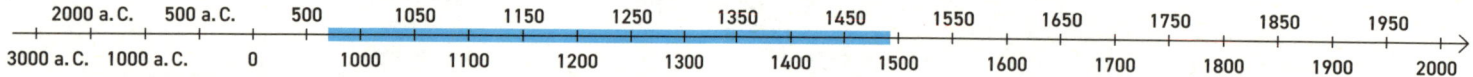

En la **península ibérica** existió un Estado germano, el **reino visigodo** (p. 42). Sin embargo, fue invadida por los **omeyas**, una **dinastía islámica**, y quedó bajo el dominio musulmán. La Reconquista (718-1492) se inició para **restaurar la nación católica** y dar la vuelta a la situación.

En el siglo XII, durante la Reconquista, se estableció en el oeste peninsular el **Reino de Portugal**. En el siglo XV, las **Coronas de Castilla y Aragón** se unieron para formar la **Monarquía Hispánica**. La Monarquía Hispánica completó la Reconquista, que duró casi 800 años.

En la **península itálica** existieron los Estados Pontificios desde el siglo VIII. Sin embargo, las repetidas invasiones de los emperadores del **Sacro Imperio Romano Germánico** debilitaron la zona (política italiana, p. 66). Surgieron varias potencias, como el **Reino de las Dos Sicilias**, la **República de Venecia** o el **Ducado de Milán**, e Italia no se unificó hasta el siglo XIX.

A finales del siglo XIV, la **península escandinava**, en el **norte de Europa**, formó la Unión de Kalmar (1397) con **Dinamarca**, **Noruega** y **Suecia** en torno a la reina danesa Margarita (g. 1387-1412), que trató de mantener los intereses comerciales desde el mar del Norte hasta el mar Báltico.

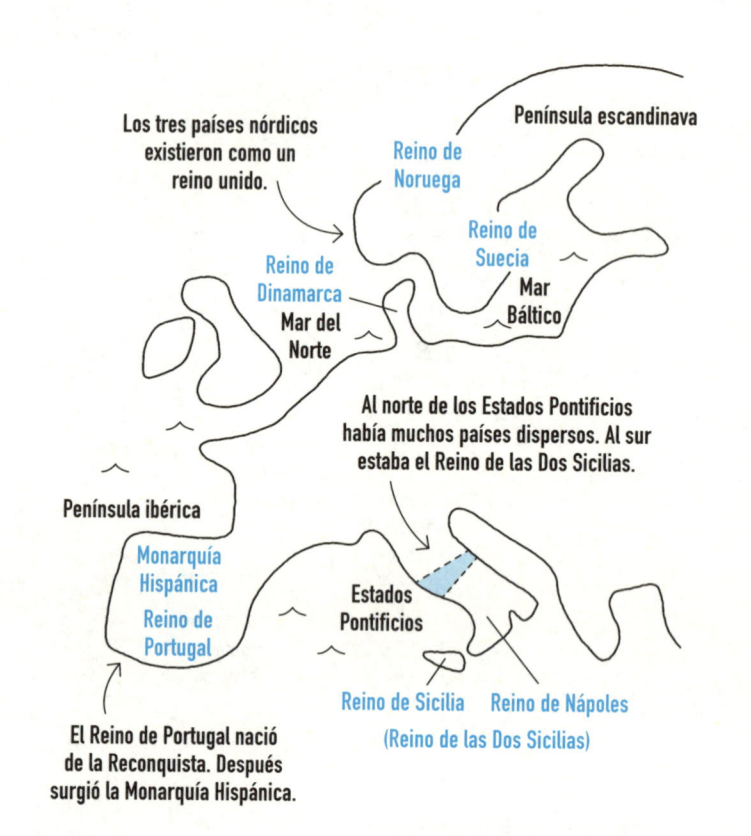

Los tres países nórdicos existieron como un reino unido. → Reino de Noruega, Península escandinava, Reino de Suecia, Reino de Dinamarca, Mar Báltico, Mar del Norte

Al norte de los Estados Pontificios había muchos países dispersos. Al sur estaba el Reino de las Dos Sicilias.

Península ibérica — Monarquía Hispánica, Reino de Portugal, Estados Pontificios, Reino de Sicilia, Reino de Nápoles (Reino de las Dos Sicilias)

El Reino de Portugal nació de la Reconquista. Después surgió la Monarquía Hispánica.

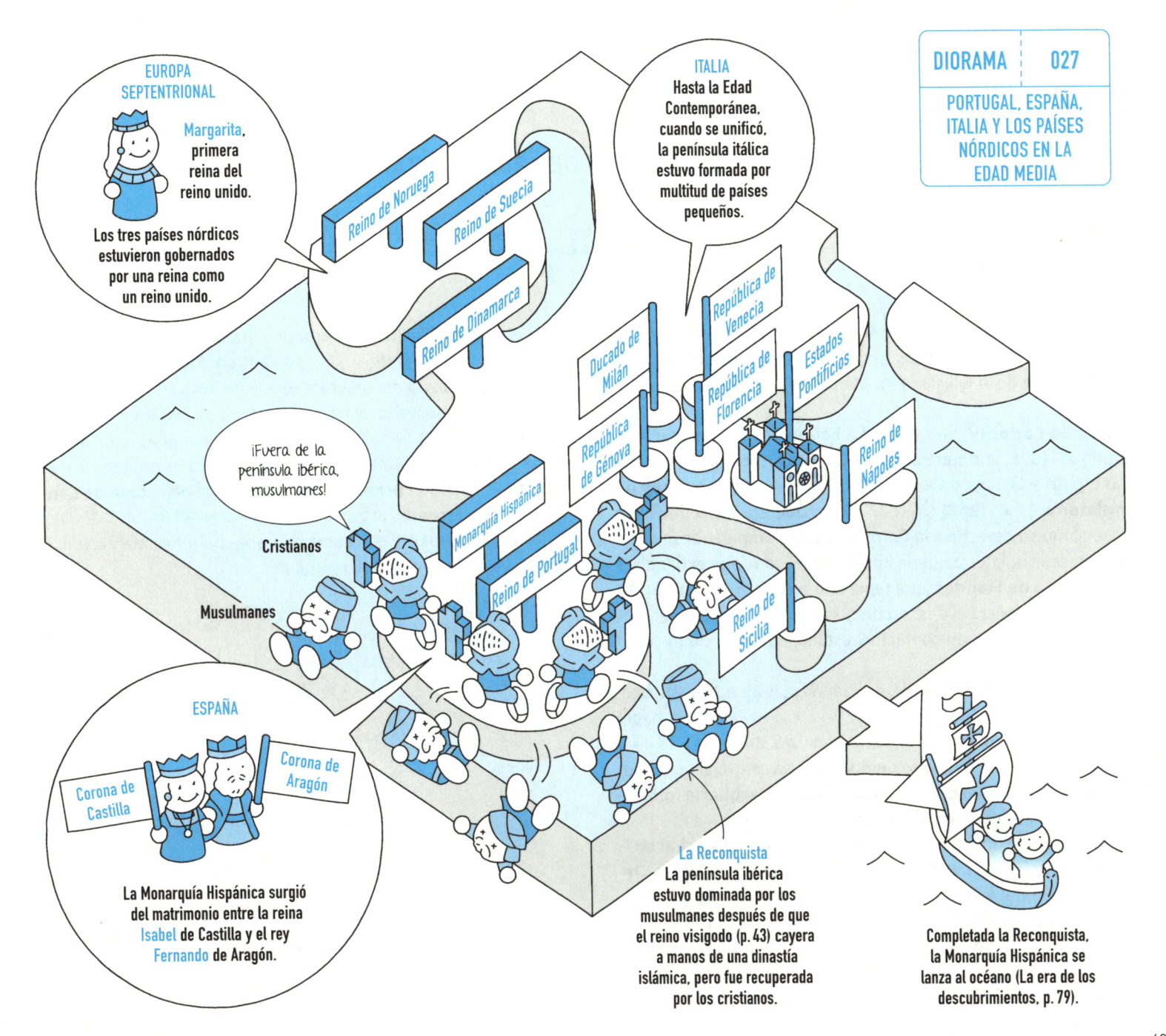

DIORAMA 027
PORTUGAL, ESPAÑA, ITALIA Y LOS PAÍSES NÓRDICOS EN LA EDAD MEDIA

EUROPA SEPTENTRIONAL

Margarita, primera reina del reino unido.

Los tres países nórdicos estuvieron gobernados por una reina como un reino unido.

- Reino de Noruega
- Reino de Suecia
- Reino de Dinamarca

ITALIA

Hasta la Edad Contemporánea, cuando se unificó, la península itálica estuvo formada por multitud de países pequeños.

- Ducado de Milán
- República de Venecia
- República de Génova
- República de Florencia
- Estados Pontificios
- Reino de Nápoles
- Reino de Sicilia

¡Fuera de la península ibérica, musulmanes!

Cristianos

Musulmanes

- Monarquía Hispánica
- Reino de Portugal

ESPAÑA

- Corona de Castilla
- Corona de Aragón

La Monarquía Hispánica surgió del matrimonio entre la reina **Isabel** de Castilla y el rey **Fernando** de Aragón.

La Reconquista
La península ibérica estuvo dominada por los musulmanes después de que el reino visigodo (p. 43) cayera a manos de una dinastía islámica, pero fue recuperada por los cristianos.

Completada la Reconquista, la Monarquía Hispánica se lanza al océano (La era de los descubrimientos, p. 79).

028 LA GUERRA DE LOS CIEN AÑOS

JUANA DE ARCO DESATADA

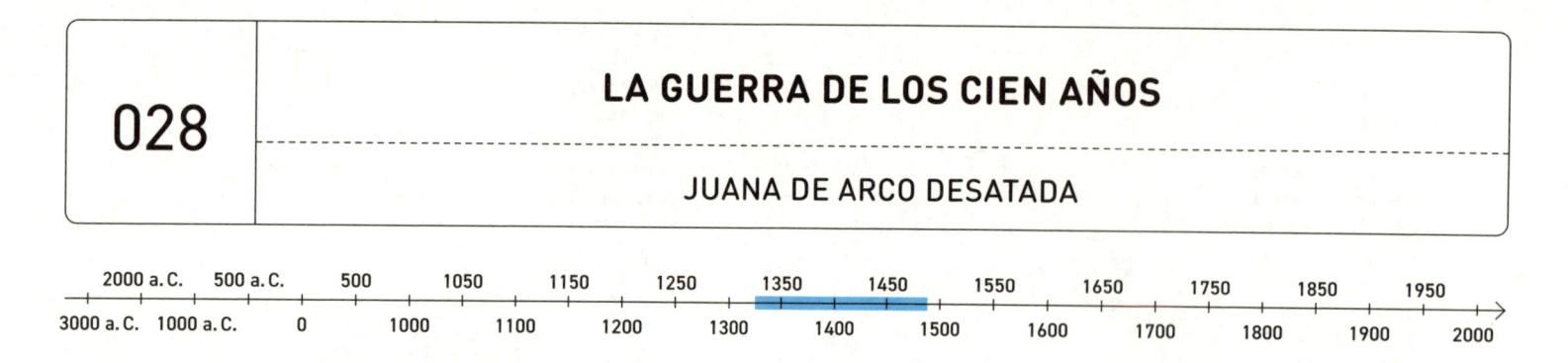

A finales de la Edad Media, la influencia de la Iglesia se iba reduciendo a pasos agigantados (p. 60). Así, desapareció la ventaja del «arbitraje de la Iglesia» y los conflictos entre reinos se intensificaron.

Cuando **Carlos IV**, que sucedió a **Felipe IV de Francia** (p. 62), murió en 1328, la **dinastía de los Capetos** (p. 62) llegó a su fin y dio paso a la **casa de Valois (1328-1589)**. Entonces, el **rey de Inglaterra Eduardo III (g. 1327-1377)**, que era nieto de Felipe IV, reclamó su derecho a la Corona francesa amparándose en su parentesco. Inglaterra quería impedir que Francia se expandiera al **Condado de Flandes**, que tenía una próspera producción de tejidos de lana y era el destino de sus exportaciones laneras. Los dos reinos entraron en conflicto y estalló la **guerra de los Cien Años (1339-1453)**.

En la primera mitad de la contienda, Enrique III y su hijo, **Eduardo, el Príncipe Negro (1330-1376)**, tuvieron un papel destacado e Inglaterra se impuso (**batallas de Crécy** [1346] y **Poitiers** [1356]). Durante ese tiempo, Francia estuvo al borde del colapso a causa de la **peste negra** (p. 60) y la **Jacquerie** (p. 61).

En ese momento entró en escena **Juana de Arco (1412-1431)**, la joven hija de un campesino francés. Tras una revelación divina, llevó al ejército francés al campo de batalla y recuperó **Orleans**, que estaba en manos inglesas (**liberación de Orleans, 1429**). Francia se sobrepuso y consiguió expulsar a los ingleses. Aunque ganó la guerra, el poder de la nobleza francesa había menguado considerablemente. En cambio, se aceleró la **centralización** en torno al rey (El absolutismo francés, p. 98).

Tras la guerra de los Cien Años, en Inglaterra estalló la **guerra de las Dos Rosas (1455-1485)**, que enfrentó a las **casas de Lancaster** (cuya divisa era una rosa roja) y **de York** (rosa blanca) por el derecho de sucesión al trono. La guerra de las Dos Rosas duró 30 años y enfrentó a señores y caballeros de ambas familias por toda Inglaterra. El enfrentamiento debilitó a la nobleza. Finalmente se impuso **Enrique Tudor**, integrante de la **casa de Lancaster**, que ascendió al trono como **Enrique VII (g. 1485-1509)** y afianzó rápidamente el sistema de gobierno (en adelante, reinaría la **dinastía Tudor** [1485-1603]).

Un año después de liberar Orleans, las tropas inglesas capturaron a Juana de Arco. Un tribunal inquisitorial la declaró hereje y fue quemada en la hoguera en Ruan.

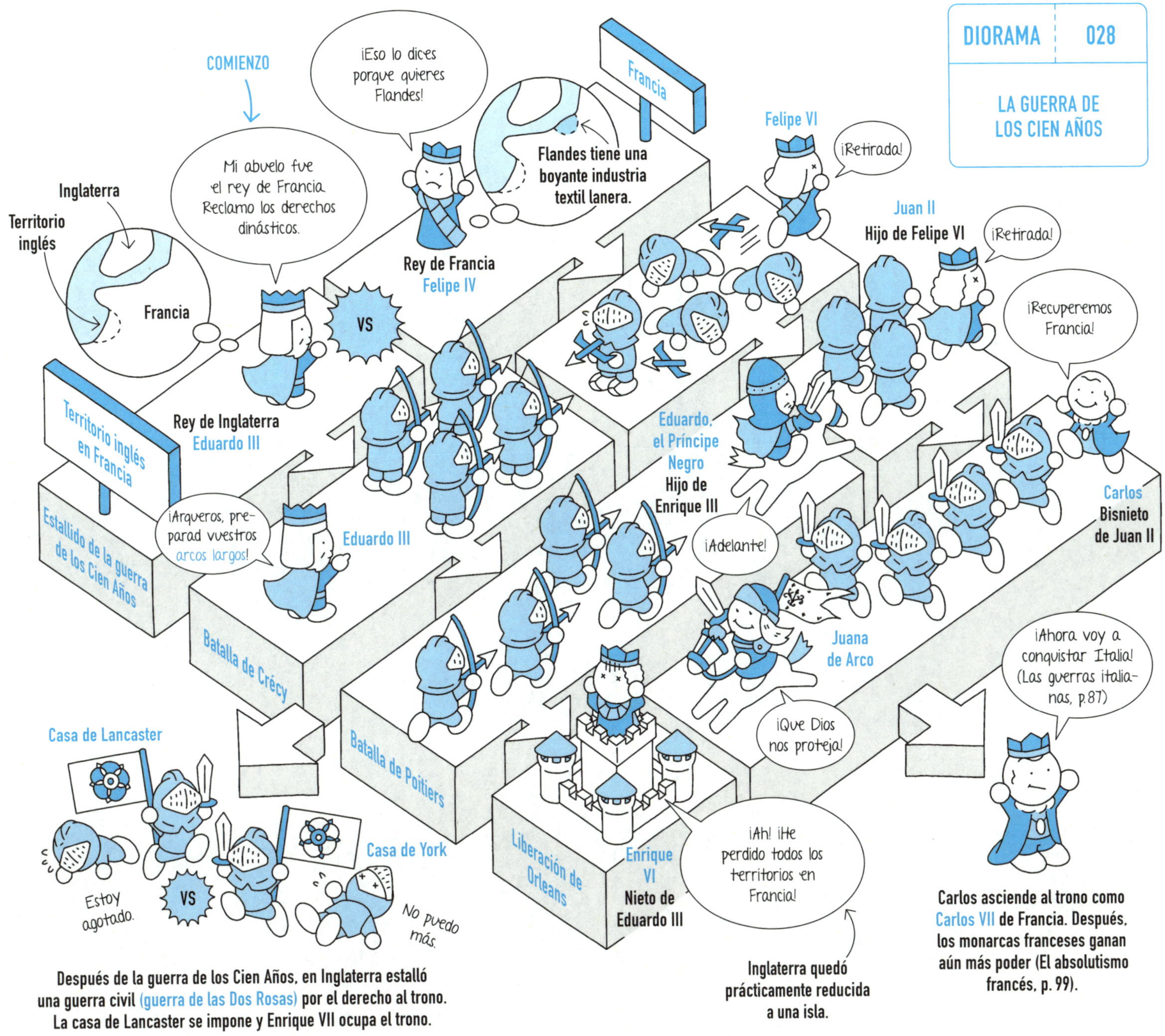
DIORAMA 028
LA GUERRA DE LOS CIEN AÑOS
COMIENZO
Inglaterra
Territorio inglés
Francia
Mi abuelo fue el rey de Francia. Reclamo los derechos dinásticos.
¡Eso lo dices porque quieres Flandes!
Flandes tiene una boyante industria textil lanera.
Francia
Rey de Francia Felipe IV
VS
Rey de Inglaterra Eduardo III
Territorio inglés en Francia
Estallido de la guerra de los Cien Años
¡Arqueros, preparad vuestros arcos largos!
Eduardo III
Batalla de Crécy
Felipe VI
¡Retirada!
Juan II Hijo de Felipe VI
¡Retirada!
Eduardo, el Príncipe Negro Hijo de Enrique III
¡Adelante!
Batalla de Poitiers
¡Recuperemos Francia!
Carlos Bisnieto de Juan II
Juana de Arco
¡Que Dios nos proteja!
Liberación de Orleans
Enrique VI Nieto de Eduardo III
¡Ah! ¡He perdido todos los territorios en Francia!
Inglaterra quedó prácticamente reducida a una isla.
¡Ahora voy a conquistar Italia! (Las guerras italianas, p.87)
Carlos asciende al trono como Carlos VII de Francia. Después, los monarcas franceses ganan aún más poder (El absolutismo francés, p. 99).
Casa de Lancaster
Casa de York
VS
Estoy agotado.
No puedo más.
Después de la guerra de los Cien Años, en Inglaterra estalló una guerra civil (guerra de las Dos Rosas) por el derecho al trono. La casa de Lancaster se impone y Enrique VII ocupa el trono.

EDAD MODERNA

029 EL RENACIMIENTO

EL RESURGIMIENTO DEL HUMANISMO

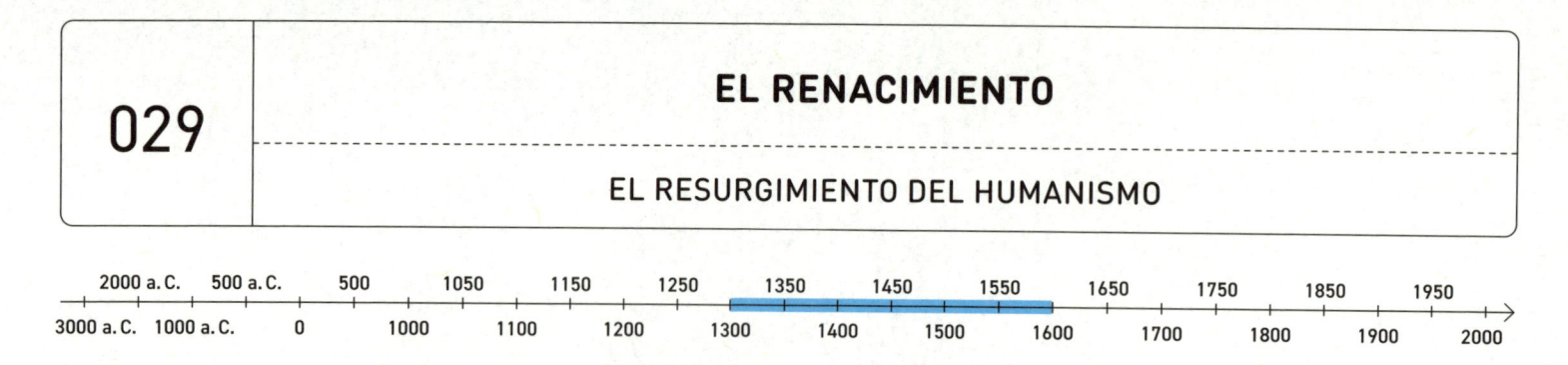

Después del **fracaso de las cruzadas** (p. 58), el **papa de Roma** perdió su influencia de antaño (p. 60). Por otro lado, los cruzados, quienes viajaron a Jerusalén para participar en ellas, descubrieron la existencia de unos valores y creencias distintos a los suyos, de origen católico.

Durante este encuentro de culturas, la ciudad italiana de Florencia prosperó gracias al comercio con la esfera islámica y dio lugar al Renacimiento. El objetivo de este movimiento era priorizar los **principios morales** del humanismo por encima de los transmitidos por la Iglesia. En el arte renacentista, las figuras de corte religioso vistas hasta entonces quedaron en un segundo plano y proliferaron las pinturas y las esculturas de influencias griegas. Artistas como Da Vinci (1452-1519), Miguel Ángel (1475-1564) y Rafael (1483-1520) hallaron en la cultura helénica los valores humanos que buscaban.

Los nobles florentinos como la familia Médici, así como el resto de los potentados que obtuvieron una gran fortuna mercantil, ejercieron de mecenas de artistas y filósofos y contribuyeron en gran medida al desarrollo del Renacimiento italiano. El patrocinio de los papas de Roma también fue considerable, por lo que no escasean las obras dedicadas a la Iglesia, aunque en el Renacimiento nórdico también hubo trabajos que la criticaban.

El Renacimiento en el resto de Europa
El Renacimiento tuvo su origen en Florencia, pero acabó extendiéndose más allá de los Alpes; se crearon muchas obras que ponían de manifiesto al ser humano.

Brueghel (Países Bajos) Pintó al pueblo.

Holbein (Alemania) Pintó retratos.

Montaigne (Francia) Plasmó sus pensamientos en forma de diario. *Ensayo*

Shakespeare (Inglaterra) Escribió diversas obras de entretenimiento. *Las cuatro grandes tragedias*

Erasmo (Países Bajos) Criticó a la Iglesia. *Elogio de la locura*

Cervantes (España) Relató las aventuras y desventuras de un caballero anticuado. *Don Quijote*

DIORAMA 029

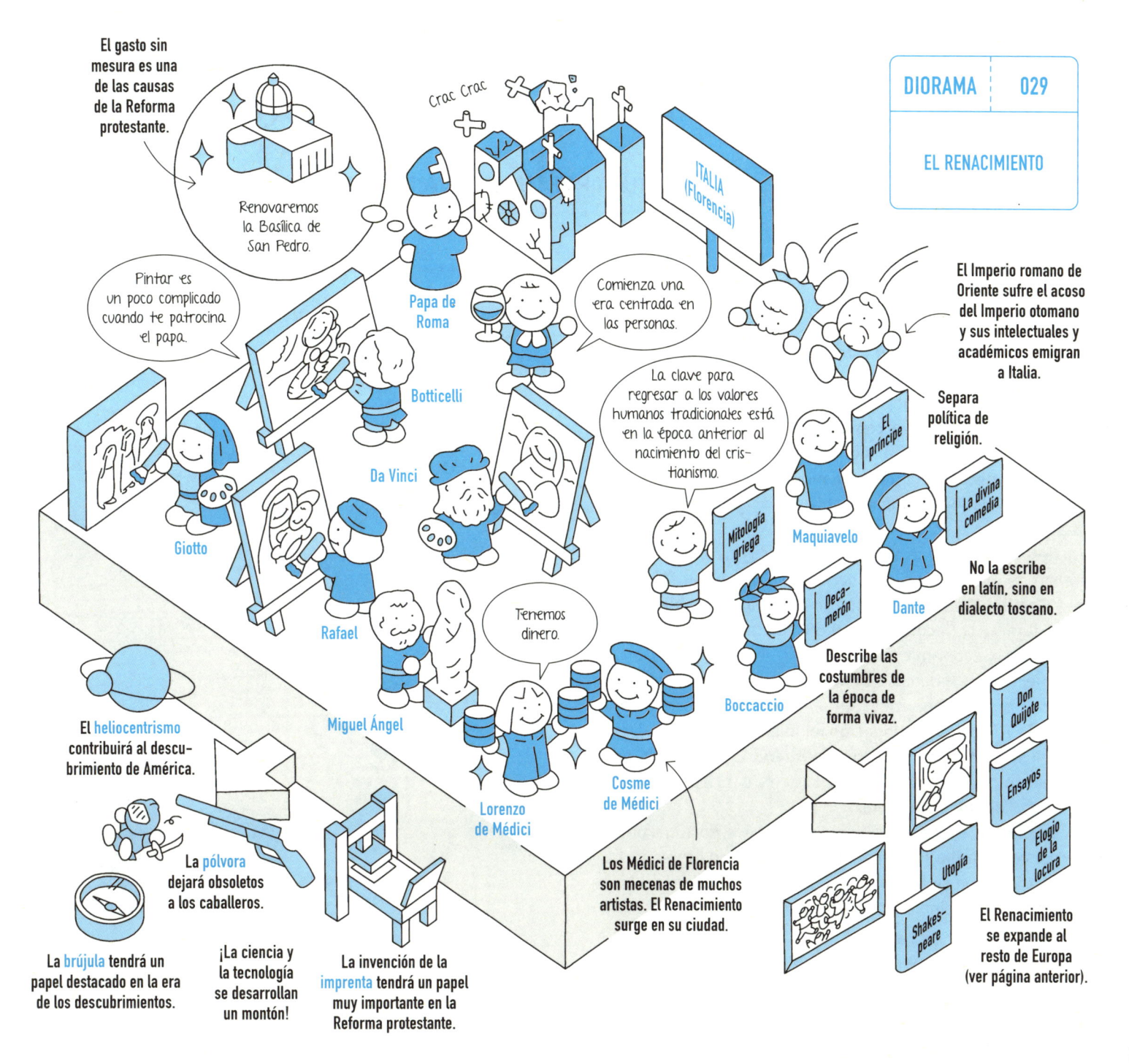

EL RENACIMIENTO

El gasto sin mesura es una de las causas de la Reforma protestante.

Renovaremos la Basílica de San Pedro. — Papa de Roma

Crac Crac

ITALIA (Florencia)

Comienza una era centrada en las personas.

El Imperio romano de Oriente sufre el acoso del Imperio otomano y sus intelectuales y académicos emigran a Italia.

Pintar es un poco complicado cuando te patrocina el papa. — Botticelli

La clave para regresar a los valores humanos tradicionales está en la época anterior al nacimiento del cristianismo.

Mitología griega

Separa política de religión.

Maquiavelo — *El príncipe*

Da Vinci

Giotto

Boccaccio — *Decamerón*

Dante — *La divina comedia*

No la escribe en latín, sino en dialecto toscano.

Describe las costumbres de la época de forma vivaz.

Rafael

Tenemos dinero.

Miguel Ángel

Lorenzo de Médici

Cosme de Médici

El heliocentrismo contribuirá al descubrimiento de América.

La pólvora dejará obsoletos a los caballeros.

La brújula tendrá un papel destacado en la era de los descubrimientos.

¡La ciencia y la tecnología se desarrollan un montón!

La invención de la imprenta tendrá un papel muy importante en la Reforma protestante.

Los Médici de Florencia son mecenas de muchos artistas. El Renacimiento surge en su ciudad.

Don Quijote, *Ensayos*, *Elogio de la locura*, *Utopía*, Shakespeare

El Renacimiento se expande al resto de Europa (ver página anterior).

75

030 — LA ERA DE LOS DESCUBRIMIENTOS ①

LA RUTA PORTUGUESA A LA INDIA

En el siglo XIV, el consumo de carne se disparó en Europa, y las **especias** procedentes de la India, como la pimienta, adquirieron un gran valor. Sin embargo, la expansión del Imperio otomano en el siglo XV desestabilizó el comercio con Oriente y el precio de los condimentos comenzó a subir. Entonces, Portugal, buscando obtener especias sin intermediarios, decidió abrir una ruta marítima hasta la India e inició la **era de los descubrimientos (siglos XV a XVII)**.

Para desarrollar la vía se necesitaban barcos grandes, y los que disponían de medios para obtenerlos eran las coronas de **Portugal** y **Castilla**. Ambas demostraron una gran capacidad de liderazgo durante la **Reconquista** (p. 68) y habían adquirido gran poder político y económico.

En primer lugar, los barcos de **Portugal**, con el apoyo del **príncipe Enrique el Navegante (1394-1460)**, arribaron en la **costa oeste de África**. A continuación, el marino **Bartolomé Díaz (c. 1450-1500)** atracó en el **cabo de Buena Esperanza**. Y, por último, el explorador **Vasco de Gama (c. 1469-1524)** consiguió llegar hasta **Calicut**, en la **India**.

Gracias a esta **ruta marítima que rodea África**, Portugal pudo comerciar con la India sin la mediación del Imperio otomano. La monarquía lusitana se benefició en gran medida de ello y **Lisboa**, la capital del reino, se convirtió durante un tiempo en un centro económico.

Más tarde, en el siglo XVI, los navíos portugueses continuaron con sus viajes y terminaron atracando en **Tanegashima**, Japón.

La ruta portuguesa a la India
Portugal perdió su conexión terrestre con la India y buscó un camino por mar.

La pimienta era indispensable para los europeos.

"La carne está buenísima con pimienta."

DIORAMA 030

LA ERA DE LOS DESCUBRIMIENTOS ① PORTUGAL

❶ COMIENZO
El Imperio otomano obstruye el comercio de especias.

- Nos vamos a quedar sin especias.
- ¡El Mediterráneo oriental es nuestro!

Mercaderes europeos

Los **otomanos** que destruyeron el Imperio bizantino.

En la India abundan las especias.

- ¡Que zarpen los barcos, yo pongo el dinero!
- Quiero desarrollar una ruta marítima para comerciar de forma directa con la India.

El príncipe navegante Enrique

❷ El infante **Enrique** de Portugal se centra en el comercio e invierte en barcos para llegar hasta la India.

Portugal / *Castilla*

¡Comerciemos y difundamos la palabra de Dios!

Calicut

Los portugueses se expanden a China y Japón.

- ¡Yuju! ¡El reino nos paga el viaje!

Costa oeste de África

❸ En primer lugar, los marinos arriban a la costa oeste de África con el apoyo de **Enrique** (principios del siglo XV).

El Imperio otomano se hace de oro gracias a las especias.

Cabo de Buena Esperanza

❺ ¡Y, por último, **Vasco de Gama** consigue llegar a Calicut, en la India (1498)!

- ¡Nos hemos enriquecido a mansalva!

❹ A continuación, **Bartolomé Díaz** atraca en el Cabo de Buena Esperanza (1488).

La brújula tiene un gran papel (p. 75).

- Portugal se nos ha adelantado.

Explorador Colón

- ¡Tenemos que hacer algo!

Reina de Castilla Isabel

Durante el reinado de **Manuel I el Afortunado**, la Corona portuguesa sale muy beneficiada y Lisboa, la capital del reino, se convierte durante un tiempo en centro económico. Sin embargo, no desarrollan la industria doméstica del país y el período de bonanza será breve.

Castilla decide buscar otra ruta marítima diferente a la de Portugal, una que **cruce el Atlántico**.

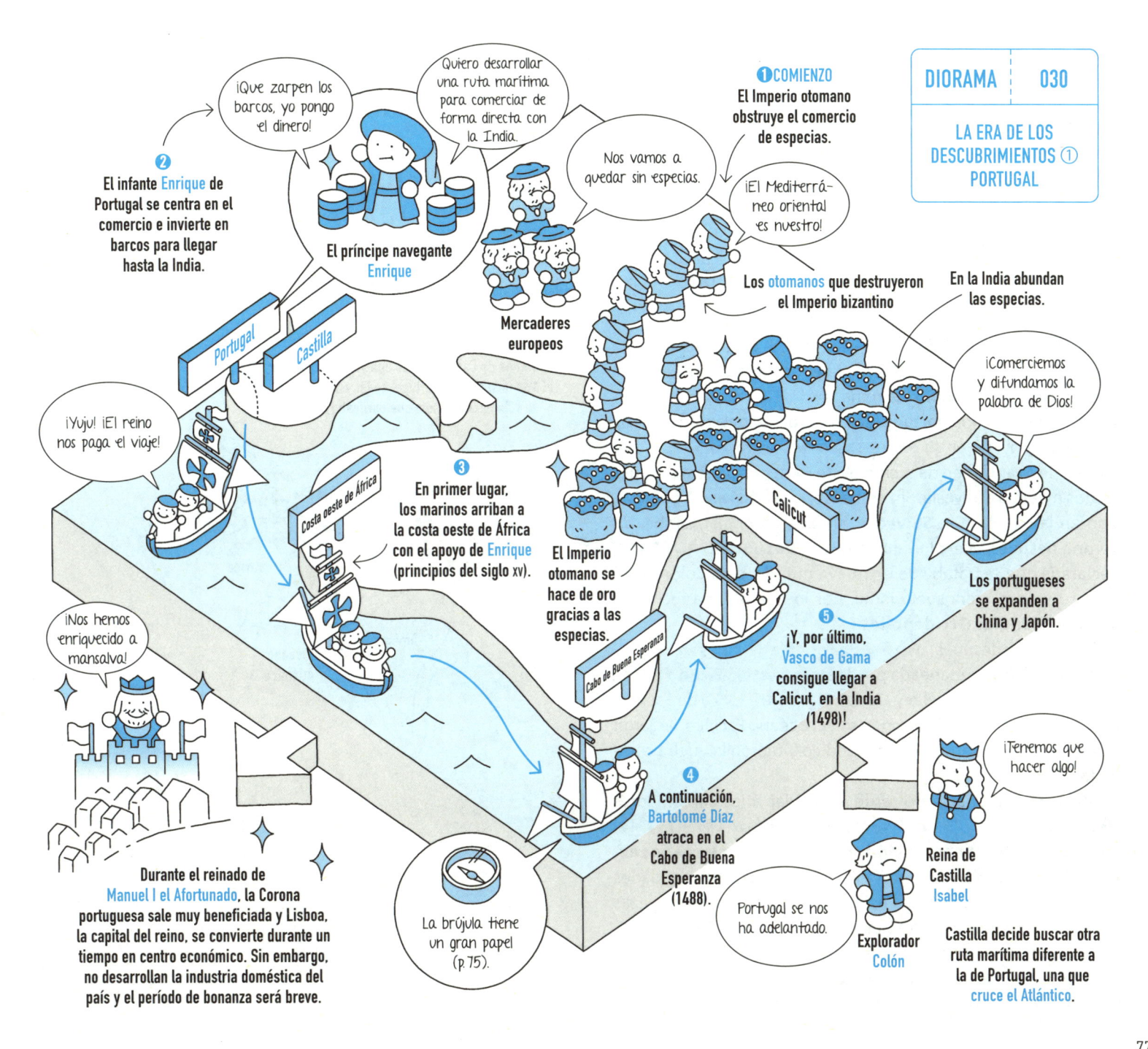

031 LA ERA DE LOS DESCUBRIMIENTOS ②

LA RUTA ESPAÑOLA POR EL ATLÁNTICO

El explorador **Cristóbal Colón (1451-1506)** creía que la **Tierra era redonda** y que, si viajaba hacia el oeste por el océano Atlántico, llegaría a la **India**. La reina **Isabel de Castilla (g. 1474-1504)**, al ver que los portugueses se habían adelantado (p. 76), prometió apoyarlo en su **empresa por el Atlántico**.

Colón levó anclas en dirección oeste y encontró tierra después de dos meses de travesía. Sin embargo, no atracó en su objetivo, sino en la **isla de San Salvador**, situada en el mar Caribe. Un tiempo después, el explorador **Américo Vespucio (1454-1512)** declararía que se trataba de un nuevo mundo, pero Colón creyó toda su vida que era suelo indio, por lo que la zona recibió el nombre de **Indias Occidentales**.

Un tiempo después, **Fernando de Magallanes (c. 1480-1521)** y su flota, capitaneada por **Juan Sebastián Elcano** tras su muerte, con el apoyo del rey **Carlos I (g. 1516-1556)** de España, bordearon América del Sur, cruzaron el océano Pacífico, llegaron hasta las Filipinas, atravesaron el Índico y dieron la vuelta completa al globo.

Este mismo monarca no tardó en enviar a los exploradores **Hernán Cortés (1485-1547)** y **Francisco Pizarro (1479-1541)** al recién hallado continente, donde conquistaron los **imperios azteca** e **inca** (p. 136) y obligaron a los nativos a extraer cantidades ingentes de plata. La Corona española obtuvo grandes riquezas y, cuando la regencia pasó a manos de **Felipe II (g. 1556-1598)**, la gente empezó a referirse a ella como **el imperio donde nunca se pone el sol**. Así fue como el océano Atlántico se convirtió en el núcleo económico y sustituyó al mar Mediterráneo.

La ruta española por el Atlántico
La Corona de Castilla buscó una vía marítima por el Atlántico porque Portugal se les adelantó con su ruta hacia la India que bordeaba África.

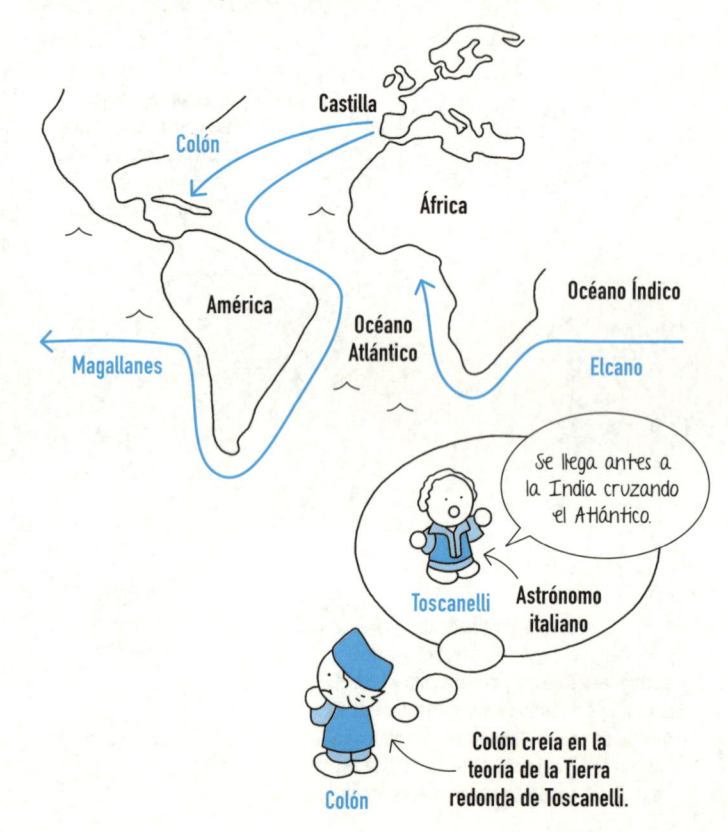

Toscanelli, Astrónomo italiano: "Se llega antes a la India cruzando el Atlántico."

Colón creía en la teoría de la Tierra redonda de Toscanelli.

| DIORAMA | 031 |

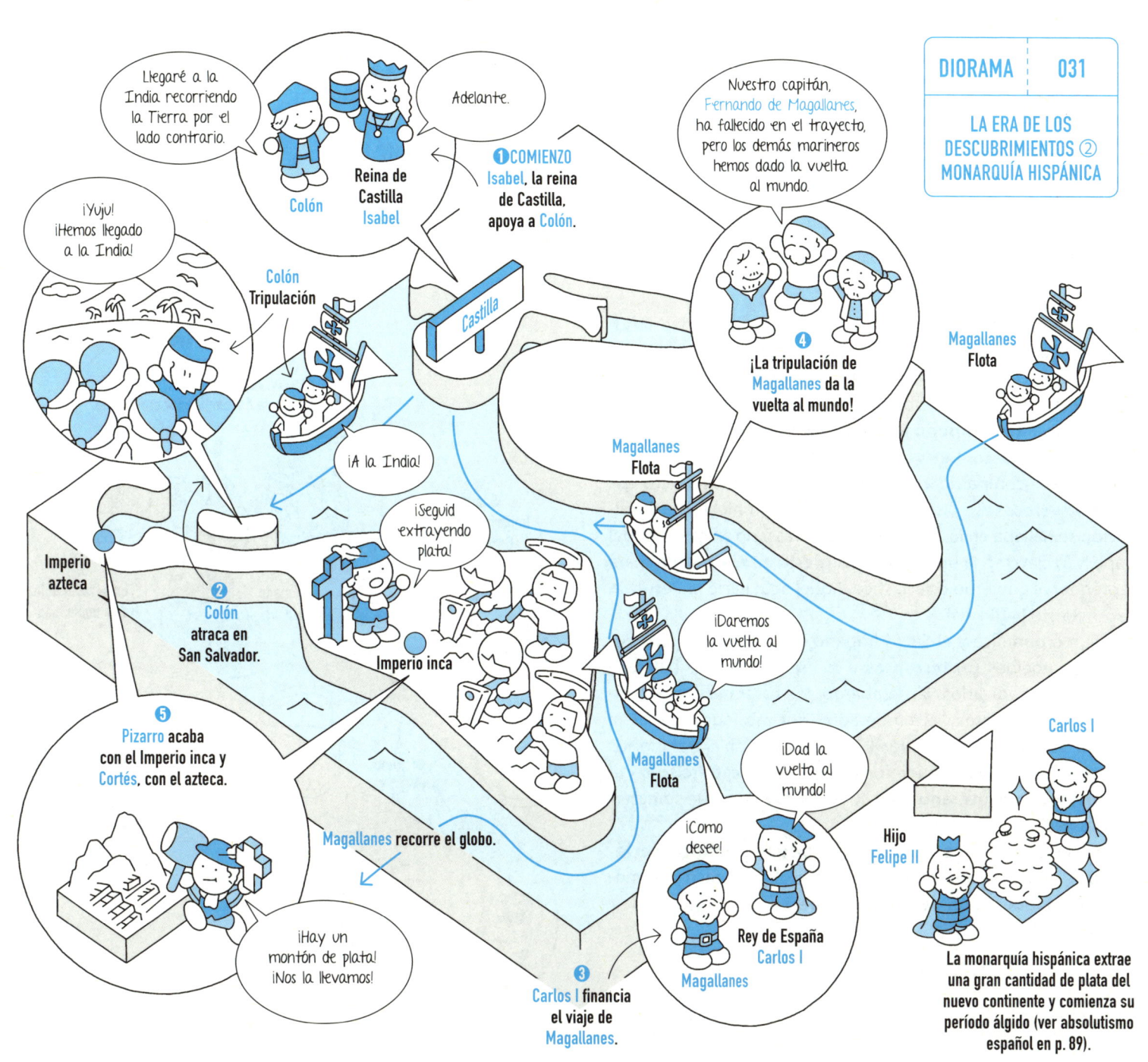

LA ERA DE LOS DESCUBRIMIENTOS ②
MONARQUÍA HISPÁNICA

❶ COMIENZO
Isabel, la reina de Castilla, apoya a **Colón**.

- Colón: «Llegaré a la India recorriendo la Tierra por el lado contrario.»
- Reina de Castilla Isabel: «Adelante.»
- Colón / Tripulación: «¡A la India!»
- «¡Yuju! ¡Hemos llegado a la India!»

❷ Colón atraca en San Salvador.

- «¡Seguid extrayendo plata!»
- Imperio azteca
- Imperio inca

❸ Carlos I financia el viaje de **Magallanes**.

- Magallanes: «¡Como desee!»
- Rey de España Carlos I
- Magallanes Flota: «¡Daremos la vuelta al mundo!»
- Carlos I: «¡Dad la vuelta al mundo!»

❹ ¡La tripulación de Magallanes da la vuelta al mundo!

- «Nuestro capitán, Fernando de Magallanes, ha fallecido en el trayecto, pero los demás marineros hemos dado la vuelta al mundo.»
- Magallanes Flota

Magallanes recorre el globo.

❺ Pizarro acaba con el Imperio inca y **Cortés**, con el azteca.

- «¡Hay un montón de plata! ¡Nos la llevamos!»

Carlos I
Hijo Felipe II

La monarquía hispánica extrae una gran cantidad de plata del nuevo continente y comienza su período álgido (ver absolutismo español en p. 89).

79

032 LA REFORMA PROTESTANTE ①

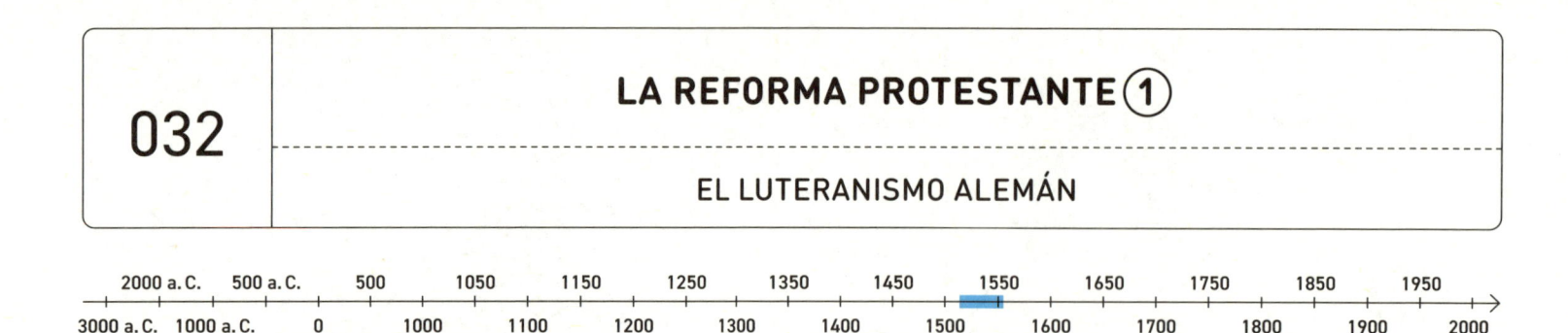

EL LUTERANISMO ALEMÁN

La **Iglesia católica**, antaño poseedora de una autoridad absoluta, perdió influencia (p. 60) y el papa **León X (g. 1513-1521)** recurrió a la venta de **indulgencias** (el perdón de los pecados) para recaudar fondos. Un objetivo de estas bulas fueron los campesinos del **Sacro Imperio Romano Germánico**.

El teólogo **Martín Lutero (1483-1546)**, que presenció el expolio de sus compatriotas por parte de la Iglesia, redactó *Las noventa y cinco tesis (1517)*, un escrito que promovía que la salvación se hallaba en las Sagradas Escrituras y no en el poder del papa, y lo clavó en la puerta de una **iglesia de Wittenberg** para reprender al gobierno eclesiástico. Aquel acto inició la **Reforma protestante (siglo XVI)**.

El sumo pontífice y el Sacro Imperio Romano Germánico declararon rebeldes **protestantes** a los seguidores de Lutero e intentaron erradicarlos. Sin embargo, los **luteranos** se expandieron rápidamente y el emperador, que no logró acallar al pueblo, acordó la **Paz de Augsburgo (1555)**. Con el tratado, los **príncipes territoriales** pudieron elegir entre el **catolicismo** y el **protestantismo luterano** y sus súbditos tuvieron que someterse a su decisión.

De esta forma, la nobleza unificó los **poderes político** y **eclesiástico**, reforzó su autoridad y el Imperio alemán pasó a asemejarse a una **federación de Estados soberanos**.

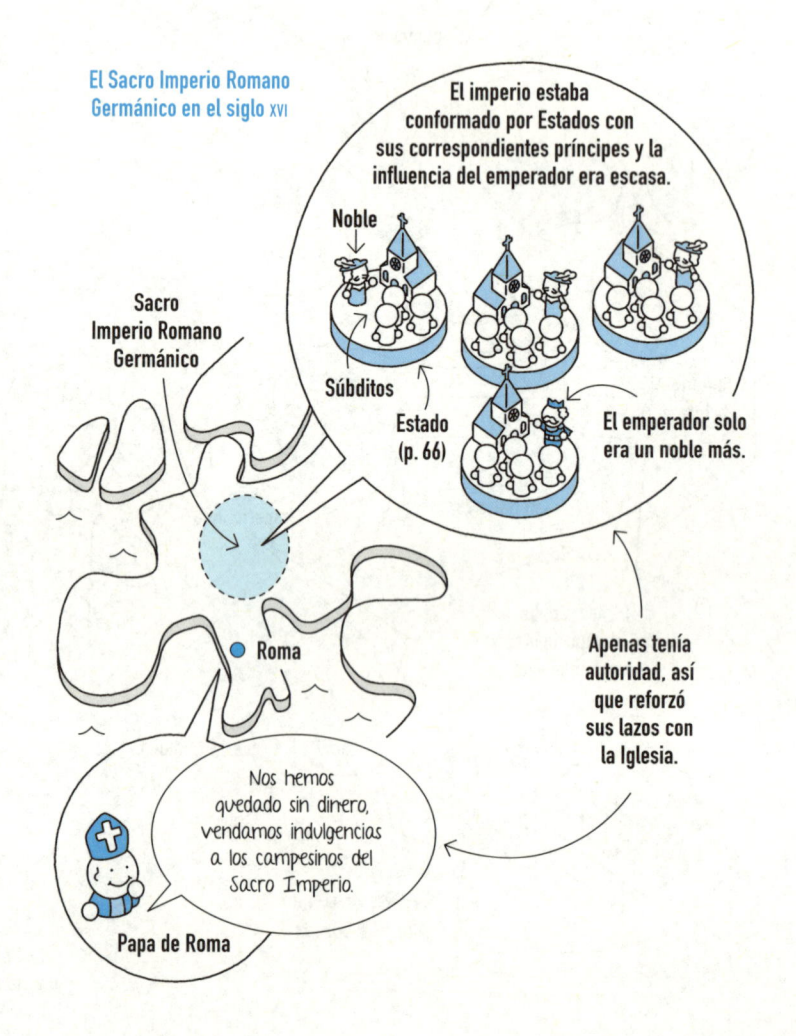

El Sacro Imperio Romano Germánico en el siglo XVI

El imperio estaba conformado por Estados con sus correspondientes príncipes y la influencia del emperador era escasa.

El emperador solo era un noble más.

Apenas tenía autoridad, así que reforzó sus lazos con la Iglesia.

Nos hemos quedado sin dinero, vendamos indulgencias a los campesinos del Sacro Imperio.

Papa de Roma

DIORAMA 032

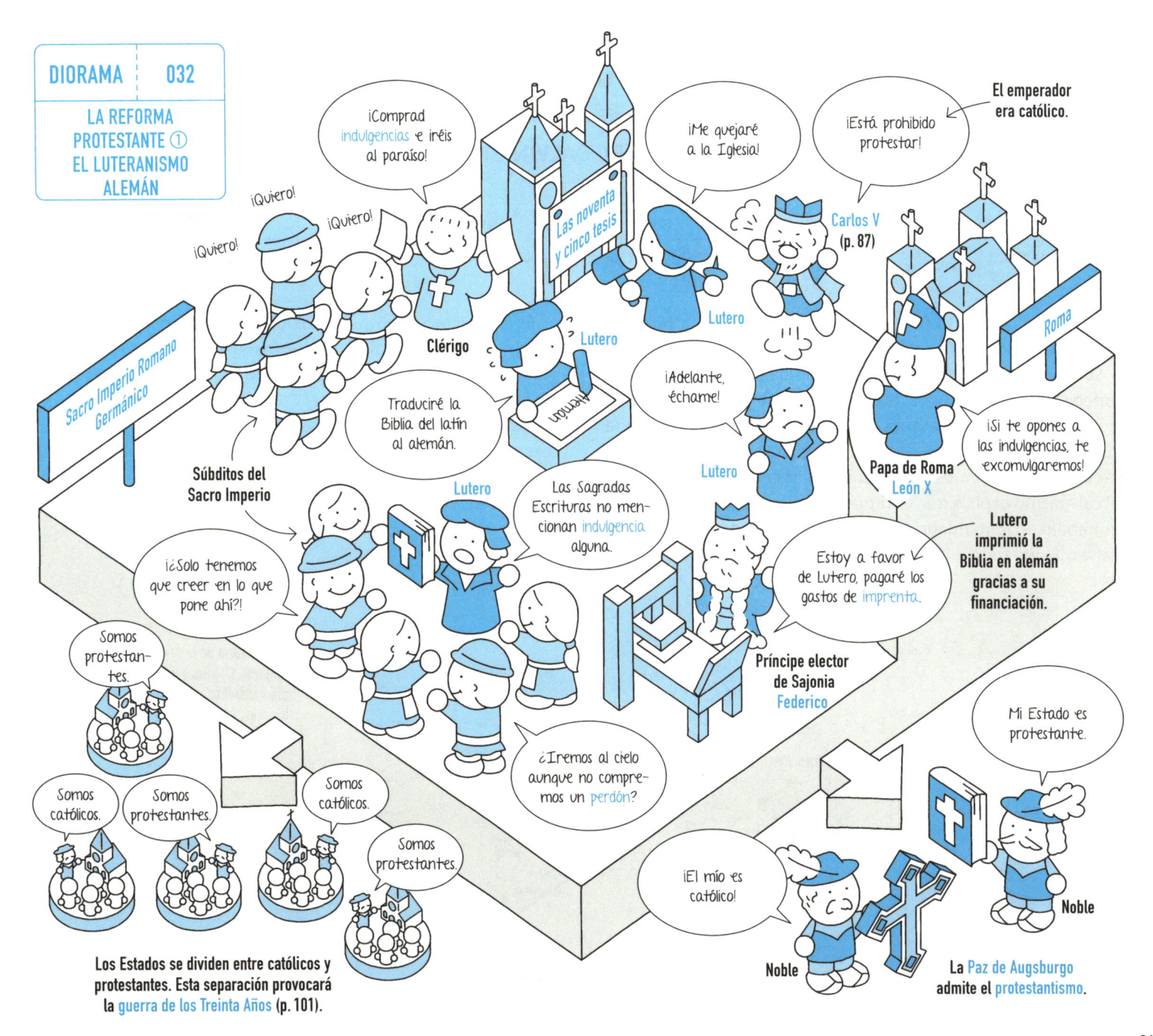

LA REFORMA PROTESTANTE ① EL LUTERANISMO ALEMÁN

¡Quiero! ¡Quiero! ¡Quiero!

¡Comprad indulgencias e iréis al paraíso!

Las noventa y cinco tesis

¡Me quejaré a la Iglesia!

¡Está prohibido protestar! — El emperador era católico.

Carlos V (p. 87)

Clérigo

Lutero

Lutero

Sacro Imperio Romano Germánico

Traduciré la Biblia del latín al alemán.

¡Adelante, échame!

Lutero

¡Si te opones a las indulgencias, te excomulgaremos!

Papa de Roma León X

Roma

Súbditos del Sacro Imperio

¿¡Solo tenemos que creer en lo que pone ahí?!

Lutero

Las Sagradas Escrituras no mencionan indulgencia alguna.

Estoy a favor de Lutero, pagaré los gastos de imprenta.

Lutero imprimió la Biblia en alemán gracias a su financiación.

Príncipe elector de Sajonia Federico

Somos protestantes.

Somos católicos.

Somos protestantes.

Somos católicos.

Somos protestantes.

¿Iremos al cielo aunque no compremos un perdón?

Mi Estado es protestante.

¡El mío es católico!

Noble

Noble

La Paz de Augsburgo admite el protestantismo.

Los Estados se dividen entre católicos y protestantes. Esta separación provocará la guerra de los Treinta Años (p. 101).

033 LA REFORMA PROTESTANTE ②

EL CALVINISMO SUIZO

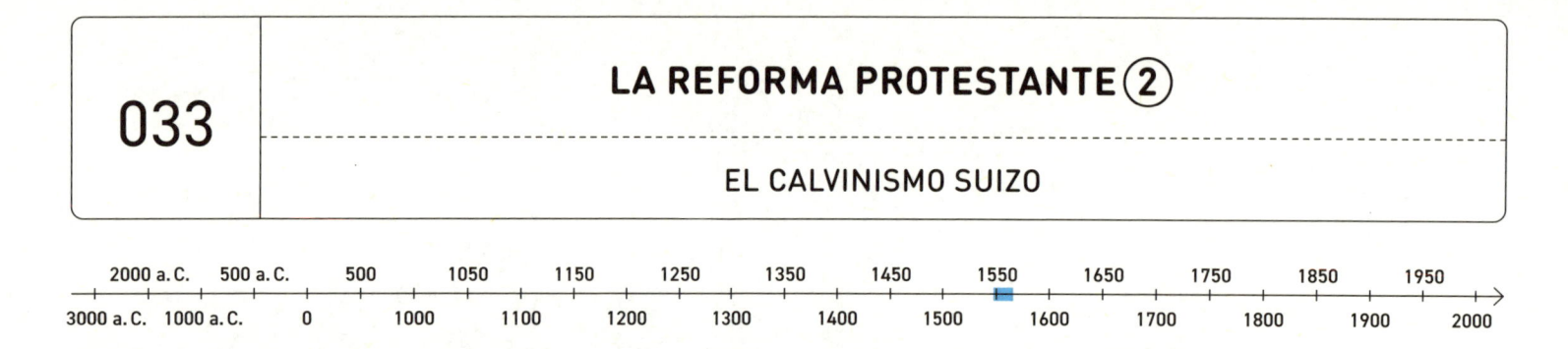

Después de **Lutero** (p. 80), el siguiente en iniciar una **reforma religiosa** (p. 80) fue Juan Calvino (1509-1564).

Su teoría de la predestinación, donde Dios ya ha decidido con antelación a quién salvará, fue aceptada con los brazos abiertos por comerciantes y artesanos, que estaban preocupados de que sus ansias de dinero les cerraran las puertas del cielo. Según la fe católica, la acumulación de riquezas es pecado. Sin embargo, el calvinismo explica que enriquecerse es el resultado de ser fiel al trabajo encomendado por Dios. Por eso se dice que la ética calvinista del trabajo influyó en el espíritu del capitalismo.

El calvinismo se propagó por los centros económicos de Francia, Inglaterra y los Países Bajos Españoles. En cuanto a la Iglesia católica, se opuso a los calvinistas y demás **protestantes** (p. 80) con la Contrarreforma y, en el Concilio de Trento (1545-1563), reafirmó su legitimidad y estableció que los herejes debían ser excomulgados. Durante esta época, la Compañía de Jesús de Ignacio de Loyola y Francisco Javier envió misioneros a tierras aún por evangelizar, como Japón.

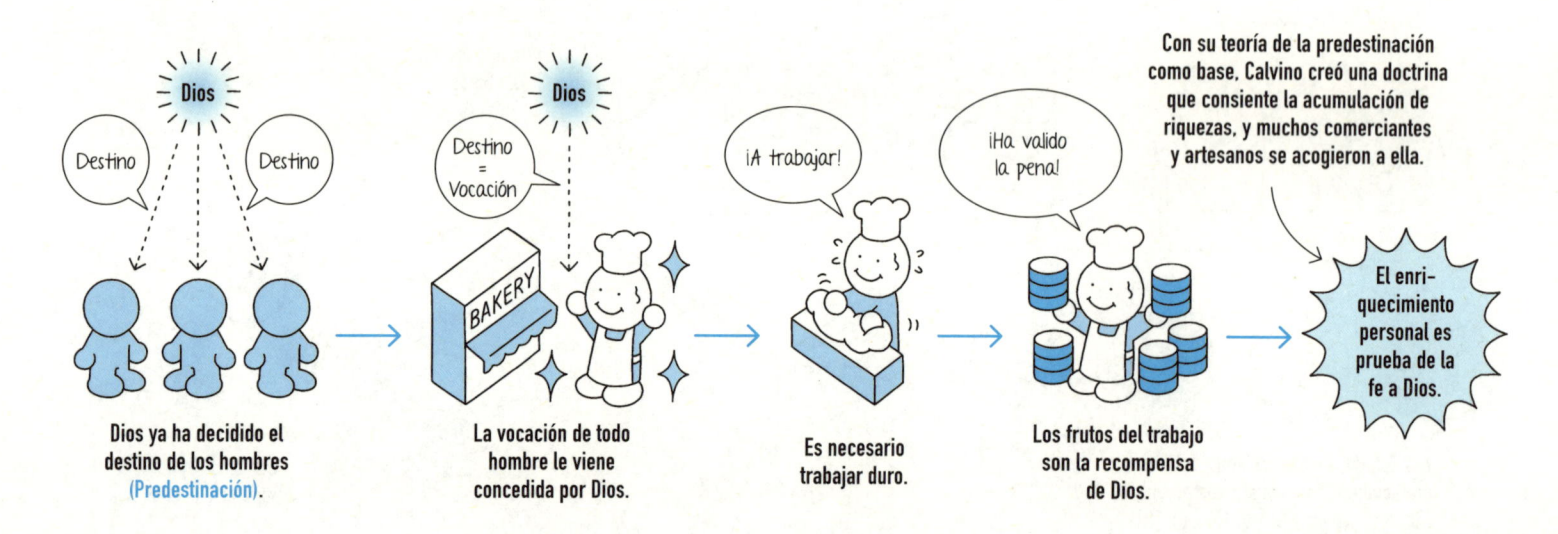

Dios ya ha decidido el destino de los hombres (Predestinación). → **La vocación de todo hombre le viene concedida por Dios.** → **Es necesario trabajar duro.** → **Los frutos del trabajo son la recompensa de Dios.** → Con su teoría de la predestinación como base, Calvino creó una doctrina que consiente la acumulación de riquezas, y muchos comerciantes y artesanos se acogieron a ella. **El enriquecimiento personal es prueba de la fe a Dios.**

DIORAMA 033

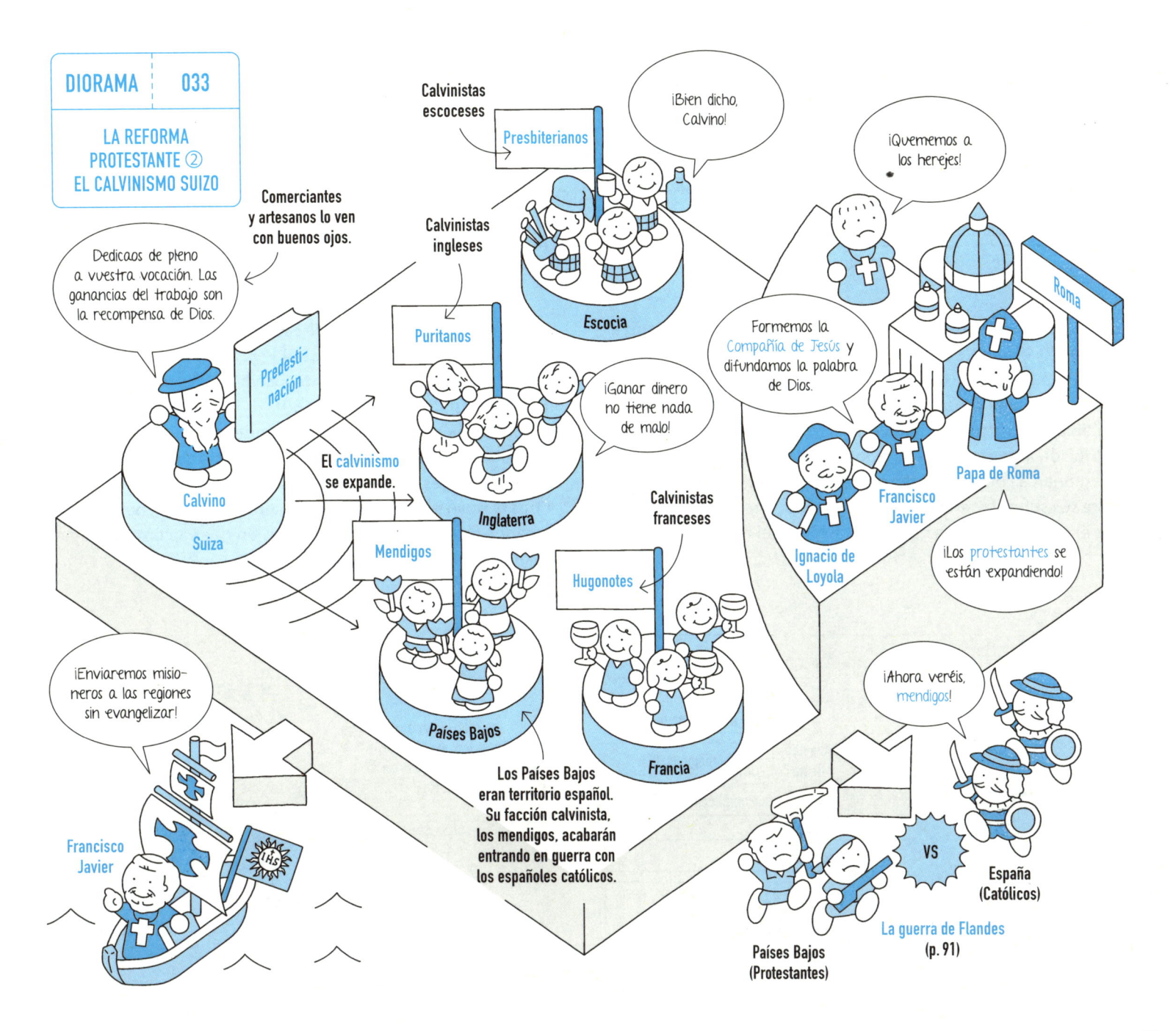

LA REFORMA PROTESTANTE ② EL CALVINISMO SUIZO

Calvinistas escoceses → Presbiterianos

¡Bien dicho, Calvino!

Escocia

Comerciantes y artesanos lo ven con buenos ojos.

Dedicaos de pleno a vuestra vocación. Las ganancias del trabajo son la recompensa de Dios.

Predestinación

Calvino — Suiza

Calvinistas ingleses → Puritanos

¡Ganar dinero no tiene nada de malo!

El calvinismo se expande.

Inglaterra

Mendigos — Países Bajos

Calvinistas franceses → Hugonotes

Francia

¡Quememos a los herejes!

Roma

Formemos la Compañía de Jesús y difundamos la palabra de Dios.

Ignacio de Loyola — Francisco Javier — Papa de Roma

¡Los protestantes se están expandiendo!

¡Enviaremos misioneros a las regiones sin evangelizar!

Francisco Javier

Los Países Bajos eran territorio español. Su facción calvinista, los mendigos, acabarán entrando en guerra con los españoles católicos.

¡Ahora veréis, mendigos!

Países Bajos (Protestantes) VS España (Católicos)

La guerra de Flandes (p. 91)

83

034 LA REFORMA PROTESTANTE ③

LA IGLESIA ANGLICANA

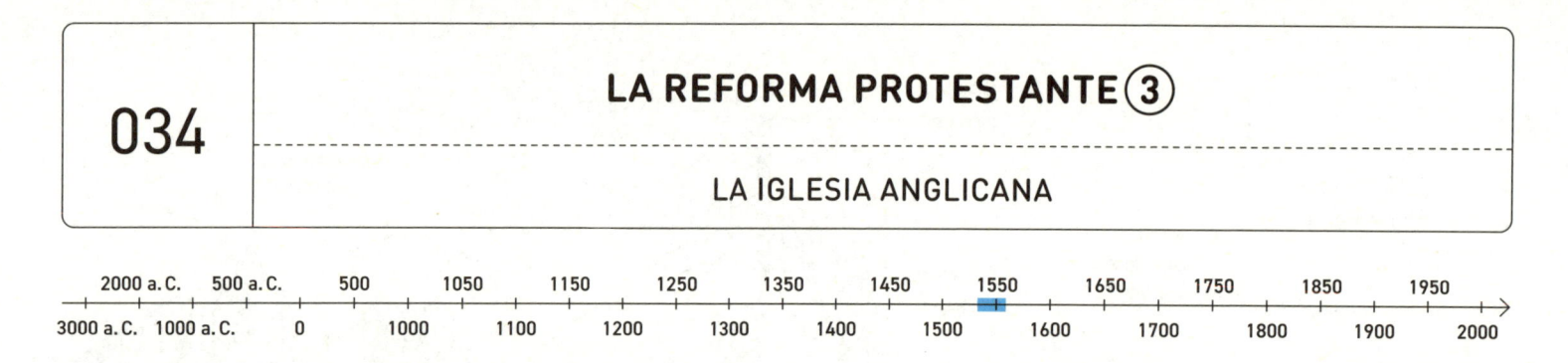

En la Reforma inglesa, al contrario que en la **alemana** y la **suiza** (pp. 80-82), el agente del cambio fue el mismo gobierno.

Enrique VIII (g. 1509-1547), el sucesor de **Enrique VII** (p. 70), quería separarse de su esposa. Puesto que **la Iglesia católica** prohibía el divorcio, decidió cortar lazos con ella y fundar una institución independiente, la **Iglesia de Inglaterra (1534)**.

El monarca confiscó las tierras de los católicos y las distribuyó entre sus súbditos, en especial a la **alta burguesía** (p. 92), por lo que el cambio tuvo una gran aceptación en el reino.

María I (g. 1553-1558), de fe católica, intentó abolir la **Iglesia anglicana**, pero en cuanto **Isabel I (g. 1558-1603)** ascendió al poder, la **consolidó legalmente** y codificó sus ritos y doctrinas en el **Acta de Uniformidad (1559)**.

Así pues, la monarquía aunó el poder político y el religioso. No obstante, siguió conservando el **tradicional modelo parlamentario inglés** (p. 64).

Tras la muerte de Isabel I, los **calvinistas** (p. 82) anglosajones, llamados **puritanos** (p. 92), entraron en guerra contra el rey de Inglaterra y la Iglesia anglicana.

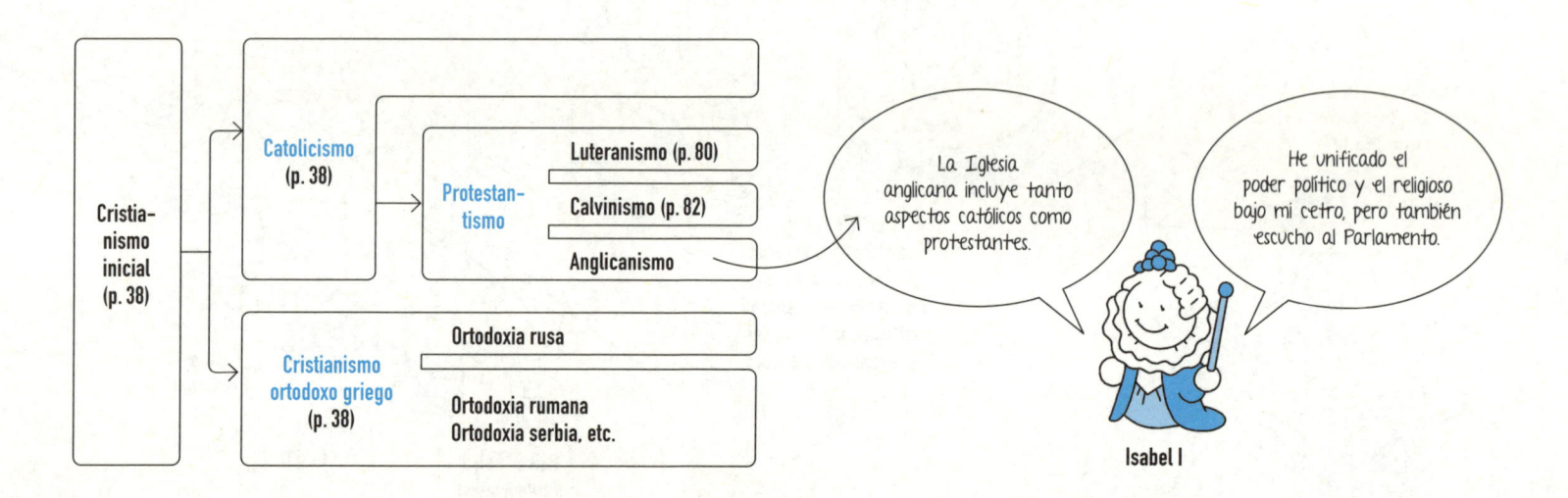

Cristianismo inicial (p. 38)
- Catolicismo (p. 38)
- Protestantismo
  - Luteranismo (p. 80)
  - Calvinismo (p. 82)
  - Anglicanismo
- Cristianismo ortodoxo griego (p. 38)
  - Ortodoxia rusa
  - Ortodoxia rumana
  - Ortodoxia serbia, etc.

La Iglesia anglicana incluye tanto aspectos católicos como protestantes.

He unificado el poder político y el religioso bajo mi cetro, pero también escucho al Parlamento.

Isabel I

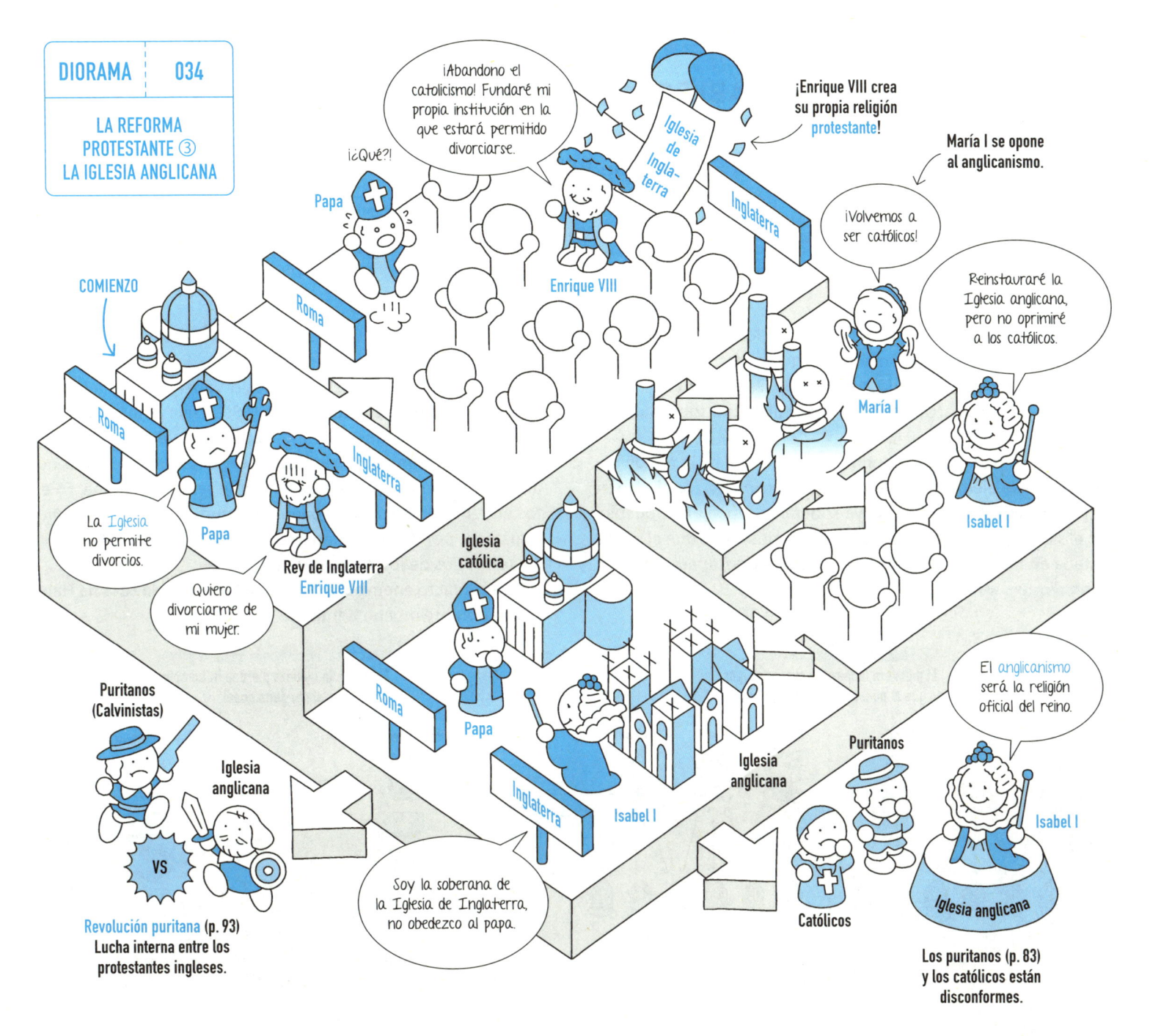

DIORAMA 034
LA REFORMA PROTESTANTE ③ LA IGLESIA ANGLICANA

COMIENZO

Roma — Papa: La Iglesia no permite divorcios.

Rey de Inglaterra Enrique VIII: Quiero divorciarme de mi mujer.

Papa: ¡¿Qué?!

Enrique VIII: ¡Abandono el catolicismo! Fundaré mi propia institución en la que estará permitido divorciarse.

¡Enrique VIII crea su propia religión protestante! (Iglesia de Inglaterra)

María I se opone al anglicanismo.

María I: ¡Volvemos a ser católicos!

Isabel I: Reinstauraré la Iglesia anglicana, pero no oprimiré a los católicos.

Isabel I (Iglesia católica / Iglesia anglicana): Soy la soberana de la Iglesia de Inglaterra, no obedezco al papa.

Isabel I: El anglicanismo será la religión oficial del reino.

Iglesia anglicana

Los puritanos (p. 83) y los católicos están disconformes. — Puritanos / Católicos

Puritanos (Calvinistas) VS Iglesia anglicana

Revolución puritana (p. 93)
Lucha interna entre los protestantes ingleses.

85

035 ESTABLECIMIENTO DE LOS ESTADOS NACIÓN

LA ERA DE LOS REYES Y LAS GUERRAS ITALIANAS

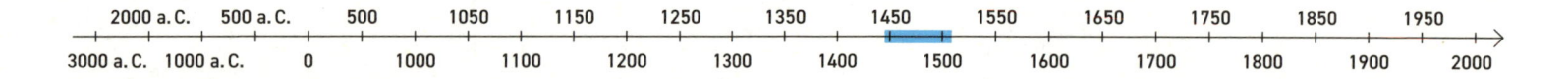

En la Baja Edad Media, el papa de Roma y los nobles perdieron influencia (p. 60), lo cual contribuyó a que las fronteras entre señoríos se diluyeran y ayudó a **delimitar las naciones**. En este período, cada monarca ejerció el poder absoluto sobre su territorio.

Esta autoridad recibe el nombre de soberanía y la región sobre la que se ejerce es considerada un Estado nación. El Japón actual es un Estado nación cuya soberanía reside en el pueblo. En el siglo XVI, comenzaron a surgir territorios en los que el poder estaba en manos de los reyes; en otras palabras, aparecieron las monarquías absolutas.

Uno de los sucesos que aceleró la creación de estas naciones fueron las guerras italianas (1494-1559). Esta serie de conflictos surgió a raíz de los sesenta años de guerra entre la **Corona francesa**, la **casa de Valois** (1328-1589), cuya ambición era hacerse con las ciudades mercantiles de Italia y el **Sacro Imperio Romano Germánico**, con los **Habsburgo** (p. 66) en el trono, que ansiaban obtener la península en la que se hallaba Roma. En estos enfrentamientos participaron multitud de naciones, incluida Inglaterra, por diversos motivos, y el resultado de ellas delimitó los territorios de los diferentes Estados.

Este conflicto enemistó a la Corona francesa y la casa de Habsburgo durante mucho tiempo.

Feudalismo de la Edad Media
El papa era la máxima autoridad, por lo que el poder de los reyes era débil.

Noble — Rey — Noble | Noble — Rey — Noble
Ejército | Feudo
País A — La frontera era difusa. — País B

Estados soberanos de la Edad Moderna
El papa y la nobleza pierden influencia y el rey gana poder.

Rey soberano | Rey soberano
Monarquía absoluta | Monarquía absoluta
País A — La frontera queda más delimitada. — País B

DIORAMA 035
LAS GUERRAS ITALIANAS

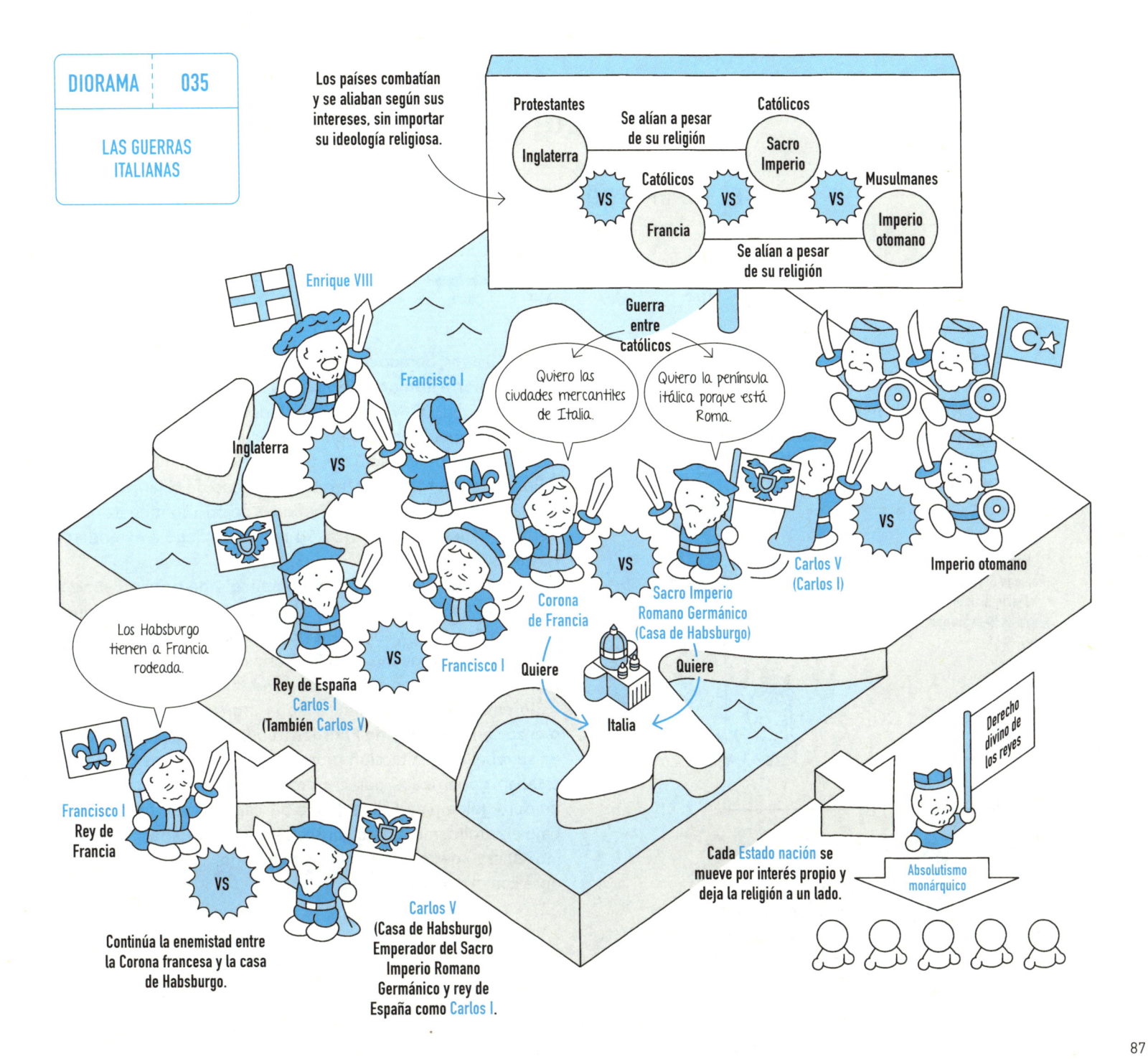

Los países combatían y se aliaban según sus intereses, sin importar su ideología religiosa.

Protestantes Inglaterra — Se alían a pesar de su religión — **Católicos** Sacro Imperio

VS **Católicos** Francia VS VS **Musulmanes** Imperio otomano

Se alían a pesar de su religión

Enrique VIII — Inglaterra

Francisco I

Guerra entre católicos

"Quiero las ciudades mercantiles de Italia."

"Quiero la península itálica porque está Roma."

Imperio otomano

"Los Habsburgo tienen a Francia rodeada."

Corona de Francia — Francisco I

Sacro Imperio Romano Germánico (Casa de Habsburgo) — Carlos V (Carlos I)

Rey de España Carlos I (También Carlos V)

Quiere → Italia ← Quiere

Francisco I Rey de Francia

VS

Carlos V (Casa de Habsburgo) Emperador del Sacro Imperio Romano Germánico y rey de España como Carlos I.

Continúa la enemistad entre la Corona francesa y la casa de Habsburgo.

Cada Estado nación se mueve por interés propio y deja la religión a un lado.

Derecho divino de los reyes → Absolutismo monárquico

87

036 EL ABSOLUTISMO ESPAÑOL

EL IMPERIO DONDE NUNCA SE PONE EL SOL

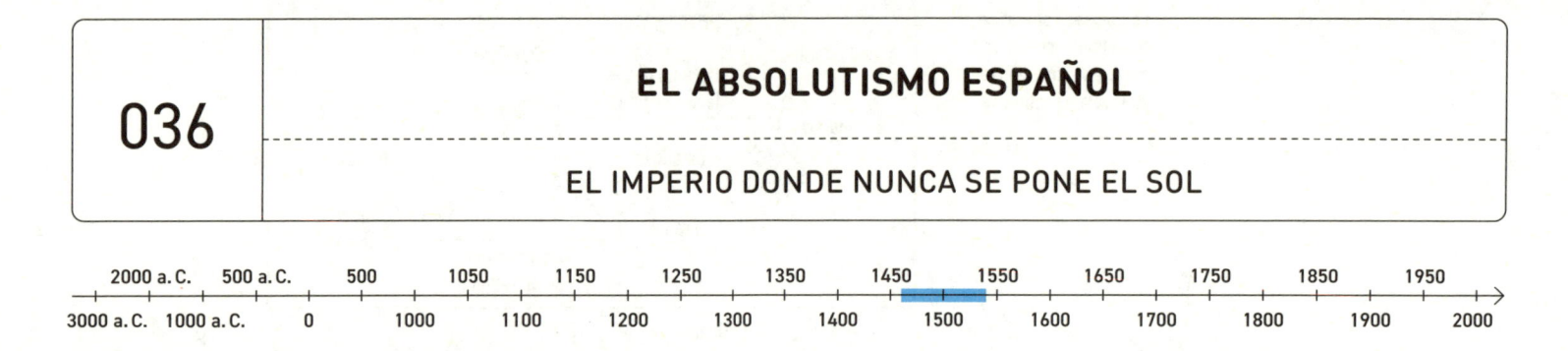

En 1516, nació en España la **dinastía de los Habsburgo (1516-1700)** (p. 86). El rey que la inició fue **Carlos I (g. 1516-1556)**, que tenía una ascendencia noble indiscutible. Su abuelo paterno era el emperador del **Sacro Imperio Romano Germánico**, **Maximiliano I (g. 1493-1519)**, perteneciente a la casa de los Habsburgo, y su abuela materna era la reina Isabel.

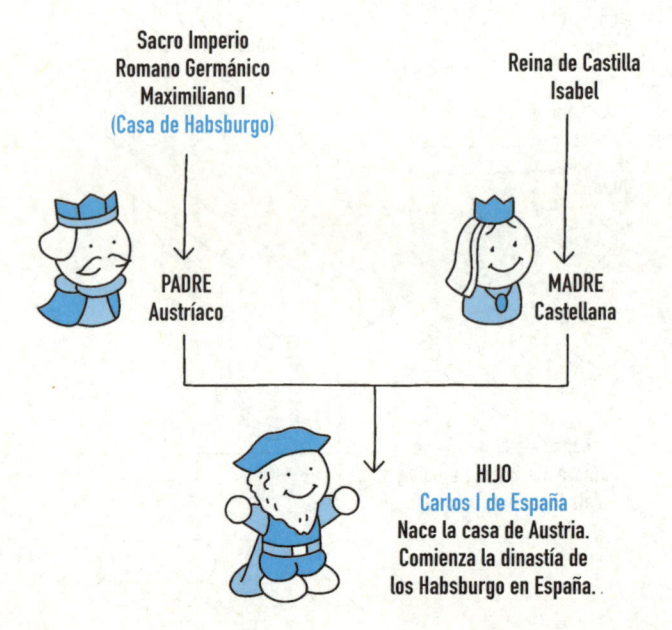

Con 19 años, heredó de su abuelo el título de **emperador del Sacro Imperio Romano Germánico** bajo el nombre de **Carlos V (g. 1519-1556)** (p. 87). Como resultado, Carlos I gobernó el continente europeo, a excepción de Francia. Sus dominios incluían los territorios de los actuales países de Austria, Bélgica, Países Bajos, Luxemburgo, etc.; también el ducado de Milán, los reinos de Nápoles y Sicilia, e incluso regiones de otro continente como Centroamérica y Sudamérica. Su influencia llegó a extenderse hasta las Filipinas.

A finales del siglo XVI, durante el reinado de su hijo **Felipe II (g. 1556-1598)**, se aceleró la extracción de plata de las minas del cerro de Potosí y, con la anexión de Portugal, obtuvo sus dominios de África y la India. Su territorio era tan vasto que se empezó a conocer como **el imperio donde nunca se pone el sol**.

Sin embargo, la decadencia de la monarquía hispánica comenzó con **la guerra de Flandes** (p. 90). Los ingleses ayudaron en su rebelión a la facción protestante de los Países Bajos, que estaban gobernados por la Corona española, lo cual supuso un duro golpe para Felipe II, que buscaba unificar toda Europa bajo el catolicismo. Como consecuencia, la **Armada Invencible (1588)** cayó derrotada y el Imperio español acabó desintegrándose con el tiempo.

Sacro Imperio Romano Germánico
Maximiliano I
(Casa de Habsburgo)

PADRE
Austríaco

Reina de Castilla
Isabel

MADRE
Castellana

HIJO
Carlos I de España
Nace la casa de Austria. Comienza la dinastía de los Habsburgo en España.

| DIORAMA | 036 |

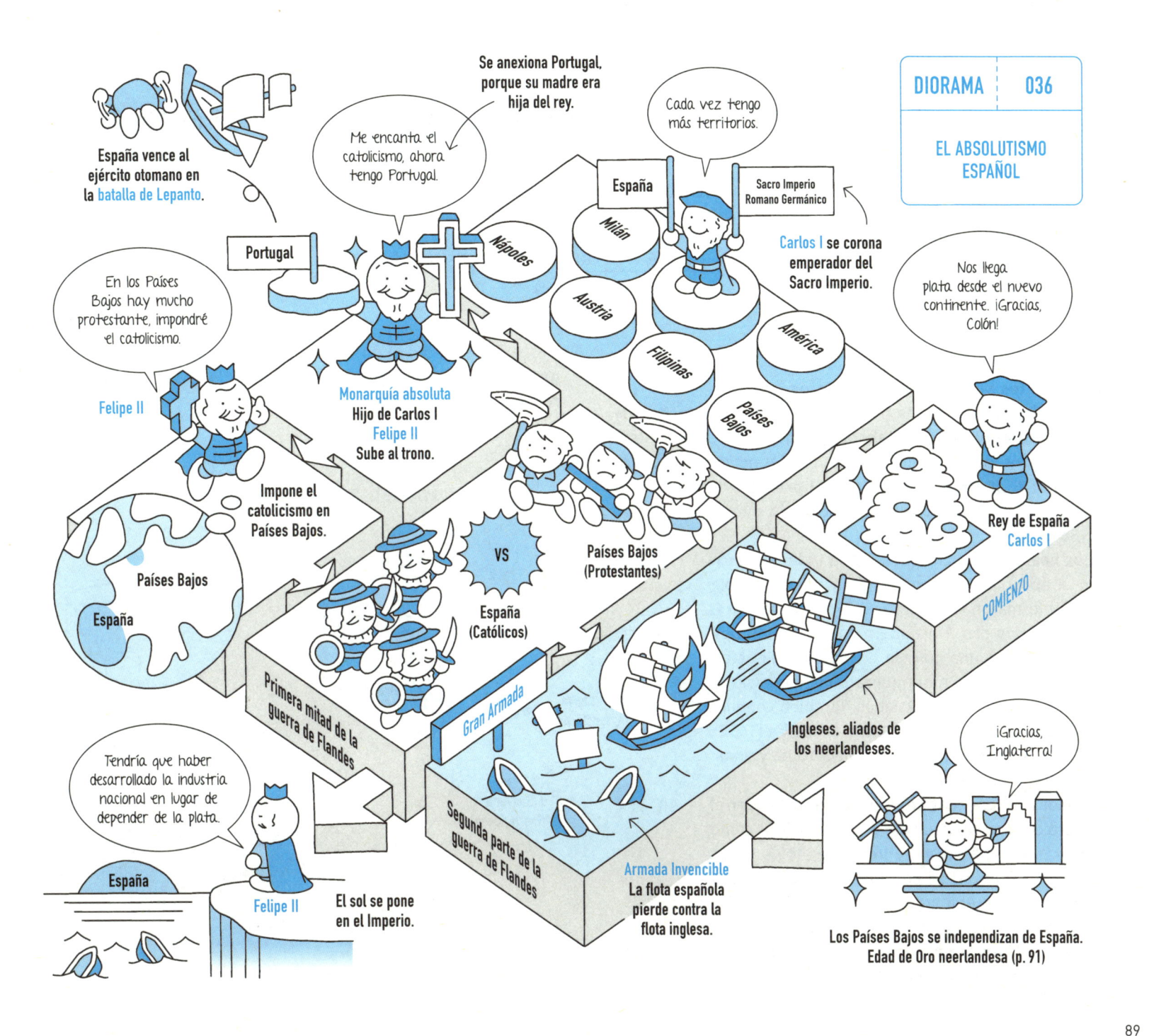

EL ABSOLUTISMO ESPAÑOL

España vence al ejército otomano en la **batalla de Lepanto.**

"Me encanta el catolicismo, ahora tengo Portugal."

Se anexiona Portugal, porque su madre era hija del rey.

"Cada vez tengo más territorios."

Carlos I *se corona emperador del Sacro Imperio.*

"Nos llega plata desde el nuevo continente. ¡Gracias, Colón!"

"En los Países Bajos hay mucho protestante, impondré el catolicismo."

Felipe II

Monarquía absoluta
Hijo de Carlos I
Felipe II
Sube al trono.

España — Milán — Nápoles — Austria — Filipinas — América — Países Bajos — Sacro Imperio Romano Germánico

Rey de España Carlos I

COMIENZO

Impone el catolicismo en Países Bajos.

Países Bajos / España

España (Católicos) VS Países Bajos (Protestantes)

Primera mitad de la guerra de Flandes

Gran Armada

Ingleses, aliados de los neerlandeses.

"¡Gracias, Inglaterra!"

"Tendría que haber desarrollado la industria nacional en lugar de depender de la plata."

Felipe II

España

El sol se pone en el Imperio.

Segunda parte de la guerra de Flandes

Armada Invencible
La flota española pierde contra la flota inglesa.

Los Países Bajos se independizan de España.
Edad de Oro neerlandesa (p. 91)

89

037 — LA INDEPENDENCIA DE LOS PAÍSES BAJOS Y SU PROSPERIDAD

SIGLO XVI: EDAD DE ORO NEERLANDESA

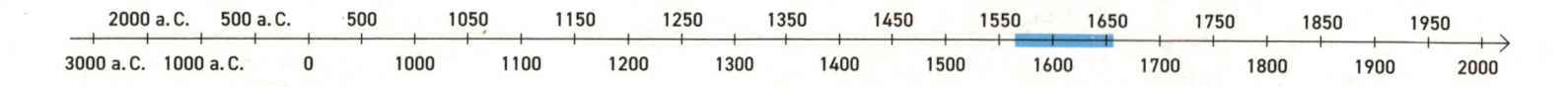

Después de la **Reforma**, muchos mendigos (p. 83), **calvinistas protestantes**, vivían en los **Países Bajos**.

Sin embargo, aquellas tierras estaban bajo el gobierno de la **Corona española de los Habsburgo**, que eran creyentes **católicos**. Estos intentaron imponer su fe y los neerlandeses, liderados por Guillermo (1533-1584), **el príncipe de Orange**, se levantaron en armas, lo que dio inicio a la guerra de Flandes (1568-1648).

Los neerlandeses consiguieron la independencia con el apoyo de los ingleses (Armada invencible, p. 92), y formaron la República de los Siete Países Bajos Unidos con Ámsterdam como capital. Después, fundaron una colonia en **Batavia**, la actual Yakarta, y desde allí monopolizaron el comercio de especias con el Sudeste Asiático. También conquistaron Taiwán, fundaron la Colonia del Cabo (1652), **Nueva Ámsterdam** (la actual Nueva York), y dominaron el comercio mundial.

La vida de los neerlandeses mejoró mucho y, en el aspecto cultural, aparecieron grandes artistas como Rembrandt (1606-1669) y Vermeer (1632-1675). Por eso, el siglo XVII se considera el **Siglo de Oro neerlandés**. Sin embargo, centraron sus negocios en el comercio de tránsito; en otras palabras: mediaban en el intercambio de bienes entre dos países, y descuidaron la industria nacional. Eventualmente, Países Bajos perdió el dominio marítimo ante Inglaterra en las guerras anglo-neerlandesas (1652-1654) y el Estado comenzó a decaer.

El avance de los Países Bajos en el siglo XVII

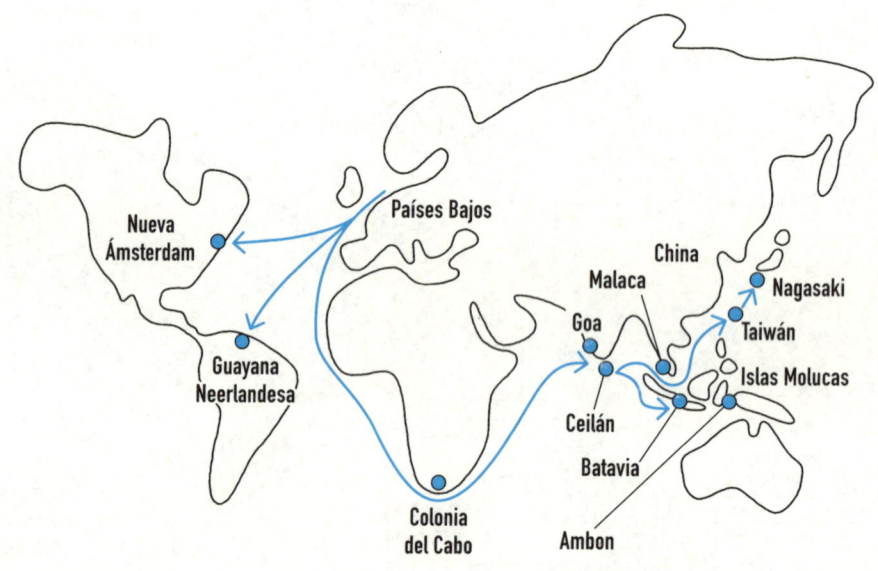

DIORAMA 037

LA INDEPENDENCIA DE LOS PAÍSES BAJOS Y SU PROSPERIDAD

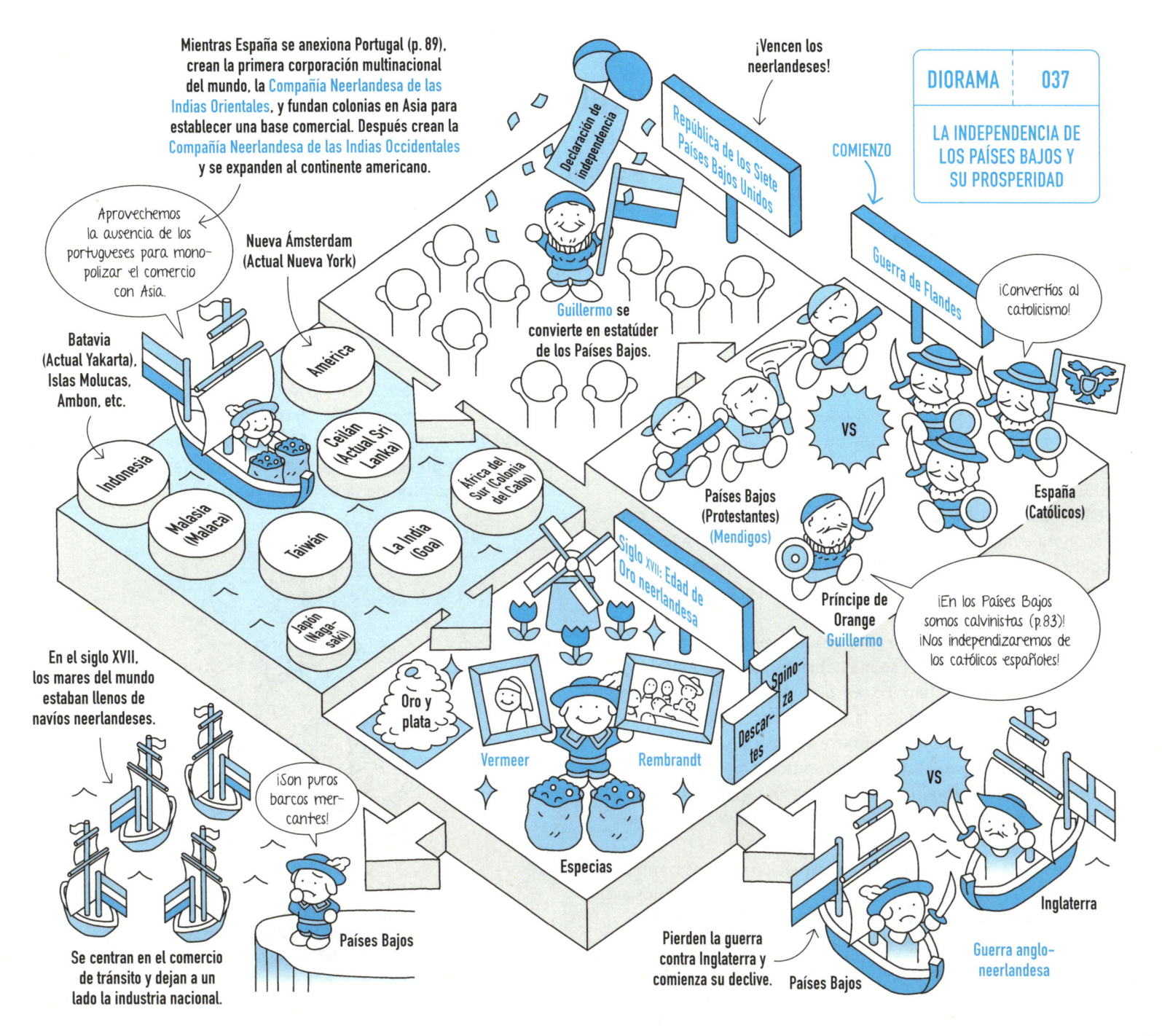

COMIENZO → Guerra de Flandes

¡Convertíos al catolicismo! — España (Católicos)

¡En los Países Bajos somos calvinistas (p.83)! ¡Nos independizaremos de los católicos españoles! — Países Bajos (Protestantes) (Mendigos) / Príncipe de Orange **Guillermo**

VS

¡Vencen los neerlandeses!

República de los Siete Países Bajos Unidos — Declaración de independencia

Guillermo se convierte en estatúder de los Países Bajos.

Mientras España se anexiona Portugal (p. 89), crean la primera corporación multinacional del mundo, la **Compañía Neerlandesa de las Indias Orientales**, y fundan colonias en Asia para establecer una base comercial. Después crean la **Compañía Neerlandesa de las Indias Occidentales** y se expanden al continente americano.

Aprovechemos la ausencia de los portugueses para monopolizar el comercio con Asia.

- Nueva Ámsterdam (Actual Nueva York)
- Batavia (Actual Yakarta), Islas Molucas, Ambon, etc.
- América
- Indonesia
- Ceilán (Actual Sri Lanka)
- Malasia (Malaca)
- Taiwán
- La India (Goa)
- África del Sur (Colonia del Cabo)
- Japón (Nagasaki)

En el siglo XVII, los mares del mundo estaban llenos de navíos neerlandeses.

¡Son puros barcos mercantes! — Países Bajos

Se centran en el comercio de tránsito y dejan a un lado la industria nacional.

Siglo XVII: Edad de Oro neerlandesa

Oro y plata / Vermeer / Rembrandt / Descartes / Spinoza / Especias

Pierden la guerra contra Inglaterra y comienza su declive. — Países Bajos VS Inglaterra — **Guerra anglo-neerlandesa**

91

038 EL ABSOLUTISMO INGLÉS ①

DEL ABSOLUTISMO MONÁRQUICO A LA REVOLUCIÓN PURITANA

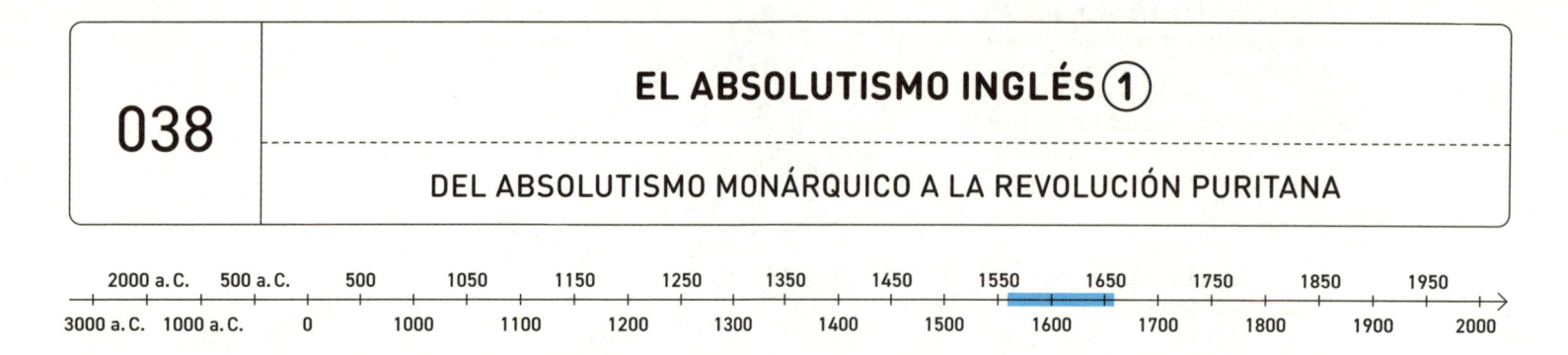

En Inglaterra, la Corona unificó los **poderes político** y **religioso**, lo que dio lugar a una **monarquía absoluta** (p. 84). Sin embargo, **Isabel I (g. 1558-1603)** conservó el tradicional modelo parlamentario del país (Parlamento modelo, p. 64).

La reina tomaba las decisiones que afectaban al núcleo de su gobierno, escuchando el consejo del **Parlamento** y, en las tierras más lejanas, dejaba que gobernase la **alta burguesía** (p. 84), que administraba talleres y granjas con los que mantener su economía mediante el comercio de productos de lana. Este modelo político proporcionó gran estabilidad a Inglaterra, los artículos laneros se vendieron a espuertas en el extranjero y el poder de la nación se incrementó.

A la postre, Isabel I quiso expandir su influencia comercial en ultramar. En aquella época, España había descubierto América y dominaba el comercio atlántico (absolutismo español, p. 88). En consecuencia, Inglaterra utilizó la independencia de los Países Bajos como pretexto para enfrentarse a la nación hispana, derrotó a la **Armada Invencible** en la **expedición militar de 1588** (p. 88) y arrebató la supremacía atlántica a los españoles.

Además, Isabel I formó la **Compañía Británica de las Indias Orientales (1600)** e impulsó la expansión colonial.

Después de la muerte de la reina, la situación del país cambió y su sucesor, **Jacobo I (g. 1603-1625)**, en nombre de la Iglesia anglicana, proclamó el **derecho divino de los reyes** y constituyó una autocracia que ignoraba al Parlamento. Los **puritanos**, **calvinistas** ingleses (p. 82), fueron oprimidos. Asimismo, su hijo **Carlos I (g. 1625-1649)** disolvió el Parlamento, donde los puritanos eran mayoría.

Una nueva Cámara, con **Oliver Cromwell (1599-1658)** al mando, se rebeló, venció a la facción realista en la **batalla de Naseby (1645)** y ejecutó al rey. De esta forma, nació la **Mancomunidad de Inglaterra (1649)**. Esta revuelta liderada por Cromwell recibe el nombre de **Revolución puritana (1640-1660)**.

En 1620, unos cien puritanos oprimidos huyeron a América en el barco Mayflower. Su llegada al continente desembocará en la creación de las colonias de Nueva Inglaterra (p. 140).

DIORAMA 038

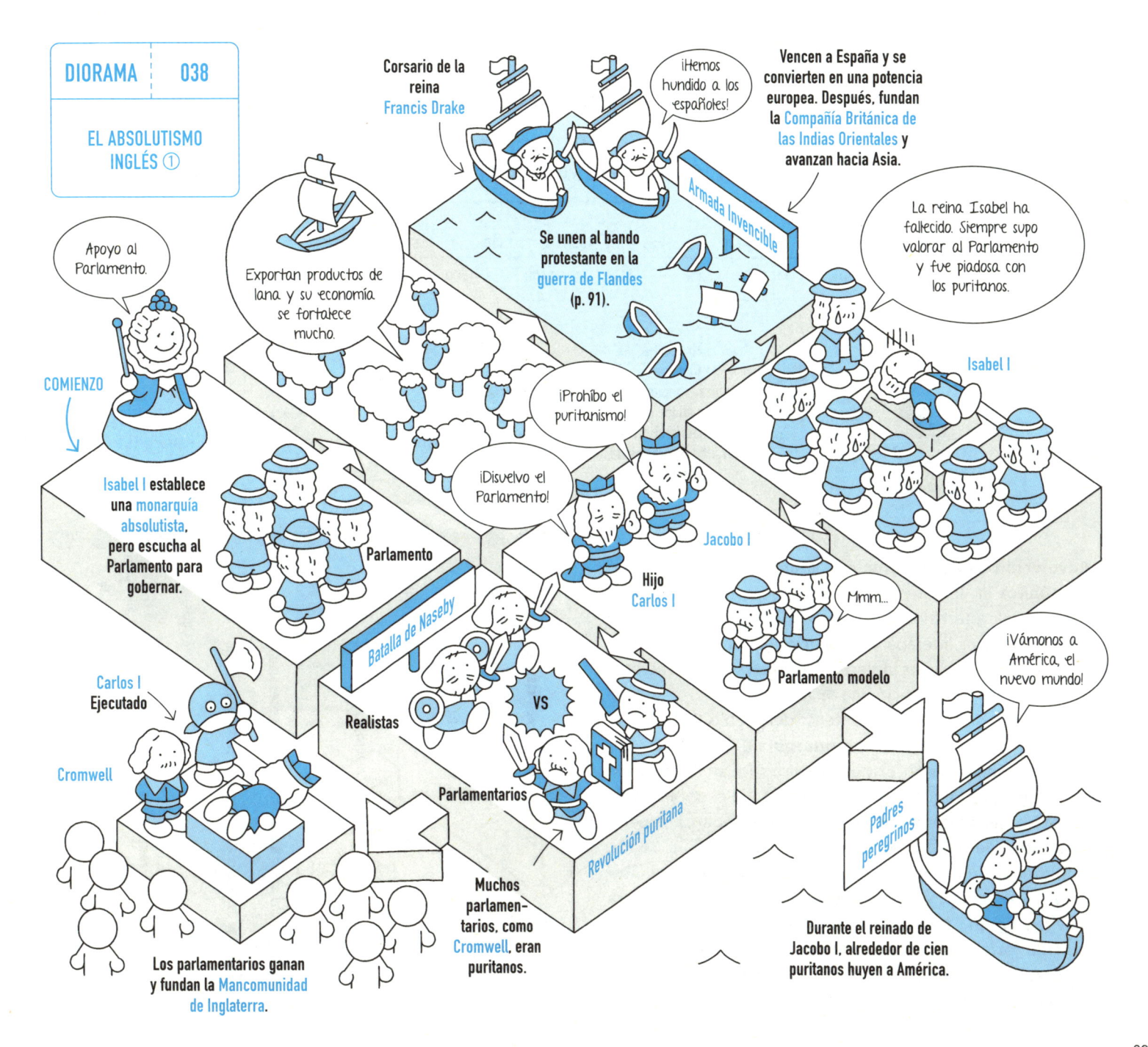

EL ABSOLUTISMO INGLÉS ①

COMIENZO ↓

Apoyo al Parlamento.

Isabel I establece una **monarquía absolutista**, pero escucha al Parlamento para gobernar.

Exportan productos de lana y su economía se fortalece mucho.

Corsario de la reina **Francis Drake**

¡Hemos hundido a los españoles!

Se unen al bando protestante en la **guerra de Flandes (p. 91)**.

Armada Invencible

Vencen a España y se convierten en una potencia europea. Después, fundan la **Compañía Británica de las Indias Orientales** y avanzan hacia Asia.

La reina Isabel ha fallecido. Siempre supo valorar al Parlamento y fue piadosa con los puritanos.

Isabel I

Parlamento

¡Prohíbo el puritanismo!

¡Disuelvo el Parlamento!

Hijo **Carlos I**

Jacobo I

Mmm...

Parlamento modelo

¡Vámonos a América, el nuevo mundo!

Batalla de Naseby

Realistas VS **Parlamentarios**

Revolución puritana

Padres peregrinos

Carlos I Ejecutado

Cromwell

Los parlamentarios ganan y fundan la **Mancomunidad de Inglaterra**.

Muchos parlamentarios, como **Cromwell**, eran puritanos.

Durante el reinado de Jacobo I, alrededor de cien puritanos huyen a América.

93

039 — EL ABSOLUTISMO INGLÉS ②

LA REVOLUCIÓN GLORIOSA Y LA MONARQUÍA CONSTITUCIONAL

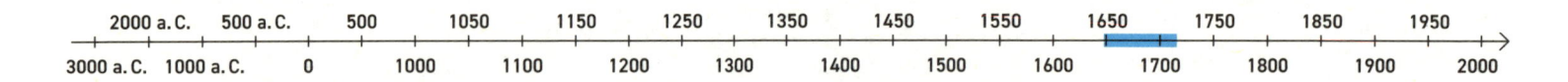

Nace la Mancomunidad de Inglaterra
Los ingleses republicanos vencieron en las guerras anglo-neerlandesas y obtuvieron la hegemonía comercial.

Cromwell

La **Revolución puritana** triunfó y **Cromwell** (p. 92) instauró una **república** en Inglaterra. También conquistó Irlanda. Además, inició una guerra contra Países Bajos (1652-1654), que por aquel entonces lideraba el comercio marítimo. El conflicto terminó con victoria de los ingleses, Cromwell se proclamó **lord protector (1653)** y estableció una dictadura.

Con el tiempo, se ganó el descontento del pueblo, llamaron de vuelta al rey y se **restableció la monarquía** (Restauración inglesa, 1660). Sin embargo, el monarca y su sucesor desdeñaron al Parlamento, por lo que este acabó aceptando el gobierno de un rey **extranjero** a cambio de que el nuevo monarca respetara la autoridad de la Cámara (Declaración de Derechos, 1689). De esta forma, **Guillermo III (g. 1689-1702)** y su esposa, **María II (g. 1689-1694)**, vinieron desde Países Bajos e Inglaterra se convirtió en una monarquía constitucional (1689) con un Parlamento fortalecido. Esta rebelión se llevó a cabo sin derramar sangre, por lo que pasó a la historia como la **Revolución gloriosa (1688-1689)**.

Inglaterra, estabilizada, se anexionó Escocia durante el reinado de **Ana (g. 1702-1714)** y se convirtió en el **Reino de Gran Bretaña** (1707).

En la época de **Jorge I (1714-1727)**, el Parlamento ganó aún más poder y empezó a decirse la frase «**el rey reina, pero no gobierna**».

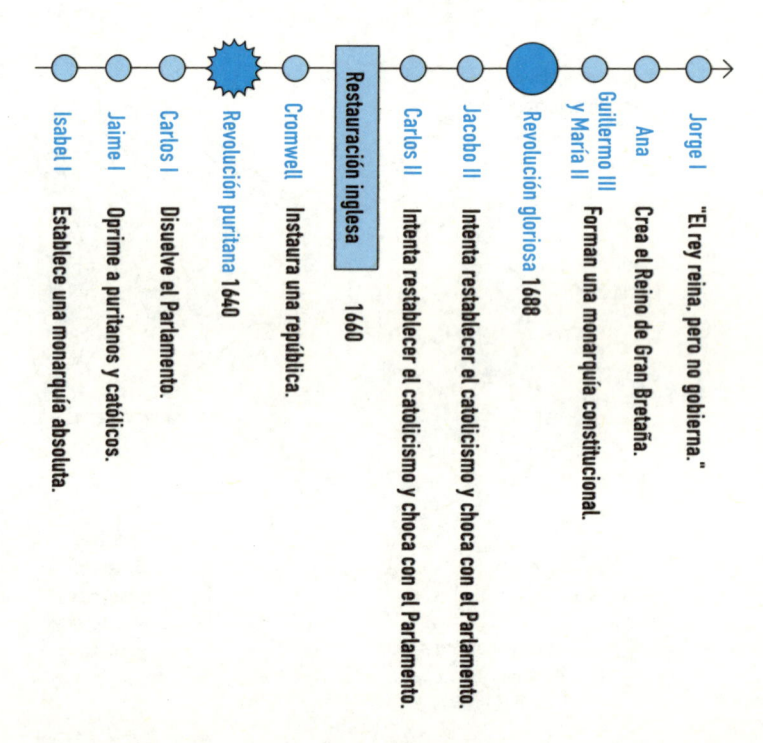

- Isabel I — Establece una monarquía absoluta.
- Jaime I — Oprime a puritanos y católicos.
- Carlos I — Disuelve el Parlamento.
- Revolución puritana 1640
- Cromwell — Instaura una república.
- Restauración inglesa 1660
- Carlos II — Intenta restablecer el catolicismo y choca con el Parlamento.
- Jacobo II — Intenta restablecer el catolicismo y choca con el Parlamento.
- Revolución gloriosa 1688
- Guillermo III y María II — Forman una monarquía constitucional.
- Ana — Crea el Reino de Gran Bretaña.
- Jorge I — "El rey reina, pero no gobierna."

DIORAMA 039

EL ABSOLUTISMO INGLÉS ②

COMIENZO

Mancomunidad

Cromwell: ¡Prohíbo el alcohol, las canciones, el teatro y cualquier divertimento!

Esto no es lo que esperábamos. Preferimos la monarquía.

Restauración

Después de la muerte de Cromwell, Carlos II, el hijo de Carlos I (p. 93) que estaba exiliado en Francia, tomó el trono.

Carlos II: Hemos vencido a los neerlandeses y ya nadie se nos opone. ¡A partir de hoy, soy lord gobernador!

¡Viva el rey!

¡Me gusta la monarquía!

Carlos II: ¡Impongo el catolicismo!

Volvemos al absolutismo...

El hijo de Carlos II

Jacobo II: ¡Seréis católicos!

Y dale... Mejor nos buscamos un rey extranjero.

Guillermo y María vienen desde Países Bajos.

Jacobo II es exiliado a Francia.

Revolución gloriosa

Guillermo III — **María II**

¡Vale!

Declaración de Derechos: Prometed que no os opondréis al Parlamento.

Parlamento

Monarquía constitucional

Jorge I: ¿De qué hablan?

Portavoz

El rey **Jorge I** era alemán y no sabía inglés. La frase «**el rey reina, pero no gobierna**» se originó durante su mandato.

Nace el sistema de gabinete.

El país se estabiliza y comienza la **Revolución Industrial (p. 109)**.

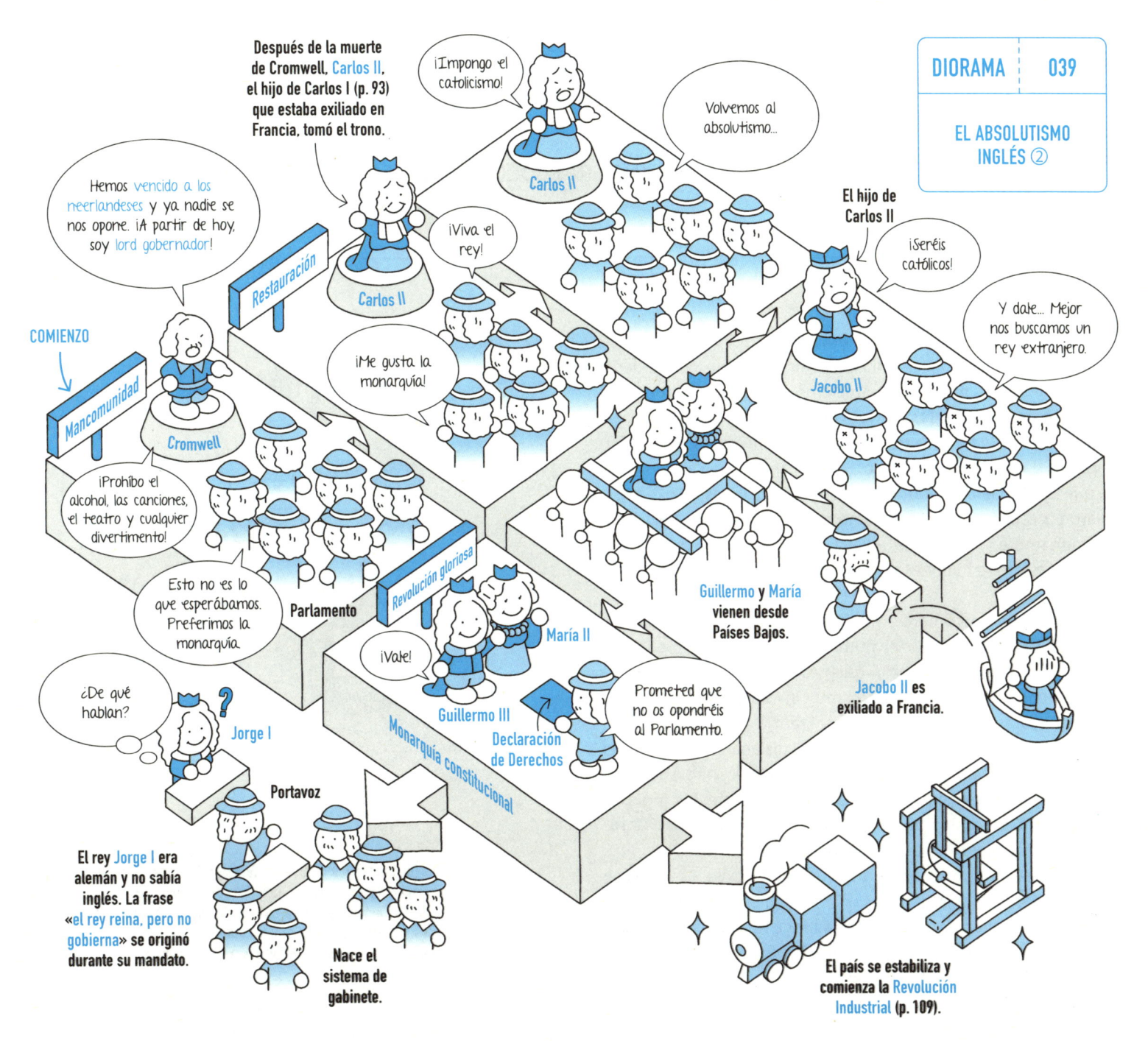

95

040 — EL COLONIALISMO INGLÉS Y FRANCÉS

EL IMPERIO COLONIAL BRITÁNICO

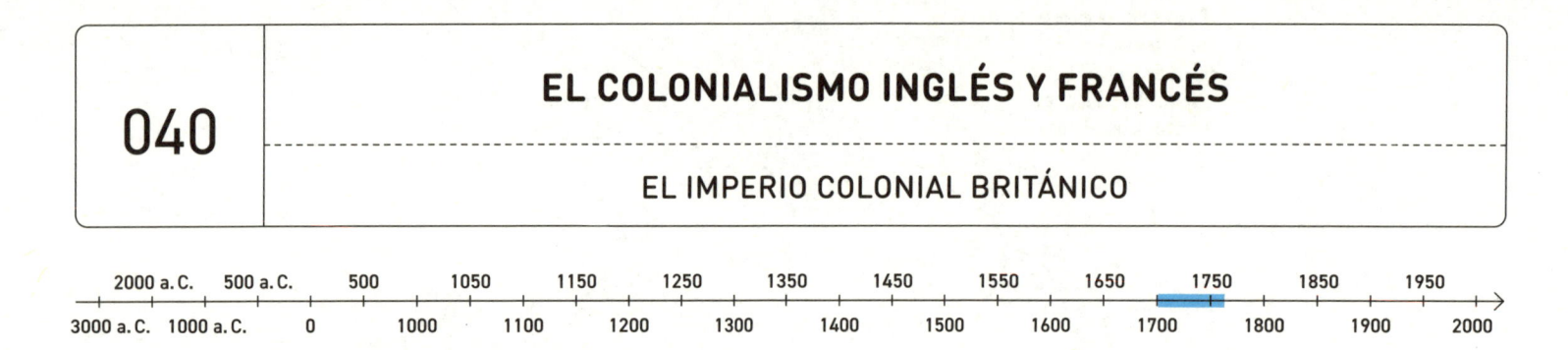

A raíz de la **era de los descubrimientos** (pp. 76-78), España y Portugal impulsaron el colonialismo. Sin embargo, con la decadencia de ambas naciones aparecieron nuevos promotores: los **neerlandeses**, los **ingleses** y los **franceses**.

Durante el siglo XVIII, la popularidad del café se disparó en Europa y la demanda de los granos y de la caña de azúcar aumentó, lo que originó la creación de grandes plantaciones en el Caribe; usaron a esclavos africanos como trabajadores. A su vez, el algodón también causó furor en el Viejo Continente y se fomentó la producción de cultivos algodoneros en el sur de América del Norte.

Este sistema de comercio marítimo, que involucró a Europa, América y África, recibió el nombre de **comercio triangular** (p. 138), y los **ingleses** fueron quienes lo lideraron. Tanto Gran Bretaña como Francia estuvieron muy involucrados en las guerras coloniales. Por aquel entonces, Francia poseía los asentamientos de Quebec (actual Canadá) y Luisiana en el norte del continente americano. Gran Bretaña, por su lado, había establecido **trece colonias** en la costa este. No obstante, los ingleses vencieron a los galos en la **guerra franco-indígena (1754-1763)** y Francia perdió sus territorios.

En la misma época, tuvieron lugar **la batalla de Plassey (1757)** y **las Guerras carnáticas (1744-1763)** y Gran Bretaña obtuvo los medios para colonizar la India, lo que dio lugar a la creación del **primer imperio colonial británico**.

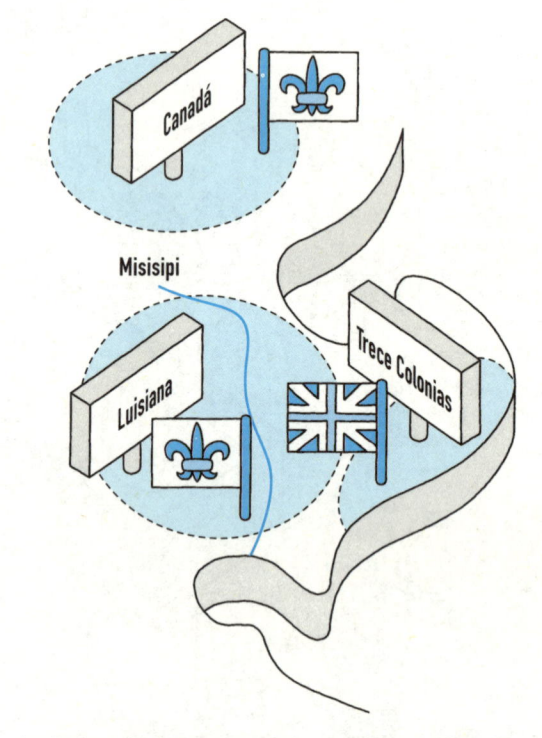

Los ingleses fundaron trece colonias en América del Norte: Virginia, su primera colonia; Nueva Inglaterra, fundada por puritanos (p. 92) que emigraron al Nuevo Continente; Nueva York (p. 90), que arrebataron a los neerlandeses, etc. Por otra parte, Francia fundó Luisiana y Canadá. Se produjeron conflictos territoriales entre ambas naciones.

DIORAMA 040

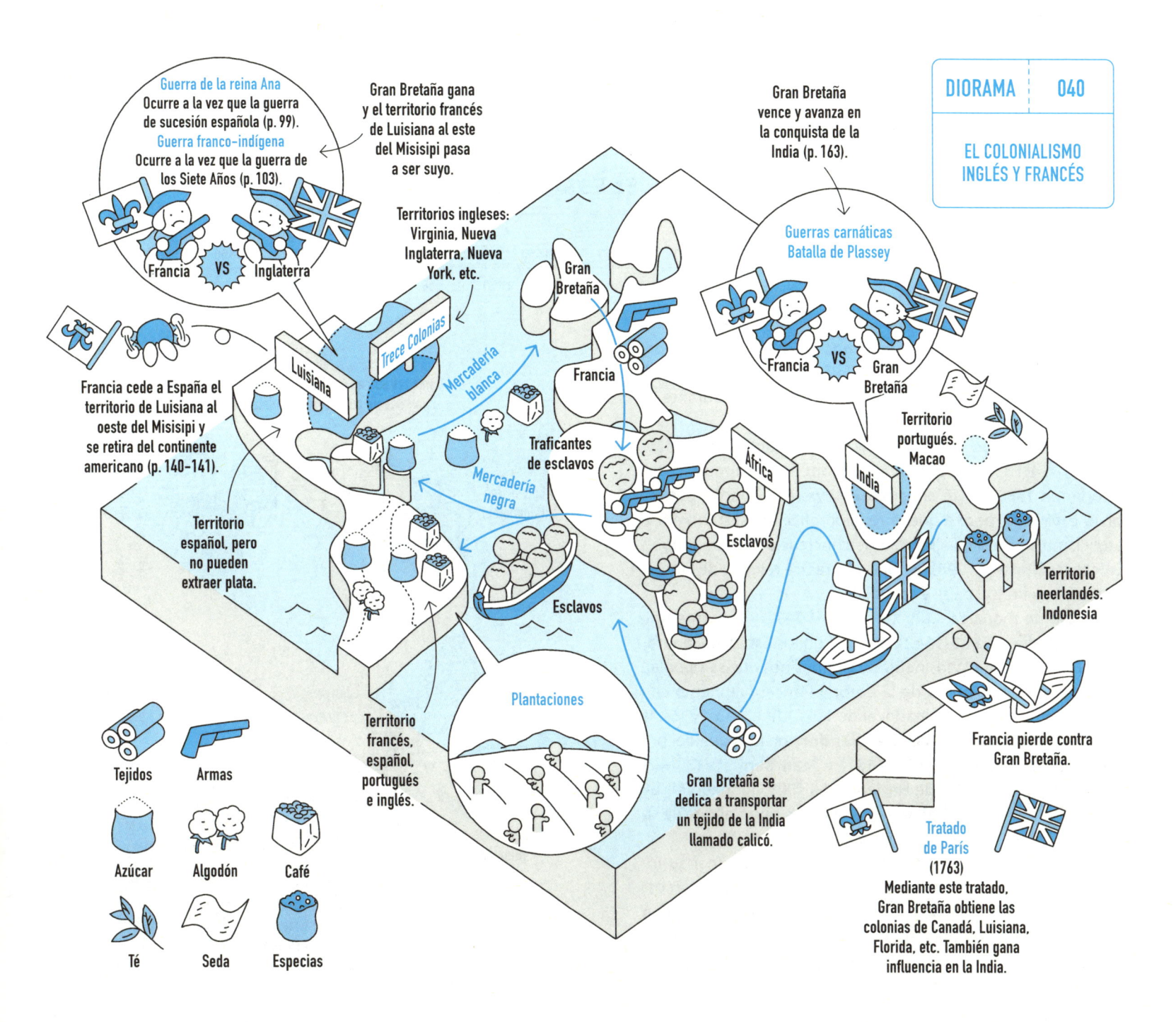

EL COLONIALISMO INGLÉS Y FRANCÉS

Guerra de la reina Ana
Ocurre a la vez que la guerra de sucesión española (p. 99).

Guerra franco-indígena
Ocurre a la vez que la guerra de los Siete Años (p. 103).

Francia VS Inglaterra

Gran Bretaña gana y el territorio francés de Luisiana al este del Misisipi pasa a ser suyo.

Gran Bretaña vence y avanza en la conquista de la India (p. 163).

Territorios ingleses: Virginia, Nueva Inglaterra, Nueva York, etc.

Guerras carnáticas. Batalla de Plassey

Francia VS Gran Bretaña

Francia cede a España el territorio de Luisiana al oeste del Misisipi y se retira del continente americano (p. 140-141).

Luisiana — Trece Colonias

Gran Bretaña

Francia

Mercadería blanca

Traficantes de esclavos

África

Mercadería negra

Territorio español, pero no pueden extraer plata.

Esclavos

Territorio portugués. Macao

India

Territorio neerlandés. Indonesia

Esclavos

Territorio francés, español, portugués e inglés.

Plantaciones

Gran Bretaña se dedica a transportar un tejido de la India llamado calicó.

Francia pierde contra Gran Bretaña.

Tratado de París (1763)
Mediante este tratado, Gran Bretaña obtiene las colonias de Canadá, Luisiana, Florida, etc. También gana influencia en la India.

- Tejidos
- Armas
- Azúcar
- Algodón
- Café
- Té
- Seda
- Especias

041 EL ABSOLUTISMO FRANCÉS

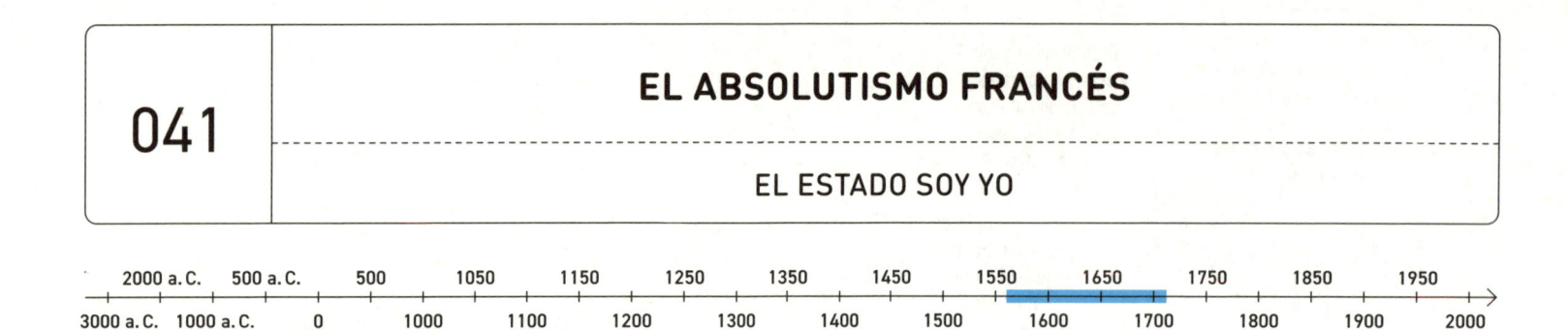

EL ESTADO SOY YO

Después de la **guerra de los Cien Años** (p. 70), Francia pasó por una serie de conflictos religiosos en los que los **hugonotes**, **calvinistas** galos (p. 82), se enfrentaron a los **católicos** durante 30 años **(guerras de religión francesas (1562-1598))**.

Enrique IV (1589-1610; dinastía de los Borbones, 1589-1792 y 1814-1830) fue quien calmó la situación con su ascenso al poder en 1589. En un principio, el rey era hugonote, pero se volvió católico y, pese a que la religión oficial del Estado era el catolicismo, concedió la libertad de conciencia a los hugonotes **(Edicto de Nantes, 1598)**. Así, las guerras de religión de Francia llegaron a su fin y el país se estabilizó.

El siguiente monarca, **Luis XIII (1610-1643)**, y su primer ministro, **Richelieu (1585-1642)**, disolvieron los **Estados Generales** (p. 62) para frenar a los nobles y campesinos que se oponían a su autoridad, y el poder de la Corona francesa aumentó con rapidez. En el siguiente reinado, el de **Luis XIV (1643-1715)**, la monarquía alcanzó su **máximo esplendor** con la ayuda del primer ministro **Mazarino (1602-1661)** y **Jean-Baptiste Colbert (1619-1683)**, el ministro de Hacienda. Luis XIV, apodado **el rey Sol**, mandó construir el **Palacio de Versalles** e hizo alarde de su autoridad frente a los estados extranjeros.

Con el tiempo, muchas naciones empezaron a temer su influencia, se enfrentaron a Francia en la **guerra de sucesión española (1701-1713)** y obligaron al Estado a consumir una gran cantidad de recursos. Luis XIV decidió solidificar su autoridad, unificando la religión de sus súbditos bajo el catolicismo y revocando el **Edicto de Nantes**.

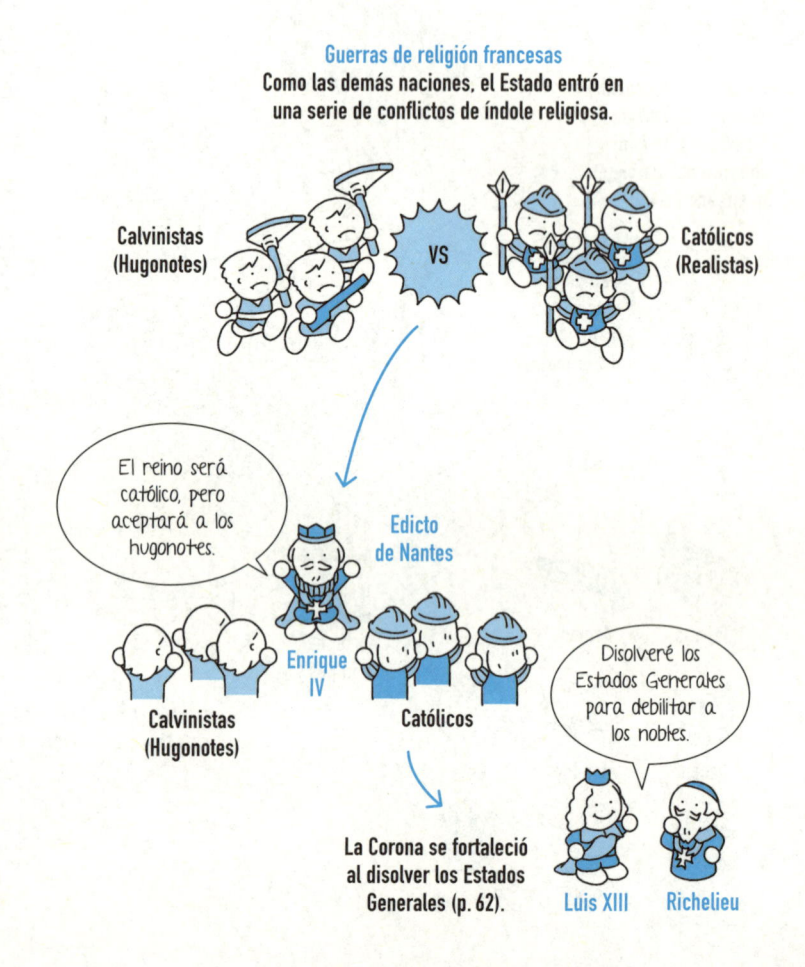

Guerras de religión francesas
Como las demás naciones, el Estado entró en una serie de conflictos de índole religiosa.

Calvinistas (Hugonotes) VS Católicos (Realistas)

El reino será católico, pero aceptará a los hugonotes.

Edicto de Nantes

Calvinistas (Hugonotes) — Enrique IV — Católicos

La Corona se fortaleció al disolver los Estados Generales (p. 62).

Disolveré los Estados Generales para debilitar a los nobles.

Luis XIII — Richelieu

DIORAMA 041

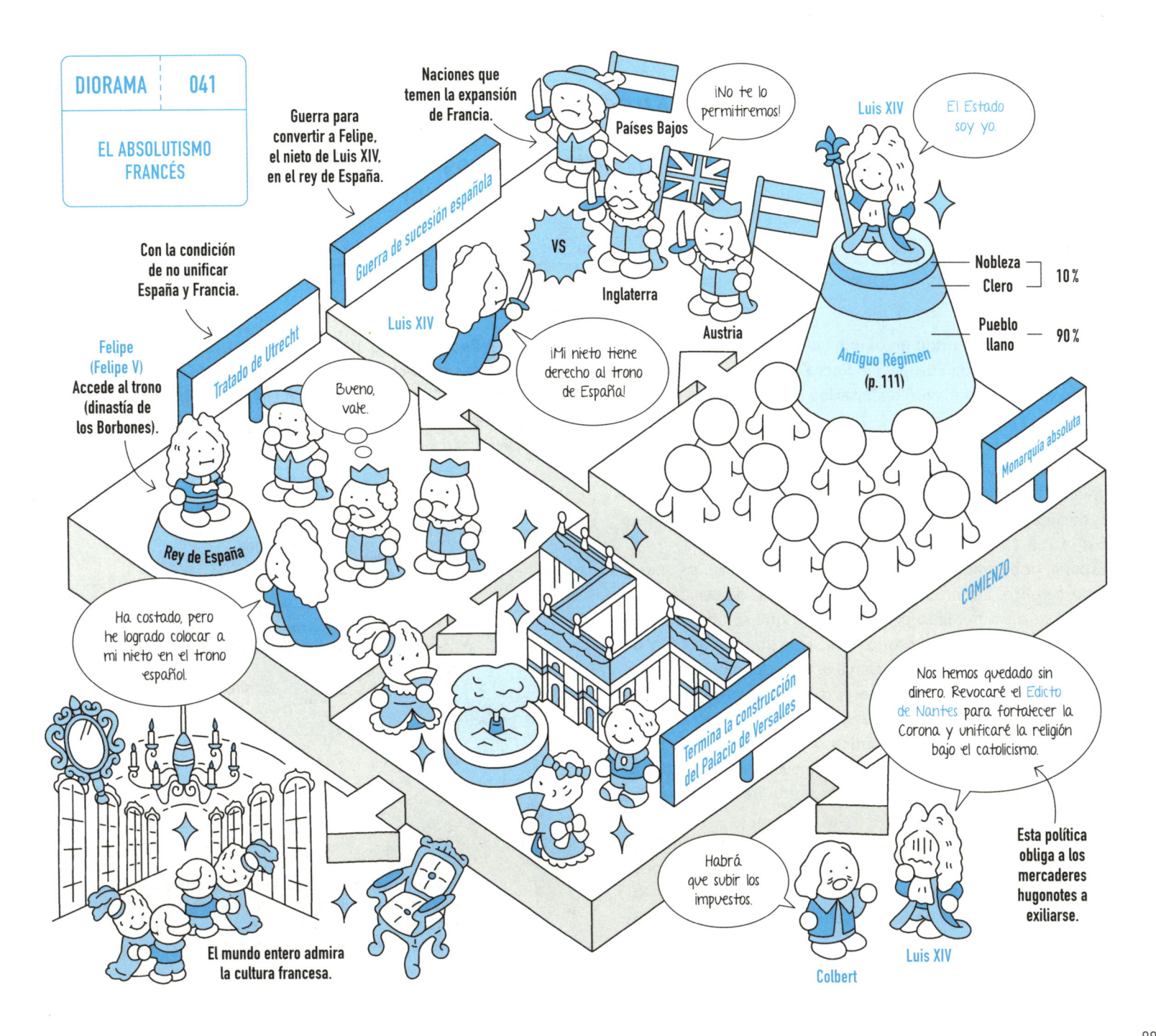

EL ABSOLUTISMO FRANCÉS

Guerra para convertir a Felipe, el nieto de Luis XIV, en el rey de España.

Naciones que temen la expansión de Francia.

Países Bajos: ¡No te lo permitiremos!

Inglaterra

Austria

Guerra de sucesión española

Luis XIV: ¡Mi nieto tiene derecho al trono de España!

Luis XIV: El Estado soy yo.

- Nobleza
- Clero — 10 %
- Pueblo llano — 90 %

Antiguo Régimen (p. 111)

Monarquía absoluta

COMIENZO

Con la condición de no unificar España y Francia.

Tratado de Utrecht

Felipe (Felipe V) Accede al trono (dinastía de los Borbones).

Rey de España

Bueno, vale.

Ha costado, pero he logrado colocar a mi nieto en el trono español.

Termina la construcción del Palacio de Versalles

Habrá que subir los impuestos.

Colbert

Luis XIV: Nos hemos quedado sin dinero. Revocaré el *Edicto de Nantes* para fortalecer la Corona y unificaré la religión bajo el catolicismo.

Esta política obliga a los mercaderes hugonotes a exiliarse.

El mundo entero admira la cultura francesa.

99

042 — EL ABSOLUTISMO ALEMÁN ①

LA GUERRA DE LOS TREINTA AÑOS Y LA DEBILITACIÓN DEL SACRO IMPERIO ROMANO GERMÁNICO

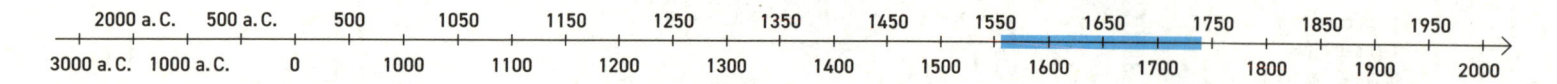

El siglo XVI fue un período en el que las **reformas religiosas** se extendieron por toda Europa y el **Sacro Imperio Romano Germánico** era una federación de **Estados** gobernados por nobles (p. 66).

Con la firma de la **Paz de Augsburgo** (p. 80) y la consecuente división del Imperio entre **Estados católicos** y **luteranos**, dio comienzo una serie de conflictos que ocurrieron a lo largo de tres décadas y recibieron el nombre de la guerra de los Treinta Años (1618-1648).

España, gobernada por los **Habsburgo** (católicos), se unió al bando católico. Sin embargo, Francia, a pesar de ser un reino católico, se puso del lado protestante, ya que se ubicaba geográficamente entre los territorios del Sacro Imperio (p. 66) y de España (p. 88). Ambos pertenecían a la casa de Habsburgo, que estuvo enemistada con los franceses durante muchos años.

Después de treinta años de guerra, nadie logró consolidar el **Sacro Imperio Romano Germánico** bajo su mando y la firma de la Paz de Westfalia (1648) llevó a su eventual disolución. El Sacro Imperio pasó a ser una confederación de Estados independientes.

Tras **la guerra de los Treinta Años**, creció el antagonismo entre el Reino de Prusia, un Estado federado conocido como el Ducado de Prusia hasta su transformación en 1701, y el Archiducado de Austria, un Estado federado gobernado por los Habsburgo.

En 1740, **Federico II** (p. 102) ascendió al trono prusiano, introdujo reformas políticas y económicas, instauró el **despotismo ilustrado** (p. 102) en la nación e inició un conflicto con **María Teresa**, emperatriz de Austria, para hacerse con **Silesia**, una región rica en carbón (guerra de sucesión austríaca, p. 102).

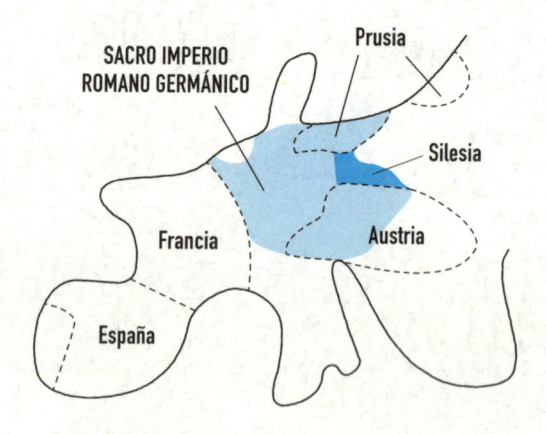

Después de la guerra de los Treinta Años, el Sacro Imperio Romano Germánico se disolvió *de facto* y pasó a ser una confederación de Estados independientes. Austria y Prusia fueron los territorios que ganaron más poder.

DIORAMA | 042

EL ABSOLUTISMO ALEMÁN ①

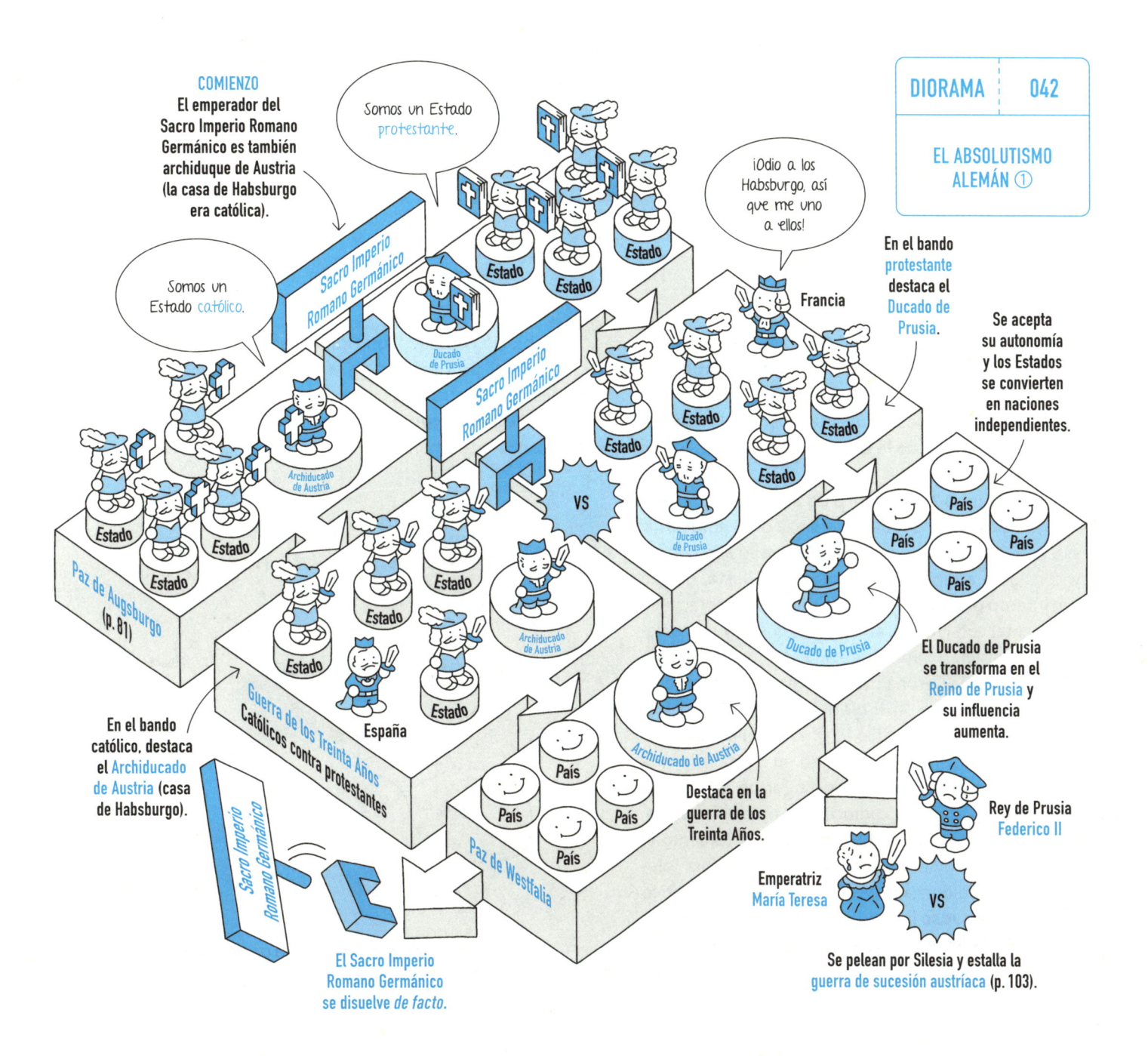

COMIENZO
El emperador del Sacro Imperio Romano Germánico es también archiduque de Austria (la casa de Habsburgo era católica).

Somos un Estado católico.

Somos un Estado protestante.

¡Odio a los Habsburgo, así que me uno a ellos! — Francia

En el bando protestante destaca el **Ducado de Prusia**.

Se acepta su autonomía y los Estados se convierten en naciones independientes.

Paz de Augsburgo (p. 81)

Guerra de los Treinta Años
Católicos contra protestantes

España

En el bando católico, destaca el **Archiducado de Austria** (casa de Habsburgo).

El Sacro Imperio Romano Germánico se disuelve *de facto*.

Paz de Westfalia

Destaca en la guerra de los Treinta Años.

El Ducado de Prusia se transforma en el **Reino de Prusia** y su influencia aumenta.

Rey de Prusia **Federico II**

Emperatriz **María Teresa**

VS

Se pelean por Silesia y estalla la **guerra de sucesión austríaca** (p. 103).

101

043 EL ABSOLUTISMO ALEMÁN ②

FEDERICO II Y MARÍA TERESA

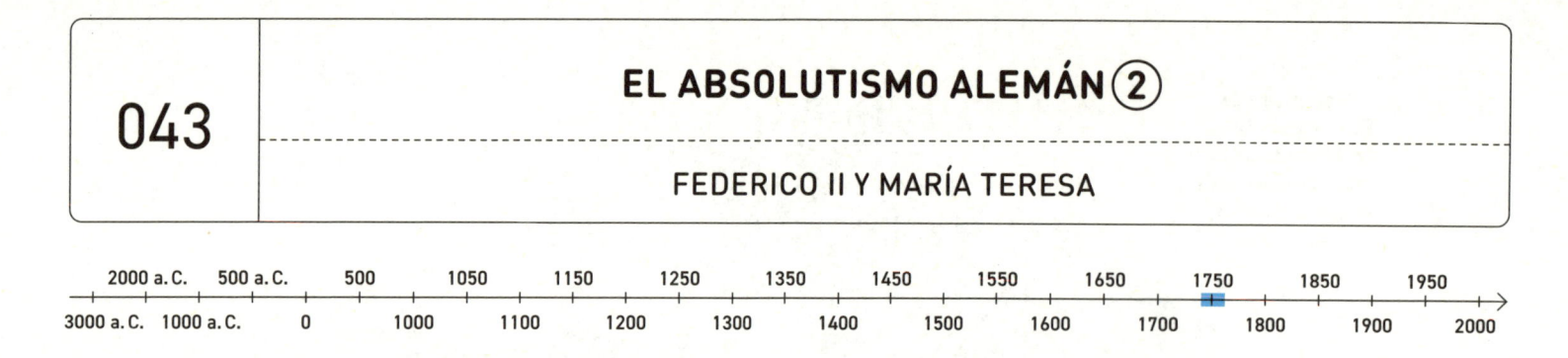

Después de la **guerra de los Treinta Años**, el Sacro Imperio Romano Germánico se convirtió en una **confederación de Estados independientes** (p. 100). De entre todos los países que compusieron la alianza, los más influyentes fueron el **Archiducado de Austria** y el **Ducado de Prusia** (Reino de Prusia a partir de 1701), que tenía un gran poder militar.

Austria venció a Francia en la **guerra de sucesión austríaca (1740-1748)**, que giró alrededor de la herencia de la emperatriz **María Teresa (1740-1780)**. Sin embargo, **Prusia** se alió con los franceses y consiguió arrebatarle la **región de Silesia**, rica en carbón. En un intento por recuperarla, Austria logró una reconciliación trascendental con Francia, su viejo enemigo, y las naciones se aliaron **(Revolución Diplomática, 1756)**. Además, para afianzar su relación con la Corona francesa, María Teresa ofreció en matrimonio a su hija **María Antonieta (1755-1793)** (p. 110).

En cuanto a **Prusia**, el rey **Federico II (g. 1740-1786)** aprovechó la Ilustración, un movimiento centrado en mejorar la vida de las personas y las sociedades, para instaurar un modelo de **monarquía absoluta** conocido como **despotismo ilustrado**. Durante su reinado, se dedicó a robustecer el país: fomentó el desarrollo de la industria y las artes y adoptó una postura tolerante en cuanto a la religión. La forma de gobierno de Federico II acabaría influyendo en **José II**, el primogénito de María Teresa.

La **Revolución Diplomática** de la emperatriz austríaca fortaleció los lazos entre Austria y Francia; para oponerse, Federico II estableció contacto con Gran Bretaña. La formación de estos dos bandos provocó la **guerra de los Siete Años (1756-1763)**. El desenlace terminó con la victoria de Prusia, que **obtuvo el control de la región de Silesia** y se afianzó como la mayor potencia militar alemana.

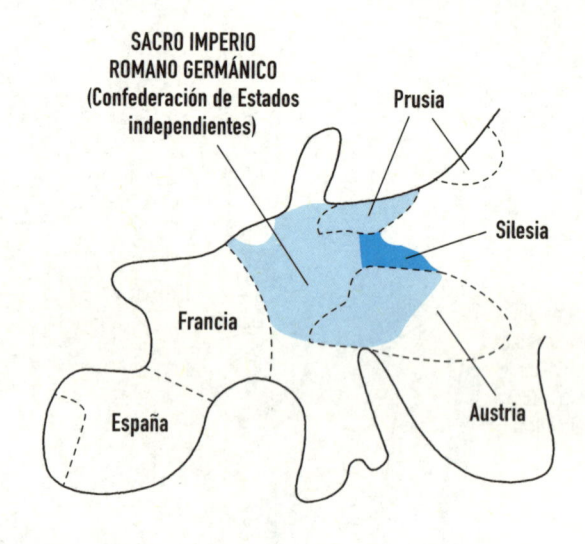

Después de obtener las minas de carbón de Silesia, Prusia se afianzó como la mayor potencia militar alemana.

| DIORAMA | 043 |

EL ABSOLUTISMO ALEMÁN ②

Prusia y Austria se disputan la región de Silesia, que se encuentra entre ambos territorios y es rica en carbón.

La mayor potencia militar alemana. → *Prusia*

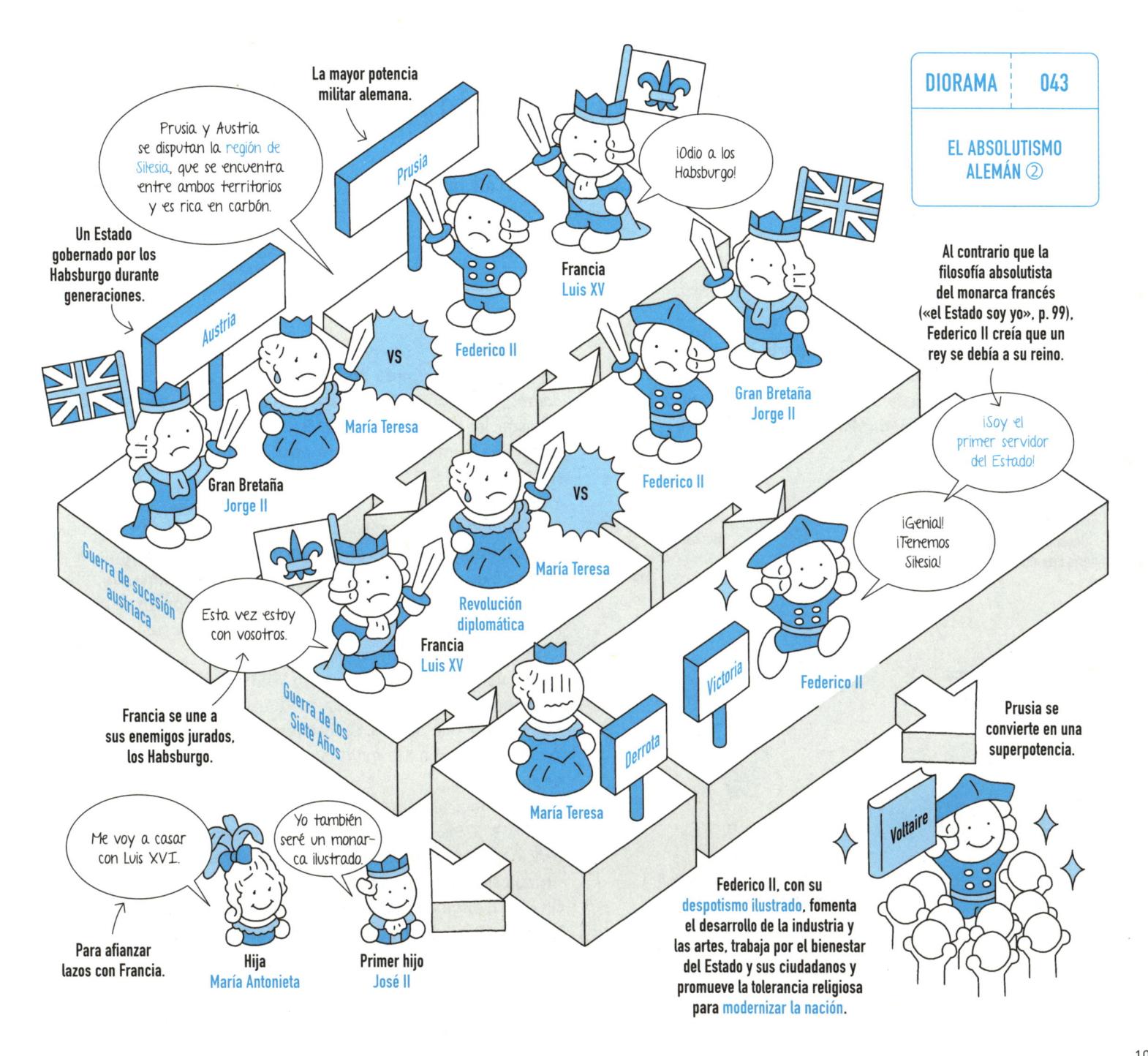

Un Estado gobernado por los Habsburgo durante generaciones. → *Austria*

¡Odio a los Habsburgo!
Francia — Luis XV

María Teresa VS **Federico II**

Gran Bretaña — Jorge II

Al contrario que la filosofía absolutista del monarca francés («el Estado soy yo», p. 99), Federico II creía que un rey se debía a su reino.

Gran Bretaña — Jorge II

¡Soy el primer servidor del Estado!

Guerra de sucesión austríaca

Esta vez estoy con vosotros.
Francia — Luis XV

María Teresa VS **Federico II**
Revolución diplomática

¡Genial! ¡Tenemos Silesia!
Federico II — *Victoria*

Francia se une a sus enemigos jurados, los Habsburgo.

Guerra de los Siete Años

María Teresa — *Derrota*

Prusia se convierte en una superpotencia.

Me voy a casar con Luis XVI.
Para afianzar lazos con Francia.
Hija — María Antonieta

Yo también seré un monarca ilustrado.
Primer hijo — José II

Federico II, con su **despotismo ilustrado**, fomenta el desarrollo de la industria y las artes, trabaja por el bienestar del Estado y sus ciudadanos y promueve la tolerancia religiosa para **modernizar la nación**.

Voltaire

044 — EL ABSOLUTISMO RUSO

EN BUSCA DE PUERTOS LIBRES DE HIELO

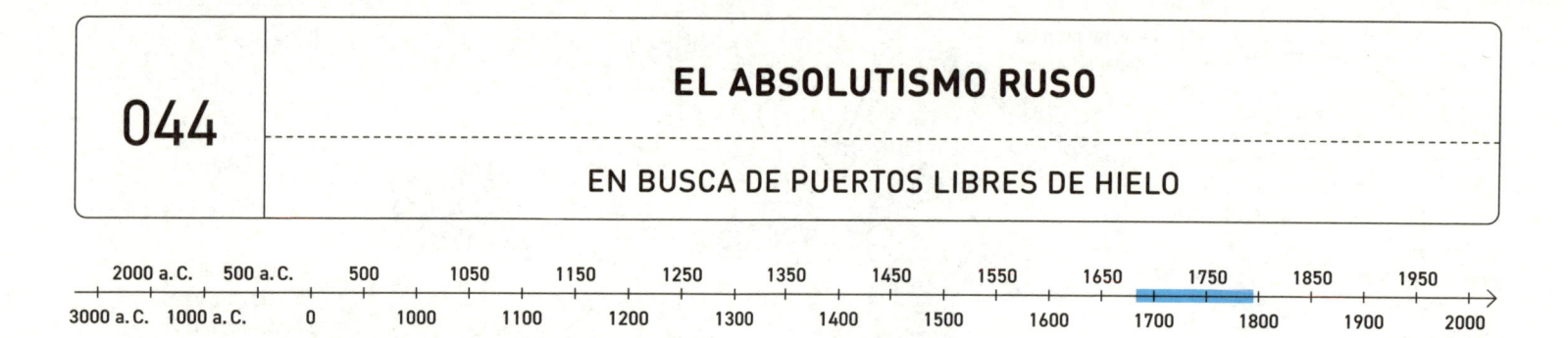

La sobrina del último emperador del **Imperio bizantino** se casó con **Iván III** del **Gran Principado de Moscú** (predecesor del Imperio ruso), por lo que **Rusia** se convirtió en la heredera de la civilización bizantina y el **cristianismo ortodoxo** (p. 54).

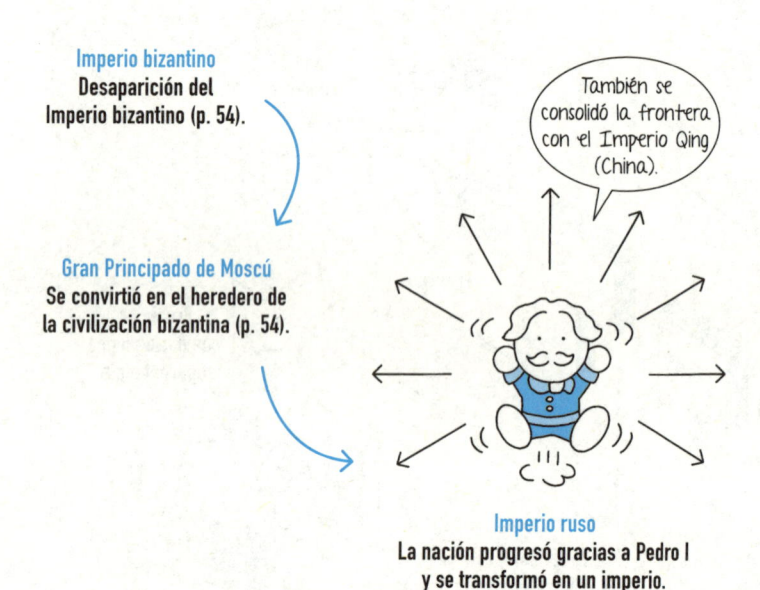

Cuando **Iván IV (Iván el Terrible, g. 1533-1584)** se coronó en el **Gran Principado de Moscú**, se hizo llamar **zar** (del latín *caesar*), que significa emperador. En el siglo XVII, se extinguió su dinastía, los **Romanov (1613-1917)** heredaron el título y adoptaron una forma de **gobierno absolutista** denominada **zarismo**.

En el mismo período, las naciones occidentales se estaban expandiendo en ultramar, fundando colonias. Rusia no quería quedarse atrás y puso su mirada en el mundo. Sin embargo, se le presentó un gran problema: el territorio tenía un clima subpolar. En invierno, los puertos se congelaban y no disponían de ninguno que estuviera **libre de hielo** todo el año, lo cual resultaba fundamental para el desarrollo de la nación.

A finales del siglo XVII, **Pedro I (g. 1682-1725)** ascendió al trono, venció a Suecia en la **Gran Guerra del Norte** y obtuvo el dominio del mar Báltico. La fortaleza que construyó en la costa de la zona pasaría a convertirse en **San Petersburgo**, la capital de su imperio.

Por último, al término del siglo XVIII, la zarina **Catalina II (g. 1762-1796)** (p. 156), partidaria del despotismo ilustrado, venció al Imperio otomano y anexionó la península de Crimea, situada en la costa norte del mar Negro. La **expansión rusa hacia el sur**, originada por la **búsqueda de puertos libres de hielo**, llevó a Rusia a introducirse en el Mediterráneo.

Imperio bizantino
Desaparición del Imperio bizantino (p. 54).

Gran Principado de Moscú
Se convirtió en el heredero de la civilización bizantina (p. 54).

También se consolidó la frontera con el Imperio Qing (China).

Imperio ruso
La nación progresó gracias a Pedro I y se transformó en un imperio.

DIORAMA 044 — EL ABSOLUTISMO RUSO

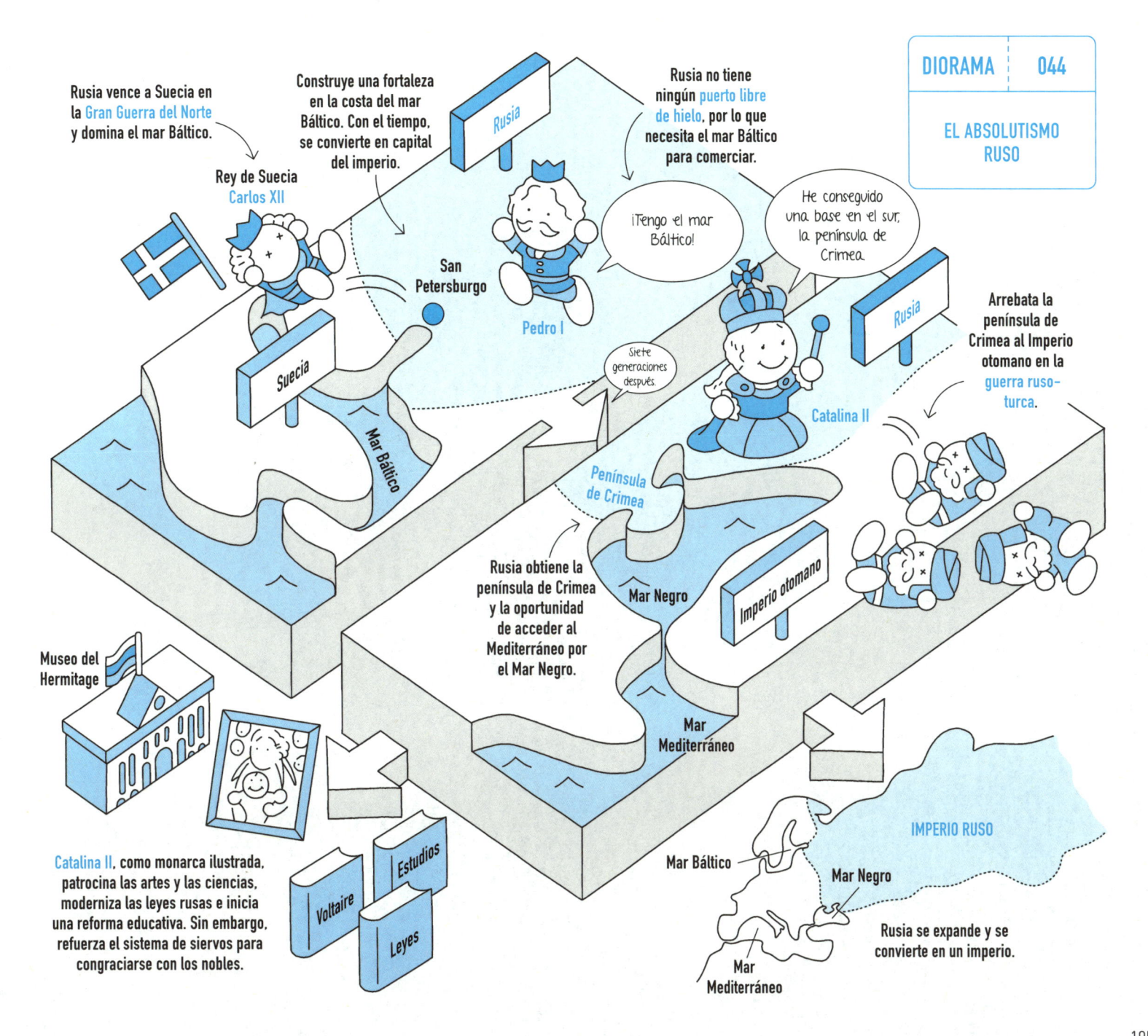

Rusia vence a Suecia en la Gran Guerra del Norte y domina el mar Báltico.

Rey de Suecia Carlos XII

Suecia

Construye una fortaleza en la costa del mar Báltico. Con el tiempo, se convierte en capital del imperio.

Rusia

San Petersburgo

Mar Báltico

Pedro I: «¡Tengo el mar Báltico!»

Rusia no tiene ningún puerto libre de hielo, por lo que necesita el mar Báltico para comerciar.

Siete generaciones después.

Catalina II: «He conseguido una base en el sur, la península de Crimea.»

Rusia

Arrebata la península de Crimea al Imperio otomano en la guerra ruso-turca.

Península de Crimea

Mar Negro

Imperio otomano

Rusia obtiene la península de Crimea y la oportunidad de acceder al Mediterráneo por el Mar Negro.

Mar Mediterráneo

Museo del Hermitage

Voltaire · Estudios · Leyes

Catalina II, como monarca ilustrada, patrocina las artes y las ciencias, moderniza las leyes rusas e inicia una reforma educativa. Sin embargo, refuerza el sistema de siervos para congraciarse con los nobles.

IMPERIO RUSO

Mar Báltico — Mar Negro — Mar Mediterráneo

Rusia se expande y se convierte en un imperio.

EDAD CONTEMPORÁNEA I

045 LA REVOLUCIÓN INDUSTRIAL

LA NUEVA CORRIENTE DE GRAN BRETAÑA

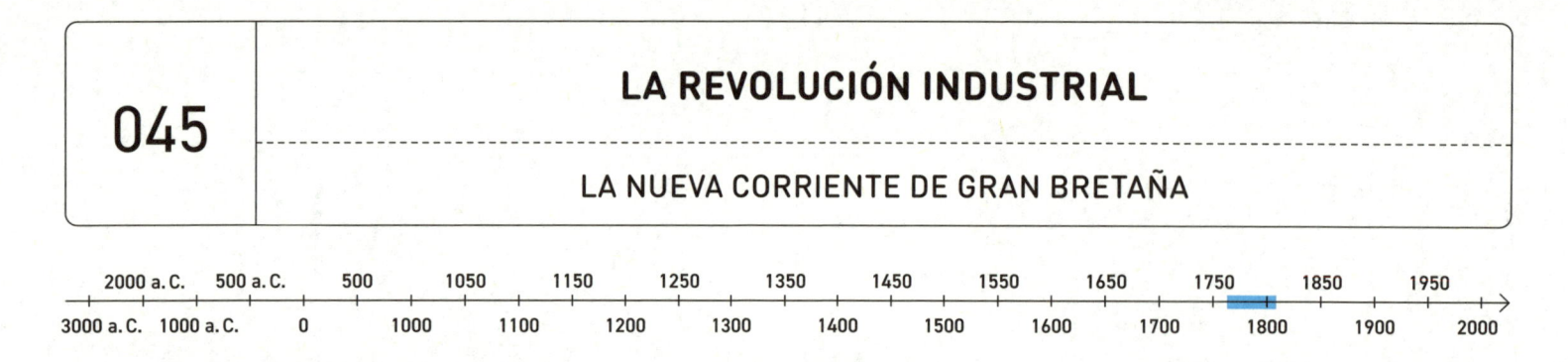

Durante el siglo XVIII, en Europa se inventó un sinfín de máquinas que causaron que la sociedad se **centrara en la industria** en lugar de en la agricultura. Este gran cambio lleva el nombre de Revolución Industrial.

El proceso empezó en **Gran Bretaña** por varios motivos: el reino acumuló una gran fortuna gracias a sus **colonias** (p. 96), la vida de sus habitantes mejoró mucho y empezaron a querer artículos de mayor calidad. Además, se optimizó la agricultura mediante el sistema de campos cerrados y las ciudades estaban llenas de campesinos que buscaban un nuevo empleo. En otras palabras: Gran Bretaña tenía los **fondos**, la **demanda** y la **fuerza laboral** para llevar a cabo la Revolución Industrial.

El cambio comenzó con la **industria algodonera**: en aquella época, el reino obtenía sus **telas de algodón** de la India. No obstante, la invención de la máquina hiladora multibobina y la hiladora hidráulica hizo posible que el propio Estado confeccionara en masa tejidos de gran calidad. Por si fuera poco, la materia prima para las telas, el algodón, resultaba muy barata gracias al **comercio triangular del atlántico** (p. 96). Los tejidos de lana fueron reemplazados enseguida por los de algodón, que se convirtieron en el producto principal de Inglaterra.

Más tarde, el conocimiento adquirido con la construcción de las máquinas hiladoras se aprovechó para desarrollar el barco y el tren de vapor, que se emplearon para transportar más rápido las mercancías. Como consecuencia de estos inventos, las **industrias metalúrgica y carbonera** se expandieron, Gran Bretaña se convirtió en la fábrica del mundo y después la siguieron Bélgica, Francia, Alemania y Estados Unidos.

La revolución industrial mejoró rápidamente la producción, pero también propició la aparición de dos **clases sociales**: la **burguesía** y el **proletariado**. Por si fuera poco, causó el surgimiento del ludismo, un movimiento revolucionario de los artesanos británicos que estaban en contra de las máquinas que les habían robado sus empleos. Para finalizar, también originó problemas como la **aglomeración urbana** y la **sobreexplotación de los trabajadores**.

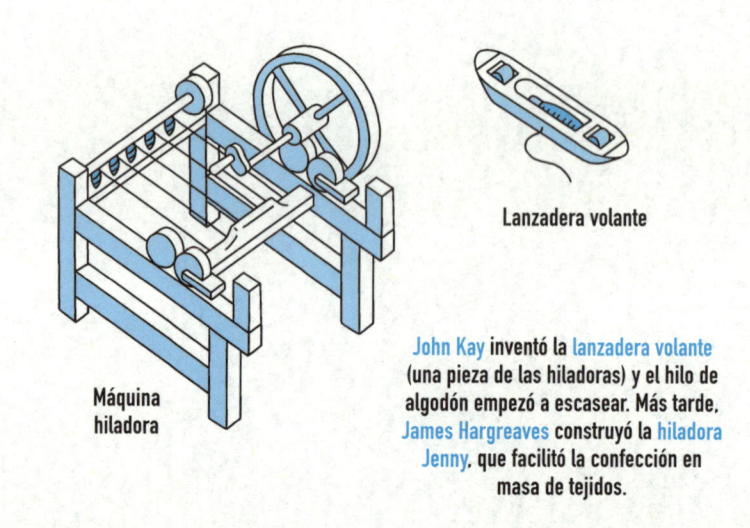

Máquina hiladora

Lanzadera volante

John Kay inventó la lanzadera volante (una pieza de las hiladoras) y el hilo de algodón empezó a escasear. Más tarde, James Hargreaves construyó la hiladora Jenny, que facilitó la confección en masa de tejidos.

DIORAMA 045

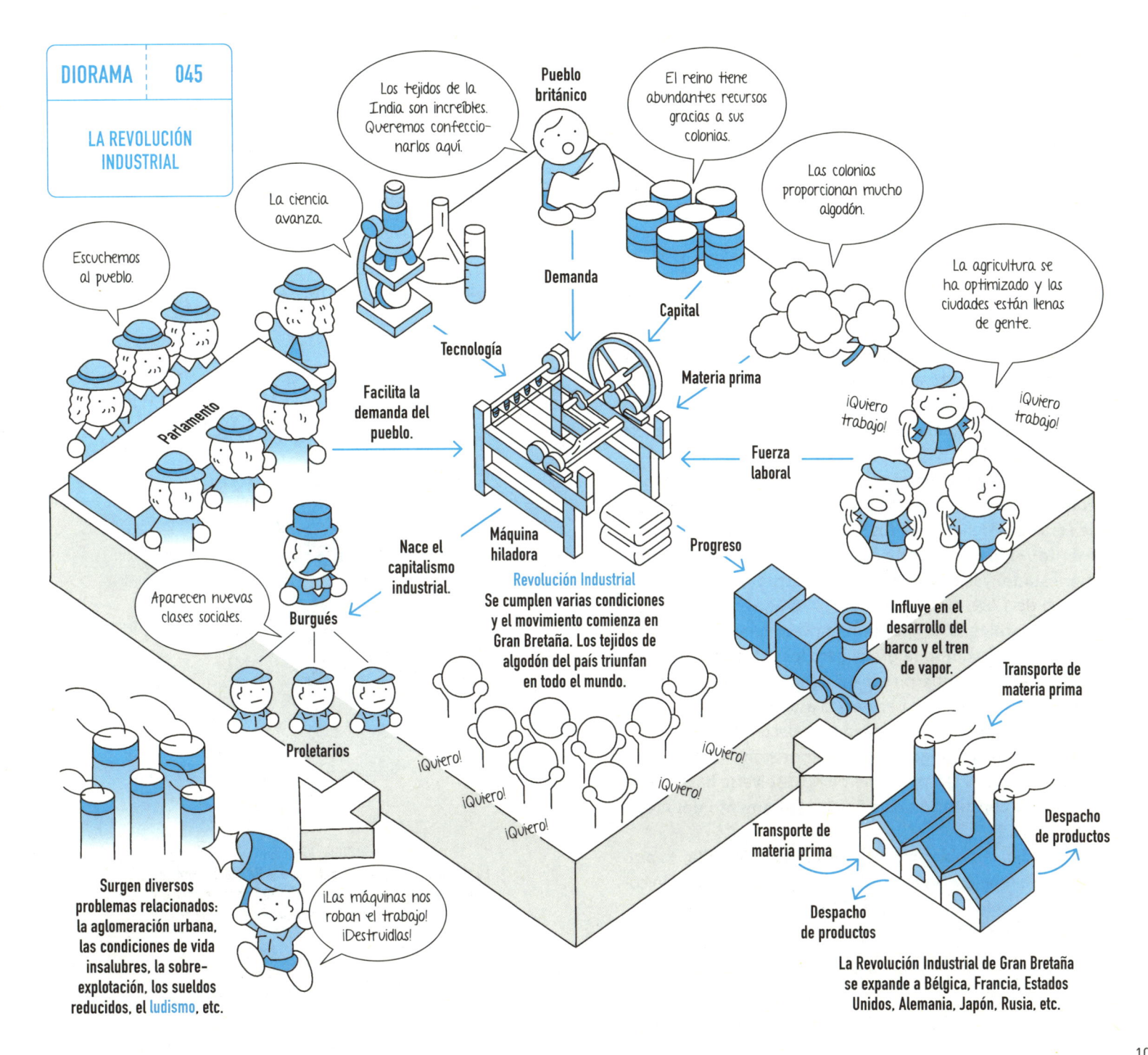

LA REVOLUCIÓN INDUSTRIAL

Los tejidos de la India son increíbles. Queremos confeccionarlos aquí.

Pueblo británico

El reino tiene abundantes recursos gracias a sus colonias.

La ciencia avanza.

Las colonias proporcionan mucho algodón.

Escuchemos al pueblo.

La agricultura se ha optimizado y las ciudades están llenas de gente.

Demanda

Capital

Parlamento

Tecnología

Materia prima

Facilita la demanda del pueblo.

¡Quiero trabajo! *¡Quiero trabajo!*

Fuerza laboral

Nace el capitalismo industrial.

Máquina hiladora

Progreso

Aparecen nuevas clases sociales.

Burgués

Revolución Industrial

Se cumplen varias condiciones y el movimiento comienza en Gran Bretaña. Los tejidos de algodón del país triunfan en todo el mundo.

Influye en el desarrollo del barco y el tren de vapor.

Proletarios

¡Quiero! *¡Quiero!* *¡Quiero!* *¡Quiero!*

Transporte de materia prima

Despacho de productos

Transporte de materia prima

Despacho de productos

¡Las máquinas nos roban el trabajo! ¡Destruidlas!

Surgen diversos problemas relacionados: la aglomeración urbana, las condiciones de vida insalubres, la sobreexplotación, los sueldos reducidos, el ludismo, etc.

La Revolución Industrial de Gran Bretaña se expande a Bélgica, Francia, Estados Unidos, Alemania, Japón, Rusia, etc.

046 — LA REVOLUCIÓN FRANCESA ①

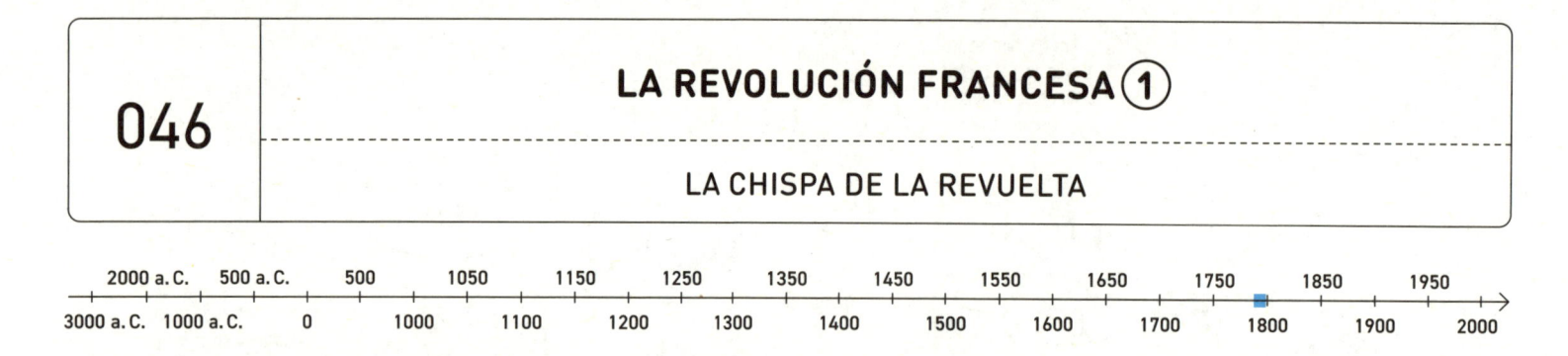

LA CHISPA DE LA REVUELTA

A partir de la época de la **monarquía absolutista** de **Luis XIV** (p. 98), **Francia** se dedicó a guerrear por toda Europa. El país era el centro de atención a nivel internacional y el **Palacio de Versalles**, de un opulento **estilo barroco**, se convirtió en un reflejo de su prosperidad.

Sin embargo, el reino entró en una crisis financiera y, para recuperarse, el monarca propuso implementar una reforma fiscal. La idea era dejar de imponer los impuestos al pueblo llano **(tercer estado)** y repartirlos entre este y los **privilegiados**: el **clero (primer estado)** y la **nobleza (segundo estado)**.

En mayo de 1789, el rey **Luis XVI (1774-1792)** convocó a los **Estados Generales** (p. 62) por primera vez en mucho tiempo e intentó que aprobaran su reforma, pero los **estados privilegiados** se opusieron, discutieron con los representantes del **pueblo llano** sobre el sistema de votación y la asamblea no llegó a ningún lado. En consecuencia, los miembros del tercer estado se reunieron en la **sala de juego de pelota**, formaron una **Asamblea Nacional (1789-1791)** y prometieron no disolverse hasta haber redactado una constitución para Francia **(Juramento del Juego de Pelota, 1789)**.

El 14 de julio, la población de París asaltó la **Bastilla**, se alzó en armas y se rebeló **(toma de la Bastilla, 1789)**, lo que dio comienzo a la **Revolución francesa (1789-1799)**.

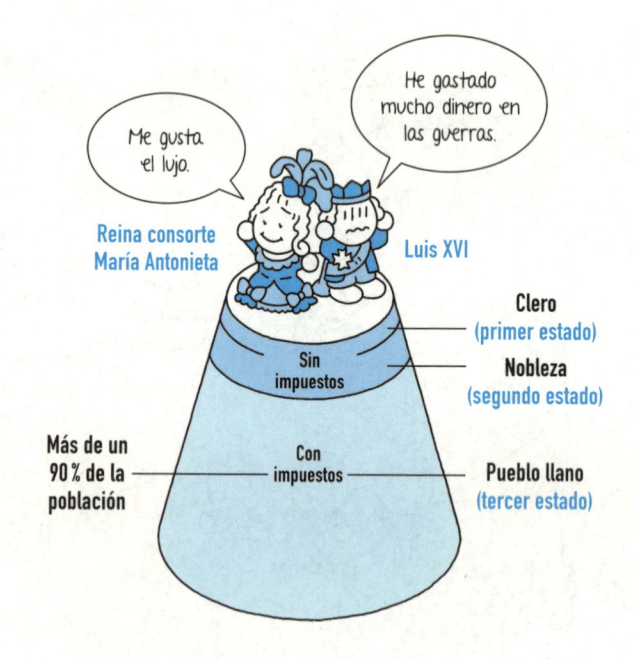

Me gusta el lujo. — Reina consorte María Antonieta
He gastado mucho dinero en las guerras. — Luis XVI

Clero (primer estado) — Sin impuestos
Nobleza (segundo estado)
Pueblo llano (tercer estado) — Con impuestos
Más de un 90 % de la población

ANTIGUO RÉGIMEN
Es el sistema de gobierno anterior a la Revolución francesa. El tercer estado comprendía más del 90 % de la población y el 30 % del territorio francés pertenecía al clero y a la nobleza.

111

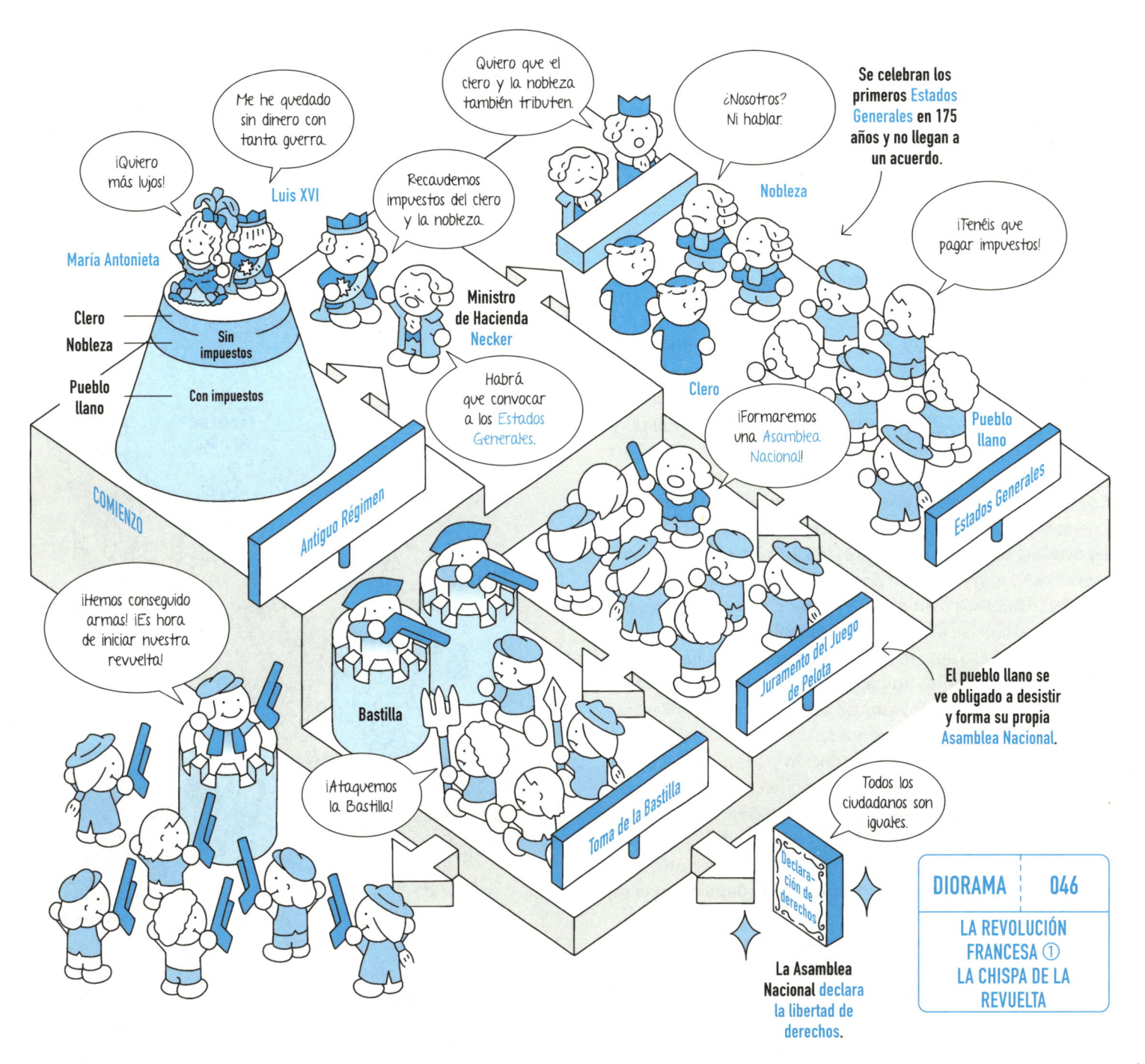

047 — LA REVOLUCIÓN FRANCESA ②

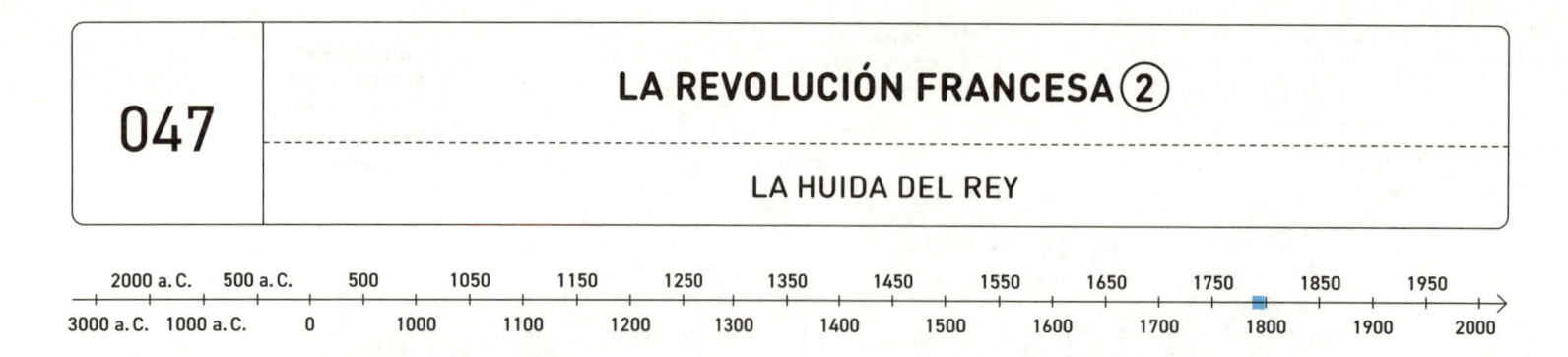

LA HUIDA DEL REY

A finales de julio de 1789, los campesinos, motivados por la **toma de la Bastilla** (p. 110), iniciaron disturbios por todo el país y, a principios de agosto, la **Asamblea Nacional** (p. 110) decretó la **abolición del feudalismo (1789)** y suprimió la servidumbre. Después, aprobó la **Declaración de los Derechos del Hombre y el Ciudadano (1789)**, redactada por el político **La Fayette (1757-1834)**, y proclamó el derecho a la igualdad y libertad de las personas, acabando así con el **Antiguo Régimen** (p. 110).

En octubre, un grupo de mujeres inició la **marcha sobre Versalles (1789)**, exigiendo pan a viva voz. Este incidente obligó a Luis XVI y su familia a abandonar **Versalles**, situado a las afueras de París, y trasladarse al **Palacio de las Tullerías**.

El rápido progreso de la revolución asustó a la familia real, que, en junio de 1791, intentó huir a Austria, el hogar natal de María Antonieta. Sin embargo, los atraparon en Varennes y los llevaron de vuelta a París **(fuga de Varennes, 1791)**. El pueblo vio el intento de huida del rey como una traición y se empezó a extender la idea de que la existencia de un monarca era innecesaria.

En septiembre, se estableció la **Constitución de 1791**, que convirtió a Francia en una monarquía constitucional, y se formó la **Asamblea General Legislativa (1791-1792)**. Por otro lado, Austria y Prusia anunciaron su **intervención conjunta en la revuelta**.

A partir de aquel momento, la Revolución francesa pasó de ser un conflicto nacional a uno internacional.

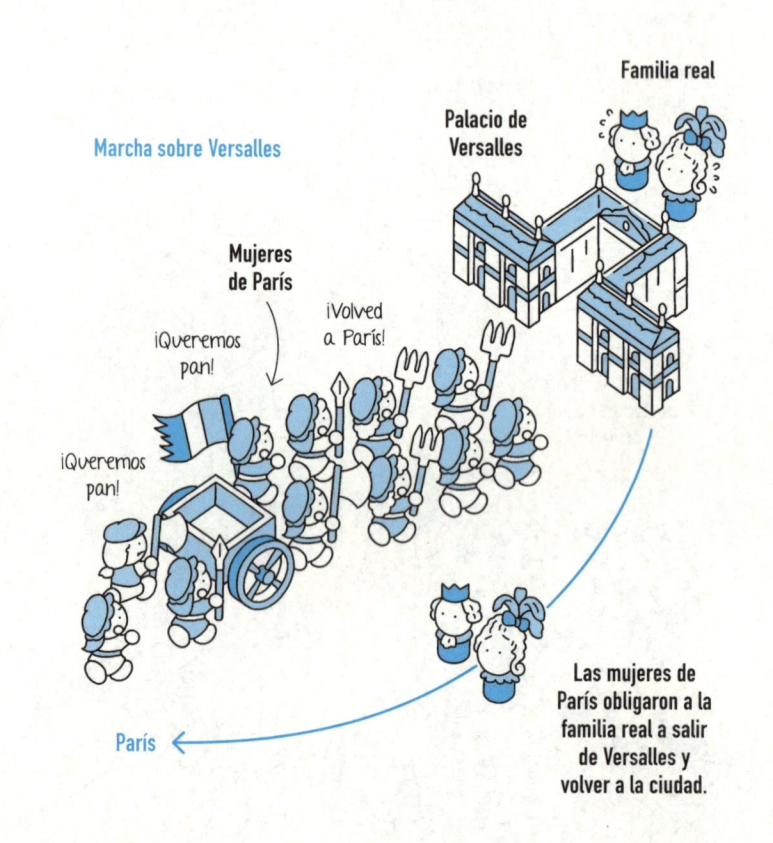

Marcha sobre Versalles — Familia real — Palacio de Versalles — Mujeres de París — ¡Queremos pan! — ¡Volved a París! — París

Las mujeres de París obligaron a la familia real a salir de Versalles y volver a la ciudad.

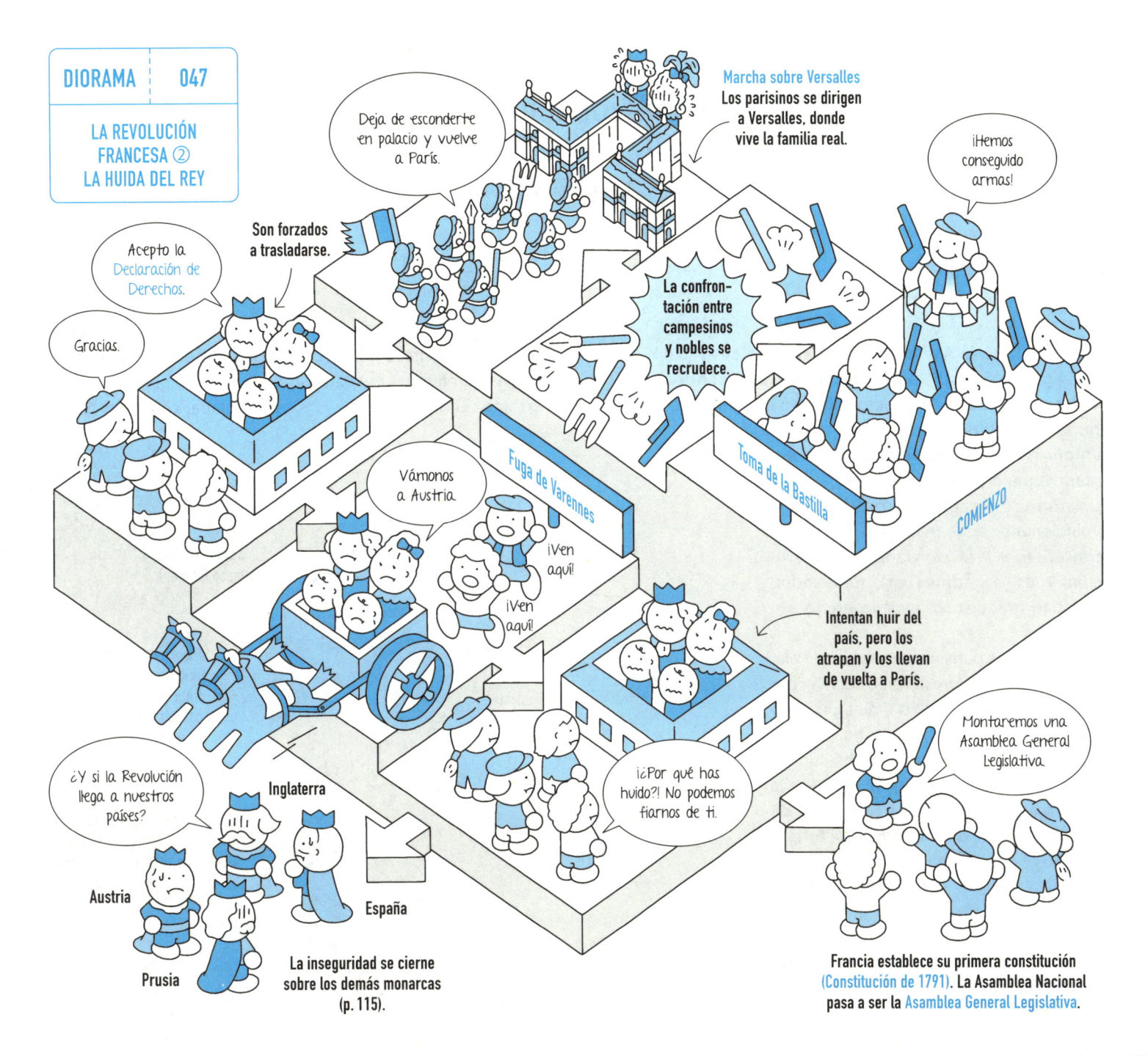

DIORAMA 047
LA REVOLUCIÓN FRANCESA ② LA HUIDA DEL REY

Marcha sobre Versalles
Los parisinos se dirigen a Versalles, donde vive la familia real.

"Deja de esconderte en palacio y vuelve a París."

Son forzados a trasladarse.

"Acepto la Declaración de Derechos."

"Gracias."

"¡Hemos conseguido armas!"

La confrontación entre campesinos y nobles se recrudece.

Fuga de Varennes

Toma de la Bastilla

COMIENZO

"Vámonos a Austria."

"¡Ven aquí! ¡Ven aquí!"

Intentan huir del país, pero los atrapan y los llevan de vuelta a París.

"¡¿Por qué has huido?! No podemos fiarnos de ti."

"Montaremos una Asamblea General Legislativa."

"¿Y si la Revolución llega a nuestros países?"

Austria — Inglaterra — Prusia — España

La inseguridad se cierne sobre los demás monarcas (p. 115).

Francia establece su primera constitución (**Constitución de 1791**). La Asamblea Nacional pasa a ser la Asamblea General Legislativa.

048 — LA REVOLUCIÓN FRANCESA ③

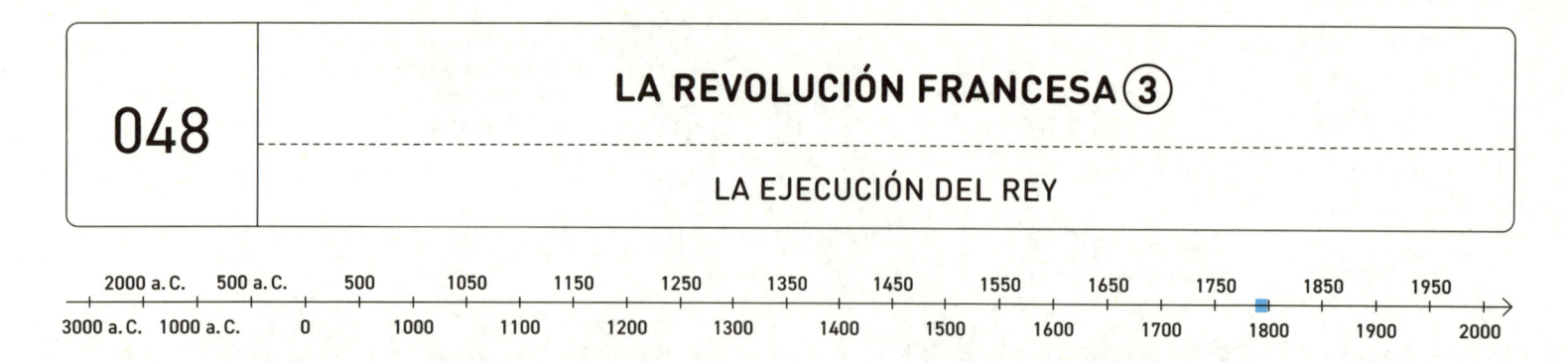

LA EJECUCIÓN DEL REY

En abril de 1792, la **Asamblea General Legislativa** (p. 112) declaró la guerra a Austria por **anunciar que intervendrían en la revuelta francesa** (p. 112), pero sufrieron una serie de derrotas y, para colmo, Prusia cruzó la frontera e invadió el país.

Entonces, los **federados** (soldados voluntarios) marcharon por todo el país y se reunieron en la capital al son del himno revolucionario: *La marsellesa*. Los **jacobinos (montañeros)**, la facción radical de la revolución, y los **girondinos**, más moderados, esperaban grandes cosas del **ejército voluntario**.

En agosto, los parisinos asaltaron el Palacio de las Tullerías, arrestaron a Luis XVI por ser contrarrevolucionario **(10 de agosto de 1792)** y lo depusieron de su trono.

En septiembre, el ejército francés, conformado por soldados voluntarios, derrotó a la coalición austro-prusiana en la **batalla de Valmy (1792)** y le dio su primera victoria al gobierno revolucionario.

En consecuencia, se formó la **Convención Nacional (1792-1795)**, se abolió la monarquía y nació la primera república de Francia **(Primera República francesa, 1792-1804)**.

Al año siguiente, en 1793, Luis XVI fue ejecutado y las naciones vecinas, temiendo la expansión de la revuelta, unieron fuerzas **(Primera Coalición, 1793-1797)** para acabar con la Revolución.

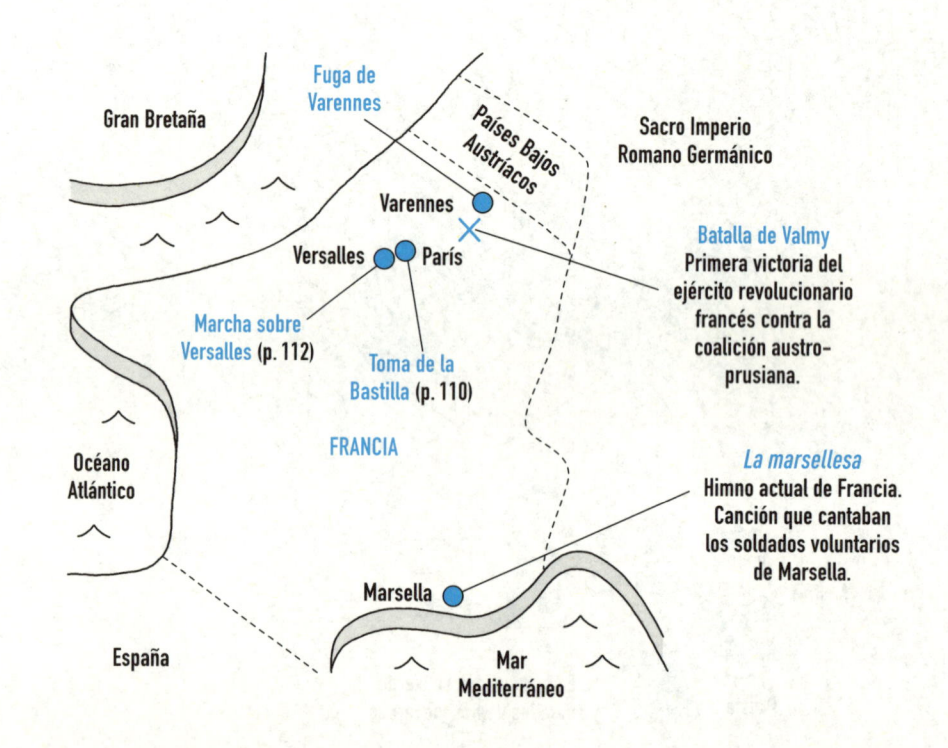

Batalla de Valmy
Primera victoria del ejército revolucionario francés contra la coalición austro-prusiana.

La marsellesa
Himno actual de Francia. Canción que cantaban los soldados voluntarios de Marsella.

DIORAMA 048

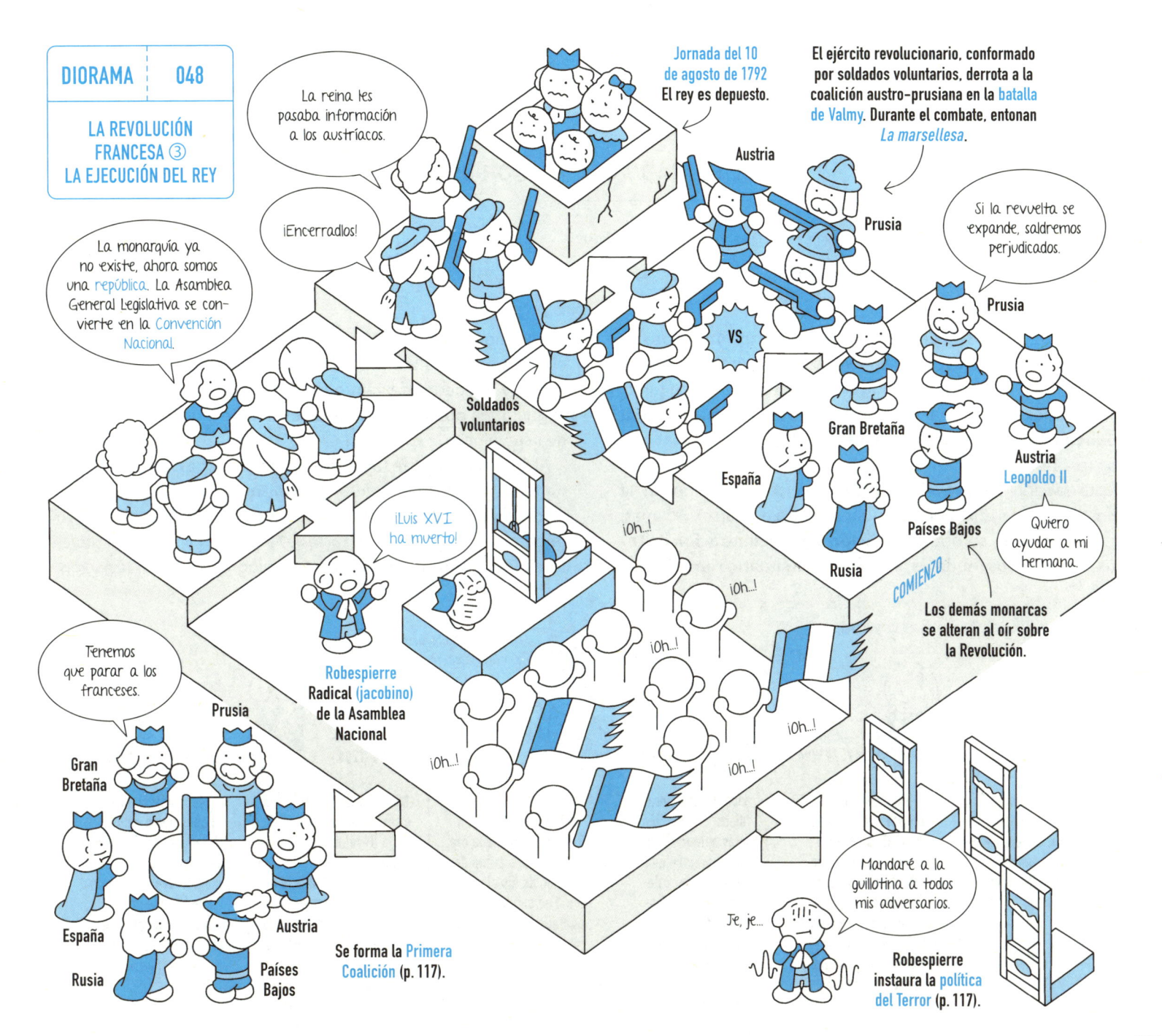

LA REVOLUCIÓN FRANCESA ③ LA EJECUCIÓN DEL REY

Jornada del 10 de agosto de 1792
El rey es depuesto.

La reina les pasaba información a los austríacos.

¡Encerradlos!

La monarquía ya no existe, ahora somos una república. La Asamblea General Legislativa se convierte en la Convención Nacional.

El ejército revolucionario, conformado por soldados voluntarios, derrota a la coalición austro-prusiana en la batalla de Valmy. Durante el combate, entonan *La marsellesa*.

Austria

Prusia

Si la revuelta se expande, saldremos perjudicados.

Prusia

VS

Soldados voluntarios

Gran Bretaña

España

Países Bajos

Rusia

Austria
Leopoldo II

Quiero ayudar a mi hermana.

COMIENZO

Los demás monarcas se alteran al oír sobre la Revolución.

¡Luis XVI ha muerto!

Robespierre
Radical (jacobino) de la Asamblea Nacional

¡Oh...! ¡Oh...! ¡Oh...! ¡Oh...! ¡Oh...!

Tenemos que parar a los franceses.

Gran Bretaña

Prusia

España

Rusia

Austria

Países Bajos

Se forma la **Primera Coalición** (p. 117).

Mandaré a la guillotina a todos mis adversarios.

Je, je...

Robespierre instaura la **política del Terror** (p. 117).

115

049 | LA REVOLUCIÓN FRANCESA ④

EL REINADO DEL TERROR DE ROBESPIERRE

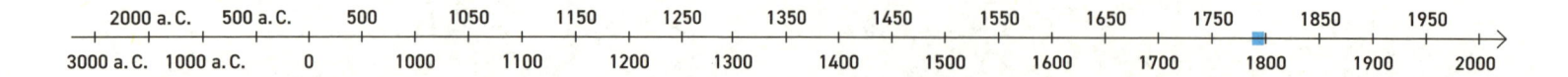

A principios de 1793, la **Convención Nacional** (p. 114) valoró de forma positiva la actuación del ejército voluntario y decidió establecer el **servicio militar obligatorio**. Así fue como en junio, con el pretexto de formar una fuerza que repeliera a la **Primera Coalición** (p. 114), empezó la **dictadura** de los radicales **jacobinos** (p. 114).

Esta facción incluyó el sufragio universal masculino en la Constitución de 1793 (aunque nunca llegó a aplicarse). Además, entre otras cosas, aprobó la **abolición sin indemnización de todos los derechos feudales**, instauró el **calendario republicano** y promulgó la **Ley del Máximo General**. Sin embargo, comenzó el **Reinado del Terror (1793-1794)**, bajo el liderazgo de Robespierre, y alrededor de veinte mil personas perdieron la vida en la guillotina por ser acusadas de espionaje o de estar en contra de la revolución.

Al final, Robespierre fue arrestado en el **golpe de Estado del 9 de termidor**, en julio de 1794, y él mismo acabó en la guillotina. La dictadura de los jacobinos llegó a su fin y el poder ejecutivo quedó en manos del **Directorio (1795-1799)** y sus cinco directores. Por desgracia, este gobierno no logró estabilizar la nación.

Revolucionarios que acabaron en la guillotina

Danton 1759-1794
Jacobino como Robespierre, que lo ejecutó por conspiración cuando empezó a oponerse al Reinado del Terror.

Hébert 1757-1794
Publicaba un periódico orientado al público general que tuvo mucho éxito. Perteneció a los jacobinos, pero Robespierre lo ejecutó cuando se opuso a él con su campaña de descristianización.

Brissot 1754-1793
Líder de los girondinos, una facción más moderada en comparación con los jacobinos de Robespierre. Fue ejecutado junto a otros girondinos cuando se opusieron a los montañeros en la Convención Nacional.

Madame Roland 1754-1793
¡Oh, libertad, cuántos crímenes se cometen en tu nombre!
Propietaria de un salón al que acudían Brissot y otros, que era considerado punto de reunión de los girondinos. Fue condenada a la guillotina cuando estos perdieron influencia por su choque con los radicales jacobinos.

Robespierre 1758-1794
Miembro de los jacobinos, principales representantes de la Revolución francesa. Lideró el Comité de Salud Pública y estableció el Reinado del Terror en el que se ejecutaba a todo aquel que era acusado de contrarrevolucionario. Murió en la guillotina, durante el golpe de Estado del 9 de termidor.

Saint-Just 1767-1794
Mano derecha de Robespierre, apoyó el Reinado del Terror y ejecutó a muchos rivales y contrarrevolucionarios. Fue famoso por su belleza y frialdad. Murió en la guillotina junto a Robespierre.

| DIORAMA | 049 |

LA REVOLUCIÓN FRANCESA ④ EL REINADO DEL TERROR

Robespierre y sus compañeros envían a la guillotina a casi 20 000 personas.

Danton Hébert
Jacobinos
(Facción radical)

Brissot Madame Roland
Girondinos
(Facción moderada)

Gran Bretaña
Rusia
Imperio otomano
Austria
Portugal

Más adelante, Napoleón fracasará en su expedición a Egipto y se formará la **Segunda Coalición** (p. 119).

Robespierre inicia el Reinado del Terror.

Reinado del Terror

¡Los rebeldes van a la guillotina!
Robespierre

¡Si queremos oponernos a las naciones vecinas, debemos afianzar las reformas!

Tenemos que acabar con la República francesa.

Reclutamiento militar
Liberación de los campesinos
Robespierre

Gran Bretaña
Prusia
Rusia
Austria
Países Bajos
España

Primera Coalición

COMIENZO

Duque de Orleans y otros nobles

María Antonieta

Robespierre es ejecutado en el golpe de Estado.

Golpe de Estado del 9 de termidor

¡El Reino del Terror ha terminado!

A partir de ahora el poder se repartirá entre cinco directores para que nadie lo monopolice.

Directorio

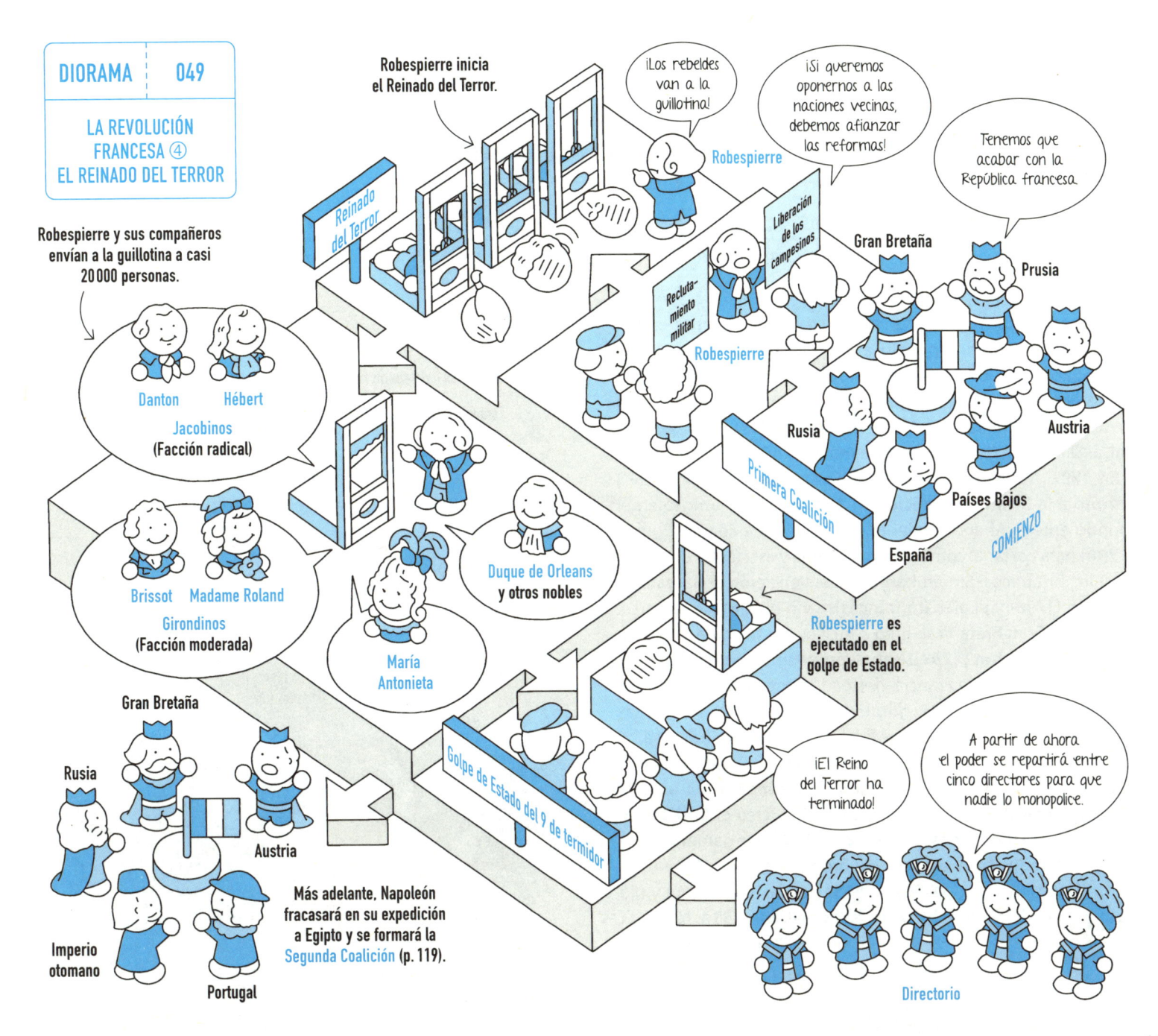

117

050 LA CONSAGRACIÓN DE NAPOLEÓN

EL INICIO DEL IMPERIO FRANCÉS

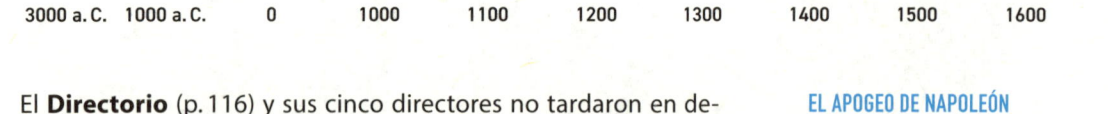

El **Directorio** (p. 116) y sus cinco directores no tardaron en demostrar su fragilidad. El pueblo, al ver que la inestabilidad social continuaba, se sublevó y exigió el retorno de la monarquía. El gobierno daba palos de ciego y quien se encargó de sofocar la revuelta fue el militar **Napoleón Bonaparte (1769-1821)**. Al final, al Directorio no le quedó más remedio que depender de él.

En 1797, Napoleón triunfó en su **campaña italiana (1797)**, derrotó a la **Primera Coalición** (p. 114) y se hizo famoso en el mundo entero. Al año siguiente, inició su **campaña de Egipto (1798)** para cortar el comercio con la India y asestar un duro golpe a los británicos. Sin embargo, estos vencieron en la **batalla del Nilo** (1798) y el ejército francés se vio obligado a retirarse. Más tarde, Gran Bretaña se unió a Rusia y Austria para formar la **Segunda Coalición (1799)**. Napoleón, al enterarse de esta nueva gran alianza contra Francia, derrocó al Directorio y estableció el **Consulado (1799-1804, golpe de Estado del 18 de brumario, 1799)**, lo que puso punto y final a la Revolución francesa.

El militar francés restableció el catolicismo, se ganó el apoyo del pueblo y, en 1802, con el primer **referéndum** del país, se proclamó **cónsul vitalicio (1802)**. En 1804, creó el **Código Civil de Francia (Código Napoleónico, 1804)**, que garantizaba la igualdad y regulaba el derecho de propiedad, se coronó emperador **(Napoleón I, 1804-1814, 1815)** tras un referéndum y dio paso a la era del **Primer Imperio francés (1804-1814, 1815)**.

EL APOGEO DE NAPOLEÓN

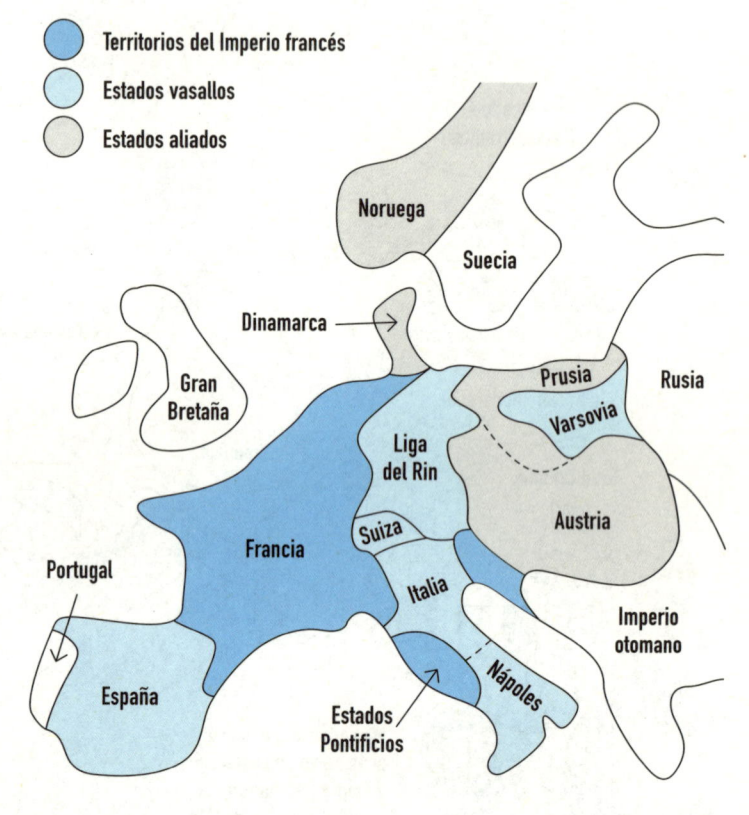

- Territorios del Imperio francés
- Estados vasallos
- Estados aliados

DIORAMA 050
LA CONSAGRACIÓN DE NAPOLEÓN

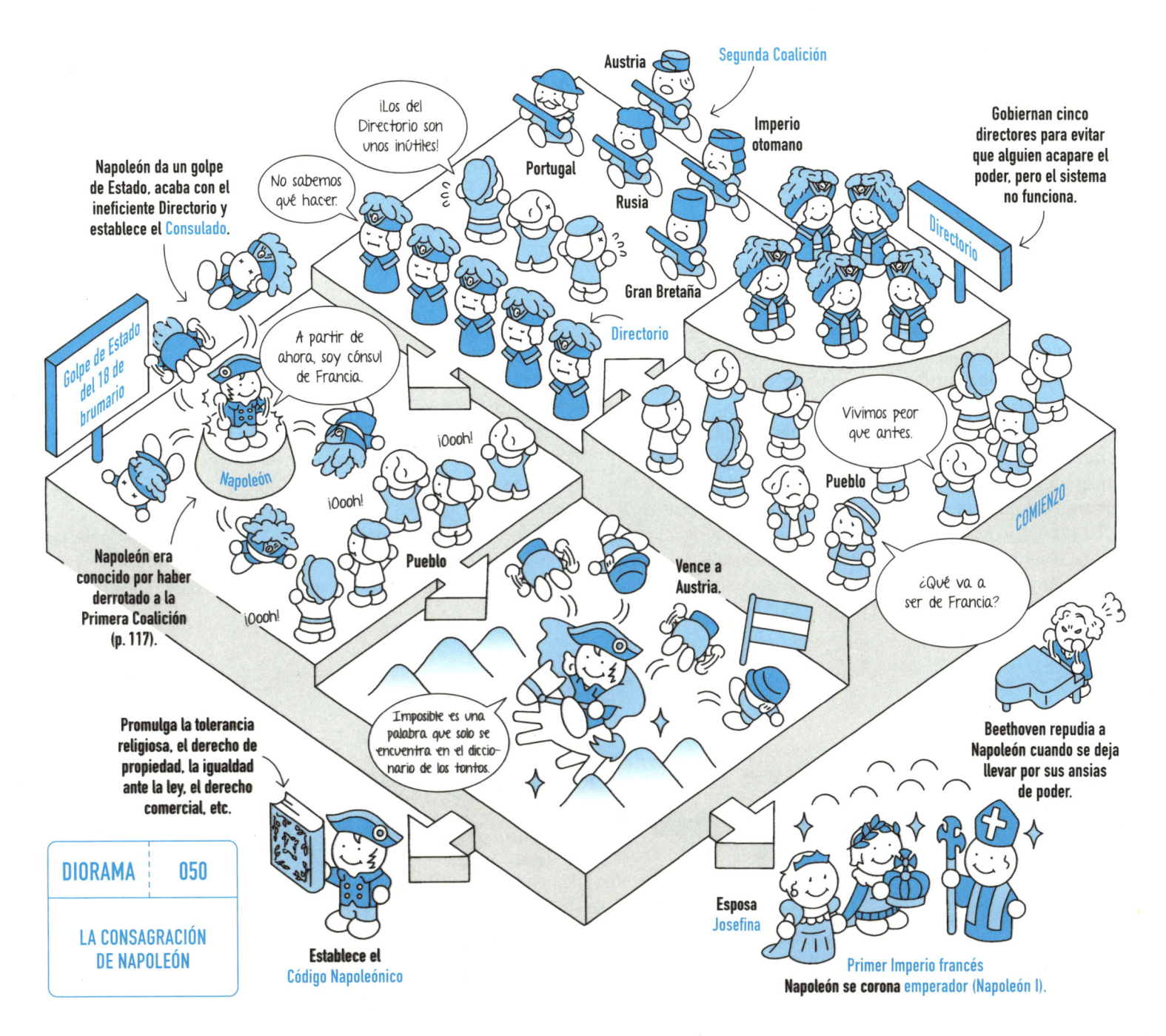

Gobiernan cinco directores para evitar que alguien acapare el poder, pero el sistema no funciona.

Directorio

COMIENZO

Pueblo: "Vivimos peor que antes." "¿Qué va a ser de Francia?"

Segunda Coalición: Austria, Portugal, Imperio otomano, Rusia, Gran Bretaña

Directorio: "¡Los del Directorio son unos inútiles!" "No sabemos qué hacer."

Napoleón da un golpe de Estado, acaba con el ineficiente Directorio y establece el Consulado.

Golpe de Estado del 18 de brumario

Napoleón: "A partir de ahora, soy cónsul de Francia."

Pueblo: "¡Oooh!"

Napoleón era conocido por haber derrotado a la Primera Coalición (p. 117).

Vence a Austria.

"Imposible es una palabra que solo se encuentra en el diccionario de los tontos."

Promulga la tolerancia religiosa, el derecho de propiedad, la igualdad ante la ley, el derecho comercial, etc.

Establece el Código Napoleónico

Beethoven repudia a Napoleón cuando se deja llevar por sus ansias de poder.

Esposa Josefina

Primer Imperio francés
Napoleón se corona emperador (Napoleón I).

119

051 — LA CAÍDA DE NAPOLEÓN

LA BATALLA DE LAS NACIONES Y EL DESTIERRO A LA ISLA DE ELBA

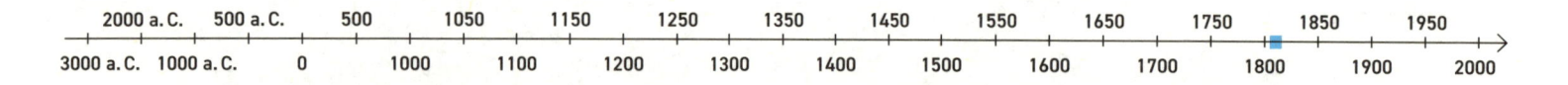

En 1804, **Napoleón** se coronó emperador en Francia y empezó la era del **Primer Imperio francés** (p. 118). Al año siguiente, en 1805, el Reino Unido, Austria, Rusia y Suecia formaron una nueva **alianza antifrancesa (Tercera Coalición, 1805)**.

En octubre de ese mismo año, la armada británica, liderada por el **almirante Nelson (1758-1805)**, derrotó al ejército francés en la **batalla de Trafalgar (1805)**. Sin embargo, en diciembre, Napoleón venció a Austria y Rusia en la **batalla de Austerlitz (1805)**, lo que puso fin a la Tercera Coalición. Tras sufrir la derrota, el emperador austríaco decretó la disolución del **Sacro Imperio Romano Germánico** (1806). La imparable maquinaria de guerra francesa continuó su invasión hacia Prusia y conquistó la capital, Berlín.

Después, para infligirle un duro golpe al Reino Unido, Napoleón promulgó el **Decreto de Berlín (1806)**, con el que prohibió a las naciones europeas la importación de bienes británicos. A pesar de ello, Rusia comerció en secreto con las islas y, como represalia, Francia intentó invadirla, pero fracasó **(invasión napoleónica de Rusia, 1812)**.

Este incidente provocó la **batalla de Leipzig (batalla de las Naciones, 1813-1814)**, donde la Cuarta Coalición capturó a Napoleón para después desterrarlo a la **isla de Elba (1814)**.

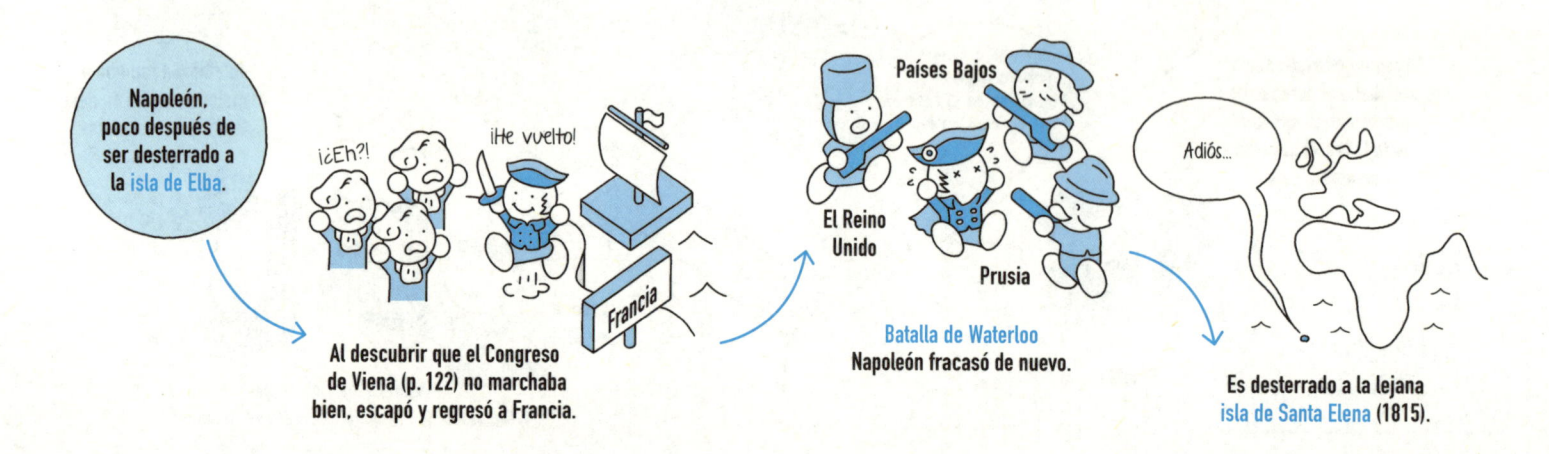

Napoleón, poco después de ser desterrado a la isla de Elba.

¡¿Eh?! ¡He vuelto! Francia

Al descubrir que el Congreso de Viena (p. 122) no marchaba bien, escapó y regresó a Francia.

Países Bajos / El Reino Unido / Prusia

Batalla de Waterloo
Napoleón fracasó de nuevo.

Adiós...

Es desterrado a la lejana isla de Santa Elena (1815).

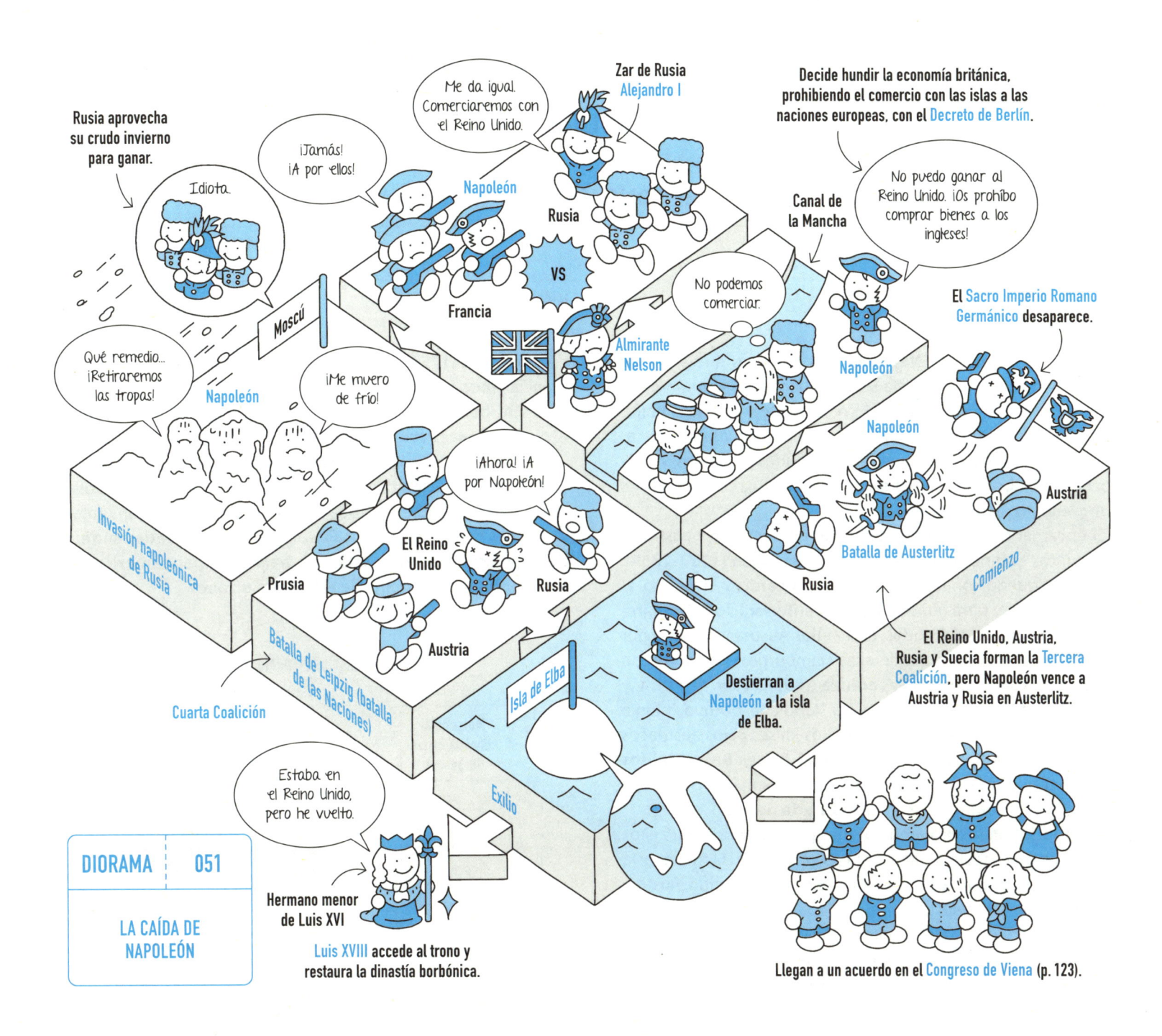

DIORAMA 051
LA CAÍDA DE NAPOLEÓN

Rusia aprovecha su crudo invierno para ganar.

Idiota. — Zar de Rusia **Alejandro I**

Me da igual. Comerciaremos con el Reino Unido.

¡Jamás! ¡A por ellos! — **Napoleón**

Rusia VS Francia

Decide hundir la economía británica, prohibiendo el comercio con las islas a las naciones europeas, con el Decreto de Berlín.

No puedo ganar al Reino Unido. ¡Os prohíbo comprar bienes a los ingleses!

Canal de la Mancha

No podemos comerciar. — **Almirante Nelson**

Napoleón

El Sacro Imperio Romano Germánico desaparece.

Qué remedio... ¡Retiraremos las tropas! — **Napoleón**

¡Me muero de frío!

Moscú

Invasión napoleónica de Rusia

¡Ahora! ¡A por Napoleón!

El Reino Unido — **Rusia**

Prusia — **Austria**

Batalla de Leipzig (batalla de las Naciones)

Cuarta Coalición

Napoleón — **Rusia** — **Austria**

Batalla de Austerlitz — **Comienzo**

El Reino Unido, Austria, Rusia y Suecia forman la Tercera Coalición, pero Napoleón vence a Austria y Rusia en Austerlitz.

Destierran a Napoleón a la isla de Elba.

Isla de Elba

Exilio

Estaba en el Reino Unido, pero he vuelto.

Hermano menor de Luis XVI

Luis XVIII accede al trono y restaura la dinastía borbónica.

Llegan a un acuerdo en el Congreso de Viena (p. 123).

052 EL INICIO DE LA EUROPA DE LA RESTAURACIÓN

EL CONGRESO NO AVANZA, BAILA

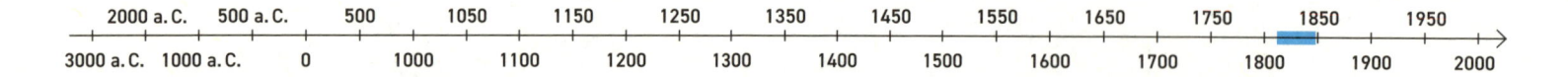

Después de la caída de **Napoleón**, las naciones que subyugó se independizaron de Francia y sus gobernantes celebraron el **Congreso de Viena (1814-1815)** para retomar las ideas políticas del Antiguo Régimen. En estas reuniones, en las que buscaban repartirse territorios, no se hacían grandes progresos, y cada noche se celebraban bailes. Por eso se empezó a criticar que «**el Congreso no avanza, baila**».

El encargado de dirigir el Congreso fue el ministro austríaco de Asuntos Exteriores, **Clemente de Metternich (1773-1859)**. Austria se quedó con las regiones de Lombardía y el Véneto, al norte de Italia, y también se formó la **Confederación Germánica**, compuesta por 35 Estados, entre ellos Austria y Prusia, y por cuatro ciudades libres, una de ellas Hamburgo. El Reino Unido recibió el **Cabo de Buena Esperanza** (p. 90), al sur de África, y la isla de Ceilán. Rusia, que derrotó a Napoleón, obtuvo Polonia y Finlandia. Países Bajos se anexionó los Países Bajos austríacos y pasó de ser la **República de los Siete Países Bajos Unidos** (p. 90) a convertirse en el **Reino Unido de los Países Bajos**. Por último, Suiza adquirió su estatus de **Estado neutral**.

Además, los países firmaron tratados para ayudarse entre ellos en caso de que estallara otra revolución civil como la francesa: la **Cuádruple Alianza (1815)**, formada por el Reino Unido, Austria, Prusia y Rusia, y la **Santa Alianza (1815)**, constituida por todas las naciones europeas, con la excepción del Reino Unido y Rusia. El período en el que entraron a continuación los Estados europeos se conoce como la **Restauración europea (1815-1848)**.

Talleyrand (1754-1838), el ministro de Asuntos Exteriores de Francia, abogó por el **Legitimismo** y restableció la monarquía de los Borbones (p. 98) **(Restauración borbónica)**. Sin embargo, el pueblo francés exigía libertad e igualdad, por lo que se opuso.

A lo largo de los años, estallaron varias **revueltas** (Revolución de Julio y Revolución de Febrero, p. 124) y el sentimiento revolucionario se expandió por toda Europa, provocando alzamientos y motines (Primavera de los Pueblos, p. 124). Las **independencias de Grecia** (p. 161) y **de los países hispanoamericanos** (p. 150) son el precedente de estas revoluciones.

LOS CAMBIOS EN FRANCIA

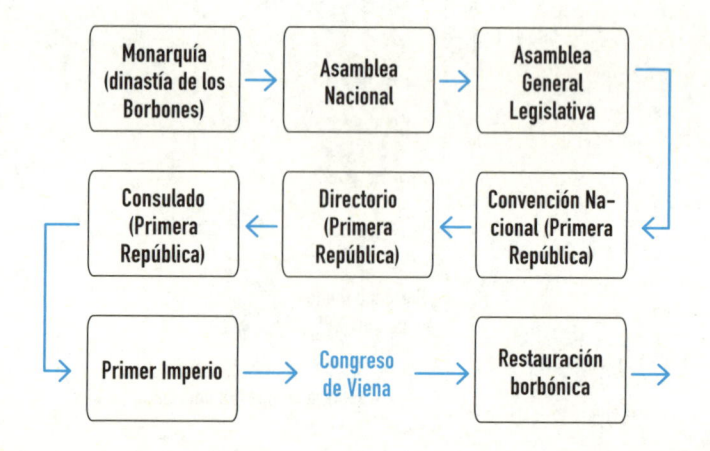

Monarquía (dinastía de los Borbones) → Asamblea Nacional → Asamblea General Legislativa → Convención Nacional (Primera República) → Directorio (Primera República) → Consulado (Primera República) → Primer Imperio → Congreso de Viena → Restauración borbónica →

DIORAMA 052

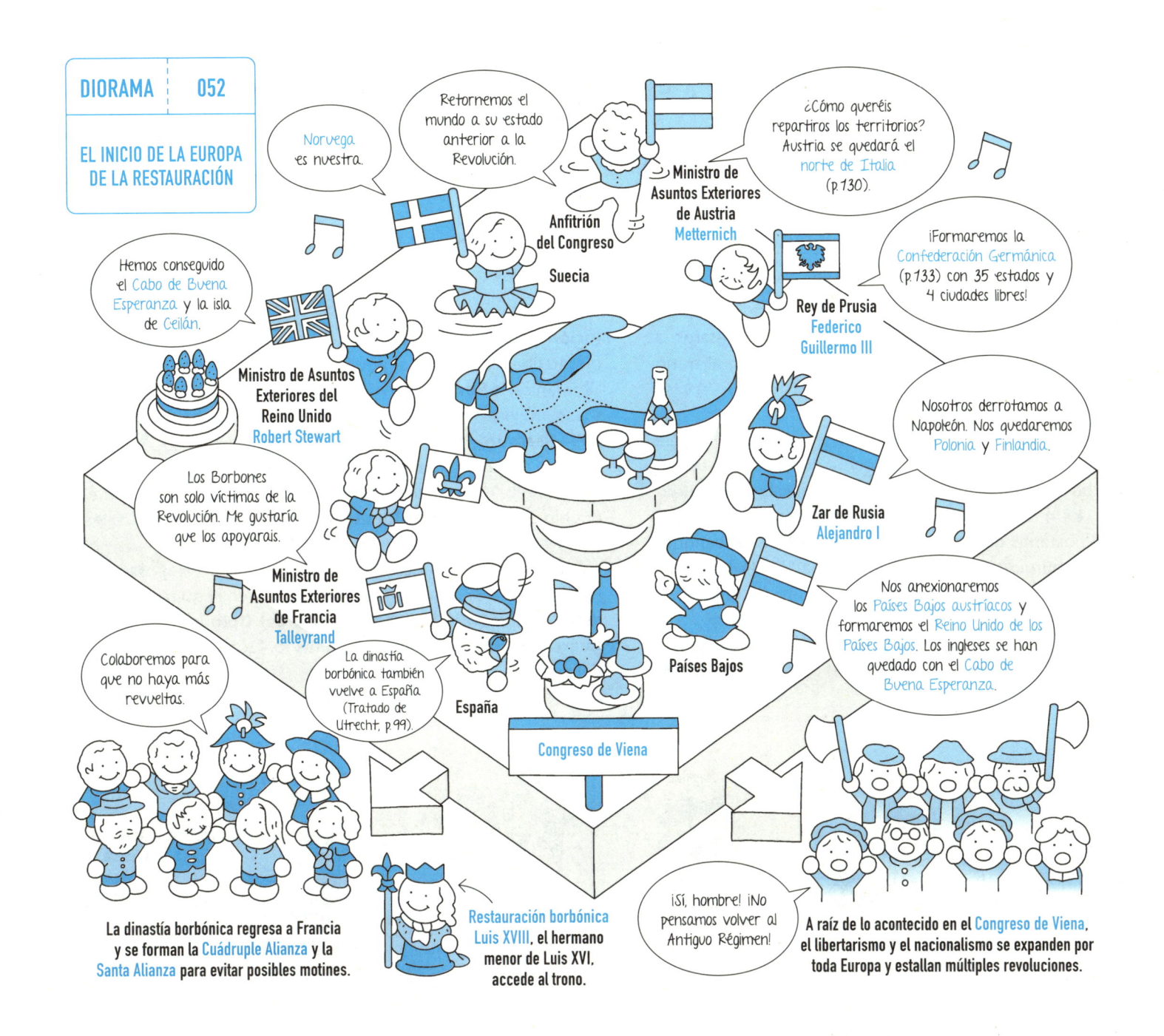

EL INICIO DE LA EUROPA DE LA RESTAURACIÓN

Anfitrión del Congreso — Suecia: *Noruega es nuestra.*

Ministro de Asuntos Exteriores de Austria — Metternich: Retornemos el mundo a su estado anterior a la Revolución. ¿Cómo queréis repartiros los territorios? Austria se quedará el norte de Italia (p.130).

Rey de Prusia — Federico Guillermo III: ¡Formaremos la Confederación Germánica (p.133) con 35 estados y 4 ciudades libres!

Ministro de Asuntos Exteriores del Reino Unido — Robert Stewart: Hemos conseguido el Cabo de Buena Esperanza y la isla de Ceilán.

Ministro de Asuntos Exteriores de Francia — Talleyrand: Los Borbones son solo víctimas de la Revolución. Me gustaría que los apoyarais. Colaboremos para que no haya más revueltas.

Zar de Rusia — Alejandro I: Nosotros derrotamos a Napoleón. Nos quedaremos Polonia y Finlandia.

Países Bajos: Nos anexionaremos los Países Bajos austríacos y formaremos el Reino Unido de los Países Bajos. Los ingleses se han quedado con el Cabo de Buena Esperanza.

España: La dinastía borbónica también vuelve a España (Tratado de Utrecht, p.99).

Congreso de Viena

La dinastía borbónica regresa a Francia y se forman la Cuádruple Alianza y la Santa Alianza para evitar posibles motines.

Restauración borbónica Luis XVIII, el hermano menor de Luis XVI, accede al trono.

¡Sí, hombre! ¡No pensamos volver al Antiguo Régimen!

A raíz de lo acontecido en el Congreso de Viena, el libertarismo y el nacionalismo se expanden por toda Europa y estallan múltiples revoluciones.

053 — EL FIN DE LA EUROPA DE LA RESTAURACIÓN

LA PRIMAVERA DE LOS PUEBLOS

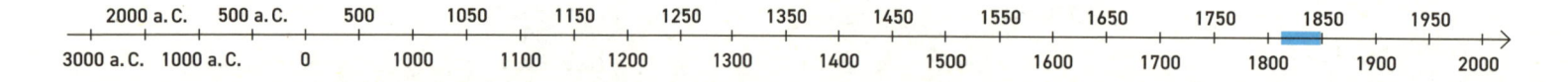

Después del **Congreso de Viena**, los **Borbones** regresaron a Francia. Primero, Luis XVIII (g. 1814-1824) ascendió al trono (Restauración borbónica, p. 122). Después, Carlos X (g. 1824-1830) intentó resucitar el **absolutismo**.

Sin embargo, los ciudadanos liberales se negaron y una ola de motines volvió a asolar Francia (Revolución de Julio, 1830).

Los Borbones fueron derrocados y el liberalista Luis Felipe (g. 1830-1848) fue coronado rey (Monarquía de Julio, 1830-1848). No obstante, el monarca favoreció mucho a los banqueros y demás burguesía y provocó la indignación de las clases trabajadoras, causando una nueva revuelta (Revolución de Febrero, 1848).

Los efectos de la Revolución de Febrero se propagaron por toda Europa y hubo motines a lo largo del continente: la Revolución de Marzo (Metternich fue exiliado de Austria y un gobierno liberalista tomó el poder en Prusia) en la Confederación Germánica, la **Revolución húngara**, la **Unificación italiana**, etc. (La Primavera de los Pueblos, 1848). Esto puso fin a la **Europa de la Restauración** (p. 122).

Tras la caída de Luis Felipe, Francia instauró la Segunda República (1848-1852), pero el país no conseguía estabilizarse y el pueblo eligió como **presidente** al sobrino de Napoleón, Carlos Luis Napoleón Bonaparte (1808-1873).

Cuando este se afianzó en el poder, se declaró Napoleón III (g. 1852-1870, Segundo Imperio), venció en la **guerra de Crimea** (p. 156), en la **Segunda Guerra del Opio** (p. 168), en las **guerras de independencia italianas** (p. 130) y se ganó el favor del pueblo.

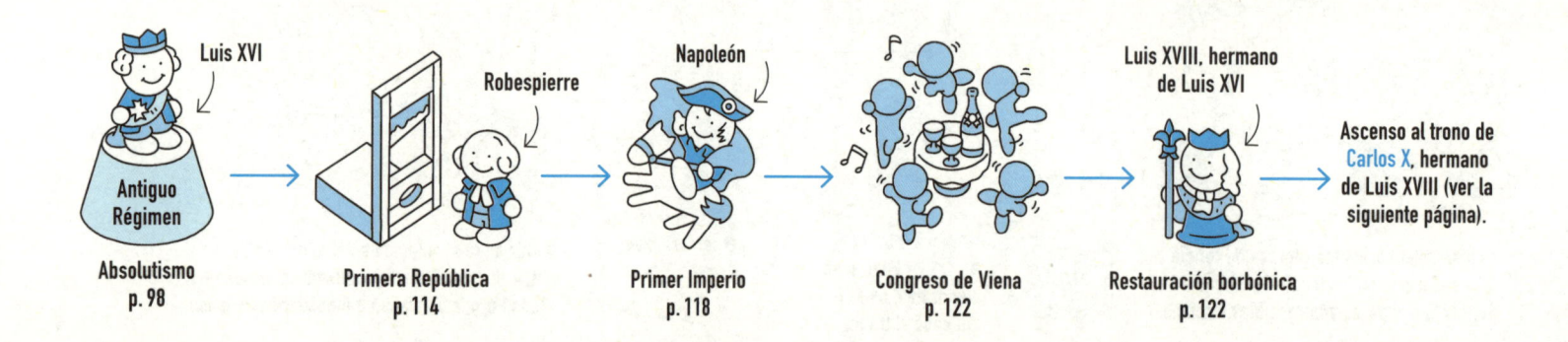

Luis XVI — Antiguo Régimen — **Absolutismo** p. 98

Robespierre — **Primera República** p. 114

Napoleón — **Primer Imperio** p. 118

Congreso de Viena p. 122

Luis XVIII, hermano de Luis XVI — **Restauración borbónica** p. 122

Ascenso al trono de Carlos X, hermano de Luis XVIII (ver la siguiente página).

DIORAMA 053

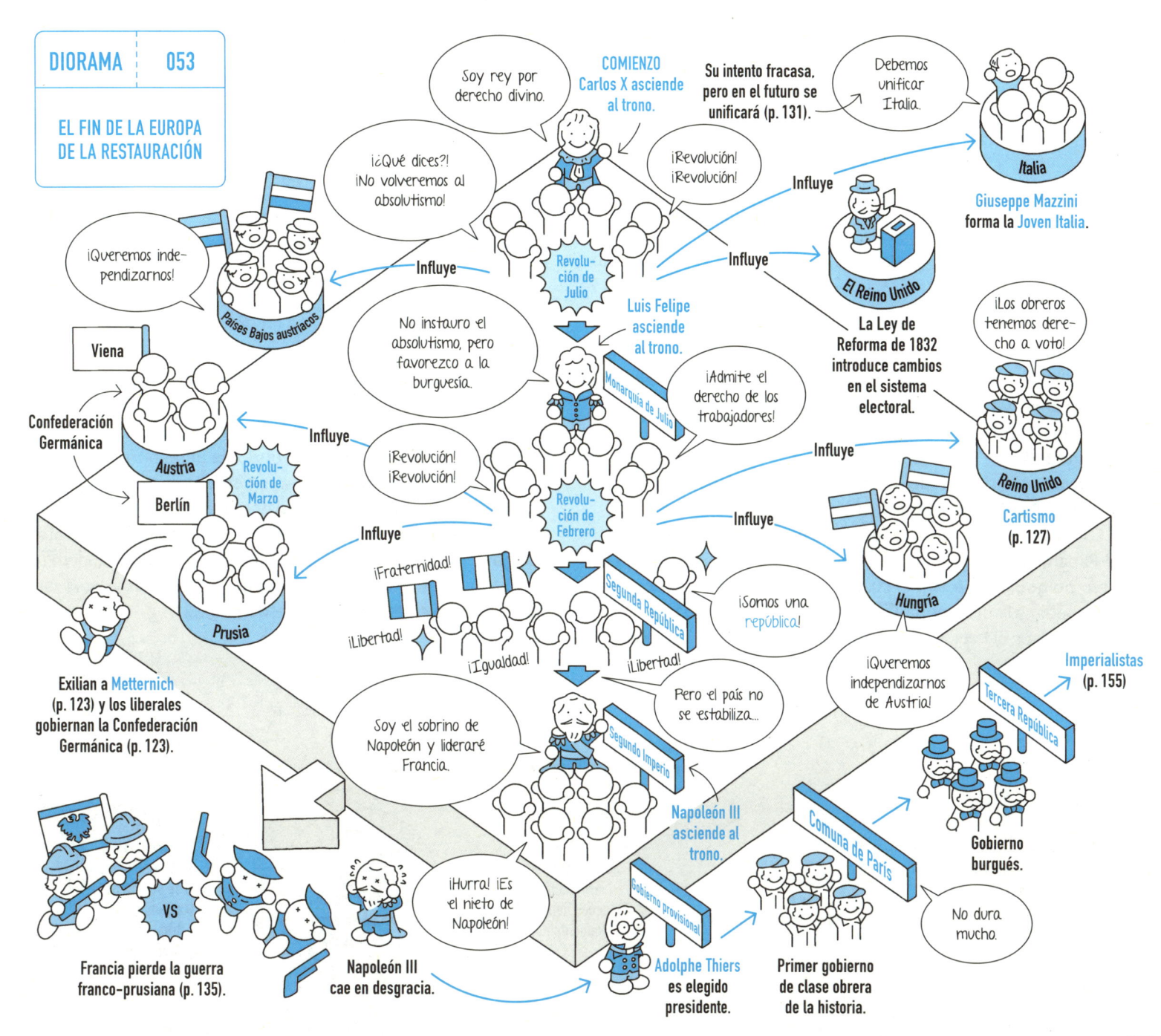

EL FIN DE LA EUROPA DE LA RESTAURACIÓN

054 LA ERA DE LA REINA VICTORIA ①

PAX BRITANNICA

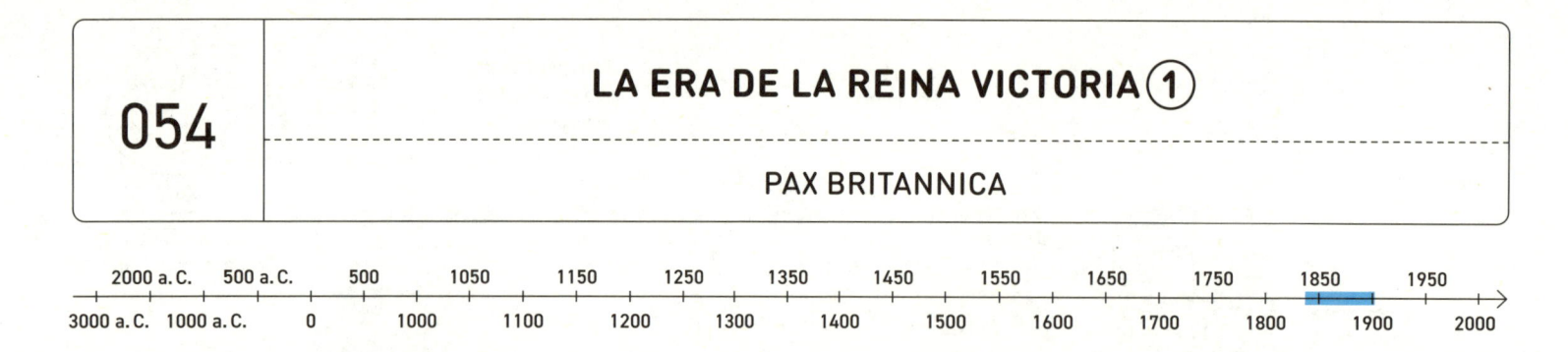

Mientras las revueltas se acrecentaban en Francia, el Reino Unido acumulaba grandes riquezas con la **Revolución Industrial** (p. 108). Su estrategia consistió en importar materias primas de sus colonias y fabricar artículos con máquinas modernas para venderlos al resto del mundo.

Durante la era de la reina Victoria (g. 1837-1901), el Reino Unido alcanzó su período de máximo apogeo, también conocido como Pax Britannica (paz británica).

La nación poseía un método de gobierno propio en el que el Parlamento se situaba por encima del monarca (El rey reina, pero no gobierna, p. 94), lo cual facilitó escuchar las peticiones del pueblo y la prosperidad del Estado. El Parlamento inglés era bipartidista: el Partido Conservador adoptaba una política exterior imperialista y el Partido Liberal abogaba por defender la vida de los ciudadanos. Durante esta época, el conservador Benjamin Disraeli (1804-1881) y el liberal William Gladstone (1809-1898) se alternaron el poder político. **Disraeli** expandió la influencia del Reino Unido: llevó a cabo la adquisición del canal de Suez (p. 164) y obtuvo el título de emperatriz de la India para su reina (p. 162). **Gladstone** se dedicó a la democratización del país: aplicó reformas en el sistema electoral, construyó escuelas públicas y promulgó el reconocimiento de los sindicatos.

Gladstone también negoció la autonomía de **Irlanda**, pero no llegó a buen puerto durante su mandato. El conflicto norirlandés prosiguió en el siglo xx (ver esquema).

UNA ESPINA CLAVADA
El conflicto norirlandés, que no se solucionó hasta el siglo xx, fue una espina que el Reino Unido tuvo clavada mucho tiempo.

→ **1801** Inglaterra se anexionó Irlanda y formó el Reino Unido.
→ **1914** Se planeó la autonomía de Irlanda, pero no se aprobó hasta después de la Primera Guerra Mundial.
→ **1922** Se creó el Estado Libre Irlandés, independiente del Reino Unido.
→ **1937** El país ejerció su derecho de autodeterminación y se cambió de nombre a Éire (Irlanda).
→ **1949** Se estableció la República de Irlanda, que se separó de la Mancomunidad Británica de Naciones. →

DIORAMA 054

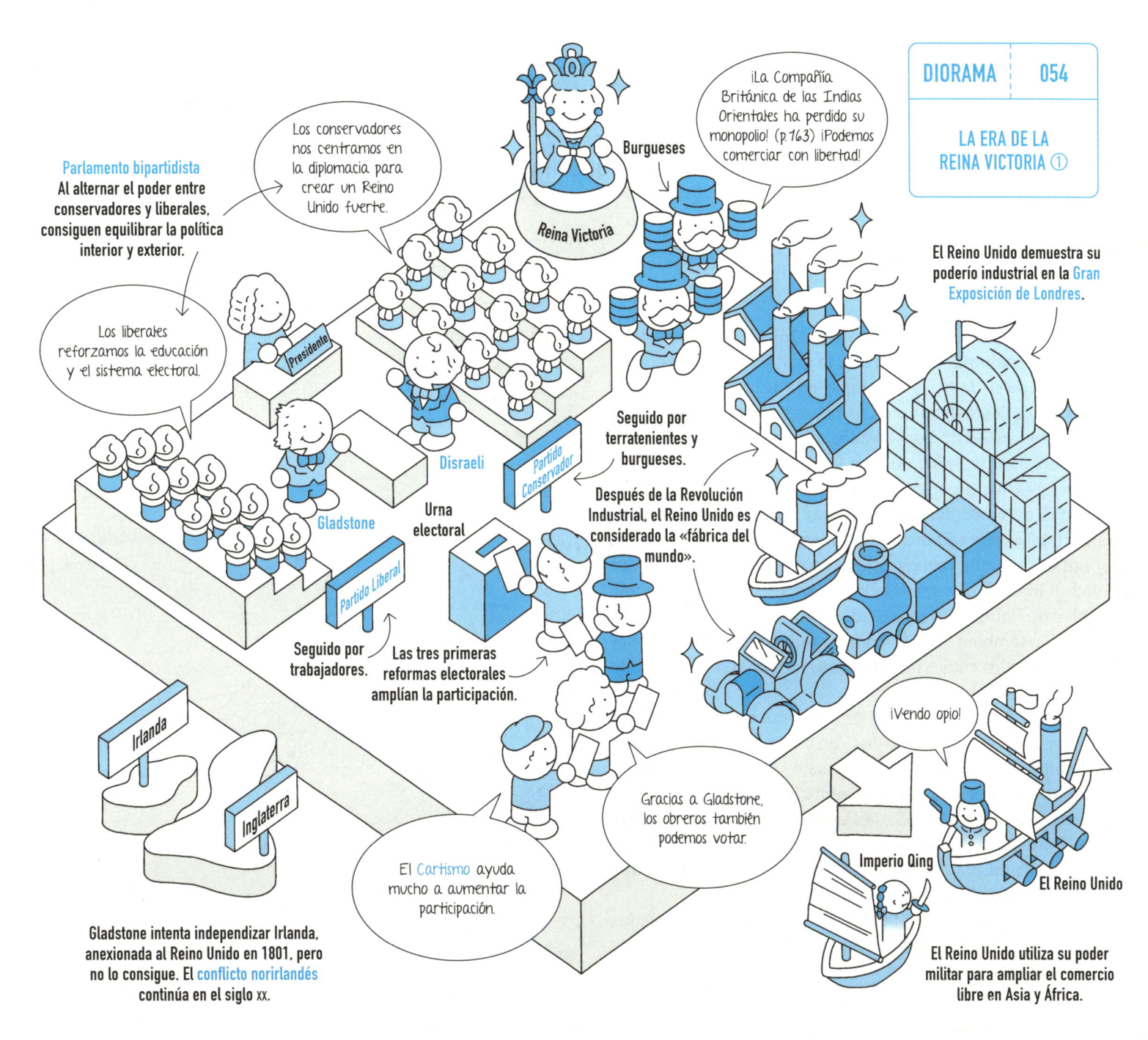

LA ERA DE LA REINA VICTORIA ①

Parlamento bipartidista
Al alternar el poder entre conservadores y liberales, consiguen equilibrar la política interior y exterior.

Los liberales reforzamos la educación y el sistema electoral. — Gladstone (Partido Liberal)

Los conservadores nos centramos en la diplomacia para crear un Reino Unido fuerte. — Disraeli (Partido Conservador)

Reina Victoria

Burgueses

¡La Compañía Británica de las Indias Orientales ha perdido su monopolio! (p.163) ¡Podemos comerciar con libertad!

El Reino Unido demuestra su poderío industrial en la **Gran Exposición de Londres**.

Seguido por terratenientes y burgueses.

Después de la Revolución Industrial, el Reino Unido es considerado la «fábrica del mundo».

Urna electoral

Seguido por trabajadores.

Las tres primeras reformas electorales amplían la participación.

El Cartismo ayuda mucho a aumentar la participación.

Gracias a Gladstone, los obreros también podemos votar.

Irlanda / Inglaterra

Gladstone intenta independizar Irlanda, anexionada al Reino Unido en 1801, pero no lo consigue. El **conflicto norirlandés** continúa en el siglo XX.

¡Vendo opio!

Imperio Qing — El Reino Unido

El Reino Unido utiliza su poder militar para ampliar el comercio libre en Asia y África.

127

055 LA ERA DE LA REINA VICTORIA ②

LA EXPANSIÓN COLONIAL DE LA ÉPOCA VICTORIANA

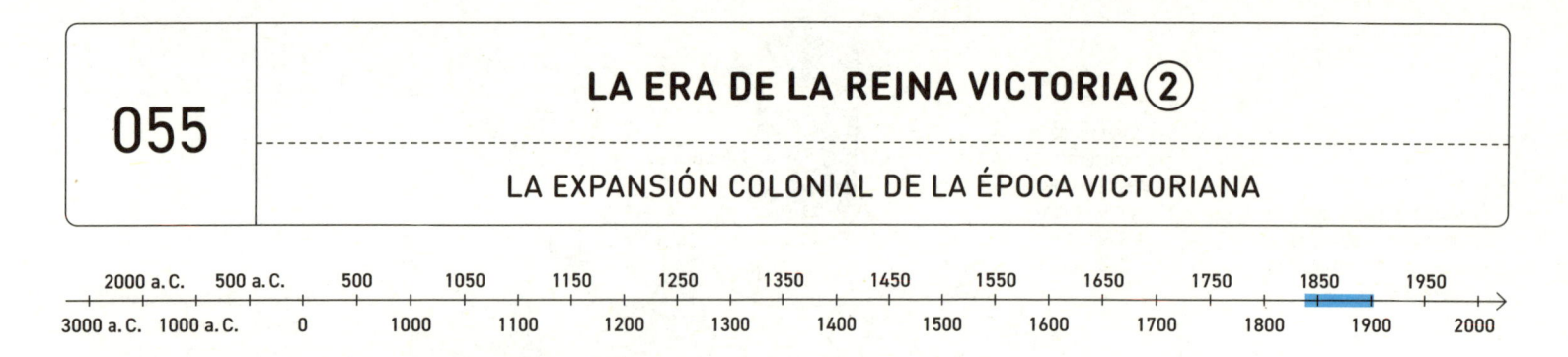

Durante la era de la reina Victoria (p. 126), el país se fortaleció gracias a su **parlamento bipartidista** (p. 126), en el cual el **liberal Gladstone** se dedicó a mejorar la vida de los ciudadanos y el **conservador Disraeli** adoptó una política exterior imperialista.

Durante el mandato conservador, Disraeli decidió afianzar la ruta colonial de la India, que era un mercado grande, aprovechó que el Gobierno egipcio no pasaba por un buen momento y adquirió acciones del **canal de Suez** para presionarlos. Además, estableció un régimen colonial en la India, instaurando el *Raj* británico con la reina Victoria como emperatriz (p. 162). La India británica y su potente mercado proporcionaron una gran cantidad de riqueza al Reino Unido.

La nación también ganó la **Primera Guerra del Opio** (p. 168) y consiguió que los chinos firmaran unos tratados con unas condiciones muy favorables.

Asimismo, impulsó el **patrón oro** (sistema monetario basado en el precio del oro), invadió África en busca de oro y diamantes y unificó las colonias del continente bajo la Unión Sudafricana (1910) (p. 164). Por otra parte, gobernó los Estados Federados Malayos (1895) y expandió su esfera de influencia hasta Nueva Zelanda, Australia y Canadá (segundo imperio colonial británico). En esta misma época, también ganó la **guerra de Crimea** (p. 156) y detuvo el avance ruso hacia el sur.

Un poco más tarde que el Reino Unido, Francia y los Estados alemanes se dedicaron de lleno a la fabricación industrial y a la expansión colonial en cuanto apagaron sus revueltas internas. Así fue como, a finales del siglo XIX, comenzó la **era del imperialismo**.

La ruta más corta hasta la India

DIORAMA | 055

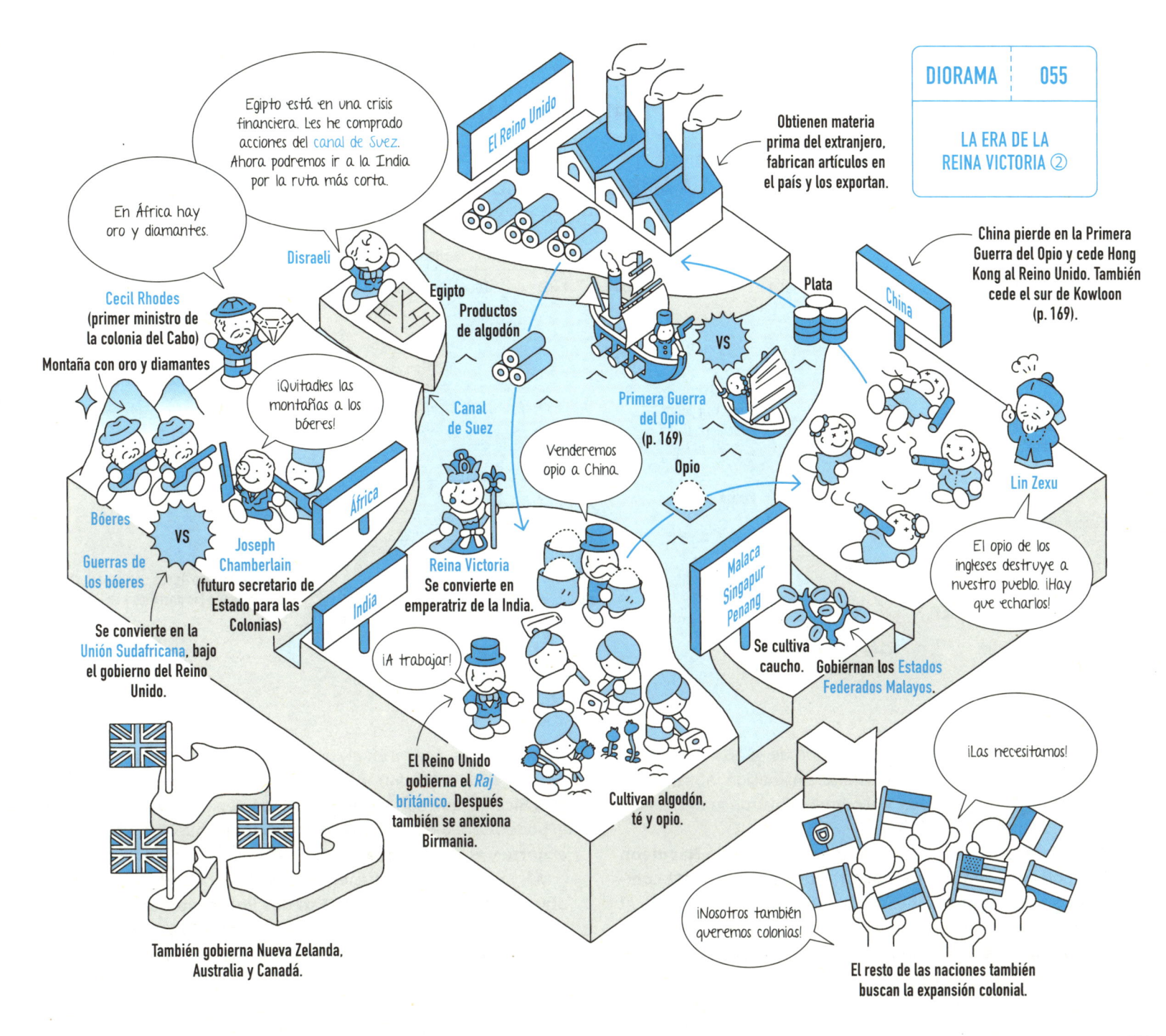

LA ERA DE LA REINA VICTORIA ②

056 LA UNIFICACIÓN ITALIANA

LA AMBICIÓN DE VÍCTOR MANUEL II

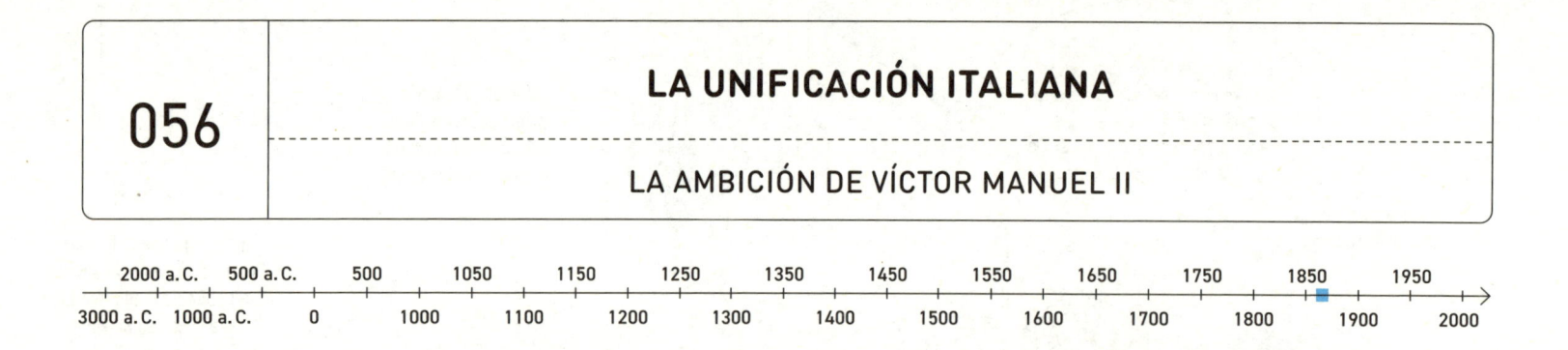

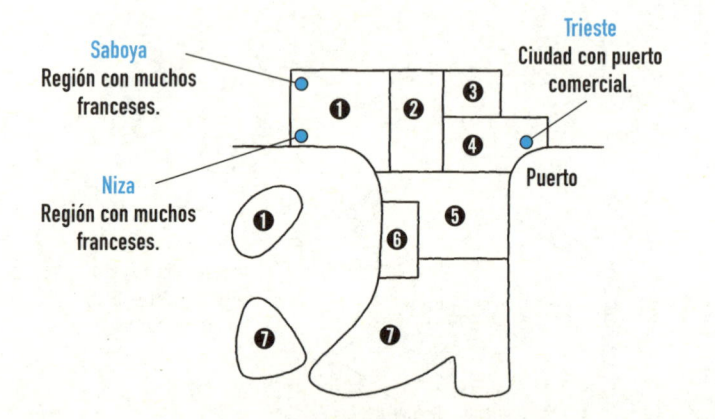

Saboya
Región con muchos franceses.

Trieste
Ciudad con puerto comercial.

Niza
Región con muchos franceses.

Puerto

ITALIA ANTES DE LA UNIFICACIÓN

❶ Reino de Cerdeña
❷ Lombardía
❸ Tirol del Sur ⎯⎯⎯⎯ Territorio austríaco
❹ El Véneto
❺ Italia central (varias naciones) ⎯⎯ Francia estacionó tropas con el pretexto de proteger a las naciones pequeñas
❻ Estados Pontificios
❼ Reino de las Dos Sicilias

La **unificación italiana** gira alrededor de **Víctor Manuel II (g. 1849-1861)**, el rey de ❶ **Cerdeña**, una nación industrializada ubicada al norte de Italia, y el primer ministro **Camilo Benso, conde de Cavour (1810-1861)**.

En primer lugar, unieron fuerzas con la Francia de **Napoleón III** (p. 124) para combatir a los **austríacos** y arrebatarles ❷ **Lombardía (segunda guerra de independencia italiana, 1859)**. Al año siguiente, negociaron de nuevo con los franceses y obtuvieron ❺ **Italia central** a cambio de cederles **Saboya** y **Niza**, regiones habitadas por mucha gente de habla francesa.

Por la misma época, en el sur de Italia, el revolucionario **Garibaldi (1807-1882)** derrocó a la monarquía del ❼ **Reino de las Dos Sicilias**, que aún seguía el Antiguo Régimen, y se alzó con el poder. Garibaldi entregó el país a Víctor Manuel II, unificando el **norte y el sur de Italia**. Así nació el **Reino de Italia (1861)**.

Más tarde, el reino se benefició de la influencia de Prusia para obtener ❹ **El Véneto** y los ❻ **Estados Pontificios** (anexión del Véneto, p. 132 y anexión de los Estados Pontificios, p. 134).

Ya solo quedaban por unificar ❸ **Tirol del Sur**, **Trieste** y otros pocos territorios **(irredentismo italiano)**.

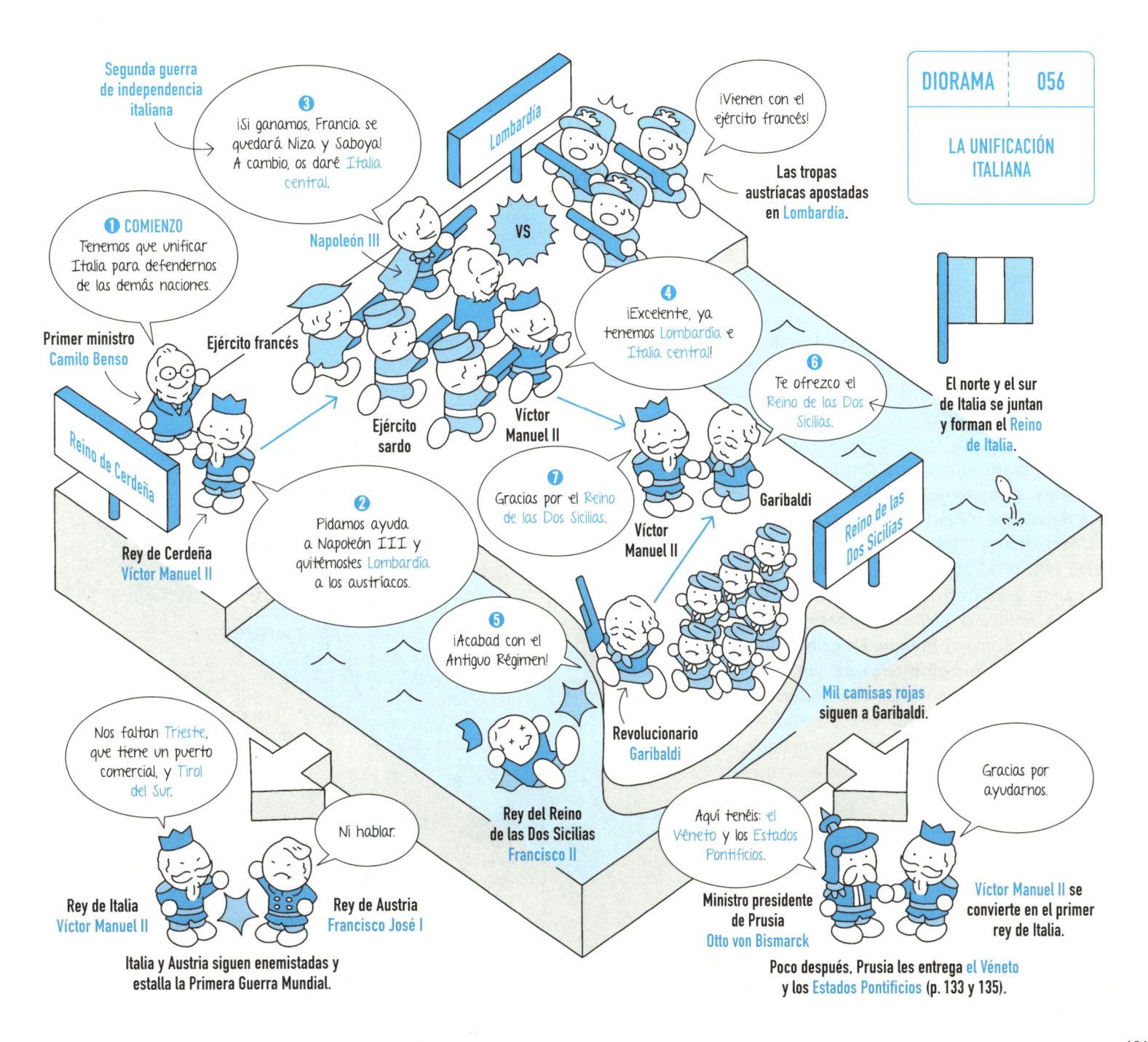

DIORAMA 056 — LA UNIFICACIÓN ITALIANA

Segunda guerra de independencia italiana

❶ COMIENZO
Tenemos que unificar Italia para defendernos de las demás naciones.

Primer ministro **Camilo Benso**

Rey de Cerdeña **Víctor Manuel II**

❷ Pidamos ayuda a Napoleón III y quitémosles Lombardía a los austríacos.

Reino de Cerdeña

❸ ¡Si ganamos, Francia se quedará Niza y Saboya! A cambio, os daré Italia central.

Napoleón III

Ejército francés

Ejército sardo

Lombardía

¡Vienen con el ejército francés!

Las tropas austríacas apostadas en Lombardía.

VS

❹ ¡Excelente, ya tenemos Lombardía e Italia central!

Víctor Manuel II

❺ ¡Acabad con el Antiguo Régimen!

Rey del Reino de las Dos Sicilias **Francisco II**

Revolucionario **Garibaldi**

Mil camisas rojas siguen a Garibaldi.

❻ Te ofrezco el Reino de las Dos Sicilias.

Víctor Manuel II — **Garibaldi**

❼ Gracias por el Reino de las Dos Sicilias.

Reino de las Dos Sicilias

El norte y el sur de Italia se juntan y forman el Reino de Italia.

Nos faltan Trieste, que tiene un puerto comercial, y Tirol del Sur.

Ni hablar.

Rey de Italia **Víctor Manuel II** — *Rey de Austria* **Francisco José I**

Italia y Austria siguen enemistadas y estalla la Primera Guerra Mundial.

Aquí tenéis: el Véneto y los Estados Pontificios.

Gracias por ayudarnos.

Ministro presidente de Prusia **Otto von Bismarck**

Víctor Manuel II se convierte en el primer rey de Italia.

Poco después, Prusia les entrega el Véneto y los Estados Pontificios (p. 133 y 135).

057 LA UNIFICACIÓN ALEMANA ①

LA AMBICIÓN DE OTTO VON BISMARCK

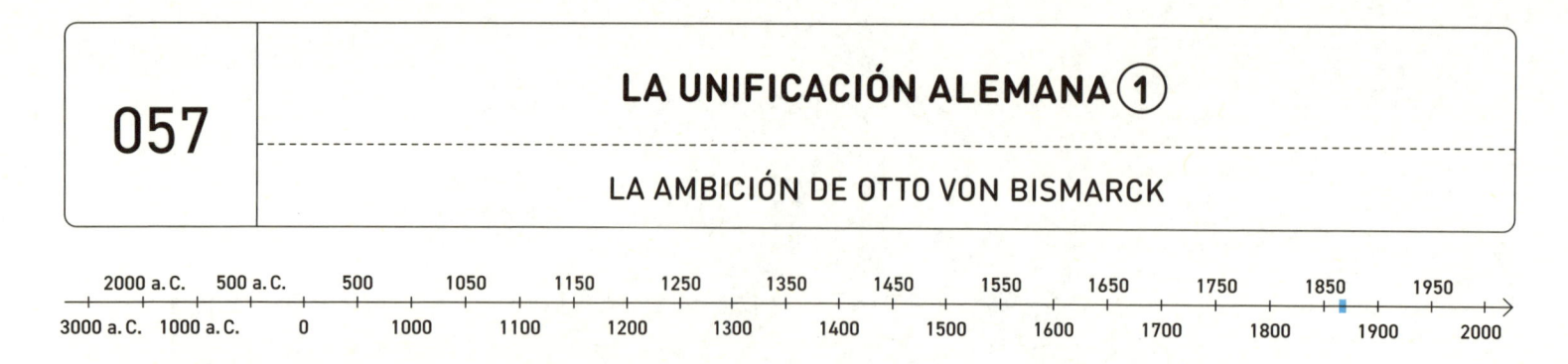

En el **Congreso de Viena**, los Estados alemanes formaron la **Confederación Germánica** (p. 122), pero no estaban unidos del todo, porque **Prusia** y **Austria** se peleaban por el liderazgo.

Para resolver la situación, el ministro presidente de Prusia, **Otto von Bismarck (g. 1862-1890)**, declaró que la unidad de Alemania no se decidiría **con discursos y decisiones mayoritarias, sino con el uso de la fuerza,** y optó por una política de **sangre y hierro**. Tras derrotar a Austria en la **guerra austro-prusiana (1866)**, creó la **Confederación Alemana del Norte (1867-1871)**, **liderada por Prusia**, y la Confederación Germánica se disolvió. A su vez, el **Reino de Italia** (p. 130), aliado de Prusia, obtuvo la región del **Véneto (anexión del Véneto)**.

Más tarde, Bismarck **invadió Francia** (guerra franco-prusiana, p. 134). Los **Estados germanos del sur**, que habían permanecido independientes de la **Confederación Alemana del Norte**, no tuvieron otra opción que unirse a ella para combatir contra los franceses (p. 134) y Bismarck vio cumplido su deseo de **unificar a los alemanes** con Prusia como eje central.

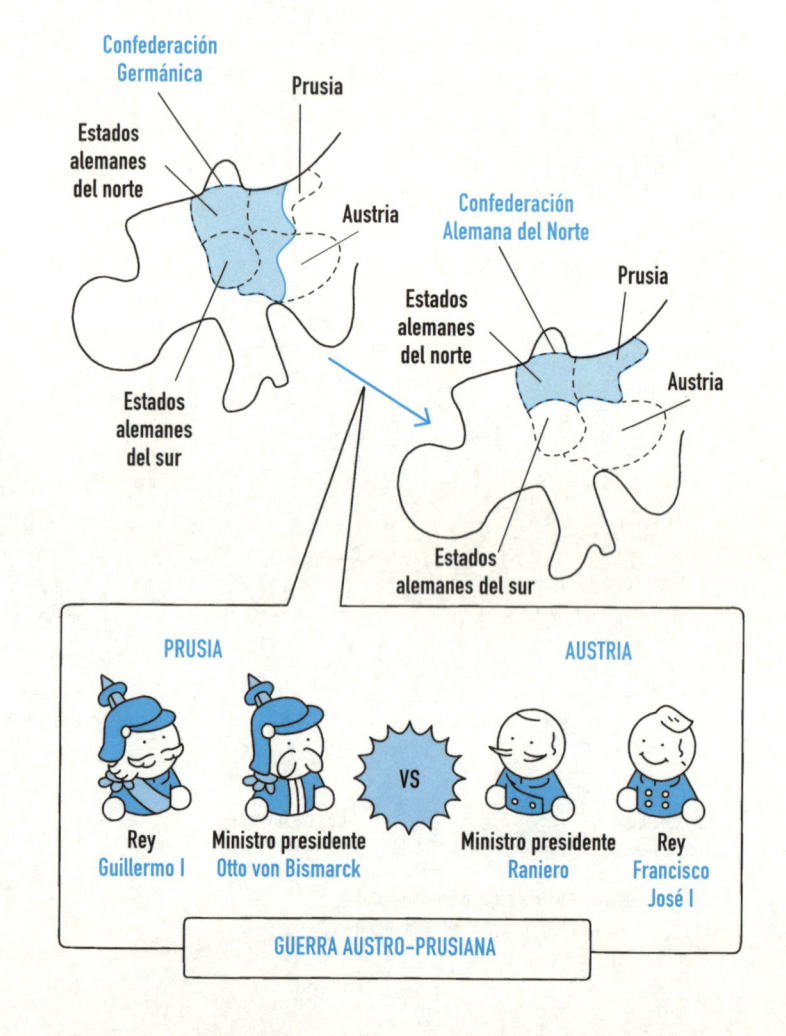

Confederación Germánica: Estados alemanes del norte, Prusia, Austria, Estados alemanes del sur

Confederación Alemana del Norte: Estados alemanes del norte, Prusia, Austria, Estados alemanes del sur

GUERRA AUSTRO-PRUSIANA

PRUSIA — Rey Guillermo I, Ministro presidente Otto von Bismarck
VS
AUSTRIA — Ministro presidente Raniero, Rey Francisco José I

DIORAMA 057

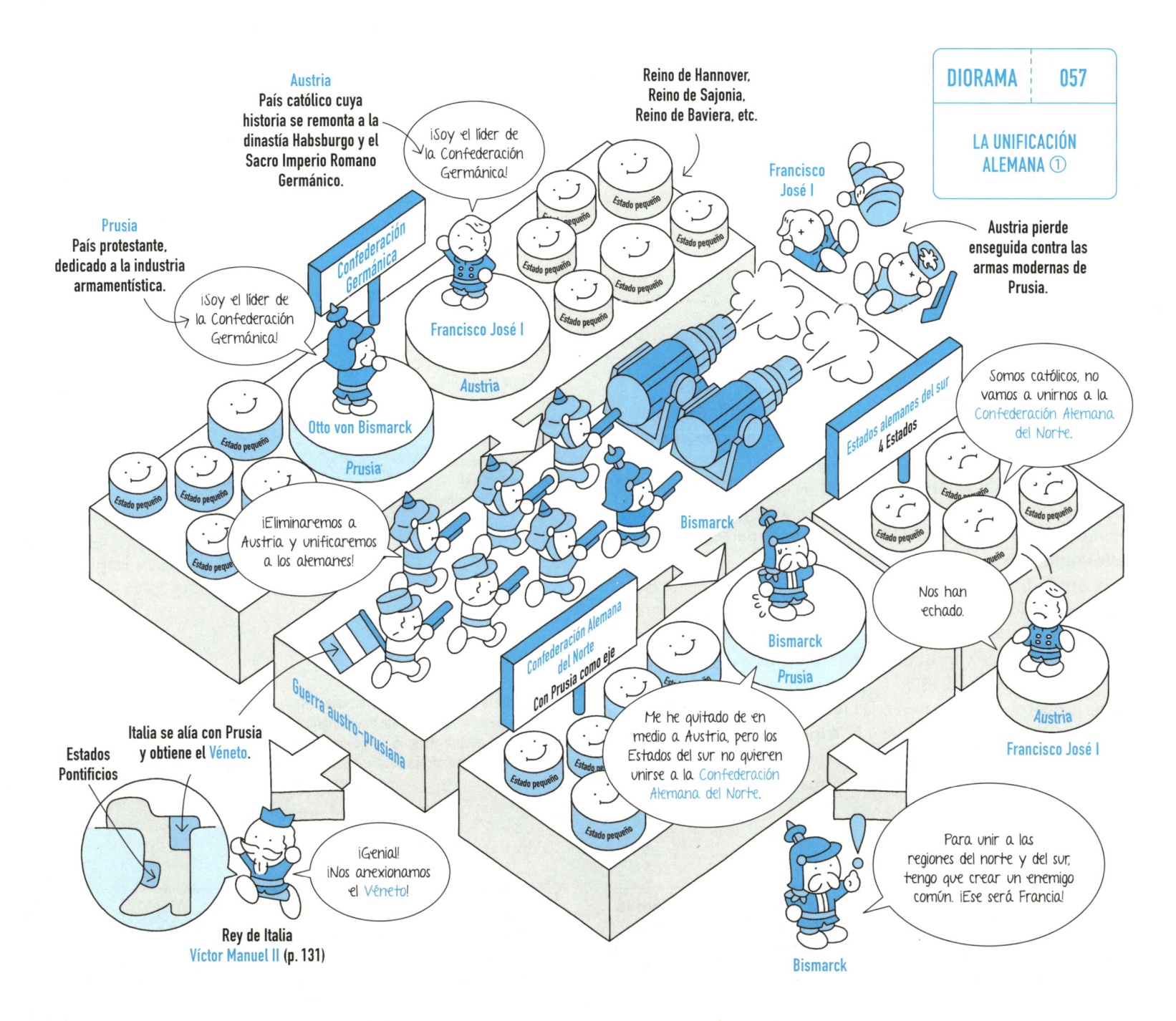

LA UNIFICACIÓN ALEMANA ①

Austria
País católico cuya historia se remonta a la dinastía Habsburgo y el Sacro Imperio Romano Germánico.

¡Soy el líder de la Confederación Germánica! — Francisco José I (Austria)

Reino de Hannover, Reino de Sajonia, Reino de Baviera, etc.

Confederación Germánica

Austria pierde enseguida contra las armas modernas de Prusia. — Francisco José I

Prusia
País protestante, dedicado a la industria armamentística.

¡Soy el líder de la Confederación Germánica! — Otto von Bismarck (Prusia)

¡Eliminaremos a Austria y unificaremos a los alemanes!

Guerra austro-prusiana

Estados alemanes del sur — 4 Estados

Somos católicos, no vamos a unirnos a la Confederación Alemana del Norte.

Nos han echado. — Bismarck (Prusia) / Austria — Francisco José I

Confederación Alemana del Norte — Con Prusia como eje

Me he quitado de en medio a Austria, pero los Estados del sur no quieren unirse a la Confederación Alemana del Norte. — Bismarck

Estados Pontificios

Italia se alía con Prusia y obtiene el **Véneto**.

¡Genial! ¡Nos anexionamos el Véneto! — Rey de Italia **Víctor Manuel II** (p. 131)

Para unir a las regiones del norte y del sur, tengo que crear un enemigo común. ¡Ese será Francia! — Bismarck

133

058 — LA UNIFICACIÓN ALEMANA (2)

LA FUNDACIÓN DEL IMPERIO ALEMÁN

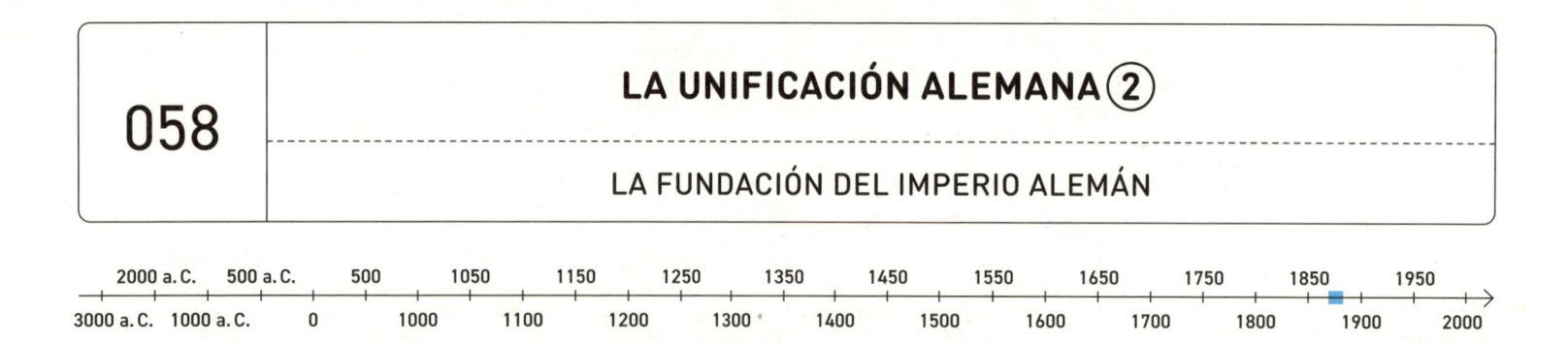

Otto von Bismarck ansiaba unificar los Estados germanos y buscó el conflicto bélico con la Francia de **Napoleón III** (p. 124) **(guerra franco-prusiana, 1870)**. Gracias a ello, los Estados germanos del sur, que no quisieron unirse a la **Confederación Alemana del Norte**, no tuvieron más remedio que obedecer al canciller alemán para luchar contra los franceses.

La Confederación aplastó a la nación gala, le quitó la región de **Alsacia y Lorena**, rica en carbón, y Bismarck declaró el nacimiento del **Imperio alemán (1871-1918)** en el **palacio de Versalles (unificación alemana)**.

Por otro lado, Napoleón III retiró las tropas francesas de los Estados Pontificios y, después de la guerra, Italia aprovechó para añadirlos a su territorio **(toma de Roma, 1870)**. Ya solo faltaban Tirol del Sur, Trieste y otros pocos territorios para unificar Italia (irredentismo italiano, p. 130).

Tras la guerra, Bismarck formó la **Liga de los Tres Emperadores** con Austria-Hungría y Rusia y la **Triple Alianza** con Italia y Austria-Hungría para evitar un posible contraataque francés, dejando aislada a Francia (los sistemas bismarckianos, p. 176).

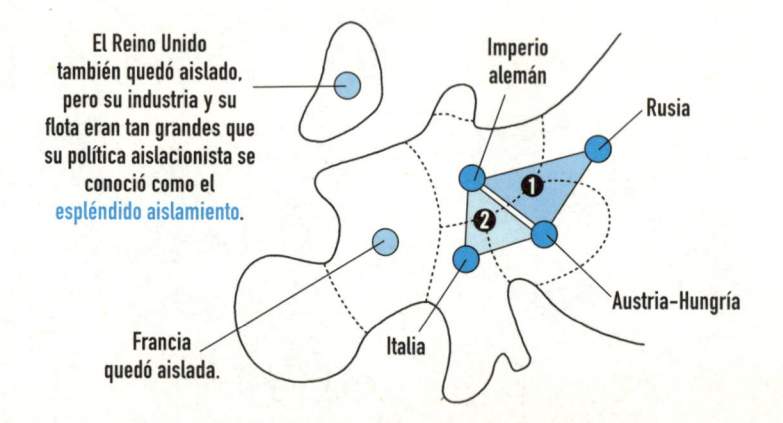

El Reino Unido también quedó aislado, pero su industria y su flota eran tan grandes que su política aislacionista se conoció como el espléndido aislamiento.

Francia quedó aislada.

Después del nacimiento del Imperio alemán, este formó la Liga de los Tres Emperadores ❶ con Austria-Hungría y Rusia y la Triple Alianza ❷ con Italia y Austria-Hungría para evitar un posible contraataque francés. Esta organización de alianzas fue conocida como los sistemas bismarckianos.

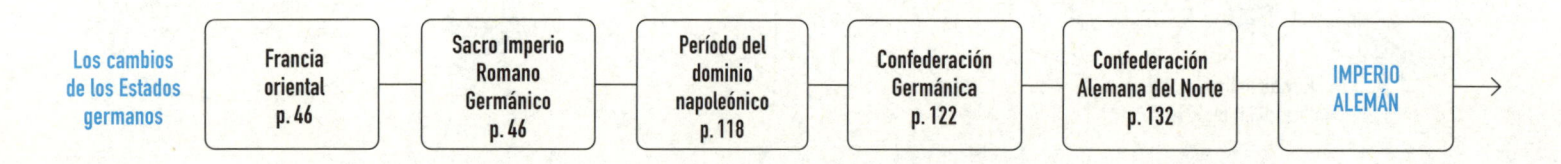

Los cambios de los Estados germanos: Francia oriental p. 46 → Sacro Imperio Romano Germánico p. 46 → Período del dominio napoleónico p. 118 → Confederación Germánica p. 122 → Confederación Alemana del Norte p. 132 → **IMPERIO ALEMÁN**

DIORAMA 058

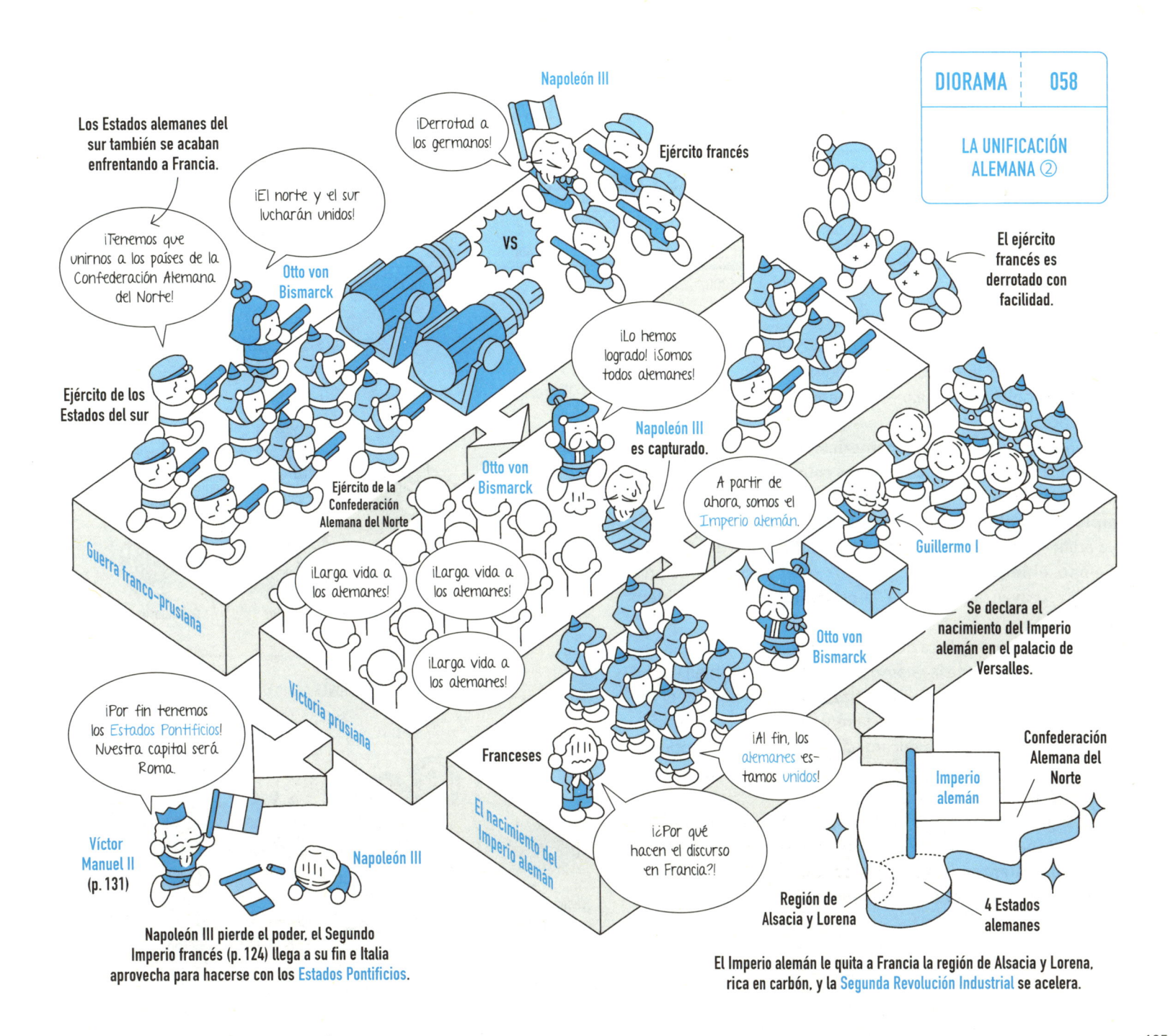

LA UNIFICACIÓN ALEMANA ②

Los Estados alemanes del sur también se acaban enfrentando a Francia.

¡Tenemos que unirnos a los países de la Confederación Alemana del Norte!

¡El norte y el sur lucharán unidos! — **Otto von Bismarck**

¡Derrotad a los germanos! — **Napoleón III**

Ejército francés

El ejército francés es derrotado con facilidad.

Ejército de los Estados del sur

Ejército de la Confederación Alemana del Norte

¡Lo hemos logrado! ¡Somos todos alemanes! — **Otto von Bismarck**

Napoleón III es capturado.

A partir de ahora, somos el Imperio alemán.

Guerra franco-prusiana

¡Larga vida a los alemanes! *¡Larga vida a los alemanes!* *¡Larga vida a los alemanes!*

Guillermo I

Se declara el nacimiento del Imperio alemán en el palacio de Versalles.

Victoria prusiana

Franceses

Otto von Bismarck

¡Al fin, los alemanes estamos unidos!

¡¿Por qué hacen el discurso en Francia?!

El nacimiento del Imperio alemán

¡Por fin tenemos los Estados Pontificios! Nuestra capital será Roma.

Víctor Manuel II (p. 131)

Napoleón III

Imperio alemán — **Confederación Alemana del Norte** — **Región de Alsacia y Lorena** — **4 Estados alemanes**

Napoleón III pierde el poder, el Segundo Imperio francés (p. 124) llega a su fin e Italia aprovecha para hacerse con los Estados Pontificios.

El Imperio alemán le quita a Francia la región de Alsacia y Lorena, rica en carbón, y la Segunda Revolución Industrial se acelera.

059 LAS ANTIGUAS CIVILIZACIONES DE AMÉRICA

LAS ESPLENDOROSAS CULTURAS DEL CENTRO Y EL SUR DE AMÉRICA

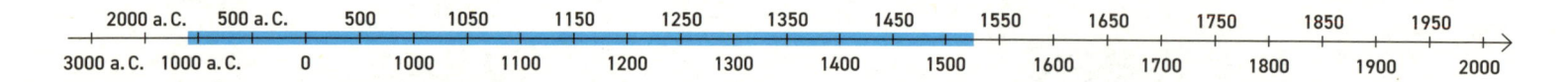

Un tiempo después de la aparición de las civilizaciones de Mesopotamia, Egipto, el Indo y China, surgieron las **mesoamericanas** en el actual golfo de México (Centroamérica) y las **andinas** en Sudamérica.

La primera **civilización mesoamericana** fue la de los **olmecas (1200 a. C.)**, famosos por sus **cabezas colosales de piedra**. Después, aparecieron los **mayas (*c.* 1000 a. C.)**, conocidos por sus **templos** y sus **glifos**, y los **teotihuacanos (100 a. C.-600 d. C.)**, cuya edificación más representativa es la **Pirámide del Sol**. Con el tiempo, el **Imperio azteca (siglos XIV-XVI)** unificó la región y expandió su avanzada **cultura**, la **escritura azteca** y el **calendario solar**.

Por otro lado, en América del Sur, la primera **civilización andina** que se desarrolló fue la **chavín (*c.* 1000 a. C.)**. También existió la **nazca**, famosa por las **líneas de Nazca** y, con el tiempo, el **Imperio inca (siglos XV-XVI)** unificó la región. Este imperio, gobernado por un rey que era la encarnación del sol, fue el propulsor de la **civilización inca (siglos XV-XVI)**, cuya máxima representación son las ruinas del **Machu Picchu**.

En el siglo XVI, cuando las civilizaciones **azteca** e **inca** alcanzaron su etapa madura, Europa se encontraba en plena **era de los descubrimientos** (p. 76), y los **conquistadores españoles** (p. 138) viajaron al continente americano para llevarse plata y cosechas.

CIVILIZACIONES MESOAMERICANAS

Olmecas — Cabezas colosales de piedra
Teotihuacanos — Pirámide del Sol
Mayas — Glifos, Templos
Aztecas — Escritura azteca, Calendario solar

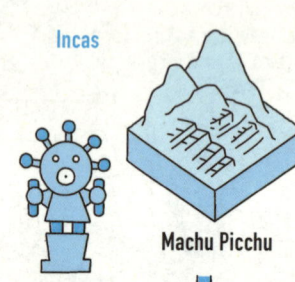

CIVILIZACIONES ANDINAS

Chavín — Vasija con forma de puma
Nazcas — Líneas
Incas — Huiracocha, deidad creadora; Machu Picchu; Quipu (cuerda para almacenar información)

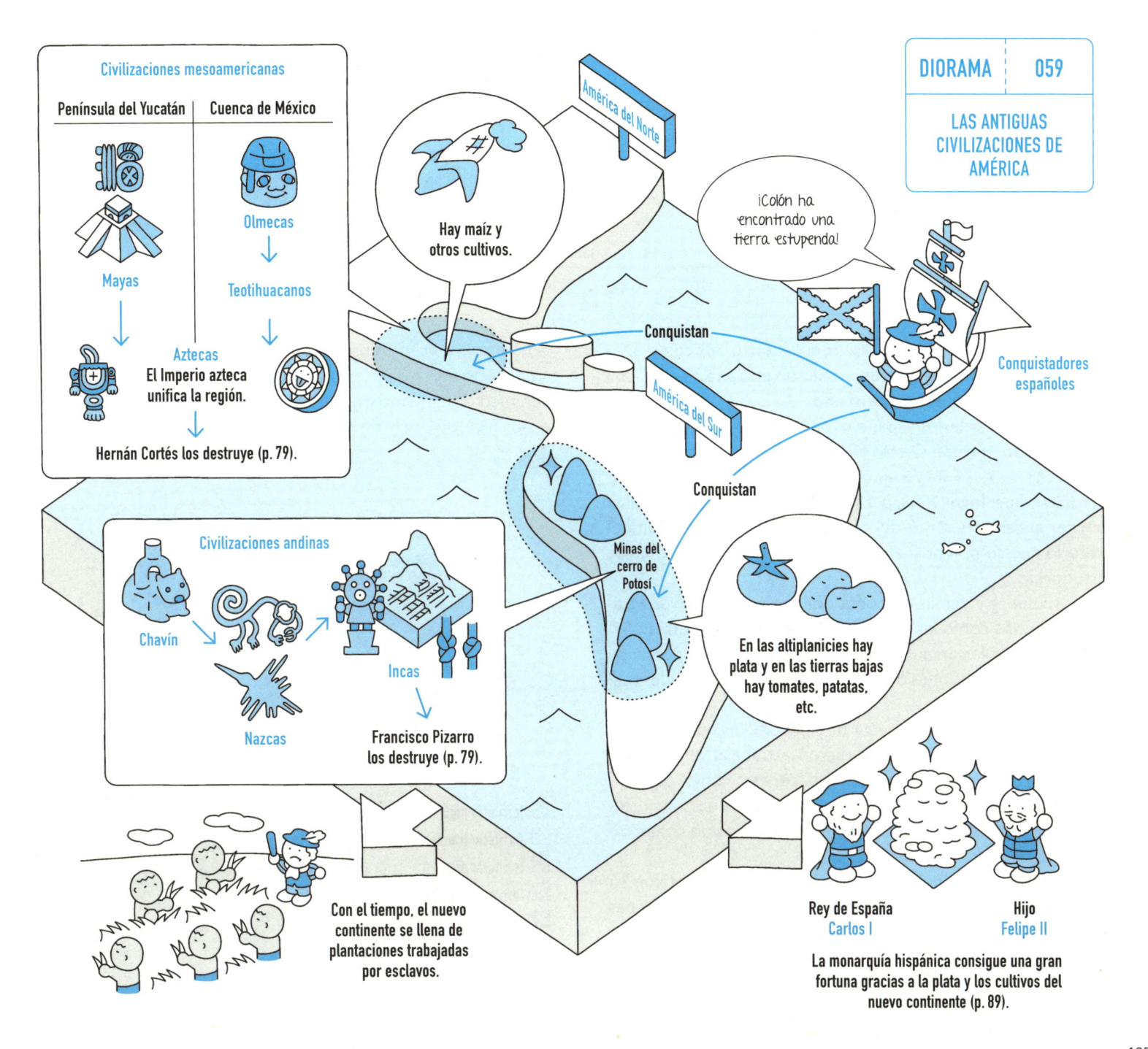

DIORAMA	059
	LAS ANTIGUAS CIVILIZACIONES DE AMÉRICA

Civilizaciones mesoamericanas

Península del Yucatán | **Cuenca de México**

Olmecas
↓
Mayas → Teotihuacanos
↓
Aztecas
El Imperio azteca unifica la región.
↓
Hernán Cortés los destruye (p. 79).

Hay maíz y otros cultivos.

¡Colón ha encontrado una tierra estupenda!

América del Norte

Conquistan

América del Sur

Conquistan

Conquistadores españoles

Civilizaciones andinas

Chavín
↓
Nazcas → **Incas**
↓
Francisco Pizarro los destruye (p. 79).

Minas del cerro de Potosí

En las altiplanicies hay plata y en las tierras bajas hay tomates, patatas, etc.

Con el tiempo, el nuevo continente se llena de plantaciones trabajadas por esclavos.

Rey de España
Carlos I

Hijo
Felipe II

La monarquía hispánica consigue una gran fortuna gracias a la plata y los cultivos del nuevo continente (p. 89).

137

060 EL COMERCIO TRIANGULAR ATLÁNTICO

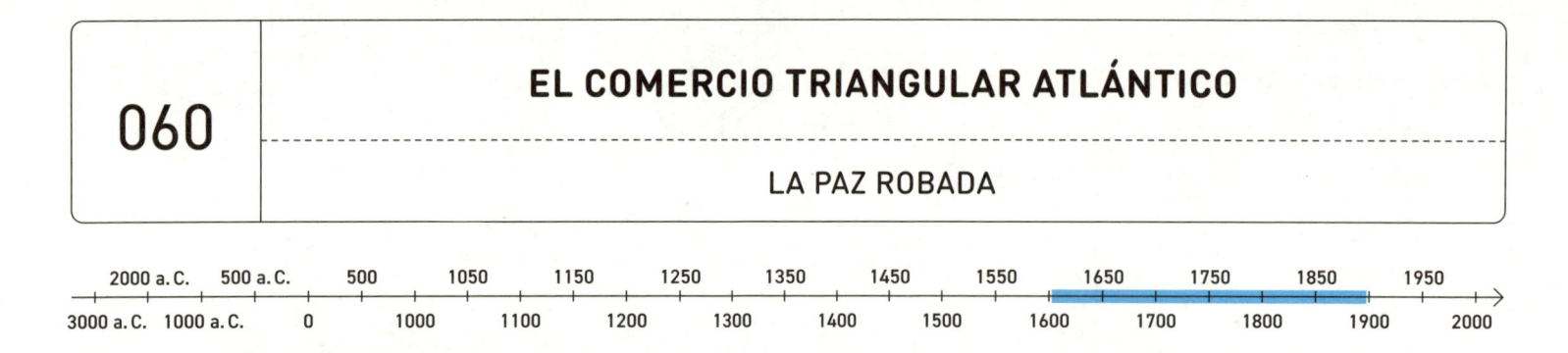

LA PAZ ROBADA

En el siglo XVI, **Cristóbal Colón** y su tripulación (p. 78), con el apoyo de la reina **Isabel de Castilla**, recalaron en San Salvador, una isla del **nuevo continente americano**.

Un poco más tarde, los españoles enviaron conquistadores al Nuevo Mundo. **Hernán Cortés (1485-1547)** conquistó el **Imperio azteca** (1521, p. 136) y **Francisco Pizarro (c. 1470-1541)** hizo lo propio con el **inca** (1533, p. 136). Así, los españoles llegaron a dominar el centro y el sur del continente, con la excepción del territorio que comprendía el actual Brasil, que quedó en manos portuguesas.

Los españoles y demás europeos obligaron a los nativos a trabajar en **minas** como las del **cerro de Potosí** o en cultivos. Sin embargo, la población autóctona empezó a reducirse por culpa de las crueles condiciones de trabajo y de las enfermedades traídas del Viejo Continente.

Para suplir esta falta de fuerza trabajadora, los europeos trajeron **esclavos** de **África**, los pusieron a trabajar en grandes plantaciones de azúcar, algodón, tabaco, etc., con el objetivo de vender los productos en Europa y obtuvieron una gran fortuna. La ruta comercial que utilizaban se conoció como comercio triangular atlántico (p. 96).

En el siglo XVII, los ingleses y los franceses incrementaron su presencia en América y empezaron a fundar colonias europeas en el norte del continente: Francia estableció Canadá y Luisiana, entre otras, e Inglaterra, un grupo de trece colonias (p. 140).

En el siglo XVIII, el comercio triangular, liderado por Gran Bretaña, creció aún más y los países europeos se enriquecieron en gran medida. Sin embargo, el desarrollo del continente africano se vio afectado por la disminución de su población.

COMERCIO TRIANGULAR ATLÁNTICO

- Territorio inglés
- Territorio francés
- Territorio español
- Territorio portugués
- Territorio neerlandés

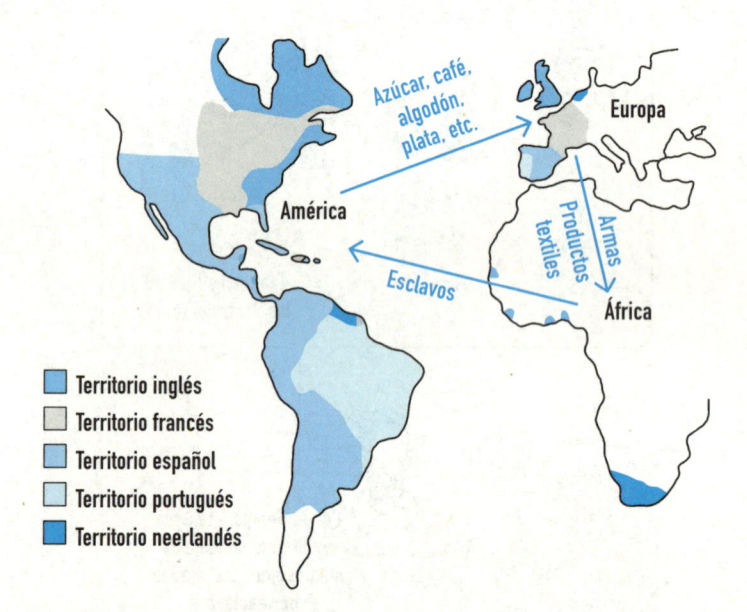

DIORAMA 060
EL COMERCIO TRIANGULAR ATLÁNTICO

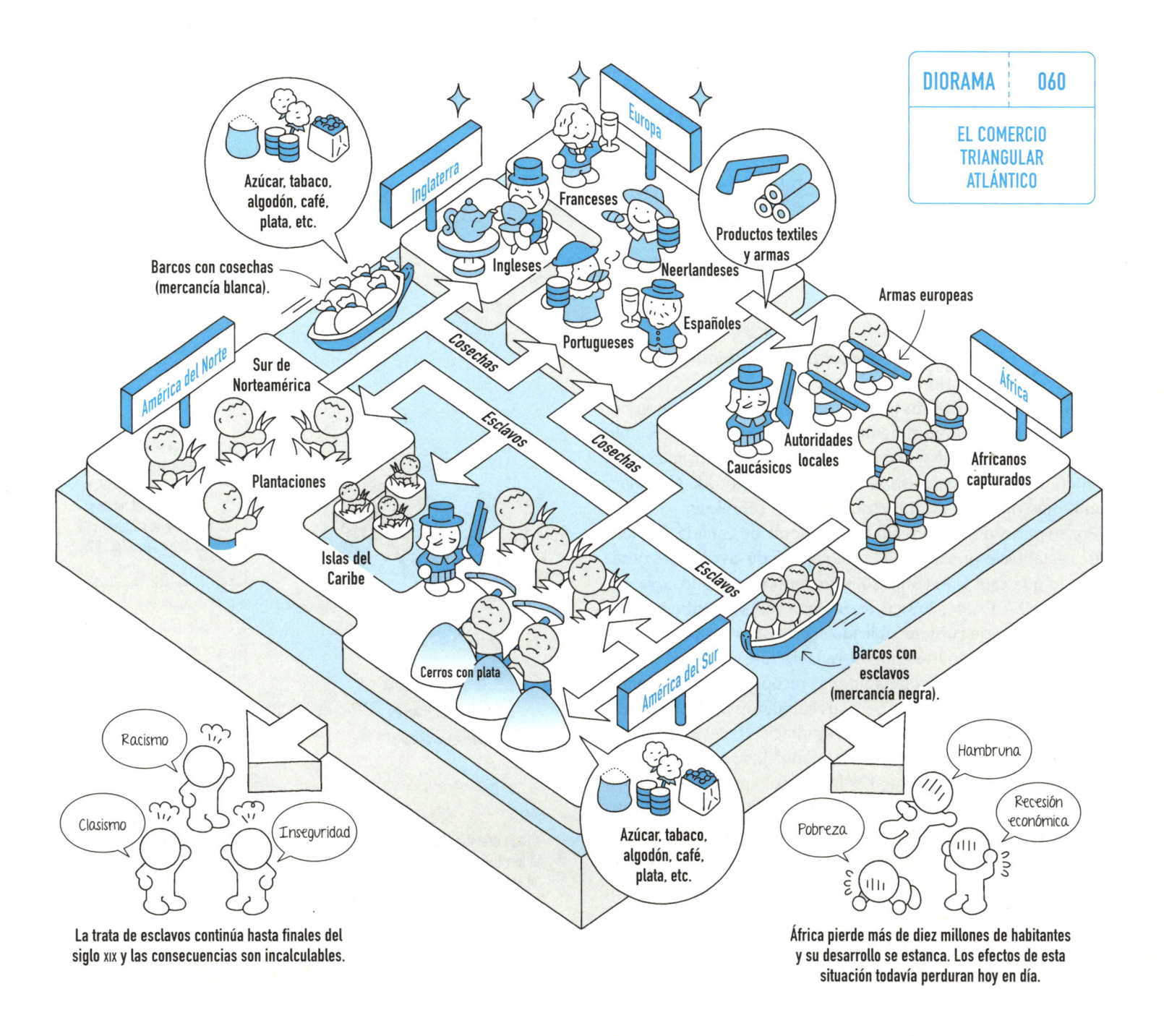

Europa — Inglaterra, Ingleses, Franceses, Neerlandeses, Portugueses, Españoles

Azúcar, tabaco, algodón, café, plata, etc.

Barcos con cosechas (mercancía blanca).

Productos textiles y armas

América del Norte — Sur de Norteamérica, Plantaciones, Islas del Caribe, Cosechas, Esclavos

África — Armas europeas, Autoridades locales, Caucásicos, Africanos capturados

Cerros con plata

América del Sur

Barcos con esclavos (mercancía negra).

Azúcar, tabaco, algodón, café, plata, etc.

Racismo, Clasismo, Inseguridad

La trata de esclavos continúa hasta finales del siglo XIX y las consecuencias son incalculables.

Hambruna, Pobreza, Recesión económica

África pierde más de diez millones de habitantes y su desarrollo se estanca. Los efectos de esta situación todavía perduran hoy en día.

061 — LA INDEPENDENCIA DE LOS ESTADOS UNIDOS ①

NO HAY TRIBUTACIÓN SIN REPRESENTACIÓN

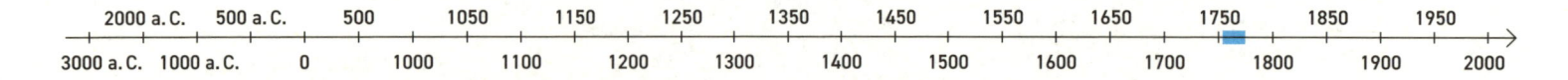

En el siglo XVII, Inglaterra fundó la **colonia de Virginia** en la costa este de América del Norte.

Más tarde, los **puritanos** (p. 92) ingleses, perseguidos en su tierra, llegaron al nuevo continente y fundaron la colonia de **Nueva Inglaterra** (actual Massachusetts, etc.) al lado de Virginia. En la primera mitad del siglo XVIII se fundaron Nueva York, Georgia y varias más, hasta alcanzar un total de **trece colonias**.

Por su parte, después de fundar la colonia de Canadá, los franceses establecieron **Luisiana (1682)** al este de las colonias británicas, lo que causó un conflicto entre ambos territorios **(guerra franco-india, 1754-1763)**. Gran Bretaña venció y obtuvo Canadá, el territorio de Luisiana ubicado al este del Misisipi y Florida.

Sin embargo, la guerra endeudó a la nación, que entró en una crisis financiera. Gran Bretaña intentó recuperarse aumentando los impuestos a sus colonias, pero sus habitantes protestaron con vehemencia porque no tenían representación en el Parlamento. Así nació el eslogan: «**No hay tributación sin representación**».

Una noche de diciembre de 1773, unos colonos llevaron a cabo el **motín del té (1773)**, en el que lanzaron al mar un cargamento de té de un barco de la Compañía Británica de las Indias Orientales. Varios años después, estalló la **guerra de la Independencia de los Estados Unidos** (p. 142).

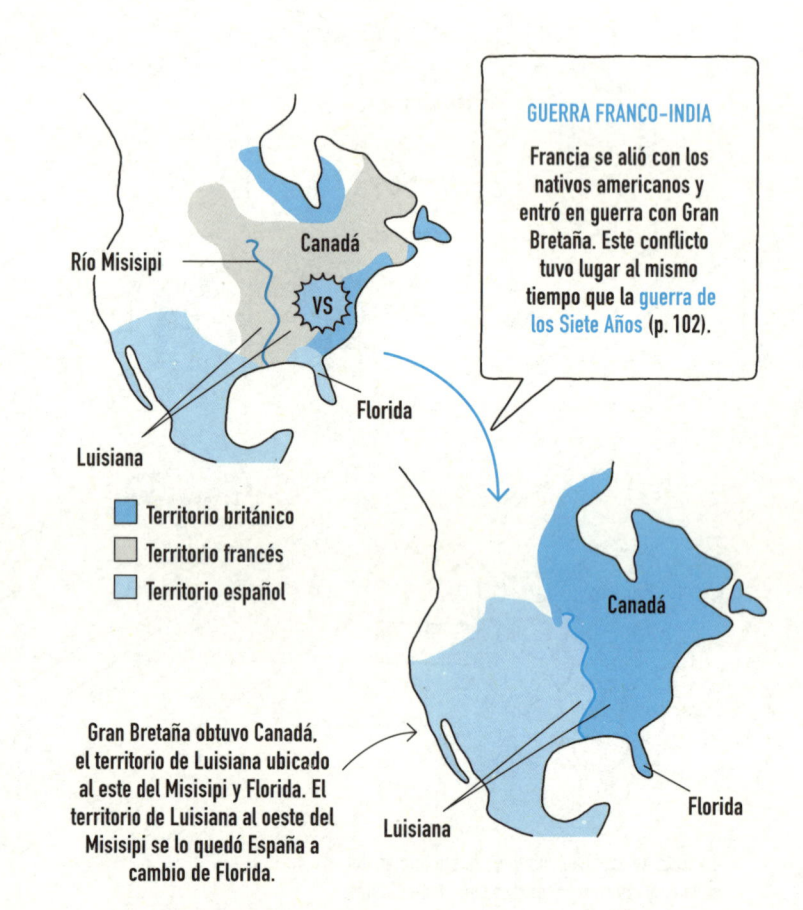

GUERRA FRANCO-INDIA

Francia se alió con los nativos americanos y entró en guerra con Gran Bretaña. Este conflicto tuvo lugar al mismo tiempo que la guerra de los Siete Años (p. 102).

- Territorio británico
- Territorio francés
- Territorio español

Gran Bretaña obtuvo Canadá, el territorio de Luisiana ubicado al este del Misisipi y Florida. El territorio de Luisiana al oeste del Misisipi se lo quedó España a cambio de Florida.

DIORAMA 061

LA INDEPENDENCIA DE LOS ESTADOS UNIDOS ①

❶ COMIENZO
¡Echad a los franceses de América!

❷
Nos hemos quedado sin dinero por culpa de la guerra contra los indios y los franceses.

Rey de Gran Bretaña
Jorge III

❸
Que los colonos sufraguen los gastos.

Primer ministro
George Grenville

❻
¡Es la guerra!

Jorge III

Gran Bretaña

Las trece colonias de América del Norte

¿Por qué pagamos cada vez más impuestos? ¡Ni siquiera participamos en el Parlamento!

Gran Bretaña se enriquece a nuestra costa.

Impuestos

❺
¡Tirad el té al mar!

¡No vamos a comprar más productos de Gran Bretaña!

❹
¡No hay tributación sin representación!

¡No queremos más té de los británicos!

Puerto de Boston

Motín del té
Unos colonos disfrazados de nativos americanos lanzan al mar un cargamento de té, propiedad de un barco de la Compañía Británica de las Indias Orientales.

Estadounidenses — **Británicos**

En América, el café sustituye al té.

VS

Guerra de la Independencia de los Estados Unidos
(p. 143)

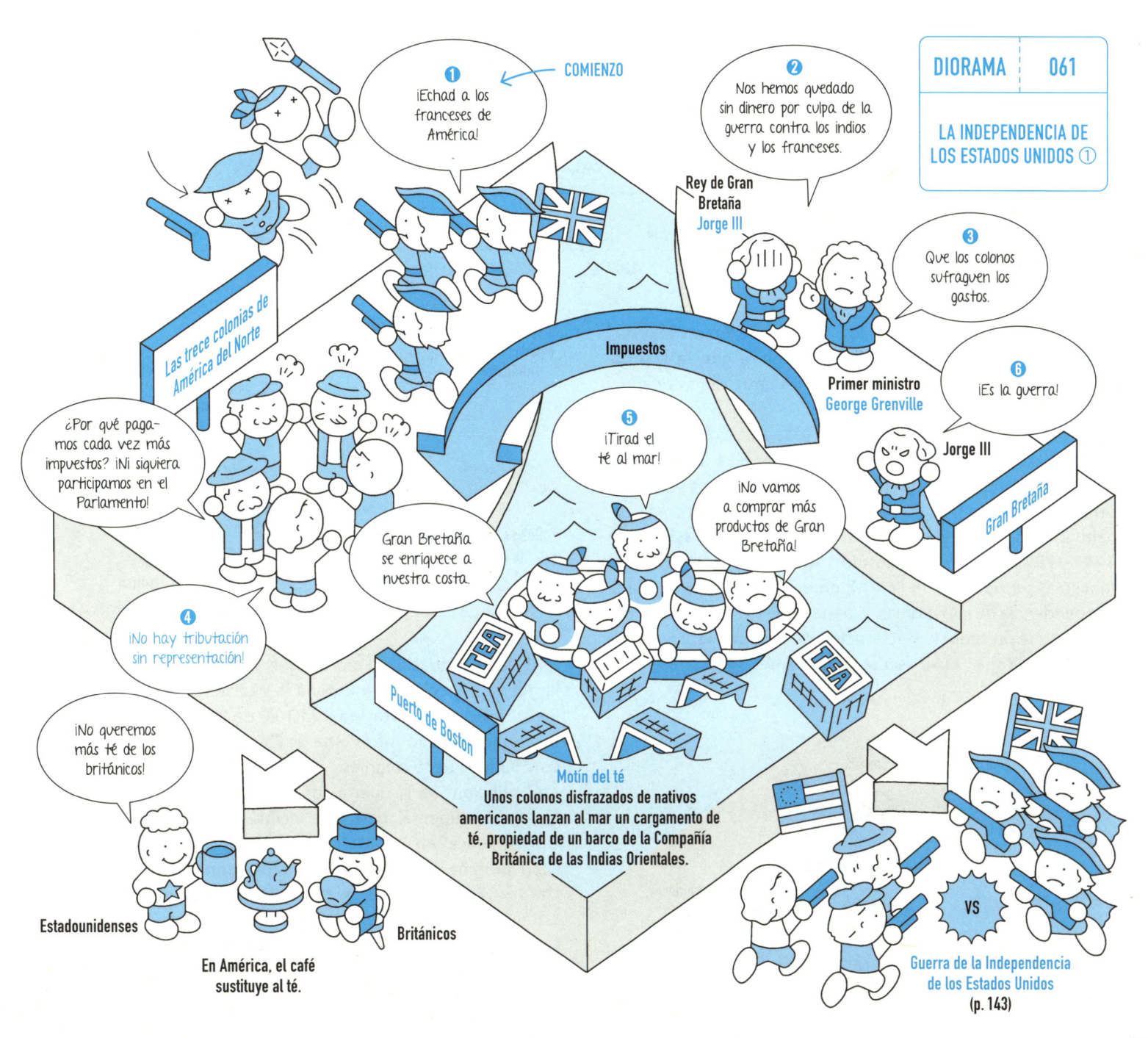

062 | LA INDEPENDENCIA DE LOS ESTADOS UNIDOS ②

LA DECLARACIÓN DE INDEPENDENCIA

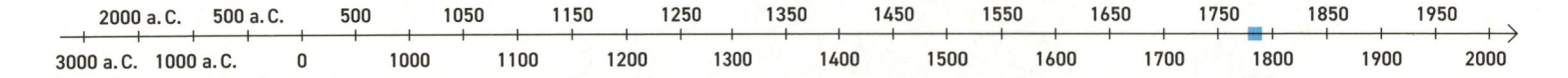

El largo enfrentamiento entre las colonias de Gran Bretaña y Francia en América del Norte terminó con la **guerra franco-india** (p. 140). Sin embargo, las relaciones entre Gran Bretaña y sus **trece colonias** (p. 140) empeoraron.

En 1775, empezó la Guerra de la Independencia de los Estados Unidos (Revolución de las Trece Colonias, 1775-1783). Poco después, los representantes de las trece colonias se reunieron en el Segundo Congreso Continental y eligieron como comandante en jefe del Ejército Continental a George Washington (1732-1799). Asimismo, el filósofo Thomas Paine (1737-1809) publicó *El sentido común* (1776), un panfleto que promovía la independencia de las colonias, y la moral de los colonos aumentó cuando se presentó la Declaración de Independencia de los Estados Unidos (1776), escrita por Thomas Jefferson (1743-1826).

Territorio inglés de Canadá
Río Misisipi
Territorio estadounidense en el momento de la independencia (obtenido de los británicos)

Después de la independencia, los trece estados crearon el Gobierno federal y ratificaron la Constitución de los Estados Unidos.

No es buena idea que cada estado tenga su propia constitución, así que haremos una para todos.

Hubo separación de poderes.

Primer presidente de los Estados Unidos de América
George Washington

Al ver la situación, Francia, que había caído derrotada en la guerra franco-india, y España le declararon la guerra a Gran Bretaña. Además, **Caterina II** (p. 104) de Rusia, pendiente de las fuerzas inglesas, formó la Liga de Neutralidad Armada para favorecer a las trece colonias.

Al principio de la guerra, las tropas británicas dominaron al Ejército Continental, pero este recibió el apoyo de las otras naciones, venció en la batalla de Yorktown (1781) y logró que Gran Bretaña reconociera la **independencia** de los Estados Unidos (Tratado de París, 1783). Después de separarse de los británicos, las trece colonias adoptaron la Constitución de los Estados Unidos (1787). En 1789, **George Washington** se convirtió en el **primer presidente** y Estados Unidos dio sus primeros pasos como **república.**

| DIORAMA | 062 |

LA INDEPENDENCIA DE LOS ESTADOS UNIDOS ②

Delegado de Virginia
George Washington
— ¡Nos independizaremos de Gran Bretaña!

Thomas Paine
— ¡Independizarse es de sentido común!
El sentido común

Rey de Gran Bretaña
Jorge III
— ¡Los americanos quieren independizarse!

Thomas Jefferson
Declaración de Independencia

América del Norte

Congreso Continental
— ¡Queremos la independencia!
— ¡Oooh!
— ¡Oooh!

— Ningún país quiere aliarse con nosotros.

Gran Bretaña

— Ayudadnos a independizarnos.

Delegado de Pensilvania
Benjamin Franklin

Primer ministro

Europa

Yorktown Sala de mando británica
— ¡Uah! ¡Nos atacan el Ejército Continental y los franceses! ¡Estamos acabados!

— ¡Ya llega la ayuda!

— ¡Vamos a ayudarlos! ¡Nos vengaremos por lo ocurrido en la guerra franco-india! (p. 141)

— ¡Vale!

España
Francia
Países Bajos
Prusia
Portugal
Rusia Catalina II
Suecia
Dinamarca

Estas naciones forman la **Liga de Neutralidad Armada** para oponerse al bloqueo naval de los británicos.

Batalla de Yorktown

— ¡Atacad la sala de mando!

Ejército franco-americano

— Esta guerra está ganada.

Francia

España

— Nosotros también los ayudaremos.

Países Bajos

— ¡A la aventura!

Los estadounidenses se expanden hacia el oeste.

1789 ¡América se independiza!

Constitución

Es una república.
¡Nacen los **Estados Unidos de América**!

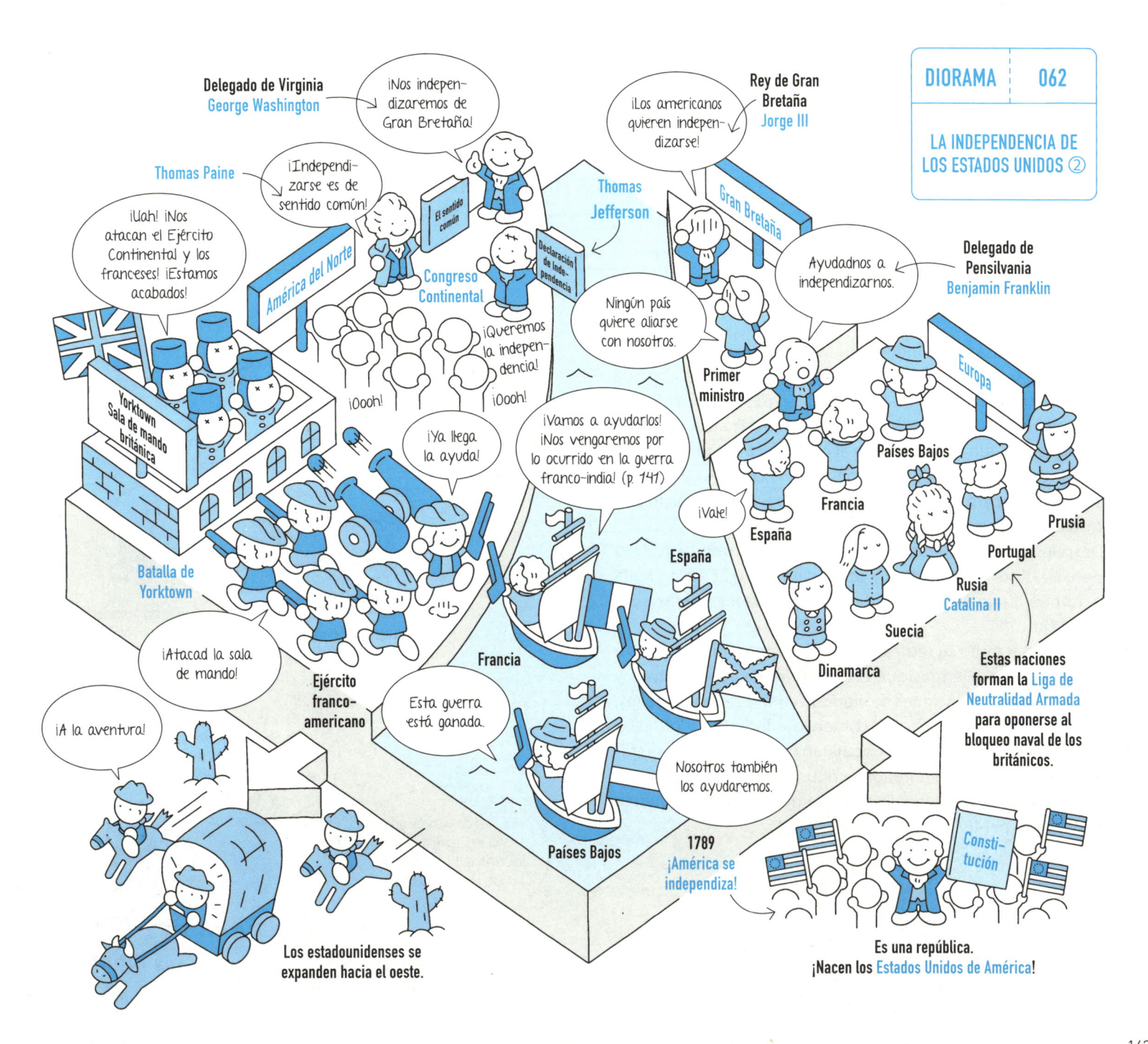

143

063 — LA CONQUISTA DEL OESTE

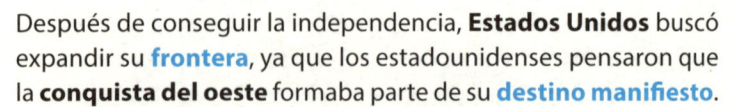

EL DESTINO MANIFIESTO

Después de conseguir la independencia, **Estados Unidos** buscó expandir su **frontera**, ya que los estadounidenses pensaron que la **conquista del oeste** formaba parte de su **destino manifiesto**.

A su vez, el país también decidió comprarle a Francia el territorio de Luisiana que se encontraba al oeste del Misisipi y después le compró Florida a España. Además, se anexionó Texas cuando el estado se separó de México y Oregón, gracias a un pacto con el Imperio británico.

Después, obtuvo California en la **guerra mexicano-estadounidense (1846-1848)** (p. 150) y se descubrió que la región tenía oro, lo que atrajo la atención de muchas personas **(fiebre del oro, 1848)**.

Al aumentar tanto su territorio, comenzaron las disputas entre el norte y el sur. Mientras que el sur era idóneo para cultivar y estaba lleno de plantaciones de algodón cultivadas por esclavos, el norte había desarrollado su comercio e industria y buscaba liberar a los esclavos para que trabajaran como obreros en sus fábricas. Sin embargo, los sureños se opusieron, la animadversión entre ambos bandos se acrecentó y se desencadenó la **guerra de Secesión** (p. 146).

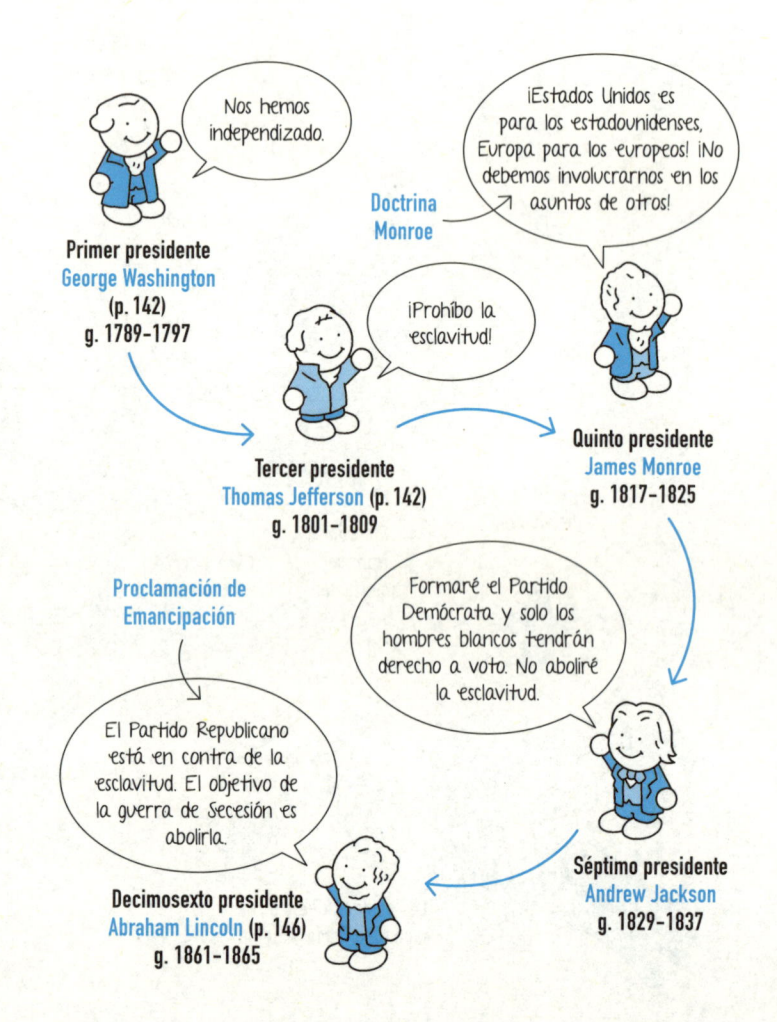

Primer presidente
George Washington
(p. 142)
g. 1789-1797

"Nos hemos independizado."

Tercer presidente
Thomas Jefferson (p. 142)
g. 1801-1809

"¡Prohíbo la esclavitud!"

Doctrina Monroe

"¡Estados Unidos es para los estadounidenses, Europa para los europeos! ¡No debemos involucrarnos en los asuntos de otros!"

Quinto presidente
James Monroe
g. 1817-1825

"Formaré el Partido Demócrata y solo los hombres blancos tendrán derecho a voto. No aboliré la esclavitud."

Séptimo presidente
Andrew Jackson
g. 1829-1837

Proclamación de Emancipación

"El Partido Republicano está en contra de la esclavitud. El objetivo de la guerra de Secesión es abolirla."

Decimosexto presidente
Abraham Lincoln (p. 146)
g. 1861-1865

| DIORAMA | 063 |

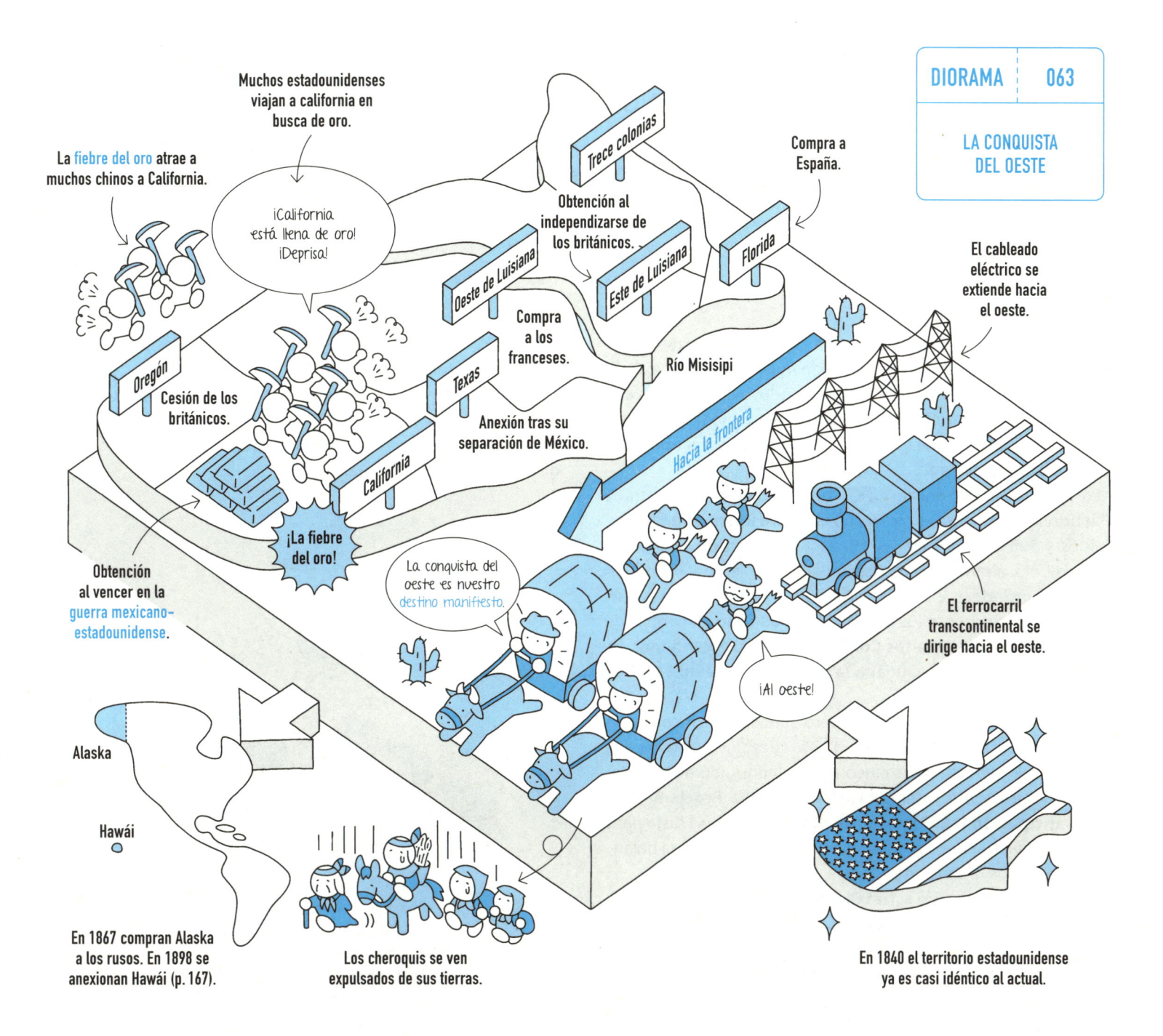

LA CONQUISTA DEL OESTE

La fiebre del oro atrae a muchos chinos a California.

Muchos estadounidenses viajan a california en busca de oro.

¡California está llena de oro! ¡Deprisa!

Trece colonias — Obtención al independizarse de los británicos.

Compra a España.

Oeste de Luisiana — Compra a los franceses.

Este de Luisiana

Florida

Oregón — Cesión de los británicos.

Texas — Anexión tras su separación de México.

California

Río Misisipi

Hacia la frontera

¡La fiebre del oro!

Obtención al vencer en la guerra mexicano-estadounidense.

La conquista del oeste es nuestro destino manifiesto.

¡Al oeste!

El cableado eléctrico se extiende hacia el oeste.

El ferrocarril transcontinental se dirige hacia el oeste.

Alaska

Hawái

En 1867 compran Alaska a los rusos. En 1898 se anexionan Hawái (p. 167).

Los cheroquis se ven expulsados de sus tierras.

En 1840 el territorio estadounidense ya es casi idéntico al actual.

145

064 — LA GUERRA DE SECESIÓN

EL GOBIERNO DEL PUEBLO, POR EL PUEBLO Y PARA EL PUEBLO

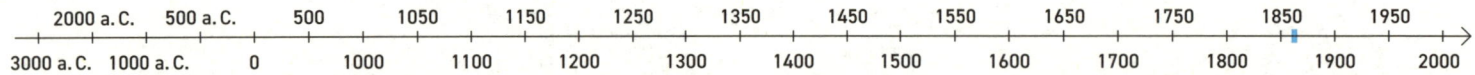

Las tierras del **sur** eran perfectas para cultivar, por lo que aquellos con plantaciones de algodón tenían numerosos esclavos trabajando en ellas. En cambio, el **norte** se industrializó gracias a la Revolución Industrial y no necesitaba esclavos, sino trabajadores libres a los que contratar. Esto propició la llegada del **abolicionismo de la esclavitud**.

En 1861, el abolicionista **Abraham Lincoln (g. 1861-1865) (Partido Republicano)** se convirtió en el **presidente** de Estados Unidos y **Jefferson Davis (g. 1861-1865) (Partido Demócrata)** se rebeló, abandonó su posición en el gobierno y formó los **Estados Confederados de América (1861-1865)**. Esto causó el enfrentamiento ente los **Estados Unidos (norte)**, centrados en la industria, y los **Estados Confederados (sur)**, centrados en la agricultura, lo que dio lugar a la **guerra de Secesión (1861-1865)**.

Al principio, el **sur** tuvo ventaja, pero el **norte** de Lincoln creó la **Ley de Asentamientos Rurales (1862)** (ley que otorgaba tierras a cambio de cultivarlas cinco años) y consiguió aliados del oeste del continente. Además, Lincoln emitió la **Proclamación de Emancipación (1863)** y el norte obtuvo una causa justa para la guerra, la liberación de todos los esclavos, que inclinó la balanza a favor de los unionistas.

En 1863, el norte ganó la **batalla de Gettysburg (1863)** y, en 1865, los confederados se rindieron, poniendo fin a la guerra de Secesión. El famoso discurso de Lincoln, en el que pronunció que «la democracia es el gobierno del pueblo, por el pueblo y para el pueblo», tuvo lugar en Gettysburg, cuatro meses después de la batalla.

Tras el fin de la guerra, la **Segunda Revolución Industrial** llegó a los Estados Unidos (p. 154), con el norte como núcleo, y el gobierno se dedicó a mejorar sus políticas de inmigración para obtener más fuerza laboral.

Después de la guerra de Secesión, Lincoln fue asesinado en un teatro por un simpatizante de los Estados Confederados (sur).

DIORAMA | 064

LA GUERRA DE SECESIÓN

Norte — Industria

"Liberemos a los esclavos para que trabajen aquí."

"Estoy en contra de la esclavitud. Quiero prohibir la entrada de artículos británicos."

En contra de la esclavitud y del libre comercio.

"Creemos la Ley de Asentamientos Rurales y pongamos de nuestro lado a la población del oeste."

Abraham Lincoln — Partido Republicano

"Si abolen la esclavitud, nos quedaremos sin trabajadores."

Plantaciones

Sur — Agricultura

"¡Esta guerra es para liberar a los esclavos! ¡La justicia está de nuestro lado!"

Jefferson Davis — Partido Demócrata

"Apoyo la esclavitud. Venderemos un montón de algodón a los británicos."

A favor de la esclavitud y del libre comercio.

"¡Nos separamos de Estados Unidos y ahora somos los Estados Confederados!"

Guerra de Secesión

Batalla de Gettysburg

Con la Proclamación de Emancipación, obtienen una causa justa y complican el apoyo de los británicos al ejército sureño.

Muchos afroamericanos se unen al ejército del norte.

"¡Esto es imposible!"

"La democracia es el gobierno del pueblo, por el pueblo y para el pueblo."

Se abole la esclavitud, pero no hay trabajo y regresan a las plantaciones.

Cuatro meses después de la batalla de Gettysburg, Lincoln pronuncia el Discurso de Gettysburg. Más tarde, el sur se rinde y termina la guerra.

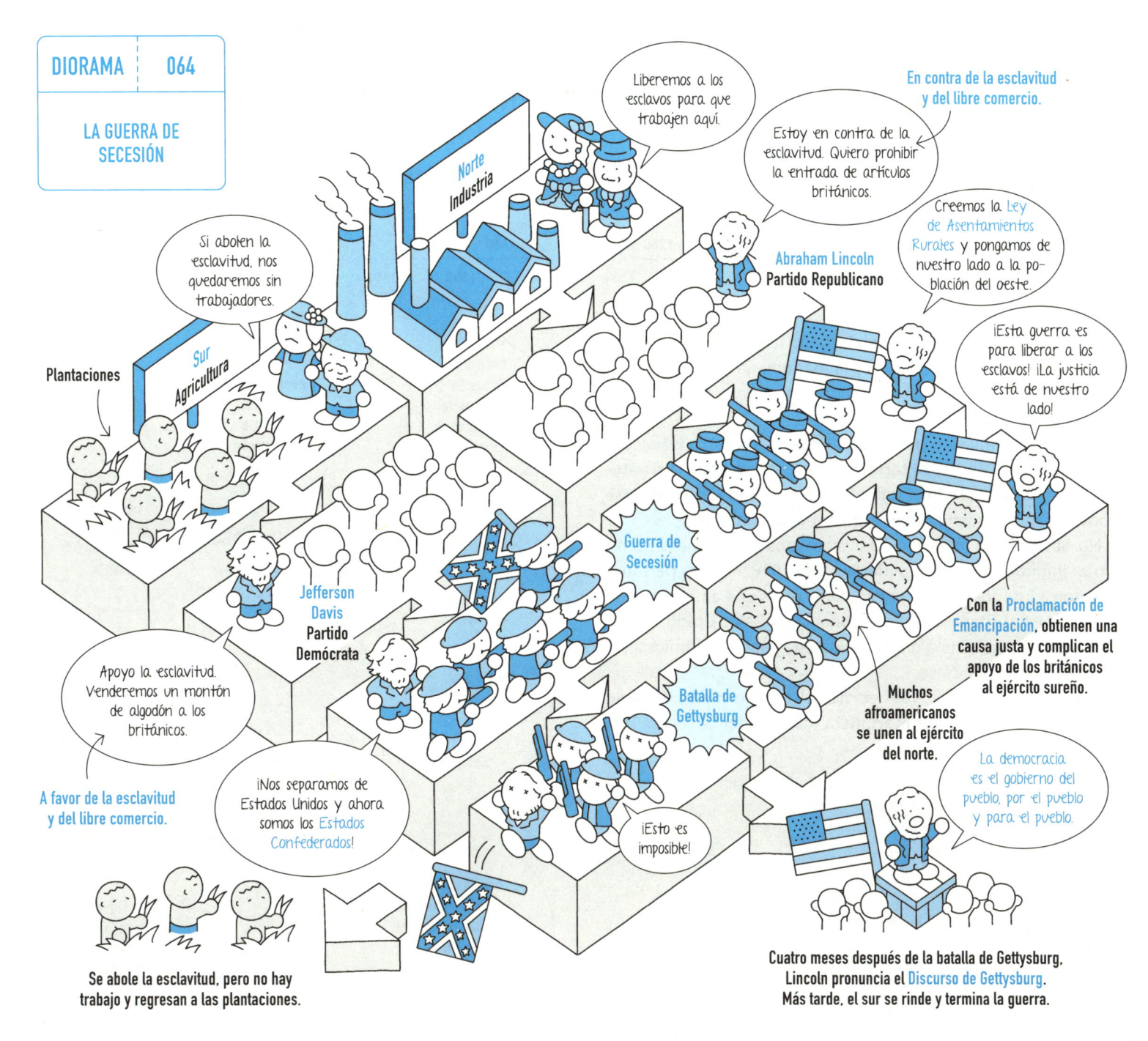

065 ESTADOS UNIDOS, LA TIERRA DE LOS INMIGRANTES

EN BUSCA DEL SUEÑO AMERICANO

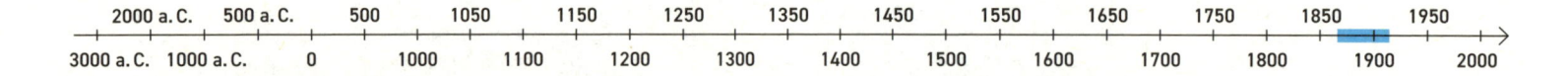

El **norte**, **centrado en la industria**, ganó la **guerra de Secesión** (p. 146), la industria siderúrgica y la maquinaria industrial se desarrollaron bastante y Estados Unidos entró en la **Segunda Revolución Industrial** (p. 154).

En 1869, se completó la construcción del ferrocarril transcontinental (1869) y en 1890 **terminó** la expansión hacia la **frontera** (p. 144). Estados Unidos superó al Reino Unido y Alemania y se convirtió en la mayor potencia industrial del mundo.

No obstante, la mano de obra escaseaba y se comenzó a reclutar inmigrantes para suplirla. Durante 1910, muchas personas viajaron a Estados Unidos, persiguiendo el sueño americano. Se dice que en el Titanic, que iba a conectar el Reino Unido con Estados Unidos, hubo una gran cantidad de pasajeros inmigrantes viajando en tercera clase.

Más tarde, Estados Unidos decidió volcarse en el **colonialismo** y se volvió una nación **imperialista** (control del Caribe, p. 152) como las europeas.

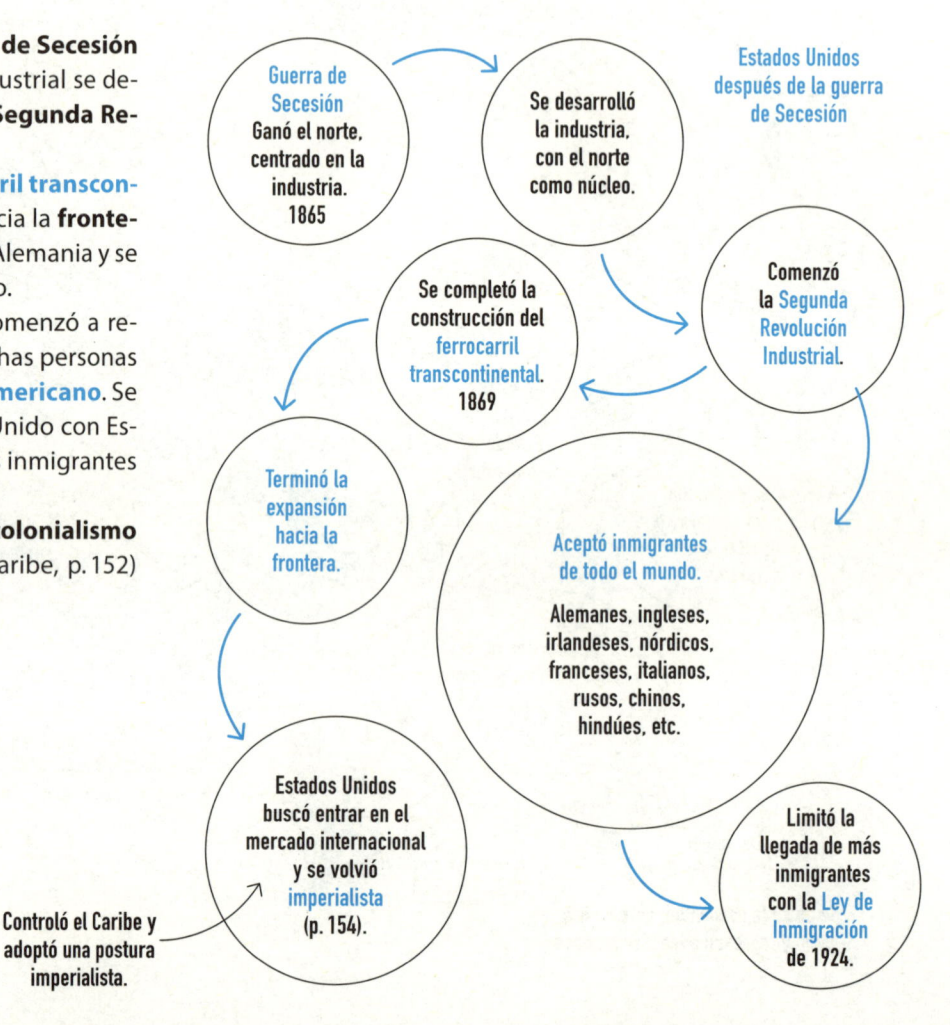

Estados Unidos después de la guerra de Secesión

- Guerra de Secesión. Ganó el norte, centrado en la industria. 1865
- Se desarrolló la industria, con el norte como núcleo.
- Comenzó la Segunda Revolución Industrial.
- Se completó la construcción del ferrocarril transcontinental. 1869
- Terminó la expansión hacia la frontera.
- Aceptó inmigrantes de todo el mundo. Alemanes, ingleses, irlandeses, nórdicos, franceses, italianos, rusos, chinos, hindúes, etc.
- Estados Unidos buscó entrar en el mercado internacional y se volvió imperialista (p. 154). Controló el Caribe y adoptó una postura imperialista.
- Limitó la llegada de más inmigrantes con la Ley de Inmigración de 1924.

DIORAMA 065

ESTADOS UNIDOS, LA TIERRA DE LOS INMIGRANTES

La conquista del oeste se acelera gracias a la Ley de Asentamientos Rurales.

El norte y su industria desarrollada vencen en la guerra de Secesión.

Al vencer el norte, la industria avanza aún más.

En el Titanic viajaban un montón de inmigrantes.

¡Ya no hay adónde ir! ¡Se ha terminado la conquista!

La Segunda Revolución Industrial se acelera y faltan trabajadores.

La empresa Ford empieza a fabricar coches en masa.

En 1869, se completa el ferrocarril transcontinental.

¡Venimos en busca del sueño americano!

El país comienza a reclutar inmigrantes para suplir la falta de mano de obra.

El país se adentra en la Segunda Revolución Industrial, se convierte en la mayor potencia industrial del mundo y entra en su edad dorada.

No... ¿Qué?

Theodore Roosevelt

Dominaremos el Caribe.

Entran demasiados inmigrantes y crean una ley para limitarles la entrada.

¡Estados Unidos busca entrar en el mercado internacional y se expande en el extranjero!

Sigue la estela del Reino Unido y Francia y se pasa al imperialismo (Gran Garrote, p. 153).

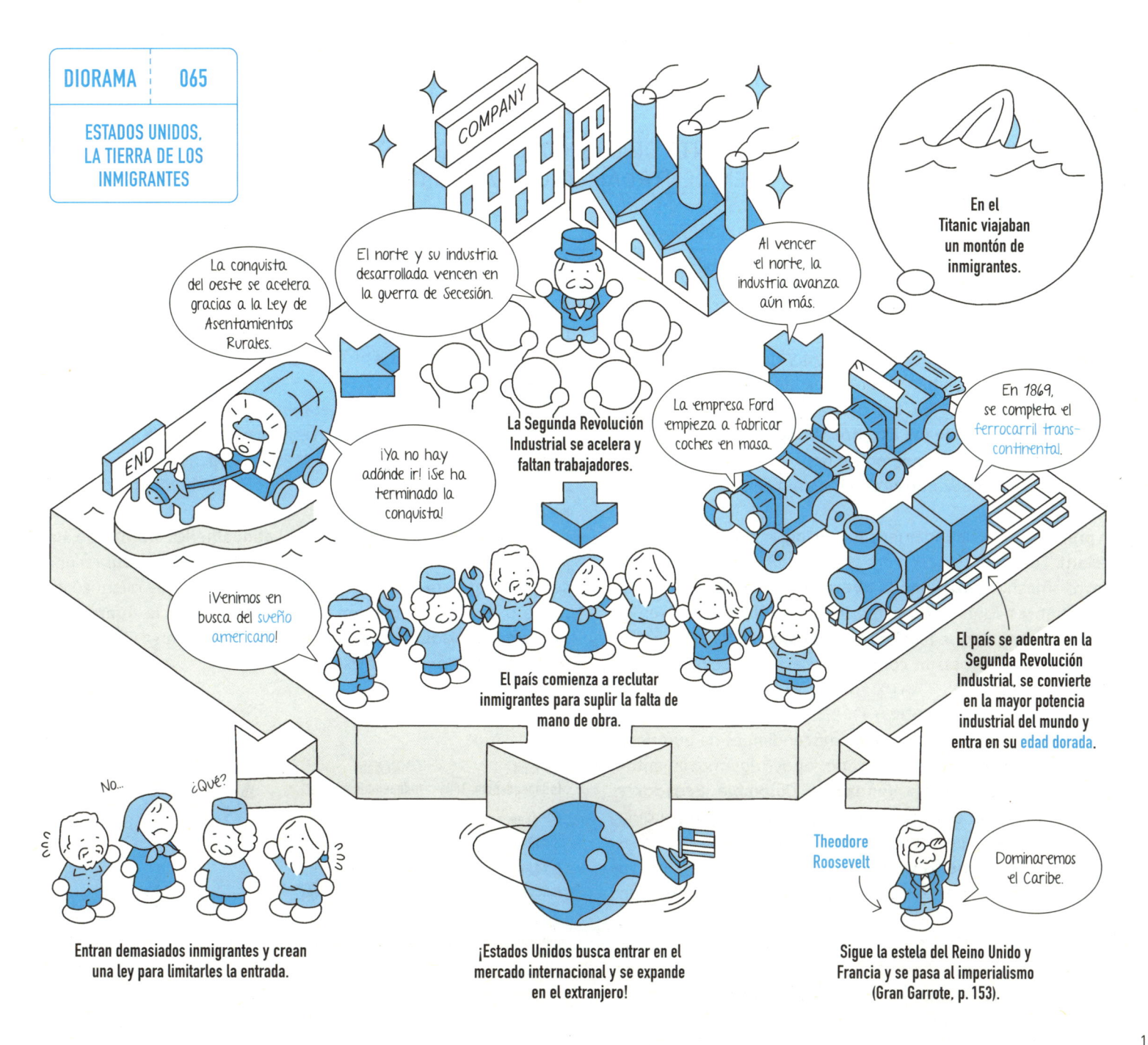

149

066 LA INDEPENDENCIA DE LATINOAMÉRICA

EL CRECIMIENTO DE LOS MOVIMIENTOS INDEPENDENTISTAS EN CENTROAMÉRICA Y AMÉRICA DEL SUR

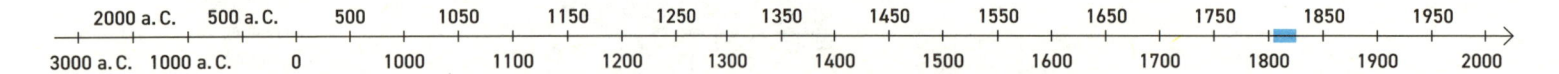

En el siglo XVIII, **Latinoamérica** estaba bajo el control de España, Portugal y Francia. Durante este período, numerosos esclavos traídos de África trabajaban extensas plantaciones (El comercio triangular atlántico, p. 138). Por otro lado, los acontecimientos de la **independencia de los Estados Unidos** (p. 142) y la **Revolución francesa** (p. 110) tuvieron un gran impacto en la región, donde también empezaron a emerger movimientos independentistas.

La primera nación latinoamericana en lograr su independencia fue **Haití**. Toussaint Louverture (1743-1803), descendiente de esclavos africanos, **proclamó la liberación de estos** y derrotó al ejército francés, fundando así la primera **república negra** en el mundo. Acto seguido se **abolió el esclavismo** en Haití y, a partir de este punto, las protestas contra el esclavismo se expandieron por toda América.

Años después, Simón Bolívar (1783-1830), nacido en el seno de una familia de criollos, es decir, descendientes de europeos nacidos en el continente americano, apoyó los movimientos originados en países como **Venezuela**, **Colombia**, **Ecuador** y **Bolivia**, entre otros. Derrotaron a los ejércitos de la monarquía española y las naciones consiguieron independizarse.

Paralelamente, **Argentina**, **Chile** y **Perú** se independizaron gracias a los logros de José de San Martín (1778-1850), también criollo.

Por otro lado, el sacerdote Miguel Hidalgo (1753-1811) luchó por la independencia de México. Sin embargo, tras haber conseguido su soberanía frente a España, México tuvo más tarde disputas territoriales con Estados Unidos y perdió gran parte de sus dominios, entre ellos **California (La conquista del oeste** (p. 144)).

Para escapar de Napoleón, el príncipe de Portugal acabó exiliándose a **Brasil**, que por aquel entonces pertenecía a la corona portuguesa. Más tarde, declaró la independencia de Brasil y se autoproclamó Pedro I (g. 1822-1831), el primer emperador de la nación.

De esta forma, muchos países de Latinoamérica alcanzaron su independencia. Sin embargo, se centraron en explotar sus recursos agrícolas para dedicarse a la exportación, lo que ralentizó el proceso de industrialización. Al final, tras acabar **la guerra de Secesión estadounidense** (p. 146), todos acabaron a merced de las políticas coloniales de Estados Unidos.

❶ Haití Independencia: 1804
❷ Argentina Independencia: 1816
❸ Chile Independencia: 1818
❹ Venezuela Independencia: 1819
❺ Colombia Independencia: 1819
❻ México Independencia: 1821
❼ Perú Independencia: 1821
❽ Ecuador Independencia: 1822
❾ Brasil Independencia: 1822
❿ Bolivia Independencia: 1825

| DIORAMA | 066 |

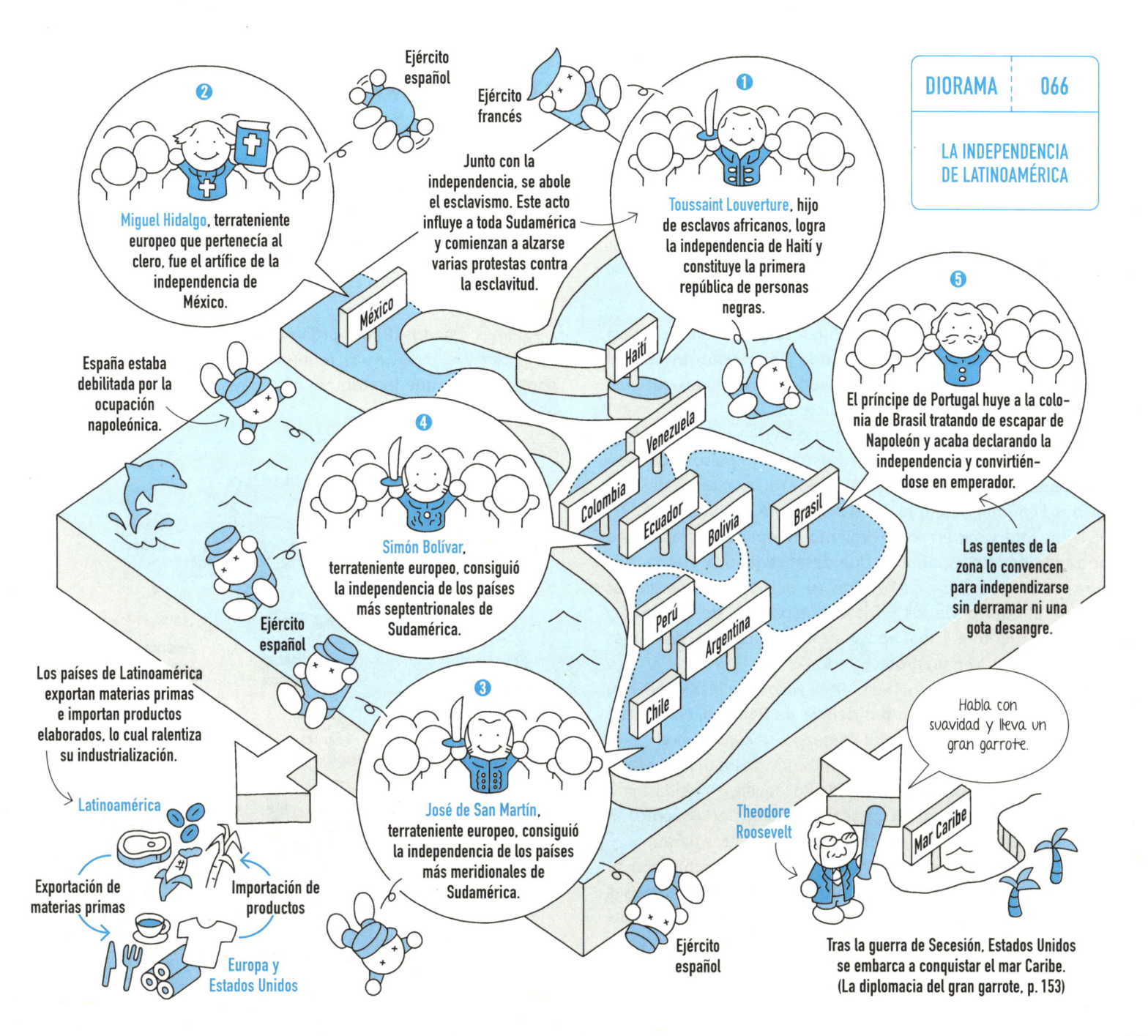

LA INDEPENDENCIA DE LATINOAMÉRICA

❶ Toussaint Louverture, hijo de esclavos africanos, logra la independencia de Haití y constituye la primera república de personas negras.

Ejército francés

Junto con la independencia, se abole el esclavismo. Este acto influye a toda Sudamérica y comienzan a alzarse varias protestas contra la esclavitud.

Ejército español

❷ Miguel Hidalgo, terrateniente europeo que pertenecía al clero, fue el artífice de la independencia de México.

España estaba debilitada por la ocupación napoleónica.

❹ Simón Bolívar, terrateniente europeo, consiguió la independencia de los países más septentrionales de Sudamérica.

Ejército español

❺ El príncipe de Portugal huye a la colonia de Brasil tratando de escapar de Napoleón y acaba declarando la independencia y convirtiéndose en emperador.

Las gentes de la zona lo convencen para independizarse sin derramar ni una gota de sangre.

Los países de Latinoamérica exportan materias primas e importan productos elaborados, lo cual ralentiza su industrialización.

Latinoamérica — Exportación de materias primas
Europa y Estados Unidos — Importación de productos

❸ José de San Martín, terrateniente europeo, consiguió la independencia de los países más meridionales de Sudamérica.

Ejército español

Habla con suavidad y lleva un gran garrote.

Theodore Roosevelt

Mar Caribe

Tras la guerra de Secesión, Estados Unidos se embarca a conquistar el mar Caribe. (La diplomacia del gran garrote, p. 153)

151

067 LA ESTRATEGIA POLÍTICA ESTADOUNIDENSE DEL MAR CARIBE

THEODORE ROOSEVELT Y LA DIPLOMACIA DEL GRAN GARROTE

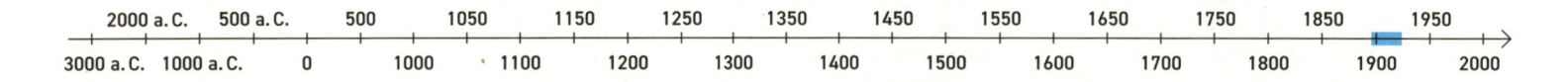

Mientras en Estados Unidos tenía lugar **la guerra de Secesión** (p. 146), en Europa surgía la **Segunda Revolución Industrial** (p. 154) y el imperialismo estaba en auge. Las naciones del viejo continente ansiaban hacerse con colonias.

A finales del siglo XIX, con la desaparición de su «**frontera**», Estados Unidos también comenzó a mostrar un impulso imperialista, comenzando con el control del Caribe **(la estrategia del mar Caribe)**. El primer paso que dio el presidente **McKinley** (g. 1897-1901) fue intervenir en el movimiento independentista cubano contra el dominio español, lo que desencadenó la **guerra hispano-estadounidense** (1898). Tras su victoria, Estados Unidos adquirió el control de los territorios españoles de **Filipinas** y **Guam**. En cuanto a Cuba, apoyó su independencia, pero, más tarde, la convirtió en un protectorado.

Theodore Roosevelt (g. 1901-1909) sucedió a McKinley en la presidencia y apoyó la **independencia de Panamá**, controlada entonces por Colombia. Bajo su liderazgo, se construyó el **canal de Panamá** (inaugurado en 1914), que conecta los océanos Pacífico y Atlántico. La política exterior de Roosevelt, conocida como **diplomacia del gran garrote**, se caracterizaba por su alarde militar para intervenir en los asuntos internos de otros países.

Más tarde, el presidente **Wilson** (g. 1913-1921), junto con su **diplomacia misionera**, buscó promover la democracia en países que estaban en pleno desarrollo. No obstante, la «democracia» tras esa política exterior acabó siendo una excusa para intervenir en los asuntos internos de otras naciones.

Además, Estados Unidos organizó varias ediciones de las **Conferencias Panamericanas**, reuniones con otros mandatarios del continente, lo que le atribuyó una mayor influencia en Latinoamérica.

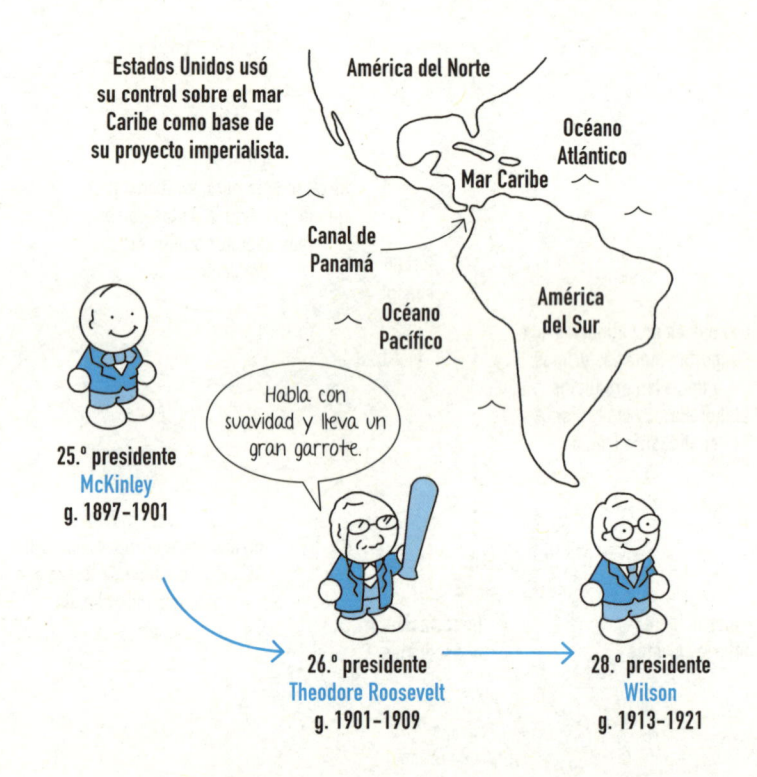

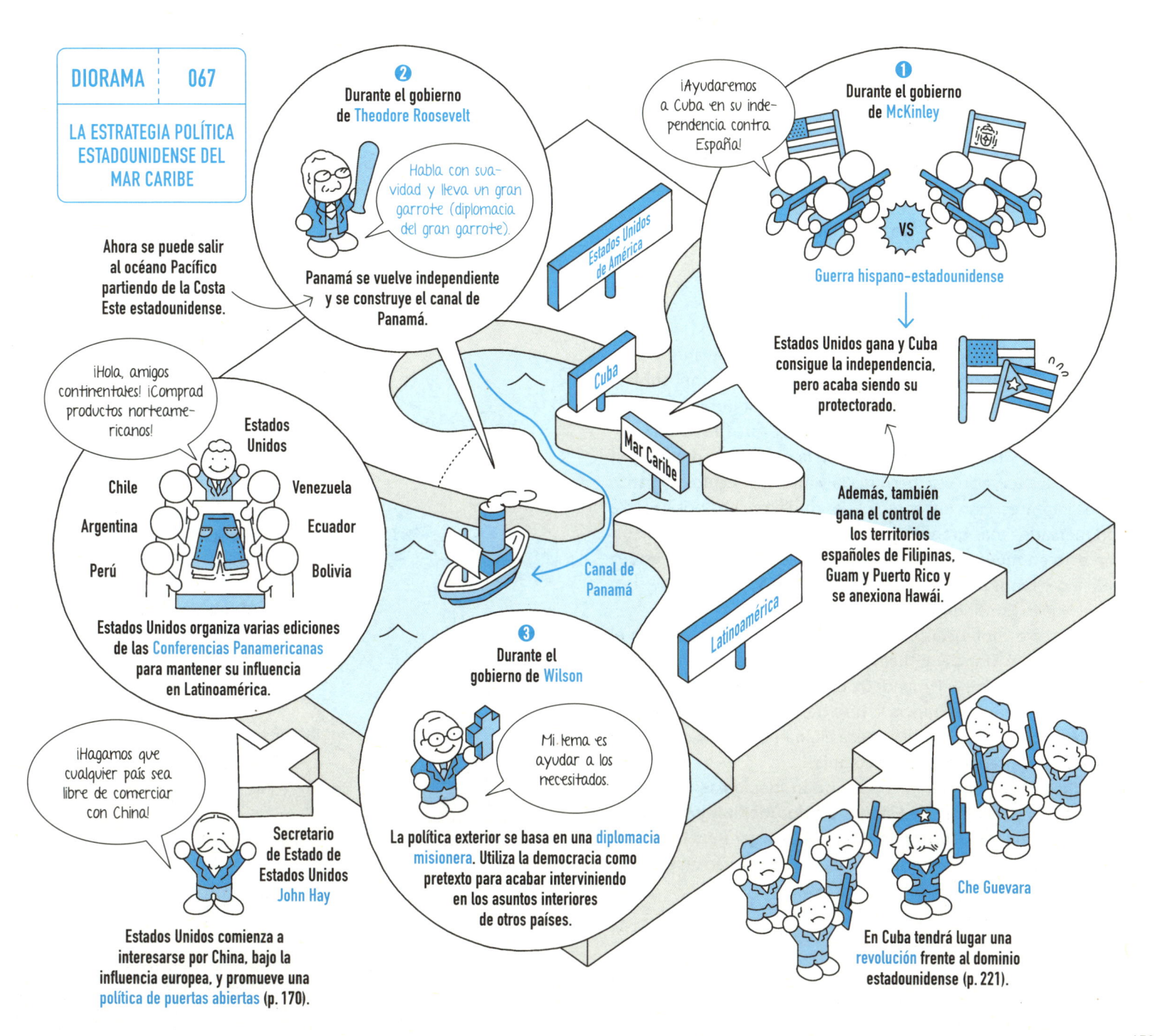

DIORAMA 067
LA ESTRATEGIA POLÍTICA ESTADOUNIDENSE DEL MAR CARIBE

❶ Durante el gobierno de McKinley

"¡Ayudaremos a Cuba en su independencia contra España!"

Guerra hispano-estadounidense

Estados Unidos gana y Cuba consigue la independencia, pero acaba siendo su protectorado.

Además, también gana el control de los territorios españoles de Filipinas, Guam y Puerto Rico y se anexiona Hawái.

❷ Durante el gobierno de Theodore Roosevelt

"Habla con suavidad y lleva un gran garrote (diplomacia del gran garrote)."

Panamá se vuelve independiente y se construye el canal de Panamá.

Ahora se puede salir al océano Pacífico partiendo de la Costa Este estadounidense.

"¡Hola, amigos continentales! ¡Comprad productos norteamericanos!"

Estados Unidos — Chile, Venezuela, Argentina, Ecuador, Perú, Bolivia

Estados Unidos organiza varias ediciones de las **Conferencias Panamericanas** para mantener su influencia en Latinoamérica.

"¡Hagamos que cualquier país sea libre de comerciar con China!"

Secretario de Estado de Estados Unidos **John Hay**

Estados Unidos comienza a interesarse por China, bajo la influencia europea, y promueve una **política de puertas abiertas** (p. 170).

❸ Durante el gobierno de Wilson

"Mi lema es ayudar a los necesitados."

La política exterior se basa en una **diplomacia misionera**. Utiliza la democracia como pretexto para acabar interviniendo en los asuntos interiores de otros países.

Che Guevara

En Cuba tendrá lugar una **revolución** frente al dominio estadounidense (p. 221).

Estados Unidos de América · Cuba · Mar Caribe · Canal de Panamá · Latinoamérica

153

068 | LA FIEBRE IMPERIALISTA

LA ESTRATEGIA POLÍTICA COLONIAL DE EUROPA

La revolución tecnológica que tuvo lugar en el Reino Unido (Revolución Industrial, p. 108) había dado un paso adelante y ahora, en vez de carbón, se utilizaba petróleo como combustible y comenzaban a sustituirse los motores de vapor por electricidad como fuente de energía **(Segunda Revolución Industrial)**.

El petróleo y la electricidad abrieron la puerta a la producción en masa, la cual, a su vez, permitía la venta de artículos en cantidades ingentes. Esto encendió el deseo de muchos por hacerse con mercados más grandes y obtener así todo tipo de recursos. Con esto en mente, las naciones europeas cayeron en el **imperialismo** y empezaron a expandir sus colonias por África, Asia y por el Nuevo Continente.

Las mayores potencias coloniales de los siglos XIX y XX eran el Reino Unido y Francia. El Reino Unido empezó a centrarse en el colonialismo con el mandato del primer ministro **Disraeli** (p. 126), mientras que Francia lo hizo tras adoptar su **Tercera República** (p. 125). Por aquella época, solo entre estos dos imperios, poseían alrededor de cien colonias.

Muchos otros mandatarios promovían ideologías imperialistas, como el presidente de Estados Unidos **McKinley** (p. 152), el emperador alemán **Guillermo II** (p. 176) o el zar ruso **Nicolás II** (p. 184). Incluso el distante Japón intentó adentrarse en el imperialismo.

Los imperios británico y francés

Imp. británico
Imp. francés

Al comienzo del siglo XX, el Reino Unido y Francia ya sumaban alrededor de cien colonias entre ambos.

Reino Unido, Francia, Alemania, Rusia, Estados Unidos, entre otros. → IMPERIO (Colonia, País, País, País, Colonia, Colonia, País)

Un imperio es cuando un estado controla más de una región. Francia y el Reino Unido eran la definición perfecta.

DIORAMA 068

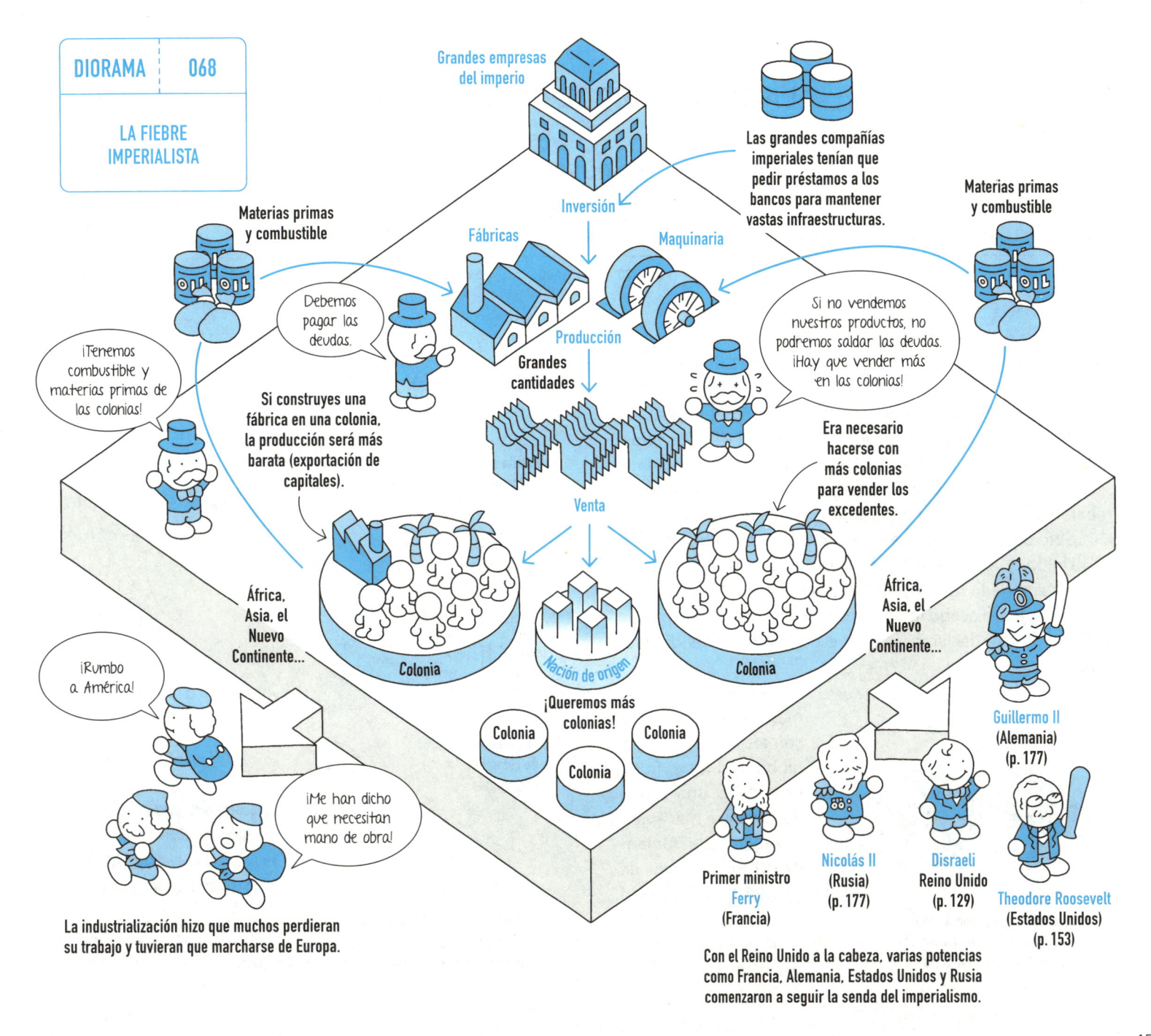

LA FIEBRE IMPERIALISTA

Grandes empresas del imperio

Las grandes compañías imperiales tenían que pedir préstamos a los bancos para mantener vastas infraestructuras.

Inversión

Fábricas — **Maquinaria**

Materias primas y combustible

Materias primas y combustible

¡Tenemos combustible y materias primas de las colonias!

Debemos pagar las deudas.

Si no vendemos nuestros productos, no podremos saldar las deudas. ¡Hay que vender más en las colonias!

Producción — **Grandes cantidades**

Si construyes una fábrica en una colonia, la producción será más barata (exportación de capitales).

Era necesario hacerse con más colonias para vender los excedentes.

Venta

Colonia — África, Asia, el Nuevo Continente...

Nación de origen

Colonia — África, Asia, el Nuevo Continente...

¡Queremos más colonias!

Colonia — **Colonia** — **Colonia**

¡Rumbo a América!

¡Me han dicho que necesitan mano de obra!

La industrialización hizo que muchos perdieran su trabajo y tuvieran que marcharse de Europa.

Primer ministro Ferry (Francia)

Nicolás II (Rusia) (p. 177)

Disraeli Reino Unido (p. 129)

Guillermo II (Alemania) (p. 177)

Theodore Roosevelt (Estados Unidos) (p. 153)

Con el Reino Unido a la cabeza, varias potencias como Francia, Alemania, Estados Unidos y Rusia comenzaron a seguir la senda del imperialismo.

155

069 LA EXPANSIÓN DE RUSIA HACIA EL SUR ①

LA GUERRA DE CRIMEA

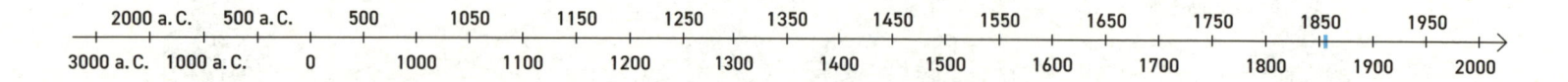

La emperatriz rusa **Catalina II** (p. 104) consiguió al fin su ansiado **puerto sin hielo** al anexionarse la península de Crimea, la cual da al mar Negro. No obstante, para poder salir al mar Mediterráneo y, eventualmente, al océano Atlántico, Rusia necesitaba tener el control sobre los estrechos de **Estambul** y **Dardanelos**, quienes pertenecían al **Imperio otomano**. Fue el zar **Nicolás I** (g. 1825-1855) quien les declaró la guerra a los otomanos para arrebatárselos, lo que dio lugar a la **guerra de Crimea** (1853-1856). Solo duró tres años, ya que la **reina Victoria** (p. 126), del Reino Unido, y **Napoleón III**, de Francia, temían que Rusia se volviese demasiado fuerte, por lo que ayudaron a los otomanos en la guerra. Rusia acabó firmando su derrota con el **Tratado de París** (1856), que declaraba el cierre de los estrechos del mar Negro.

Sin embargo, los demás países europeos comerciaban a nivel global, así que Rusia necesitaba una forma de acceder a mar abierto a toda costa. **Alejandro II** (p. 158), hijo de **Nicolás I**, dejó de lado sus ambiciones respecto al mar Negro y puso sus miras en la península de los Balcanes.

La británica Nightingale se hizo famosa gracias a sus logros durante la guerra de Crimea.

La expansión territorial rusa hacia el sur

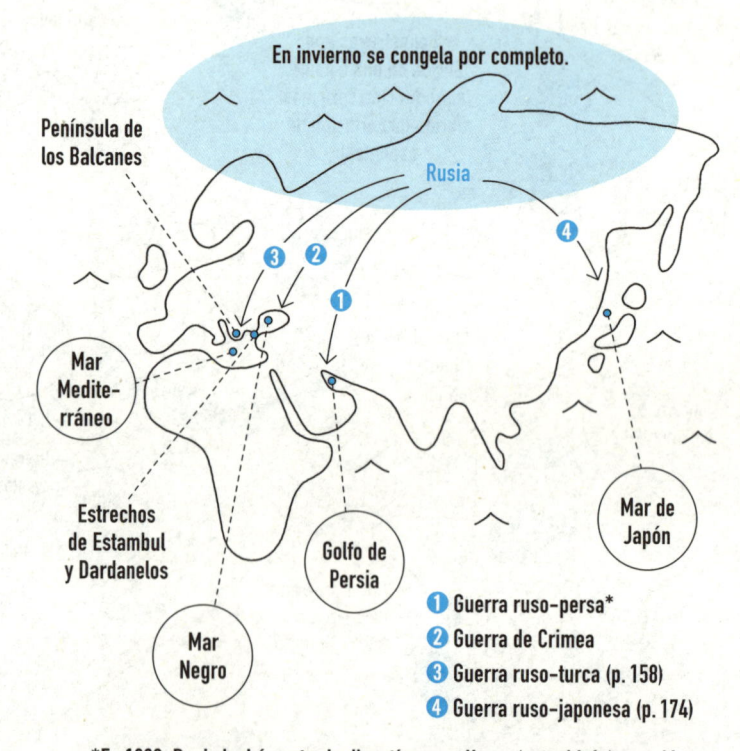

En invierno se congela por completo.

① Guerra ruso-persa*
② Guerra de Crimea
③ Guerra ruso-turca (p. 158)
④ Guerra ruso-japonesa (p. 174)

*En 1828, Rusia luchó contra la dinastía persa Kayar (actual Irán), venció, y recibió grandes concesiones a su favor. Con todo, no logró hacerse con la región del golfo de Persia, un enclave vital (Tratado de Turkmenchay, p. 160).

DIORAMA 069

LA EXPANSIÓN DE RUSIA HACIA EL SUR ①

❶ COMIENZO
Aunque tengas un puerto en el mar Negro, ¡no puedes adentrarte en mar abierto sin pasar por los estrechos de Estambul y Dardanelos!

Emperador de Rusia **Nicolás I**

❷ ¡Lucharemos por el acceso al mar Mediterráneo!

Rusia le declara la guerra al Imperio otomano para hacerse con el control de los estrechos.

❸ ¿Eh? ¿Qué hacen aquí los ingleses y los franceses?

Rusia: derrotada.

Guerra de Crimea

Por temor a que Rusia aumentara demasiado su poder, se unieron a los otomanos.

Rusia · Península de Crimea · Mar Negro · Estrechos de Estambul y Dardanelos · Península de los Balcanes · Imperio otomano · Mar Mediterráneo

Estrategia fallida

❹ Los estrechos quedarán cerrados.

Imperio otomano · *Reino Unido* · *Rusia*

Congreso de París

Hemos ganado la guerra de Crimea, pero hemos gastado muchos fondos...

¡Quiero la independencia!

Serbia · *Emperador otomano* **Abdulhamid II** · *Bulgaria* · *Rumanía*

¡Quiero la independencia!

La economía del Imperio otomano se desmorona y comienza a emerger el descontento en la nación (p. 161).

Paso de salir al mar Mediterráneo por el mar Negro. ¡Esta vez lo intentaré a través de la península de los Balcanes! (p. 159)

Hijo de Nicolás I **Alejandro II**

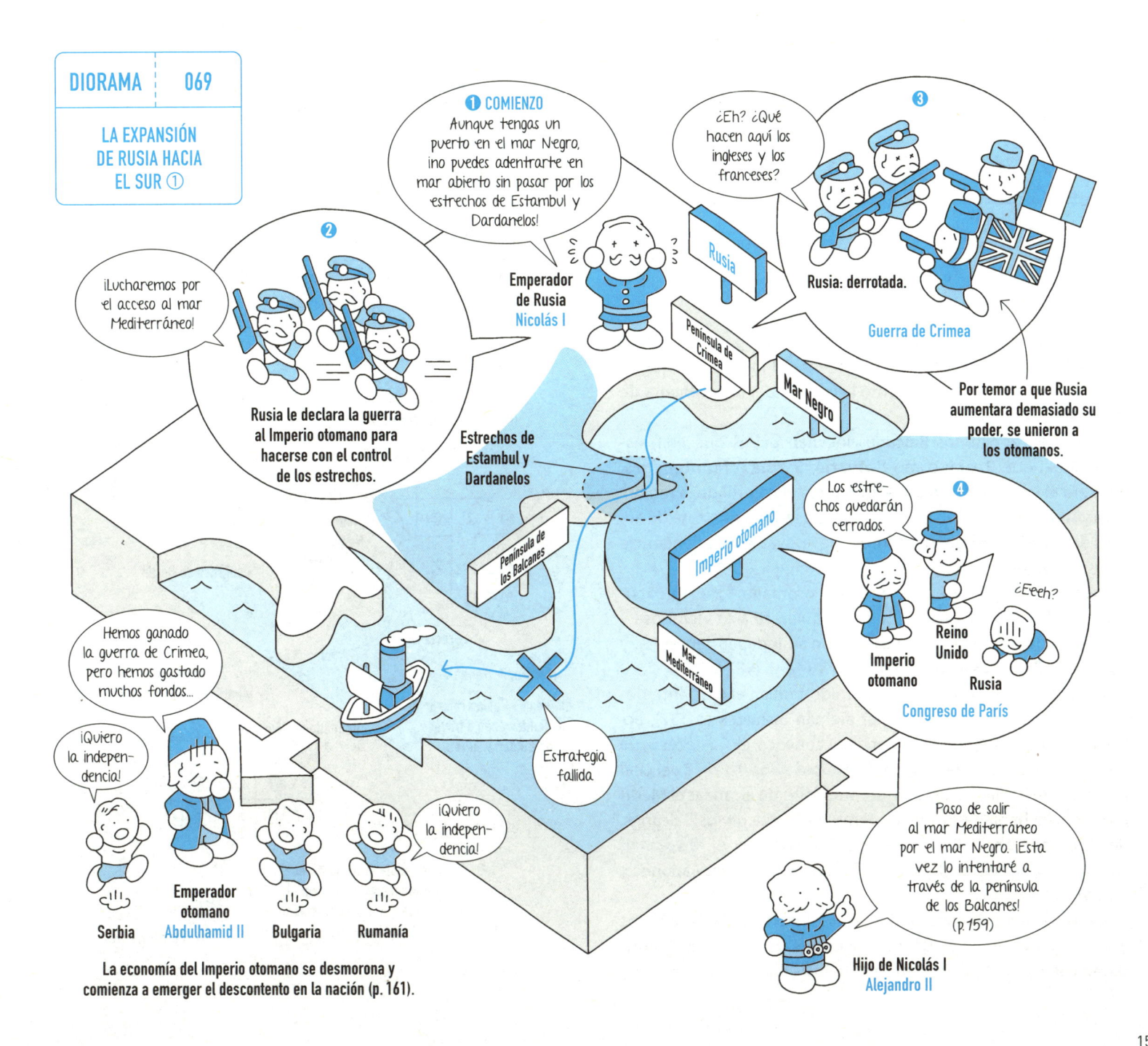

157

070 LA EXPANSIÓN DE RUSIA HACIA EL SUR ②

LA GUERRA RUSO-TURCA

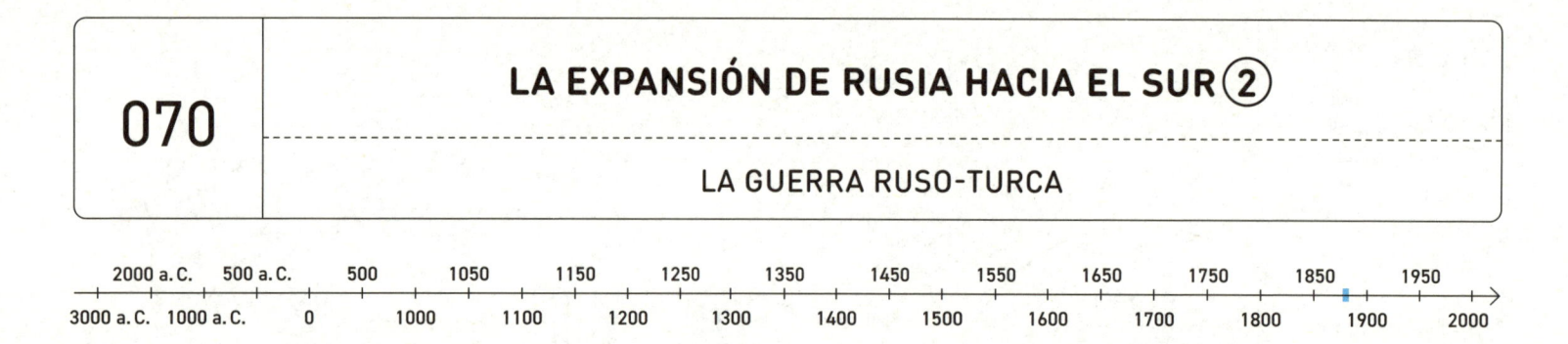

Rusia fue derrotada por el Imperio otomano y perdió su oportunidad de salir al Mediterráneo a través del mar Negro (guerra de Crimea, p. 156), así que intentó llegar a él por la **península de los Balcanes**.

En aquella época, los Balcanes incluían países que eran **eslavos** igual que **Rusia**, como **Bulgaria**, **Serbia** o **Montenegro**, pero era el Imperio otomano el que tenía el control de la región. El zar **Alejandro II** (g. 1855-1881) quiso asegurar una ruta de acceso al mar Mediterráneo a cambio de apoyar la independencia de estos países.

Rusia invadió de nuevo al Imperio otomano **(guerra ruso-turca,** 1877-1878). Esta vez fue Rusia quien se alzó victoriosa y los países de los Balcanes consiguieron su independencia, tal y como se refleja en el **Tratado de San Stefano** (1878).

No obstante, Austria y el Reino Unido temían el creciente poder de Rusia, así que el canciller alemán Bismarck (p. 132), actuando como «mediador imparcial», convocó el **Congreso de Berlín** (1878), donde se firmó el **Tratado de Berlín** (1878), el cual impidió que Rusia consiguiera su propósito de alcanzar el Mediterráneo. Le habían bloqueado también la ruta de los Balcanes, de modo que ahora Rusia se disponía a construir el **ferrocarril transiberiano** hasta el mar de Japón (guerra ruso-japonesa, p. 174).

Por otro lado, Alejandro II fue asesinado en 1881 por los *narodniki*, unos revolucionaros socialistas en contra del **absolutismo ruso** (p. 104), lo que impulsó a Rusia hacia el modernismo.

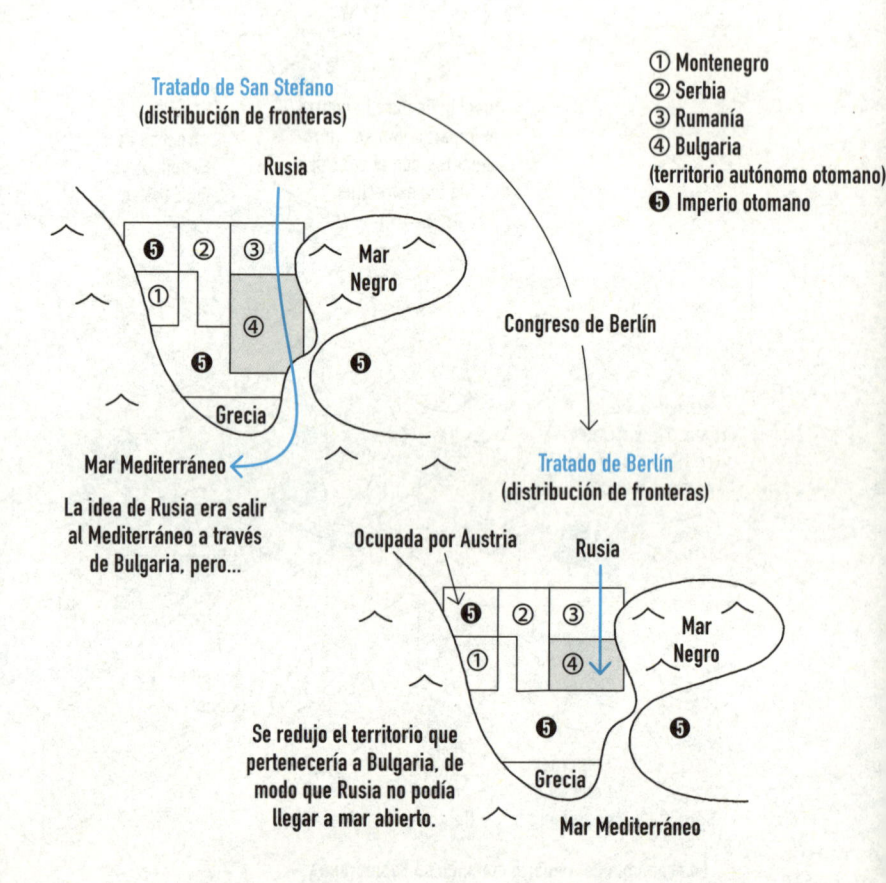

① Montenegro
② Serbia
③ Rumanía
④ Bulgaria
(territorio autónomo otomano)
❺ Imperio otomano

Tratado de San Stefano (distribución de fronteras)

La idea de Rusia era salir al Mediterráneo a través de Bulgaria, pero...

Tratado de Berlín (distribución de fronteras)

Se redujo el territorio que pertenecería a Bulgaria, de modo que Rusia no podía llegar a mar abierto.

DIORAMA	070
LA EXPANSIÓN DE RUSIA HACIA EL SUR ②	

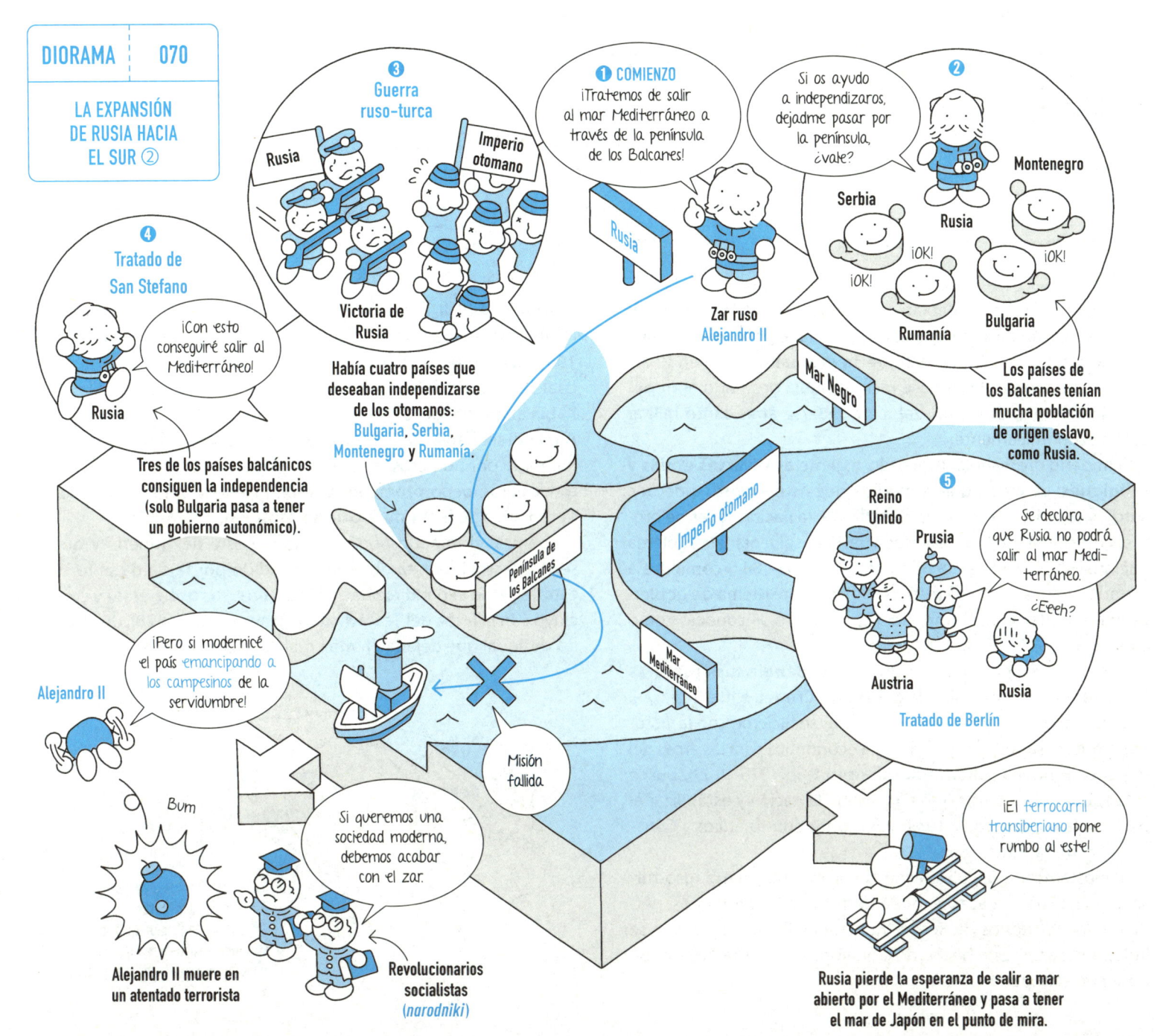

❶ COMIENZO
¡Tratemos de salir al mar Mediterráneo a través de la península de los Balcanes!

Zar ruso **Alejandro II**

Si os ayudo a independizaros, dejadme pasar por la península, ¿vale?

❷

Serbia: ¡OK!
Rusia
Montenegro: ¡OK!
Rumanía: ¡OK!
Bulgaria

Los países de los Balcanes tenían mucha población de origen eslavo, como Rusia.

❸ Guerra ruso-turca

Rusia vs Imperio otomano

Victoria de Rusia

Había cuatro países que deseaban independizarse de los otomanos: **Bulgaria**, **Serbia**, **Montenegro** y **Rumanía**.

❹ Tratado de San Stefano

¡Con esto conseguiré salir al Mediterráneo!
Rusia

Tres de los países balcánicos consiguen la independencia (solo Bulgaria pasa a tener un gobierno autonómico).

Mar Negro
Península de los Balcanes
Imperio otomano
Mar Mediterráneo

❺

Reino Unido, Prusia, Austria

Se declara que Rusia no podrá salir al mar Mediterráneo.

Rusia: ¿Eeeh?

Tratado de Berlín

Alejandro II
¡Pero si modernicé el país emancipando a los campesinos de la servidumbre!

Bum

Si queremos una sociedad moderna, debemos acabar con el zar.

Alejandro II muere en un atentado terrorista

Revolucionarios socialistas (*narodniki*)

Misión fallida

¡El ferrocarril transiberiano pone rumbo al este!

Rusia pierde la esperanza de salir a mar abierto por el Mediterráneo y pasa a tener el mar de Japón en el punto de mira.

071 EL OCASO DEL IMPERIO OTOMANO

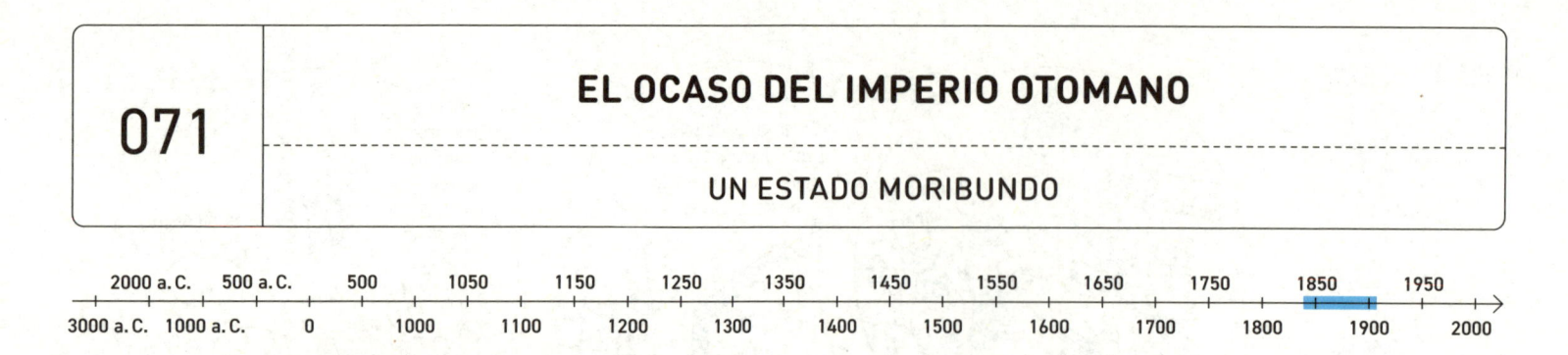

UN ESTADO MORIBUNDO

Las naciones europeas habían entrado en la Edad Moderna gracias a la **Revolución Industrial** (p. 108) y la **legislación de constituciones**. En esta época, el **Imperio otomano**, quien en su día abarcaba un vasto territorio e incluso había destruido al **Imperio bizantino** (p. 54), empezaba a quedarse atrás, tanto militar como económicamente.

El Imperio otomano comprendía a gente de **diversas etnias y religiones**, de modo que, a medida que este empezó a decaer, surgieron casi a la vez en varias partes de la nación voces de protesta proclamando la independencia. Para solventar el problema nacionalista, el sultán Abdulmecid I (g. 1835-1861) comienza a instaurar varias reformas respecto al anterior sistema de gobierno para modernizar el Imperio. Este período se conoció como Tanzimat (1839-1876).

Durante ese tiempo, Rusia ansiaba **expandir sus fronteras hacia el sur**, lo que originó la **guerra de Crimea** entre Rusia y el Imperio otomano. Aunque los segundos se hicieron con la victoria, la guerra supuso una gran carga económica para las arcas del Imperio. El nuevo sultán, Abdulhamid II (g. 1876-1909), buscó sobreponerse a la crisis que atravesaba la nación y estabilizar el país con la primera constitución del continente asiático: la Constitución de Midhat (1876).

No obstante, Rusia volvió a invadir el Imperio (guerra ruso-turca, p. 158). Esta vez acabó con la derrota de los otomanos: perdieron los territorios de Serbia, Rumanía y Montenegro, que se independizaron. Este hecho desequilibró aún más la balanza de poder en el Imperio.

Abdulhamid II entró en pánico y abolió la Constitución de Midhat para recuperar el régimen autoritario. Sin embargo, en 1908 tuvo lugar la Revolución de los Jóvenes Turcos, tras la cual se recuperó la constitución y se derrocó la dictadura. El país había abandonado la dictadura, pero entre toda esa convulsión, **Austria** se había anexionado **Bosnia-Herzegovina**, territorio habitado por numerosos serbios y que pertenecía por aquel entonces al Imperio otomano (p. 180). Este acto sería uno de los detonantes de la **Primera Guerra Mundial**.

Además, el Imperio persa, situado al este del Imperio y que sería el actual Irán, también fue invadido por Rusia durante su estrategia de expandirse hacia el sur (guerra ruso-persa) y concluyó con la firma del Tratado de Turkmenchay (1828), un tratado desigual que dejaba en muy mala posición a los persas.

Expansión de Rusia hacia el sur
① Guerra ruso-persa
② Guerra de Crimea (p. 156)
③ Guerra ruso-turca (p. 158)
④ Guerra ruso-japonesa (p. 174)

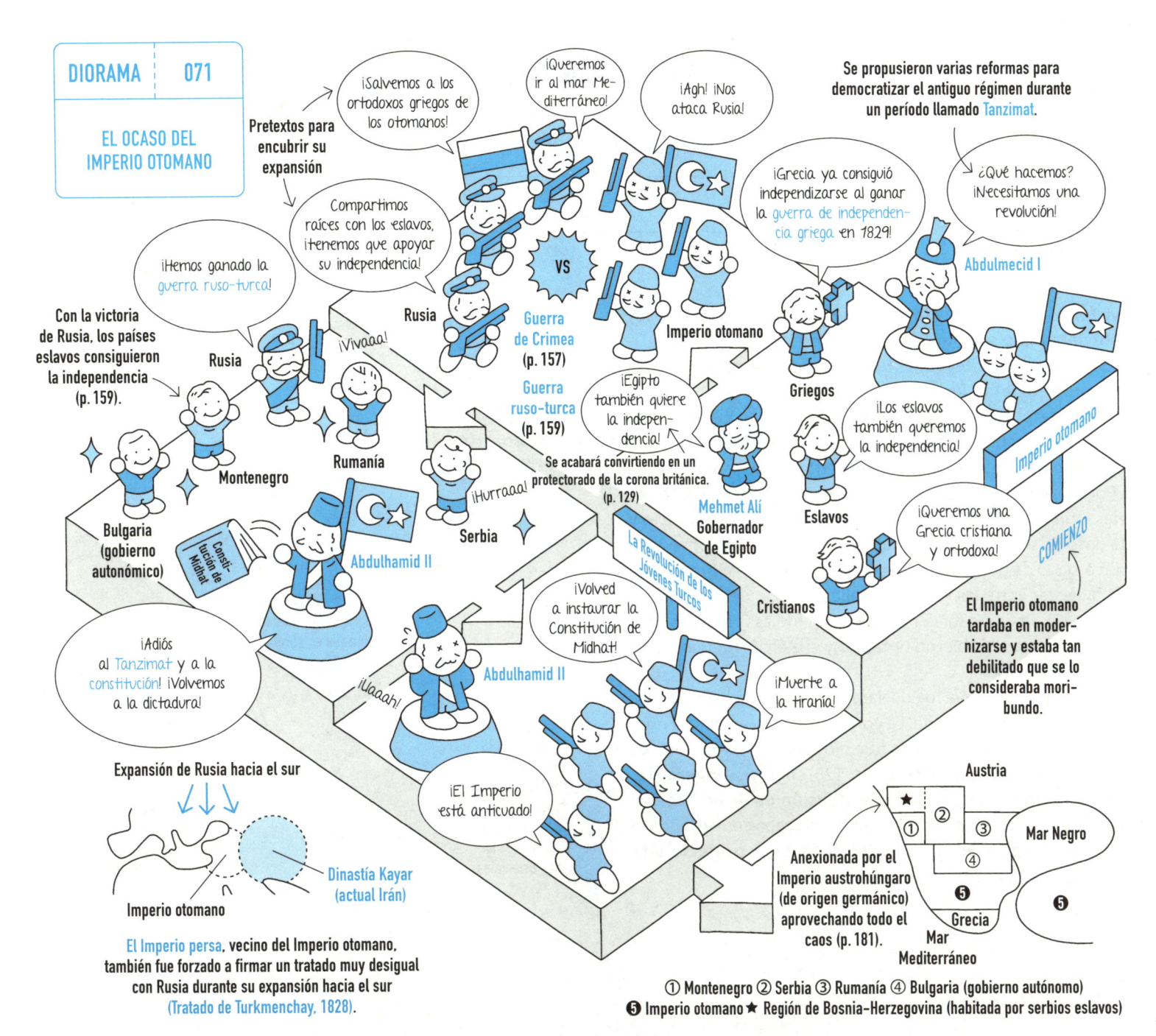

DIORAMA 071 — EL OCASO DEL IMPERIO OTOMANO

Pretextos para encubrir su expansión

- ¡Salvemos a los ortodoxos griegos de los otomanos!
- ¡Queremos ir al mar Mediterráneo!
- ¡Agh! ¡Nos ataca Rusia!
- Compartimos raíces con los eslavos, ¡tenemos que apoyar su independencia!

Rusia VS Imperio otomano — Guerra de Crimea (p. 157) / Guerra ruso-turca (p. 159)

- ¡Hemos ganado la guerra ruso-turca!

Con la victoria de Rusia, los países eslavos consiguieron la independencia (p. 159).

Rusia — Montenegro — Rumanía — ¡Vivaaa! — ¡Hurraaa! — Serbia

Bulgaria (gobierno autonómico) — Constitución de Midhat — **Abdulhamid II**

- ¡Adiós al Tanzimat y a la constitución! ¡Volvemos a la dictadura!

Expansión de Rusia hacia el sur

Imperio otomano — Dinastía Kayar (actual Irán)

El Imperio persa, vecino del Imperio otomano, también fue forzado a firmar un tratado muy desigual con Rusia durante su expansión hacia el sur (Tratado de Turkmenchay, 1828).

Se propusieron varias reformas para democratizar el antiguo régimen durante un período llamado **Tanzimat**.

- ¡Grecia ya consiguió independizarse al ganar la guerra de independencia griega en 1829!
- ¿Qué hacemos? ¡Necesitamos una revolución!

Abdulmecid I

- ¡Egipto también quiere la independencia!

Se acabará convirtiendo en un protectorado de la corona británica. (p. 129)

Mehmet Alí — Gobernador de Egipto

Griegos — Cristianos — Eslavos

- ¡Los eslavos también queremos la independencia!
- ¡Queremos una Grecia cristiana y ortodoxa!

Imperio otomano — COMIENZO

El Imperio otomano tardaba en modernizarse y estaba tan debilitado que se lo consideraba moribundo.

La Revolución de los Jóvenes Turcos

- ¡Volved a instaurar la Constitución de Midhat!
- ¡Uaaah!
- ¡Muerte a la tiranía!
- ¡El Imperio está anticuado!

Abdulhamid II

Anexionada por el Imperio austrohúngaro (de origen germánico) aprovechando todo el caos (p. 181).

Austria — ① ② ③ Mar Negro — ④ — ❺ Grecia ❺ — Mar Mediterráneo

① Montenegro ② Serbia ③ Rumanía ④ Bulgaria (gobierno autónomo) ❺ Imperio otomano ★ Región de Bosnia-Herzegovina (habitada por serbios eslavos)

072 LA FORMACIÓN DEL IMPERIO INDIO

EL REINO UNIDO DOMINA LA INDIA

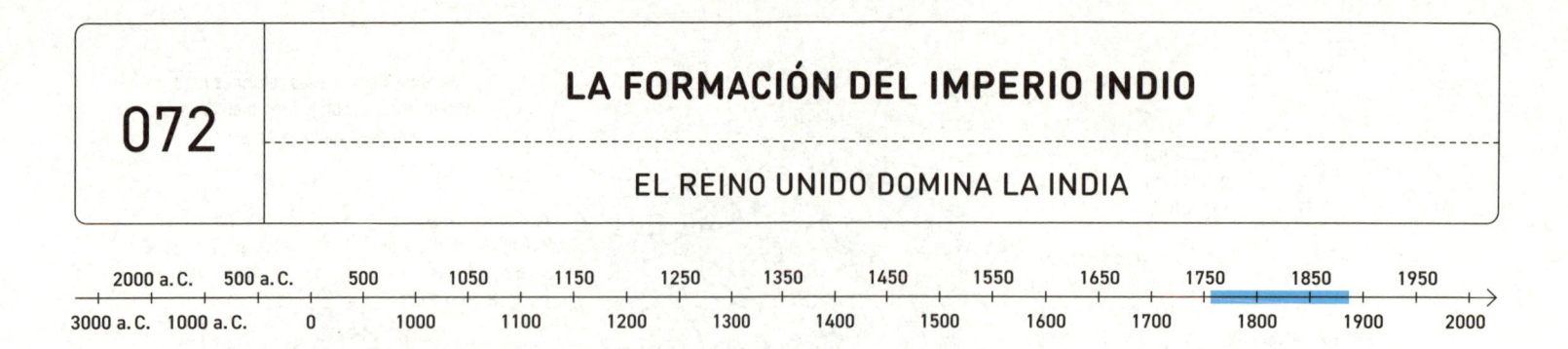

La victoria británica sobre los franceses en la **batalla de Plassey** (p. 96) determinó su dominio exclusivo de la India, y la **Compañía Británica de las Indias Orientales** (p. 92) se convirtió en la única propietaria de los derechos comerciales con el país. No obstante, después de la **Revolución Industrial** (p. 108), a medida que aumentaba el deseo de ejercer el libre comercio, en el Reino Unido empezó a surgir descontento frente a tal monopolio. Por eso, el Gobierno británico ordenó a la Compañía Británica de las Indias Orientales el cese de sus actividades económicas y esta pasó de ser una empresa comercial en la India a convertirse en un órgano de gobierno. Sin embargo, este cambio produjo un gran malestar entre los indios y estalló el **Motín de los Cipayos (1857-1858)**. La Compañía Británica de las Indias Orientales tuvo que pedir ayuda al Gobierno británico y el ejército regular inglés consiguió sofocarlo.

Con todo, la Compañía fue declarada culpable de la rebelión y, como consecuencia, disuelta. La corona británica asumió la nueva administración de la India, lo que dio origen al **Imperio indio (1877-1947)**, con la **reina Victoria** (p. 128) como su **emperatriz**.

Además, con el fin de frenar la **expansión de Rusia hacia el sur** (p. 156), el Gobierno británico también acabó convirtiendo el **Emirato de Afganistán**, al norte de la India, en su **protectorado** tras la **segunda guerra anglo-afgana** (1880).

La India se convierte en una colonia británica

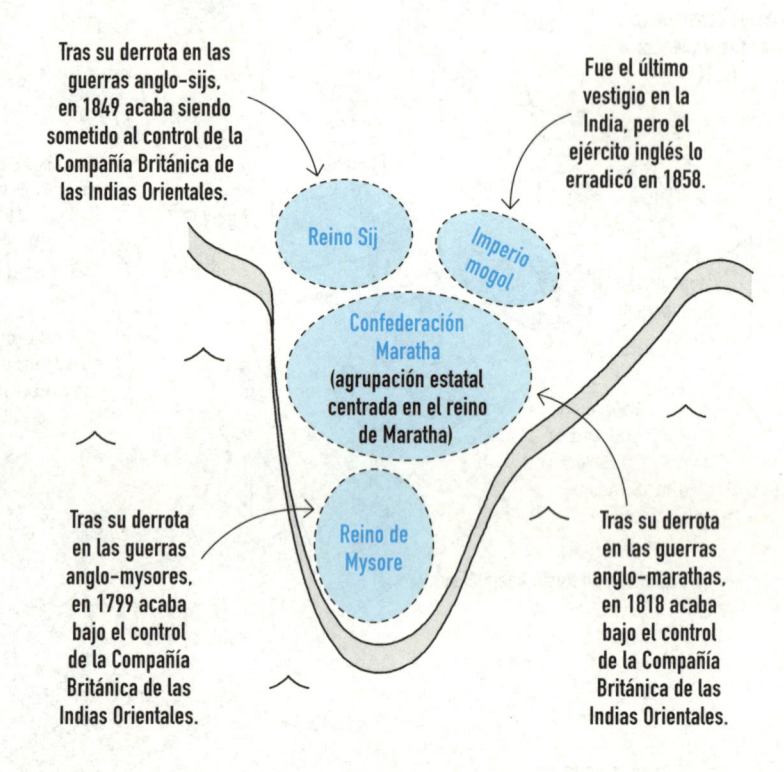

Tras su derrota en las guerras anglo-sijs, en 1849 acaba siendo sometido al control de la Compañía Británica de las Indias Orientales. → **Reino Sij**

Fue el último vestigio en la India, pero el ejército inglés lo erradicó en 1858. → **Imperio mogol**

Confederación Maratha (agrupación estatal centrada en el reino de Maratha)

Tras su derrota en las guerras anglo-mysores, en 1799 acaba bajo el control de la Compañía Británica de las Indias Orientales. → **Reino de Mysore**

Tras su derrota en las guerras anglo-marathas, en 1818 acaba bajo el control de la Compañía Británica de las Indias Orientales.

DIORAMA 072

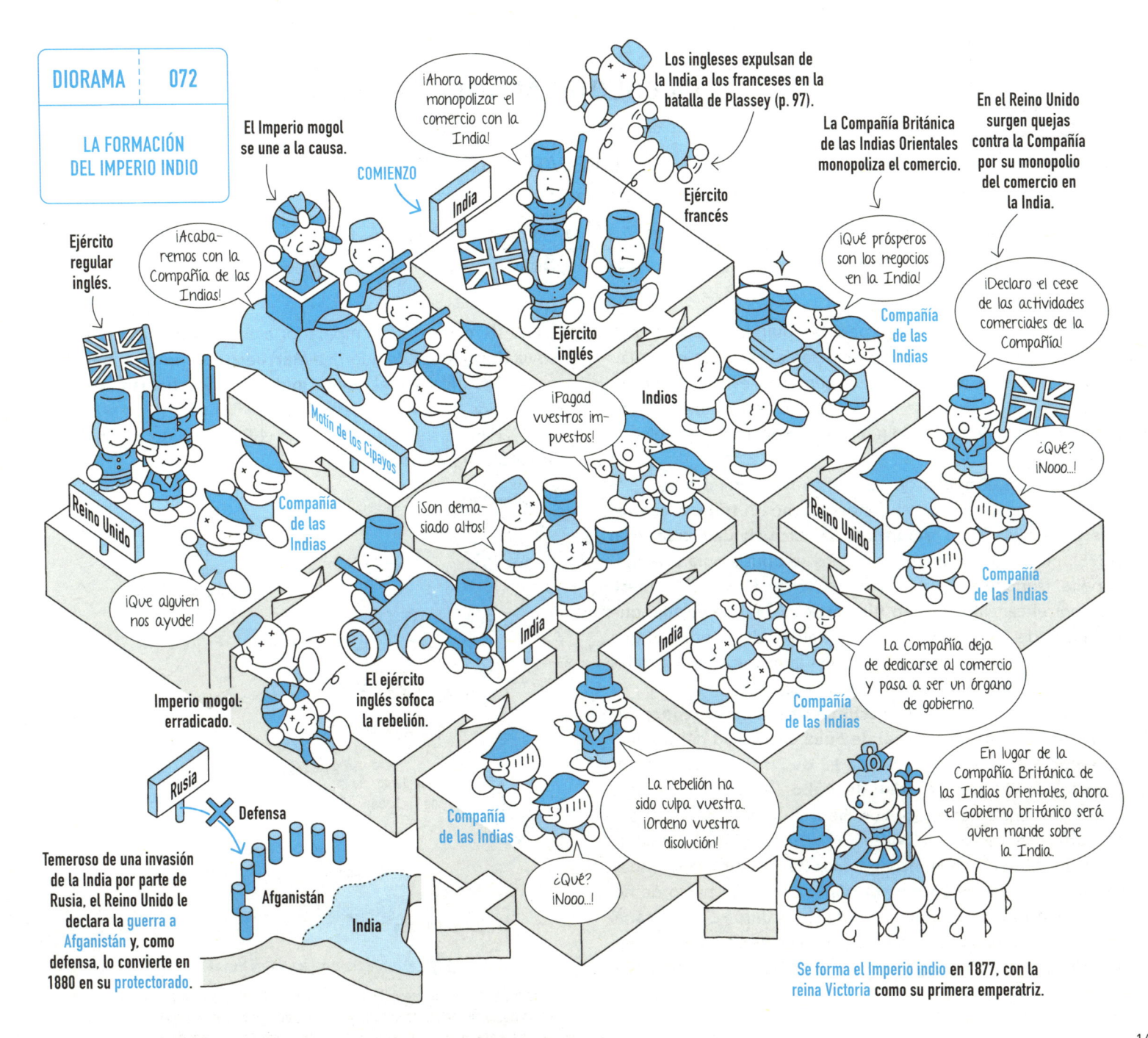

LA FORMACIÓN DEL IMPERIO INDIO

COMIENZO

Los ingleses expulsan de la India a los franceses en la batalla de Plassey (p. 97).

¡Ahora podemos monopolizar el comercio con la India!

La Compañía Británica de las Indias Orientales monopoliza el comercio.

En el Reino Unido surgen quejas contra la Compañía por su monopolio del comercio en la India.

El Imperio mogol se une a la causa.

¡Acabaremos con la Compañía de las Indias!

¡Qué prósperos son los negocios en la India!

¡Declaro el cese de las actividades comerciales de la Compañía!

Ejército francés

Ejército inglés

Ejército regular inglés.

Motín de los Cipayos

Compañía de las Indias

Indios

Compañía de las Indias

Reino Unido

¡Pagad vuestros impuestos!

¿Qué? ¡Nooo...!

¡Que alguien nos ayude!

¡Son demasiado altos!

India

India

Reino Unido

Compañía de las Indias

Imperio mogol: erradicado.

El ejército inglés sofoca la rebelión.

La Compañía deja de dedicarse al comercio y pasa a ser un órgano de gobierno.

Compañía de las Indias

Compañía de las Indias

La rebelión ha sido culpa vuestra. ¡Ordeno vuestra disolución!

¿Qué? ¡Nooo...!

En lugar de la Compañía Británica de las Indias Orientales, ahora el Gobierno británico será quien mande sobre la India.

Rusia

Defensa

Afganistán

India

Temeroso de una invasión de la India por parte de Rusia, el Reino Unido le declara la **guerra a Afganistán** y, como defensa, lo convierte en 1880 en su **protectorado**.

Se forma el **Imperio indio** en 1877, con la **reina Victoria** como su primera emperatriz.

163

073 — LA COLONIZACIÓN AFRICANA

EL REPARTO DE ÁFRICA

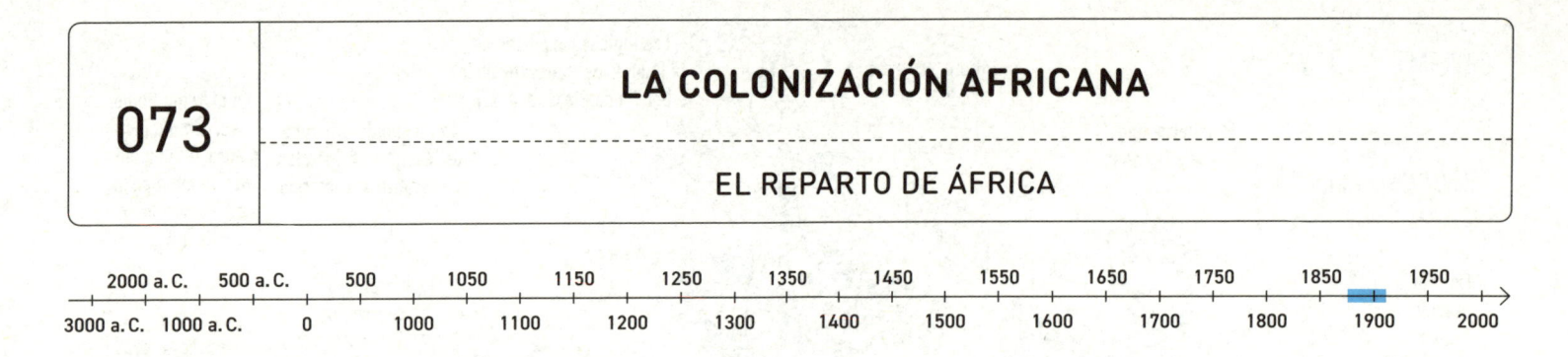

Con los avances en la industria pesada y química, los países occidentales comenzaron a interesarse por los recursos industriales del **continente africano**. Fue el periodista estadounidense **Henry Morton Stanley** (1841-1904) quien descubrió en África los yacimientos de cobre tan necesarios para la industria electroquímica.

Stanley, con el apoyo de **Leopoldo II de Bélgica** (g. 1865-1909), exploró la región del Congo y firmó un **tratado con los líderes locales para garantizar la exclusividad comercial** (1878), pero muchos países europeos se opusieron a este monopolio. Durante la **Conferencia de Berlín** (1884-1885), presidida por el canciller alemán **Bismarck** (p. 132), se decidió que el reparto de África se haría con el método de «el primero que llegue». Como resultado, comenzó una feroz carrera entre todas las potencias para hacerse con el territorio.

El Reino Unido, tras adquirir **acciones de la empresa concesionaria que explotaba el canal de Suez**, propiedad del **Gobierno egipcio**, emprendió **la estrategia de las tres ces**: conectar **Calcuta** con **El Cairo** y **Ciudad del Cabo**. Durante ese período, tuvo varios enfrentamientos con Francia por la supremacía sobre Egipto y Sudán **(el Incidente de Fachoda**, 1898). Sin embargo, dado el interés de Francia por la zona de Marruecos, ambas naciones firmaron el **Entente Cordiale** (1904), un pacto de no agresión. A este le siguió la creación de la **Unión Sudafricana** (1910-1961), la unificación de todas las colonias británicas bajo un único gobierno, muy famosa por su producción de oro y diamantes.

En este contexto, el emperador alemán **Guillermo II** (p. 176) envía dos buques de guerra a **Marruecos** en protesta por el reparto de África que el Reino Unido y Francia habían acordado entre ellos **(las crisis marroquíes de Tánger**, 1905, **y Agadir**, 1911). Habían surgido roces entre el Reino Unido y Francia por un lado y Alemania por otro.

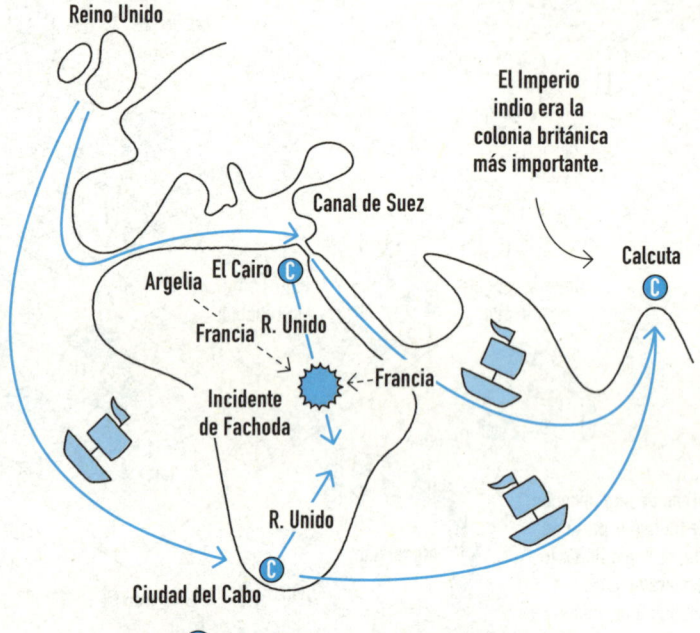

C La estrategia británica de las tres ces

Los británicos colonizaron Ciudad del Cabo, en Colonia del Cabo, como punto de reabastecimiento, y El Cairo, en Egipto, con el canal de Suez, para asegurar dos rutas hacia Calcuta, situada en el Imperio indio.

| DIORAMA | 073 |

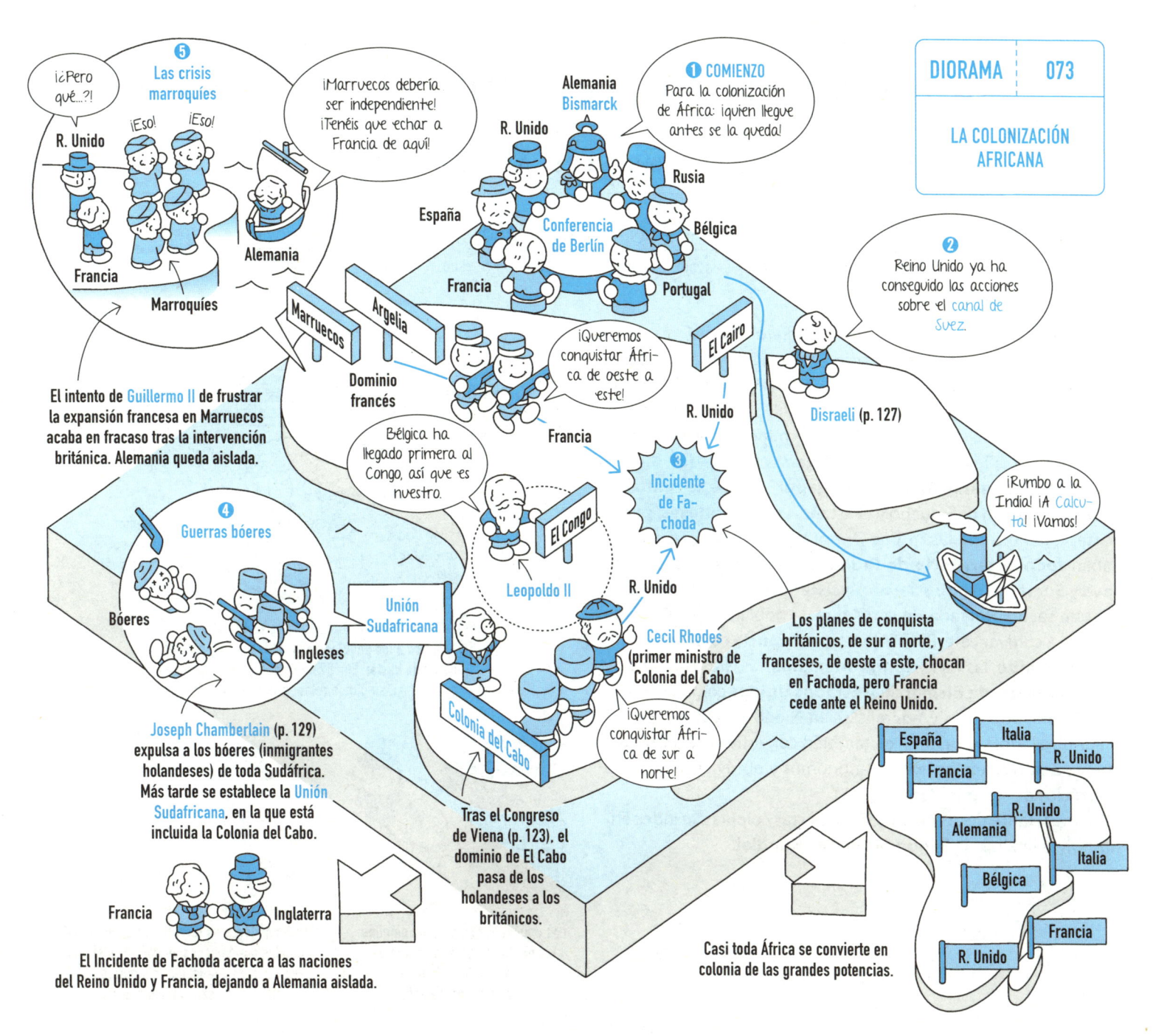

LA COLONIZACIÓN AFRICANA

❶ COMIENZO
Para la colonización de África: ¡quien llegue antes se la queda!

Conferencia de Berlín
Alemania — Bismarck
R. Unido, Rusia, Bélgica, Portugal, Francia, España

❷ Reino Unido ya ha conseguido las acciones sobre el canal de Suez.
Disraeli (p. 127)

¡Rumbo a la India! ¡A Calcuta! ¡Vamos!

❺ Las crisis marroquíes
¿¿Pero qué...?! — R. Unido
¡Eso! ¡Eso!
¡Marruecos debería ser independiente! ¡Tenéis que echar a Francia de aquí! — Alemania
Francia / Marroquíes

El intento de Guillermo II de frustrar la expansión francesa en Marruecos acaba en fracaso tras la intervención británica. Alemania queda aislada.

Marruecos / Argelia
Dominio francés
¡Queremos conquistar África de oeste a este! — Francia

El Cairo — R. Unido

❸ Incidente de Fachoda

Bélgica ha llegado primera al Congo, así que es nuestro. — Leopoldo II
El Congo

R. Unido
Cecil Rhodes (primer ministro de Colonia del Cabo)
¡Queremos conquistar África de sur a norte!
Colonia del Cabo

Los planes de conquista británicos, de sur a norte, y franceses, de oeste a este, chocan en Fachoda, pero Francia cede ante el Reino Unido.

❹ Guerras bóeres
Bóeres / Ingleses
Unión Sudafricana

Joseph Chamberlain (p. 129) expulsa a los bóeres (inmigrantes holandeses) de toda Sudáfrica. Más tarde se establece la Unión Sudafricana, en la que está incluida la Colonia del Cabo.

Francia — Inglaterra
El Incidente de Fachoda acerca a las naciones del Reino Unido y Francia, dejando a Alemania aislada.

Tras el Congreso de Viena (p. 123), el dominio de El Cabo pasa de los holandeses a los británicos.

Casi toda África se convierte en colonia de las grandes potencias.

España, Italia, R. Unido, Francia, R. Unido, Alemania, Italia, Bélgica, Francia, R. Unido

074 EL COLONIALISMO DEL SUDESTE ASIÁTICO Y EL PACÍFICO

LA AMPLIACIÓN DE LA ESFERA DE INFLUENCIA

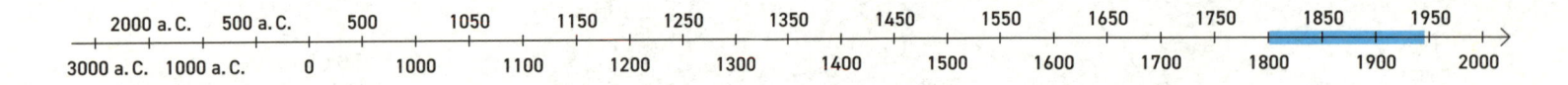

Las diferentes naciones europeas extendieron sus esferas de influencia no solo por **China**, la **India** y **África**, sino también por el **sudeste asiático** y las **islas ubicadas en el Pacífico y Oceanía**.

Francia creó la Unión Indochina (1887) (**Vietnam**, **Laos** y **Camboya**), donde el cultivo de arroz y la minería de carbón eran muy lucrativos; los **británicos**, los Estados Federados de Malasia (1895) (**Penang**, **Malaca** y **Singapur**), donde se centraron en la explotación del caucho y el estaño. **Los holandeses**, por su parte, establecieron las Indias Orientales Neerlandesas (abarcaban **todo el territorio de Indonesia, incluidas las islas de Java y Sumatra**) e impusieron un sistema de cultivo obligatorio que sacó a Holanda de la quiebra: la población local estaba forzada a cultivar café. Por si fuera poco, **Francia** colonizó **Tahití**; el **Reino Unido**, las **Fiyi** y **Tonga**; **Alemania**, las **islas Marianas** y el **archipiélago de Bismarck**, y **Estados Unidos** colonizó **Filipinas**, **Guam**, otras islas y, además, se anexionó **Hawái**.

Por otro lado, **los británicos** también convirtieron **Australia** y **Nueva Zelanda** en territorios autónomos y obtuvieron grandes beneficios de sus minas de oro.

Es importante decir que muchas de estas colonias se independizaron al finalizar la **Segunda Guerra Mundial**.

La colonización del sudeste asiático y el Pacífico

En 1810, el Kamehameha I, el Grande, unificó a los pueblos de todas las islas y creó el Reino de Hawái. En 1893, Estados Unidos derrocó a Lili'uokalani, su última reina, y se anexionaron Hawái.

Los ingleses consiguieron pingües beneficios empleando mano de obra india en las plantaciones de caucho de Malasia.

Los holandeses se lucraron en gran medida con las plantaciones de café. El sistema de cultivo forzado que implantaron en Java fue especialmente cruel.

DIORAMA 074

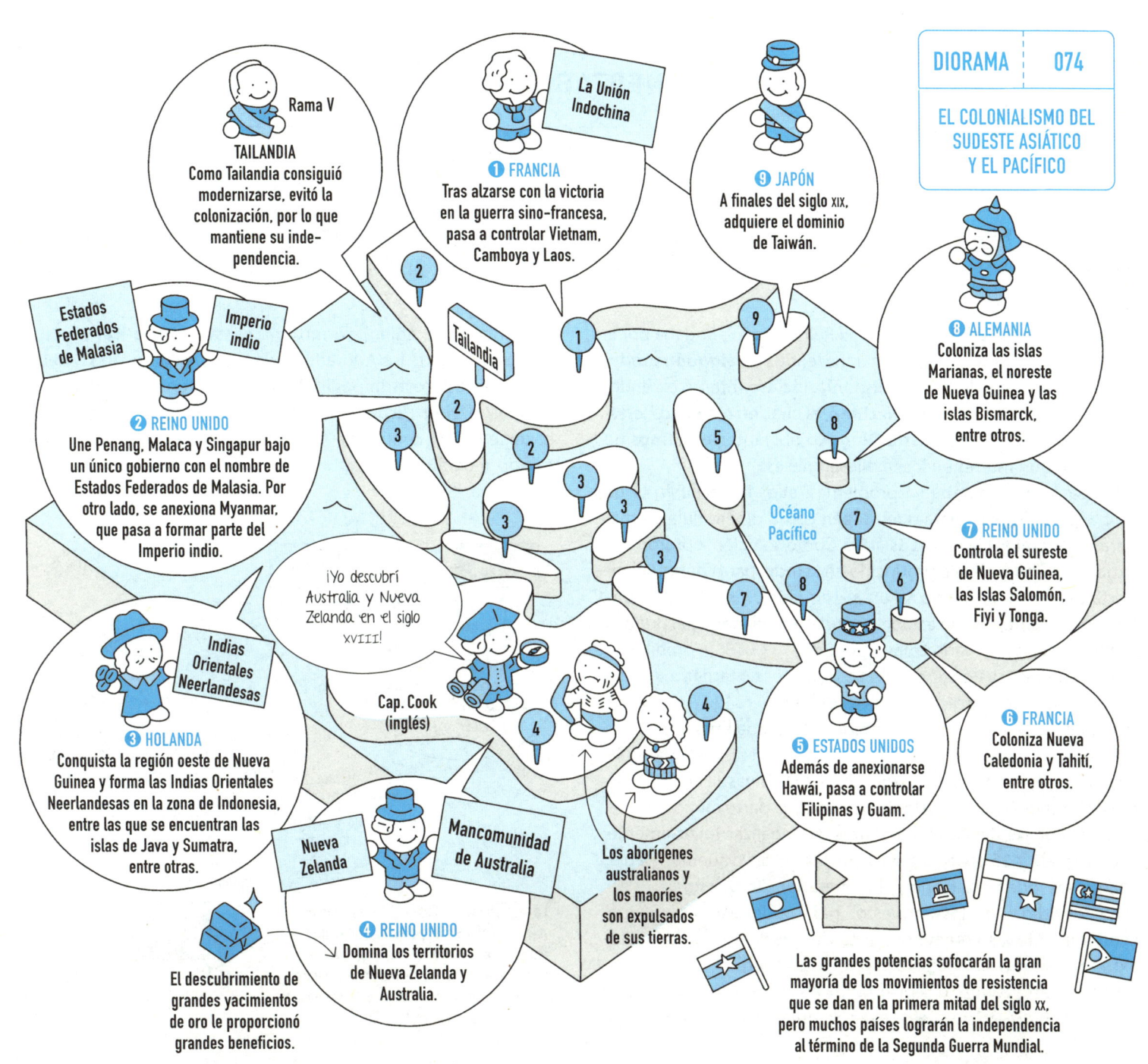

EL COLONIALISMO DEL SUDESTE ASIÁTICO Y EL PACÍFICO

Rama V

TAILANDIA
Como Tailandia consiguió modernizarse, evitó la colonización, por lo que mantiene su independencia.

❶ FRANCIA
Tras alzarse con la victoria en la guerra sino-francesa, pasa a controlar Vietnam, Camboya y Laos.

La Unión Indochina

❾ JAPÓN
A finales del siglo XIX, adquiere el dominio de Taiwán.

❽ ALEMANIA
Coloniza las islas Marianas, el noreste de Nueva Guinea y las islas Bismarck, entre otros.

Estados Federados de Malasia — *Imperio indio*

❷ REINO UNIDO
Une Penang, Malaca y Singapur bajo un único gobierno con el nombre de Estados Federados de Malasia. Por otro lado, se anexiona Myanmar, que pasa a formar parte del Imperio indio.

Tailandia

Océano Pacífico

❼ REINO UNIDO
Controla el sureste de Nueva Guinea, las Islas Salomón, Fiyi y Tonga.

¡Yo descubrí Australia y Nueva Zelanda en el siglo XVIII!

Cap. Cook (inglés)

Indias Orientales Neerlandesas

❸ HOLANDA
Conquista la región oeste de Nueva Guinea y forma las Indias Orientales Neerlandesas en la zona de Indonesia, entre las que se encuentran las islas de Java y Sumatra, entre otras.

Los aborígenes australianos y los maoríes son expulsados de sus tierras.

❺ ESTADOS UNIDOS
Además de anexionarse Hawái, pasa a controlar Filipinas y Guam.

❻ FRANCIA
Coloniza Nueva Caledonia y Tahití, entre otros.

Nueva Zelanda — *Mancomunidad de Australia*

❹ REINO UNIDO
Domina los territorios de Nueva Zelanda y Australia.

El descubrimiento de grandes yacimientos de oro le proporcionó grandes beneficios.

Las grandes potencias sofocarán la gran mayoría de los movimientos de resistencia que se dan en la primera mitad del siglo XX, pero muchos países lograrán la independencia al término de la Segunda Guerra Mundial.

167

075 — LA INESTABILIDAD DE CHINA ①

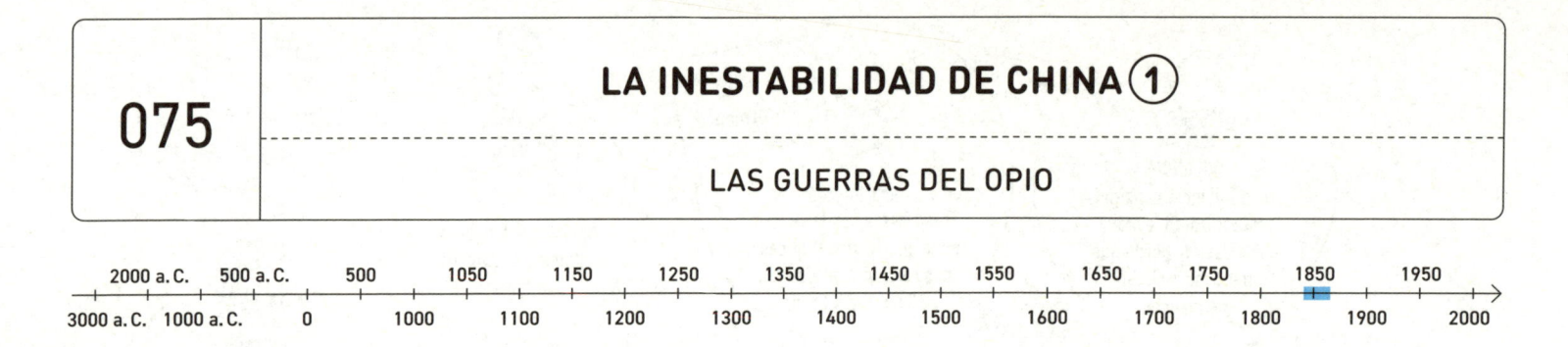

LAS GUERRAS DEL OPIO

En la segunda mitad del siglo XVIII, el Reino Unido abogaba por el libre comercio y buscaba exportar los tejidos de **algodón** producidos a bajo coste de los que disponía. Incluso intentó extender sus mercados hasta el **Imperio chino**, el cual, en esa época, estaba gobernado por la **dinastía Qing**. No obstante, **los chinos** no tenían ningún interés en los textiles ingleses.

El Reino Unido estaba en problemas: ellos importaban té de China, por lo que la plata que usaban como dinero fluía de manera unilateral hacia el país asiático. Como solución, optaron por exportar a China el opio producido en la India para continuar importando su té, formando así un **sistema de comercio triangular**. No obstante, el opio estaba perturbando la moral del pueblo, por lo que el funcionario chino **Lin Zexu (1785-1850)** prohibió la entrada de esta sustancia al país. Los ingleses no tardaron en responder y estalló la **primera guerra del opio** (1840-1842). China sufrió una gran derrota ante la moderna armada británica.

Después llegó la **segunda guerra del opio** (1856-1860), la cual también acabó con otra derrota para la dinastía Qing. China tuvo que ceder el control de Hong Kong y la parte meridional de la península de Kowloon a los ingleses, legalizar forzosamente el opio, reabrir 16 puertos para su importación y, además, pagar cuantiosas indemnizaciones. El emperador **Xiangfeng** (g. 1850-1861) decidió subir los impuestos para poder asumir la carga económica de las compensaciones de guerra, lo que dificultó extremadamente la vida para el pueblo de Qing.

En todo este contexto, **Hong Xiuquan (1813-1864)**, quien había suspendido varias veces el examen imperial (un examen para ser funcionario chino), formó una secta llamada **Bai Shangdi Hui** (Sociedad de los Adoradores de Dios), la cual acabó rebelándose contra la corte imperial china con la intención de derrocar a la dinastía Qing. Dicha secta, gracias al apoyo popular, consiguió hacerse con el control de la ciudad de Nankín, donde nació el estado teocrático del **Reino Celestial Taiping (la Rebelión de Taiping**, 1851-1864).

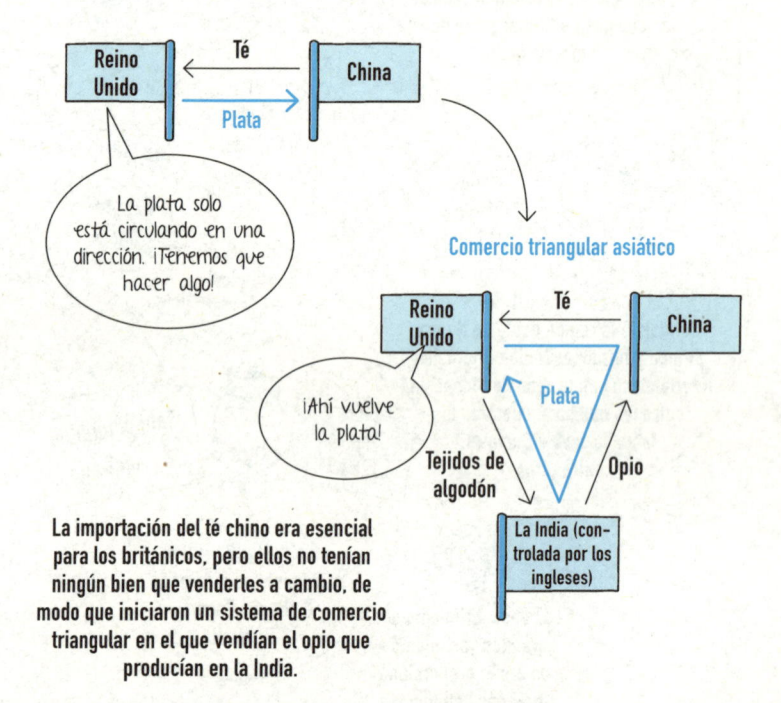

La importación del té chino era esencial para los británicos, pero ellos no tenían ningún bien que venderles a cambio, de modo que iniciaron un sistema de comercio triangular en el que vendían el opio que producían en la India.

DIORAMA 075

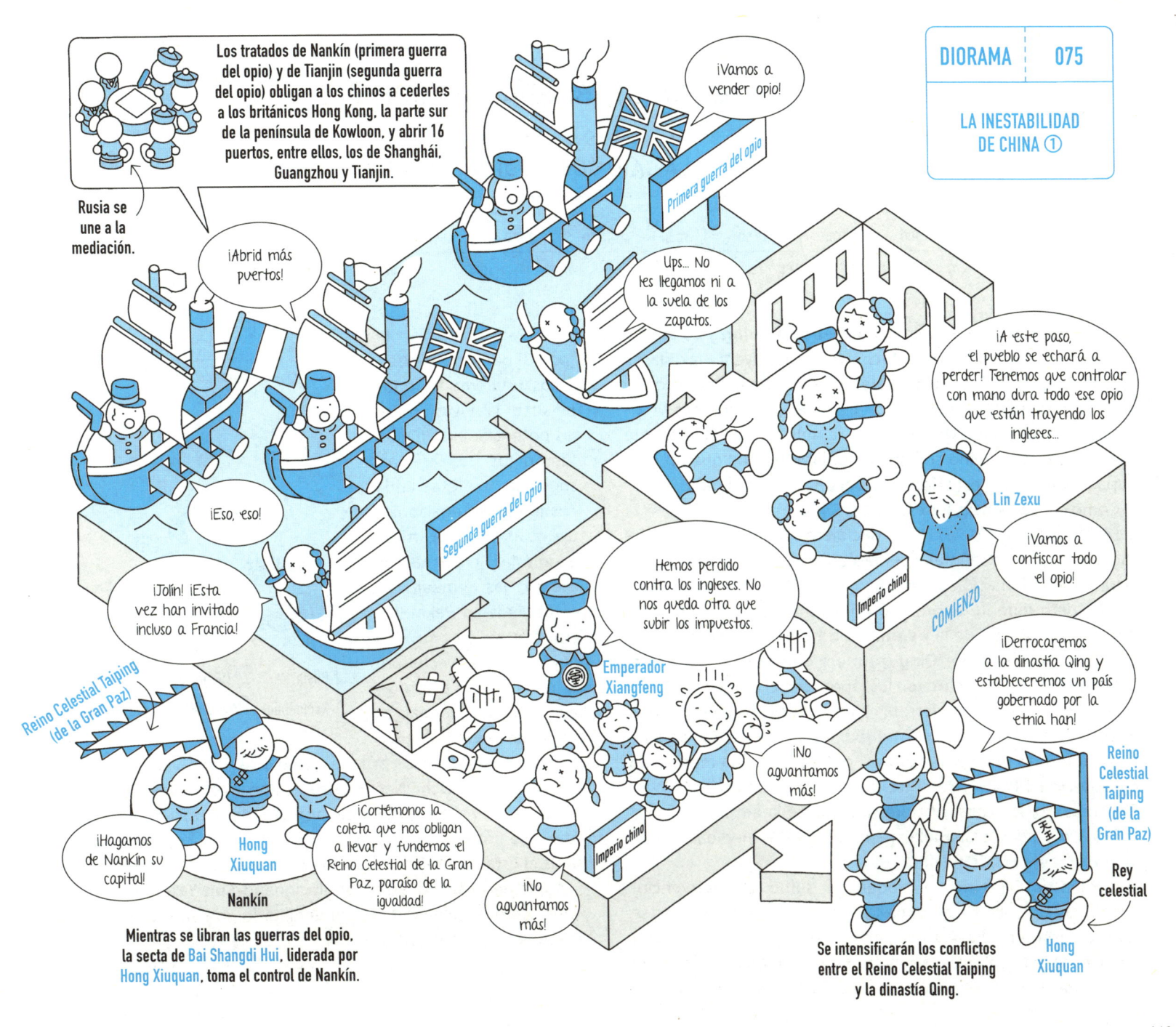

LA INESTABILIDAD DE CHINA ①

Los tratados de Nankín (primera guerra del opio) **y de Tianjin** (segunda guerra del opio) obligan a los chinos a cederles a los británicos Hong Kong, la parte sur de la península de Kowloon, y abrir 16 puertos, entre ellos, los de Shanghái, Guangzhou y Tianjin.

Rusia se une a la mediación.

— ¡Vamos a vender opio!
— ¡Abrid más puertos!
— Ups... No les llegamos ni a la suela de los zapatos.
— ¡Eso, eso!
— ¡Jolín! ¡Esta vez han invitado incluso a Francia!

Primera guerra del opio
Segunda guerra del opio

— ¡A este paso, el pueblo se echará a perder! Tenemos que controlar con mano dura todo ese opio que están trayendo los ingleses...
— ¡Vamos a confiscar todo el opio!

Lin Zexu

Imperio chino

COMIENZO

— Hemos perdido contra los ingleses. No nos queda otra que subir los impuestos.

Emperador Xiangfeng

— ¡No aguantamos más!
— ¡No aguantamos más!

Imperio chino

— ¡Derrocaremos a la dinastía Qing y estableceremos un país gobernado por la etnia han!

Reino Celestial Taiping (de la Gran Paz)

Rey celestial

Hong Xiuquan

Se intensificarán los conflictos entre el Reino Celestial Taiping y la dinastía Qing.

Reino Celestial Taiping (de la Gran Paz)

— ¡Hagamos de Nankín su capital!
— ¡Cortémonos la coleta que nos obligan a llevar y fundemos el Reino Celestial de la Gran Paz, paraíso de la igualdad!

Hong Xiuquan

Nankín

Mientras se libran las guerras del opio, la secta de **Bai Shangdi Hui**, liderada por **Hong Xiuquan**, toma el control de Nankín.

076 — LA INESTABILIDAD DE CHINA ②

LA CAÍDA DE LA DINASTÍA QING

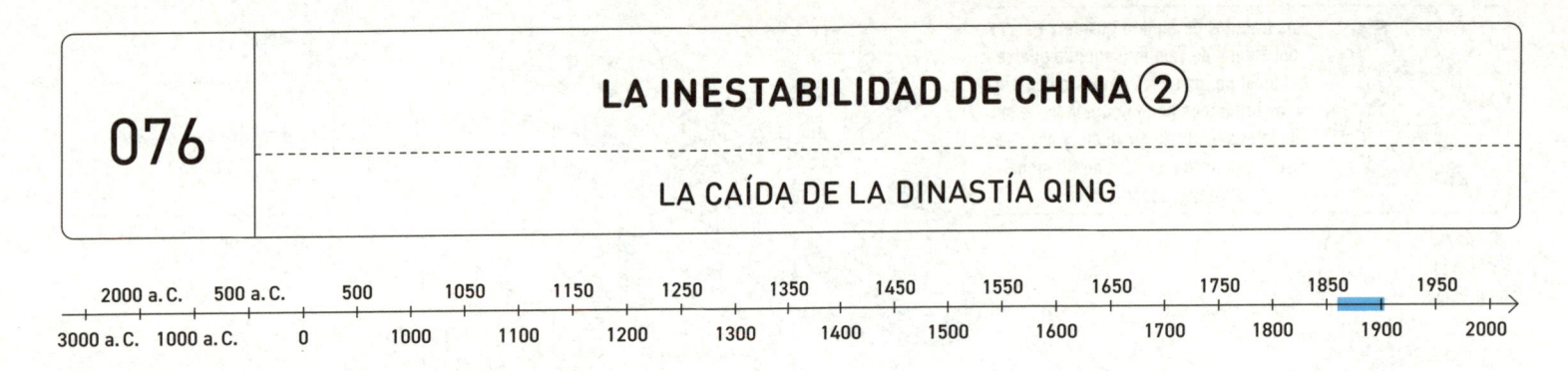

Hong Xiuquan (p. 168) dirigió la **rebelión Taiping** y conquistó Nankín para crear una nueva nación que sustituyera a la dinastía **Qing**. Sin embargo, el **Reino Celestial de la Gran Paz** cayó derrotado por el **Ejército Siempre Victorioso**, liderado por **Charles George Gordon (1833-1885)** y la milicia local. El incidente demostró que los Qing se habían debilitado tanto que no eran capaces de sofocar este tipo de rebeliones por sí solos.

Como consecuencia, los estadistas **Zeng Guofan (1811-1872)** y **Li Hongzhang (1823-1901)** decidieron incorporar la tecnología moderna occidental a la ideología tradicional de los Qing para reforzar la nación **(Movimiento de autofortalecimiento, 1860)**, pero durante el proceso China entró en guerra con Japón por el dominio de la **península de Corea**, en aquel entonces bajo el poder de los Qing **(primera guerra sino-japonesa, 1894-1895)** (p. 174) y ganaron los japoneses. El académico **Kang Youwei** concluyó que la derrota china se debió al atraso del país y convenció al **emperador Guangxu** para llevar a cabo una serie de reformas que convirtieron el gobierno en una monarquía constitucional **(inicio de la Reforma de los Cien Días, 1898)**. Sin embargo, los conservadores a favor de la **emperatriz Cixi (1835-1908)**, tía de Guangxu, rechazaron estas medidas **(fin de la Reforma de los Cien Días, 1898)**.

La dinastía Qing no se modernizó, sufrió las intervenciones de las principales potencias mundiales, cuyos ejércitos se estacionaron en diversas regiones, convirtiéndolas en una especie de semicolonias. Mientras tanto, Estados Unidos, que no llegó a tiempo para intervenir en China, propuso la **política de puertas abiertas** (p. 153) para imponerse.

Los primeros en oponerse a la invasión de las potencias extranjeras fueron los **bóxers**, una sociedad secreta anticristiana y segregacionista que atacó ferrocarriles e iglesias cristianas y asedió las embajadas extranjeras en Pekín. La emperatriz Cixi y sus seguidores aprovecharon el movimiento del grupo para echar del país a las potencias extranjeras **(levantamiento de los bóxers, 1900-1901)**, pero las tropas de la Alianza de las Ocho Naciones sofocaron la revuelta y el gobierno chino se vio obligado a pagar una indemnización. Además, tuvo que firmar el **Tratado de Xinchou (1901)**, con el que permitía el estacionamiento de soldados extranjeros en la capital.

A raíz de lo sucedido, el revolucionario **Sun Yat-sen** (p. 172) concluyó que debía derrocar al debilitado gobierno Qing y formar una nueva nación.

LA ESFERA DE INFLUENCIA DE LAS POTENCIAS EXTRANJERAS
Principios del siglo XX

- Rusia
- Francia
- Reino Unido
- Japón
- Alemania

DIORAMA 076

LA INESTABILIDAD DE CHINA ②

La emperatriz Cixi y los conservadores rechazan las reformas (fin de la Reforma de los Cien Días).

Detiene al Reino Celestial de la Gran Paz.

Con la ayuda del Reino Unido.

Ciudad Prohibida

COMIENZO

«Hemos conseguido detenerlos.» — Qing

El Imperio Qing no se moderniza, se debilita y los ejércitos de las potencias extranjeras se estacionan en diversas regiones, convirtiéndolas en semicolonias.

«La que gobierna soy yo.» — *Emperatriz Cixi*

Reino Celestial

Constitución

Incorpora la tecnología moderna occidental a la ideología tradicional de los Qing.

«Hacen falta reformas.» — *Li Hongzhang / Zeng Guofan*

Movimiento de autofortalecimiento

«El Imperio Qing es tan débil que ha perdido contra Japón.»

Reino Unido · Rusia · Alemania · Francia · Japón

Imperio Qing

Kang Youwei

Constitución

«Crearemos una monarquía constitucional.»

Reforma de los Cien Días

Primera guerra sino-japonesa — Japón

Entra en guerra con Japón (p. 175) durante el movimiento de autofortalecimiento.

Derrota Qing

«Los japoneses nos vencieron porque se modernizaron.»

Tropas estacionadas · **Bóxers**

«¡Largo, extranjeros!»

Levantamiento de los bóxers

La sociedad secreta de los bóxers se rebela contra las tropas de las potencias extranjeras.

«Es vuestra culpa.» — *Potencias* / *Qing* / *Bóxers*

Tropas de las potencias extranjeras

Tratado de Xinchou
El gobierno chino debe pagar una gran indemnización y permitir el estacionamiento de soldados extranjeros en la capital.

La Alianza de las Ocho Naciones sofoca la revuelta y el gobierno chino debe firmar el Tratado de Xinchou.

«La dinastía Qing está acabada.»

Sun Yat-sen se interesa por Japón, que venció a la gran Rusia en la guerra ruso-japonesa (p. 173).

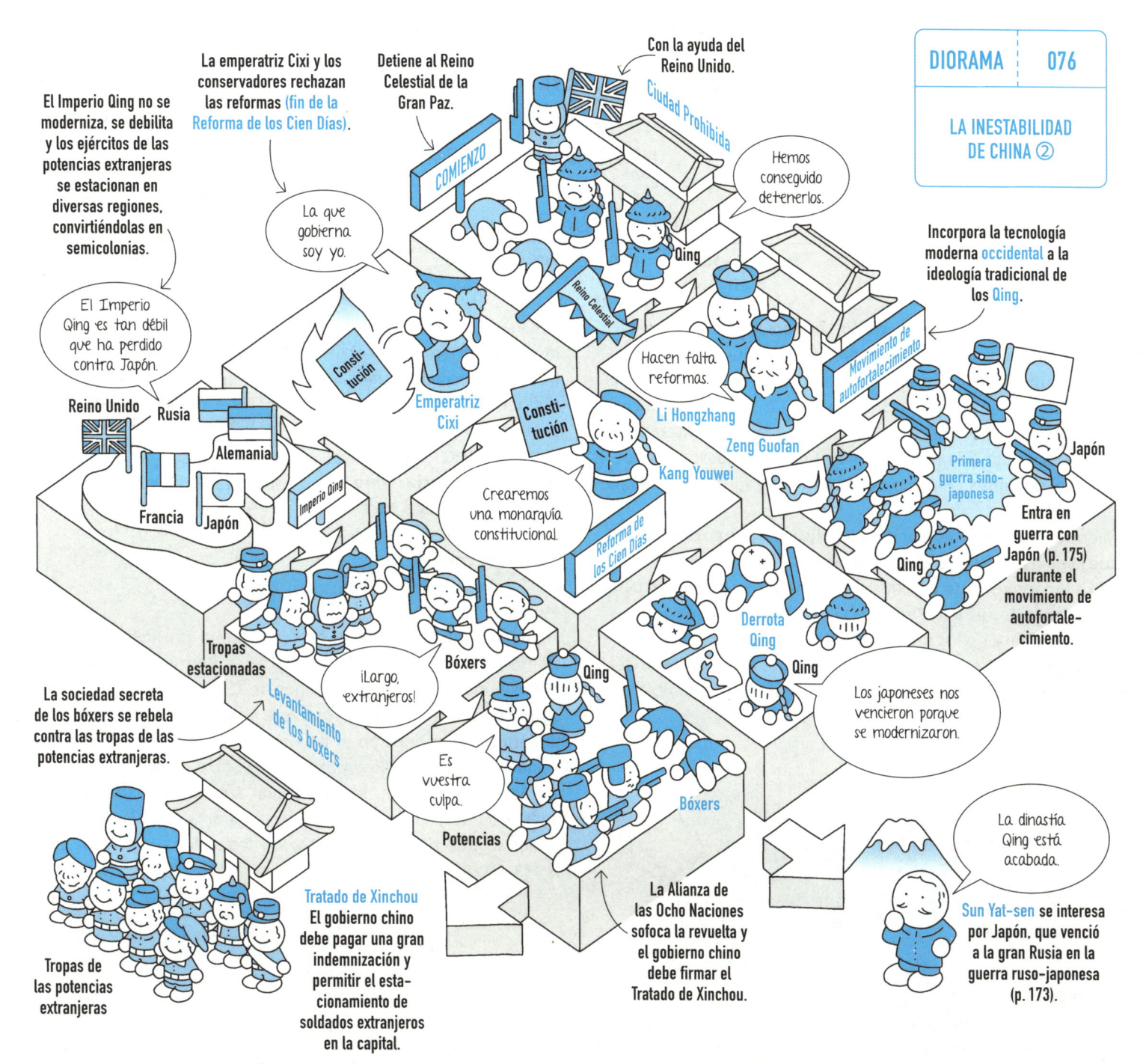

171

077 — LA INESTABILIDAD DE CHINA ③

LA REVOLUCIÓN DE XINHAI

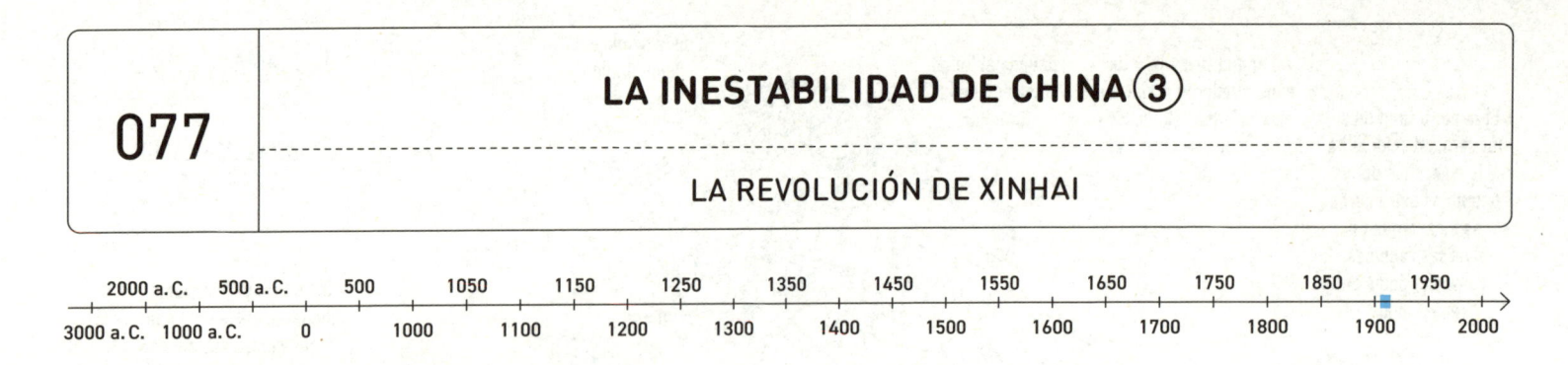

Después del **levantamiento de los bóxers** (p. 170), el pueblo chino empezó a desconfiar del gobierno Qing, que intentó superar la crisis modernizándose y convirtiéndose en una monarquía constitucional **(Reformas tardías de los Qing)**, pero no funcionó. **Sun Yat-sen (1866-1925)** decidió que la única alternativa posible era iniciar una revolución, reunió a burgueses, intelectuales y estudiantes chinos en el extranjero y formó la **Alianza China (1905)**.

Mientras tanto, los revolucionarios disgustados por el gobierno de la dinastía Qing se alzaron en armas y las provincias empezaron a independizarse una tras otra. Sun Yat-sen regresó al país y proclamó la **República de China (1/1/1912)** en Nankín junto a los revolucionarios y los miembros de la Alianza China.

Después, se alió con **Yuan Shikai (1859-1916)**, el general del ejército Qing, para que derrocara a la dinastía Qing a cambio de declararlo presidente de la república. Yuan Shikai utilizó su posición para obligar a abdicar a **Puyi**, el **emperador Xuantong (g. 1908-1912)**. Este cedió y la **dinastía Qing llegó a su fin**. Esta sucesión de acontecimientos se conoce como la **Revolución de Xinhai (1911-1912)**.

Una vez que Yuan Shikai se convirtió en presidente, se proclamó emperador en Pekín, aceptó las **Veintiuna exigencias (1915)**, una serie de imposiciones desfavorables para China, se ganó el odio del pueblo y tuvo que abandonar el trono. El sentimiento antijaponés en el país se acrecentó y los estudiantes iniciaron protestas **(Movimiento del Cuatro de Mayo, 1919)**.

Tras la desaparición de Yuan Shikai, sus subordinados y otros militares influyentes **(señores de la guerra)** se disputaron el poder, lo que dio paso a la **era de los señores de la guerra (1915-1928)**.

LAS VEINTIUNA EXIGENCIAS

Después de firmar el Tratado de Portsmouth (p. 174), Japón continuó su avance hacia China. Los japoneses, que estaban en el bando contrario a Alemania en la Primera Guerra Mundial, exigieron a los chinos la cesión de los intereses alemanes en la provincia de Shandong.

LA DINASTÍA QING Y LA REPÚBLICA DE CHINA

El 1 de enero de 1912, en Nankín, Sun Yat-sen proclamó el nacimiento de la primera república de Asia, la República de China.

DIORAMA 077

LA INESTABILIDAD DE CHINA ③

Ejército Qing

General del ejército Qing

"Necesito tu ayuda para llevar a cabo una revolución sin sangre."

Sun Yat-sen

"Estoy preocupado..."

Yuan Shikai

"Te echaré una mano a cambio de ser el presidente."

Políticos de las 14 provincias que se declararon independientes del Imperio Qing.

"¡Derroquemos el gobierno Qing y fundemos la primera república de Asia, la República de China!"

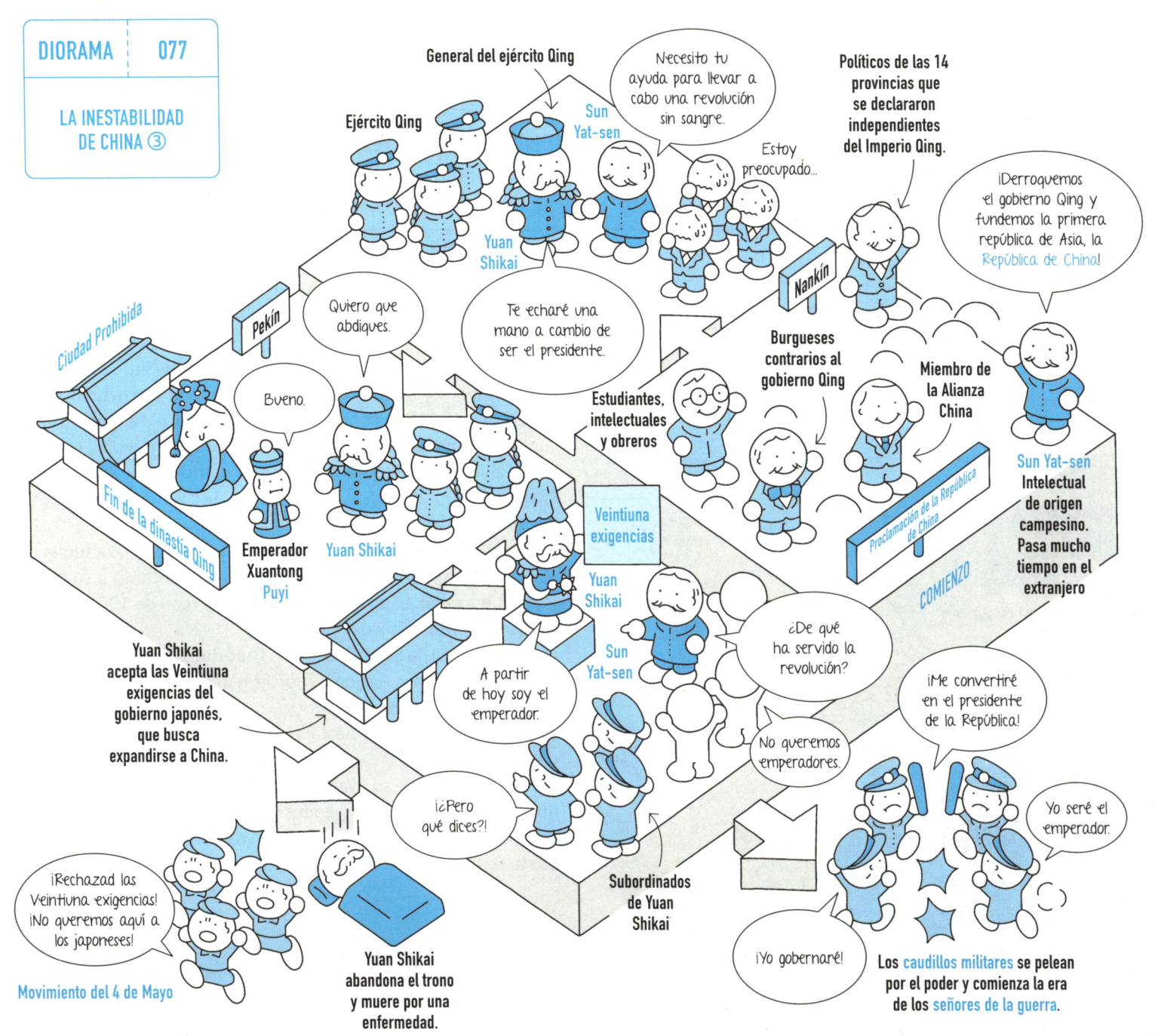

Ciudad Prohibida — *Pekín* — *Nankín*

"Quiero que abdiques."

"Bueno."

Fin de la dinastía Qing

Emperador Xuantong Puyi

Yuan Shikai

Estudiantes, intelectuales y obreros

Burgueses contrarios al gobierno Qing

Miembro de la Alianza China

Proclamación de la República de China

Sun Yat-sen
Intelectual de origen campesino. Pasa mucho tiempo en el extranjero.

COMIENZO

Veintiuna exigencias

Yuan Shikai

"A partir de hoy soy el emperador."

Sun Yat-sen

"¿De qué ha servido la revolución?"

"¡Me convertiré en el presidente de la República!"

"No queremos emperadores."

Yuan Shikai acepta las Veintiuna exigencias del gobierno japonés, que busca expandirse a China.

"¡¿Pero qué dices?!"

Subordinados de Yuan Shikai

"Yo seré el emperador."

"¡Rechazad las Veintiuna exigencias! ¡No queremos aquí a los japoneses!"

Movimiento del 4 de Mayo

Yuan Shikai abandona el trono y muere por una enfermedad.

"¡Yo gobernaré!"

Los caudillos militares se pelean por el poder y comienza la era de los señores de la guerra.

078 LA GUERRA RUSO-JAPONESA

JAPÓN AUMENTA SU INFLUENCIA

La expedición de Perry
Después de que Estados Unidos se anexionara California, el país puso su mirada en Asia y el Pacífico y Matthew C. Perry partió hacia Japón.

Apertura de Japón → **Restauración Meiji**

La modernización de Japón

Constitución del Imperio de Japón — Establecimiento de una constitución

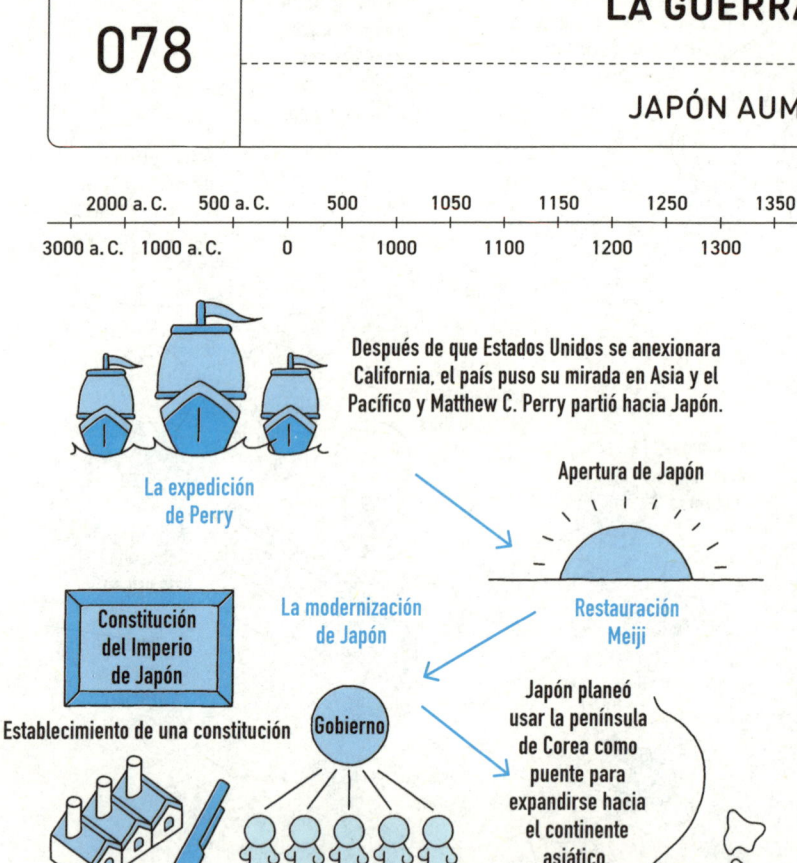

Gobierno — Centralización del capital

«Enriquecer el país, fortalecer el ejército»

Japón planeó usar la península de Corea como puente para expandirse hacia el continente asiático.

Primera guerra sino-japonesa
— ¡Corea es del Imperio Qing!
— Abandonad Corea.

Japón entró en conflicto con el Imperio Qing porque Corea era de su propiedad, y venció.

Japón venció al Imperio Qing en la **guerra sino-japonesa** (p. 170). Corea se independizó y Japón se quedó con Taiwán y la península de **Liaodong (Tratado de Shimonoseki, 1895)**.

Sin embargo, Rusia estaba construyendo el **ferrocarril Transiberiano** (p. 158) mientras avanzaba hacia el sur de Asia y, junto a Francia y Alemania, exigió que Japón devolviera Liaodong al Imperio Qing para frenar su expansión por Asia **(Triple Intervención, 1895)**. La **guerra ruso-japonesa (1904-1905)** no tardó en empezar.

El país nipón recibió la ayuda del Reino Unido, que temía el avance de las fuerzas rusas, y el conflicto se decantó a su favor. Por si fuera poco, se produjo la **Revolución rusa de 1905** (p. 184) y a Rusia se le complicó la guerra.

El presidente de Estados Unidos, **Theodore Roosevelt** (p. 152), medió entre las dos naciones, que firmaron el **Tratado de Portsmouth (1905)**. Japón obtuvo la victoria y consiguió expandir su esfera de influencia hasta el sur de Manchuria y el control de Corea.

Tras el fracaso de su avance por el sur hacia Extremo Oriente, Rusia fijó la mirada en la península de los Balcanes, pero acabó chocando con los alemanes y su plan de construir un **ferrocarril hasta Bagdad** (p. 176).

| DIORAMA | 078 |

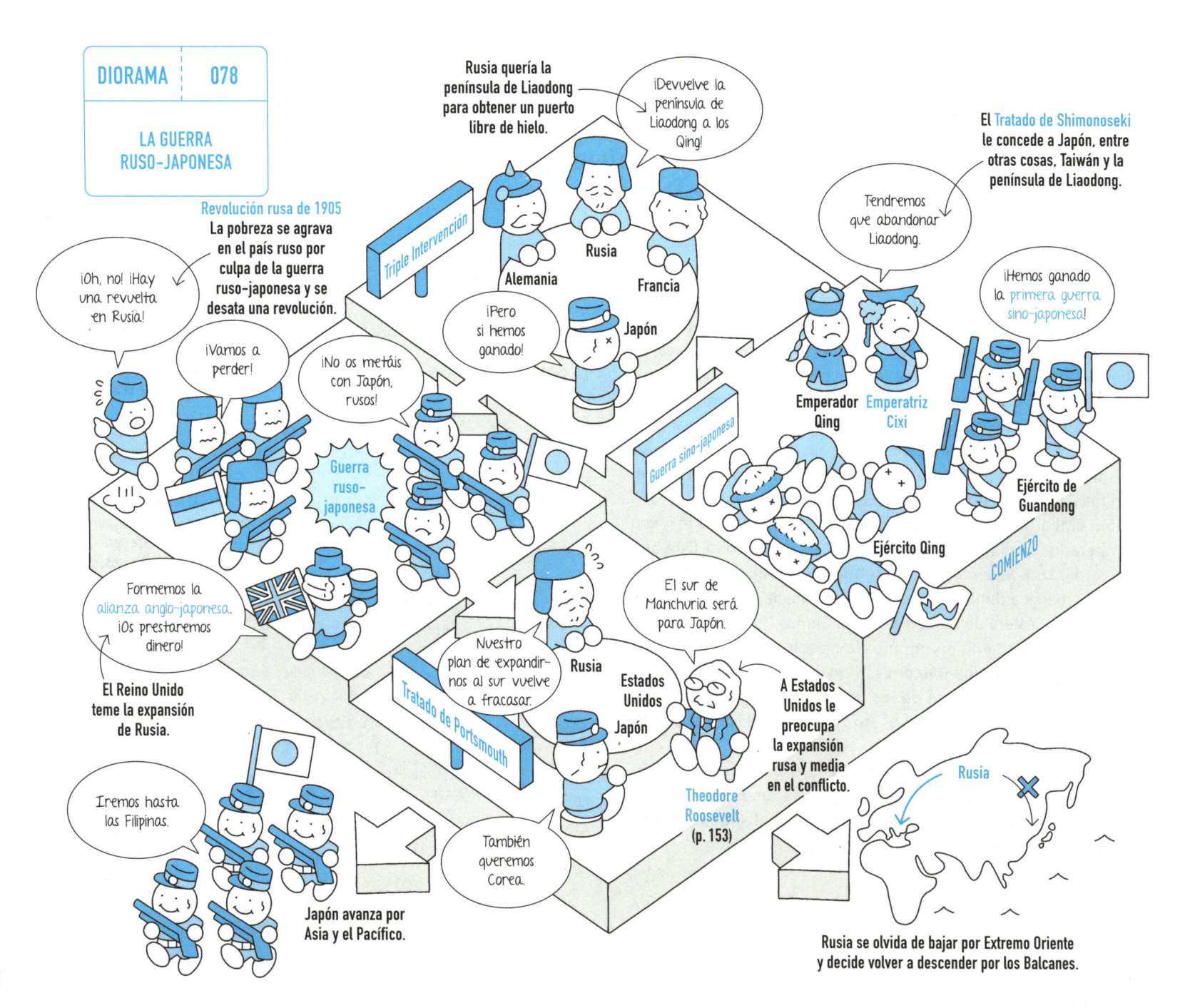

LA GUERRA RUSO-JAPONESA

Revolución rusa de 1905
La pobreza se agrava en el país ruso por culpa de la guerra ruso-japonesa y se desata una revolución.

¡Oh, no! ¡Hay una revuelta en Rusia!

¡Vamos a perder!

¡No os metáis con Japón, rusos!

Rusia quería la península de Liaodong para obtener un puerto libre de hielo.

¡Devuelve la península de Liaodong a los Qing!

Triple Intervención

Rusia
Alemania
Francia
Japón

¡Pero si hemos ganado!

El Tratado de Shimonoseki le concede a Japón, entre otras cosas, Taiwán y la península de Liaodong.

Tendremos que abandonar Liaodong.

¡Hemos ganado la primera guerra sino-japonesa!

Emperador Qing
Emperatriz Cixi

Guerra sino-japonesa

Ejército Qing
Ejército de Guandong

COMIENZO

Guerra ruso-japonesa

Formemos la alianza anglo-japonesa. ¡Os prestaremos dinero!

El Reino Unido teme la expansión de Rusia.

Nuestro plan de expandirnos al sur vuelve a fracasar.

Rusia

Tratado de Portsmouth

Japón

El sur de Manchuria será para Japón.

Estados Unidos

Theodore Roosevelt (p. 153)

A Estados Unidos le preocupa la expansión rusa y media en el conflicto.

Iremos hasta las Filipinas.

También queremos Corea.

Japón avanza por Asia y el Pacífico.

Rusia

Rusia se olvida de bajar por Extremo Oriente y decide volver a descender por los Balcanes.

079 LOS SISTEMAS BISMARCKIANOS Y SU DESTRUCCIÓN

BISMARCK Y LA SUBIDA AL TRONO DE GUILLERMO II

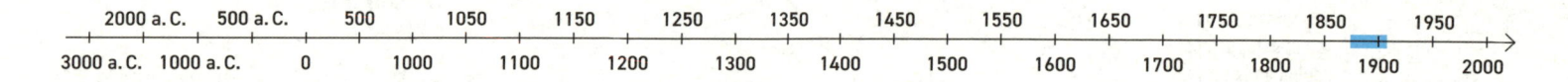

La **Confederación alemana** venció a Francia en la **guerra pruso-francesa** (p. 134) y **Otto von Bismarck (g. 1871-1890)**, canciller del Imperio alemán, formó la **Liga de los Tres Emperadores (1873-1881)** con Austria-Hungría y Rusia y la **Triple Alianza (1882-1915)** con Italia y Austria-Hungría **(sistemas bismarckianos)** para aislar a los franceses y evitar un posible contraataque. Bismarck intentó estabilizar el imperio todo lo posible sin entrar en más guerras ni embarcarse en el colonialismo.

Sin embargo, la política de la nación cambió cuando el joven emperador **Guillermo II (g. 1888-1918)** subió al trono. Este quiso **reforzar la Marina Imperial**, abogó por el imperialismo, forzó a Bismarck a dimitir y decidió avanzar hacia el sur de África y expandir su esfera de influencia hasta China.

El emperador también impulsó la creación de un **ferrocarril que llegase hasta los Balcanes**, pero su plan no solo chocaba con **la estrategia inglesa de las tres ces** (p. 164), sino también con la **expansión rusa hacia el sur** que estaba llevando a cabo Nicolás II.

Para evitar el avance alemán, **Rusia** formó la **Triple Entente (1907)** con el **Reino Unido** y **Francia**, las relaciones entre rusos y alemanes siguieron empeorando y terminó estallando la **Primera Guerra Mundial** (p. 180).

Ferrocarril de Bagdad
Plan alemán para conectar Berlín con Bagdad y acceder al golfo Pérsico.

Estrategia de las tres ces
Plan británico para mantener una vía de comunicación entre El Cairo, Ciudad del Cabo y Calcuta.

Expansión hacia el sur
Plan ruso para obtener un puerto libre de hielo durante todo el año.

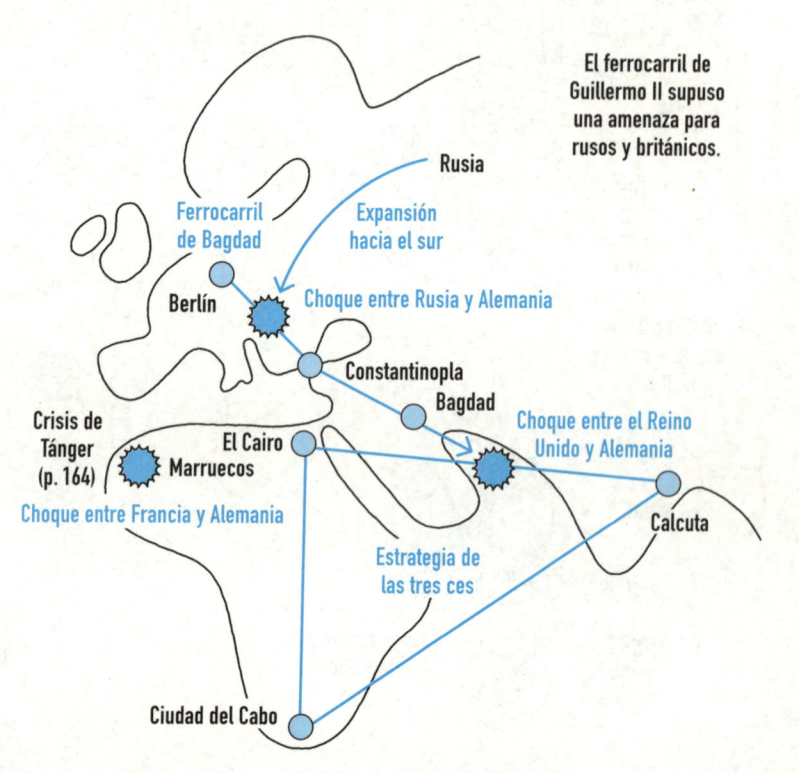

El ferrocarril de Guillermo II supuso una amenaza para rusos y británicos.

DIORAMA 079

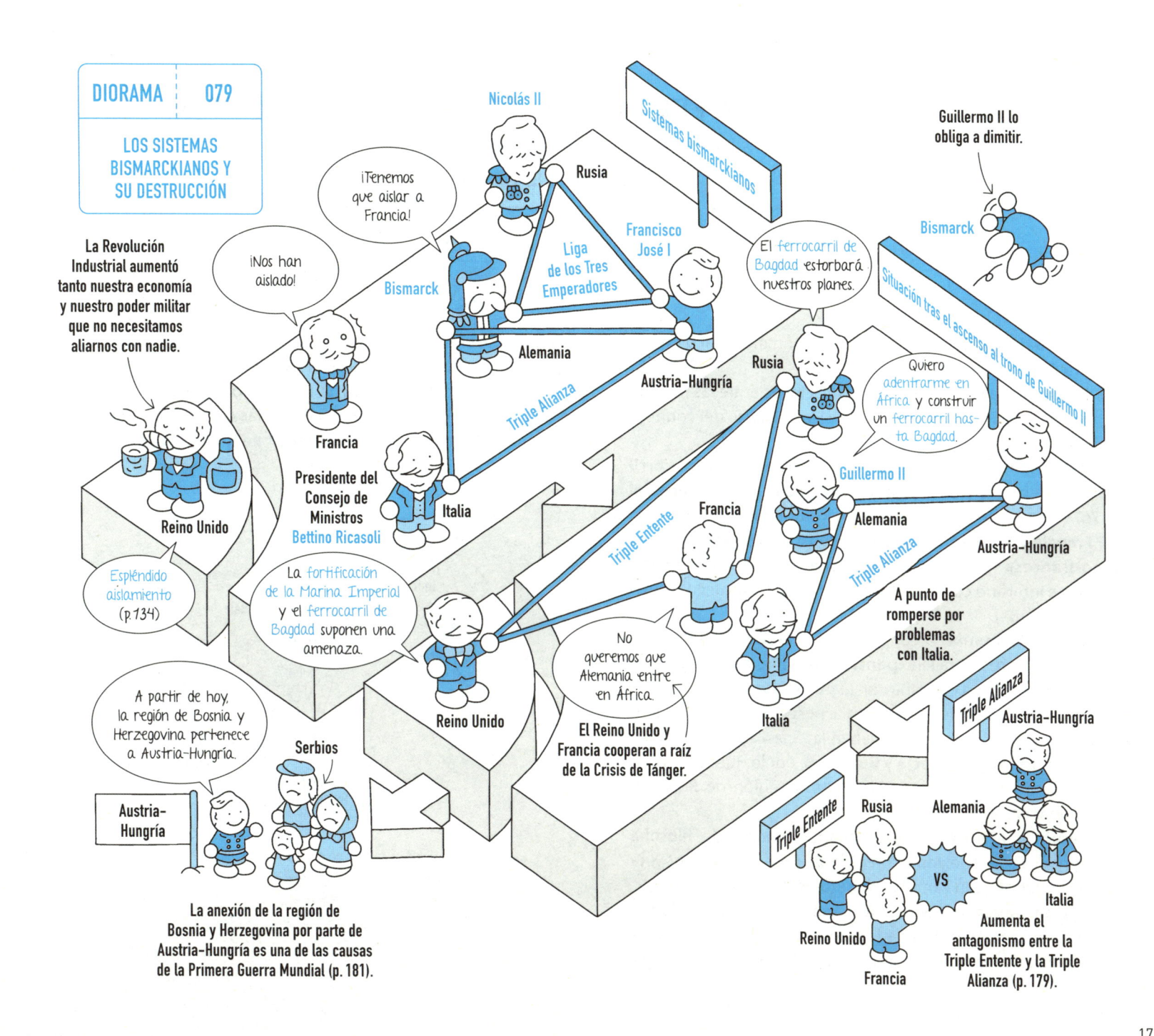

LOS SISTEMAS BISMARCKIANOS Y SU DESTRUCCIÓN

Sistemas bismarckianos

- Nicolás II — Rusia
- Francisco José I — Austria-Hungría
- Bismarck — Alemania
- *Liga de los Tres Emperadores*
- *Triple Alianza* (Alemania, Austria-Hungría, Italia)

Bismarck: «¡Tenemos que aislar a Francia!»

Francia: «¡Nos han aislado!»

Reino Unido: «La Revolución Industrial aumentó tanto nuestra economía y nuestro poder militar que no necesitamos aliarnos con nadie.» — *Espléndido aislamiento* (p. 134)

Presidente del Consejo de Ministros **Bettino Ricasoli** (Italia): «La fortificación de la Marina Imperial y el ferrocarril de Bagdad suponen una amenaza.»

Situación tras el ascenso al trono de Guillermo II

Guillermo II lo obliga a dimitir. → Bismarck

Guillermo II: «Quiero adentrarme en África y construir un ferrocarril hasta Bagdad.»

Rusia: «El ferrocarril de Bagdad estorbará nuestros planes.»

Triple Entente (Francia, Rusia, Reino Unido)
Triple Alianza (Alemania, Austria-Hungría, Italia) — A punto de romperse por problemas con Italia.

Reino Unido: «No queremos que Alemania entre en África.»
El Reino Unido y Francia cooperan a raíz de la Crisis de Tánger.

Austria-Hungría: «A partir de hoy, la región de Bosnia y Herzegovina pertenece a Austria-Hungría.»

Serbios

La anexión de la región de Bosnia y Herzegovina por parte de Austria-Hungría es una de las causas de la Primera Guerra Mundial (p. 181).

Triple Entente (Reino Unido, Francia, Rusia) VS **Triple Alianza** (Austria-Hungría, Alemania, Italia)

Aumenta el antagonismo entre la Triple Entente y la Triple Alianza (p. 179).

080 | LA SITUACIÓN PREVIA A LA PRIMERA GUERRA MUNDIAL

POSTURA DE CADA PAÍS

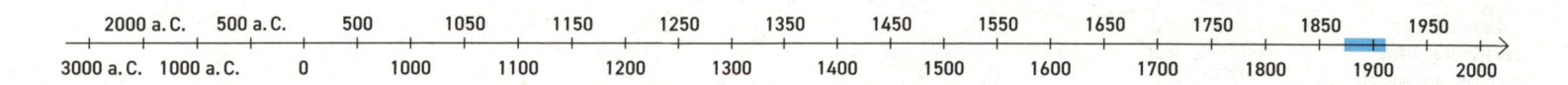

El **atentado de Sarajevo** (p. 180) fue el detonante final de la **Primera Guerra Mundial**.

El diorama de la derecha cubre las relaciones entre las diferentes naciones para hacerse una idea básica del inicio del confrontamiento.

(Ver diorama) ❶ El **Reino Unido** y **Alemania**: el **ferrocarril de Bagdad** (p. 176) y el **fortalecimiento de la Marina Imperial** (p. 176) supusieron una amenaza para los británicos.

❷ **Francia** y **Alemania**: estaban enemistadas desde la **guerra pruso-francesa** (p. 134). Alemania comenzó a fundar colonias en África e interfirió con el gobierno francés de Marruecos (Crisis de Tánger, p. 164).

❸ **Rusia** y **Alemania**: la construcción del **ferrocarril de Bagdad** era un estorbo para la **expansión rusa hacia el sur**. El **pangermanismo** alemán chocaba con el **paneslavismo** ruso.

❹ **Rusia** y **Austria-Hungría**: Rusia poseía bastante influencia sobre los países que conformaban la **Liga Balcánica (1912)** (**Serbia**, **Montenegro**, **Grecia** y **Bulgaria**), por lo que se alió con Serbia cuando Austria-Hungría le quitó la región de Bosnia y Herzegovina (p. 180).

❺ **Serbia** y **Austria-Hungría**: Austria-Hungría, de filosofía pangermanista, se anexionó la región de Bosnia y Herzegovina (p. 160), hogar de gran cantidad de serbios (eslavos).

❻ **Liga Balcánica** e **Imperio otomano**: los otomanos estaban enemistados con los países de los Balcanes, que se independizaron de ellos, y con Rusia, por darles su apoyo (p. 160). La **Liga Balcánica** se enfrentó al imperio **(primera guerra de los Balcanes, 1912-1913)** y le quitó parte de su territorio.

❼ **Liga Balcánica** y **Bulgaria**: Bulgaria perteneció a la Liga, pero la abandonó cuando se enfrentó a las demás naciones por un conflicto territorial **(segunda guerra de los Balcanes, 1913)**.

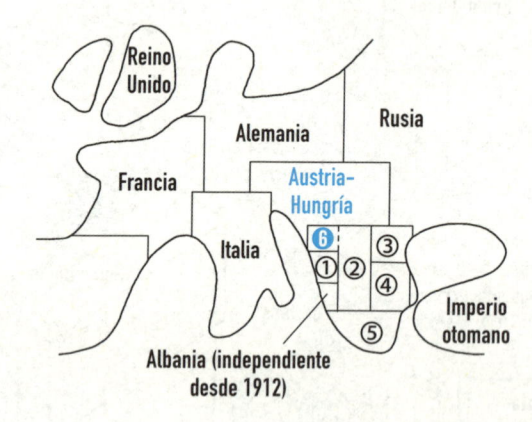

① Montenegro
② Serbia
③ Rumanía
④ Bulgaria
⑤ Grecia
⑥ Bosnia y Herzegovina

DIORAMA 080

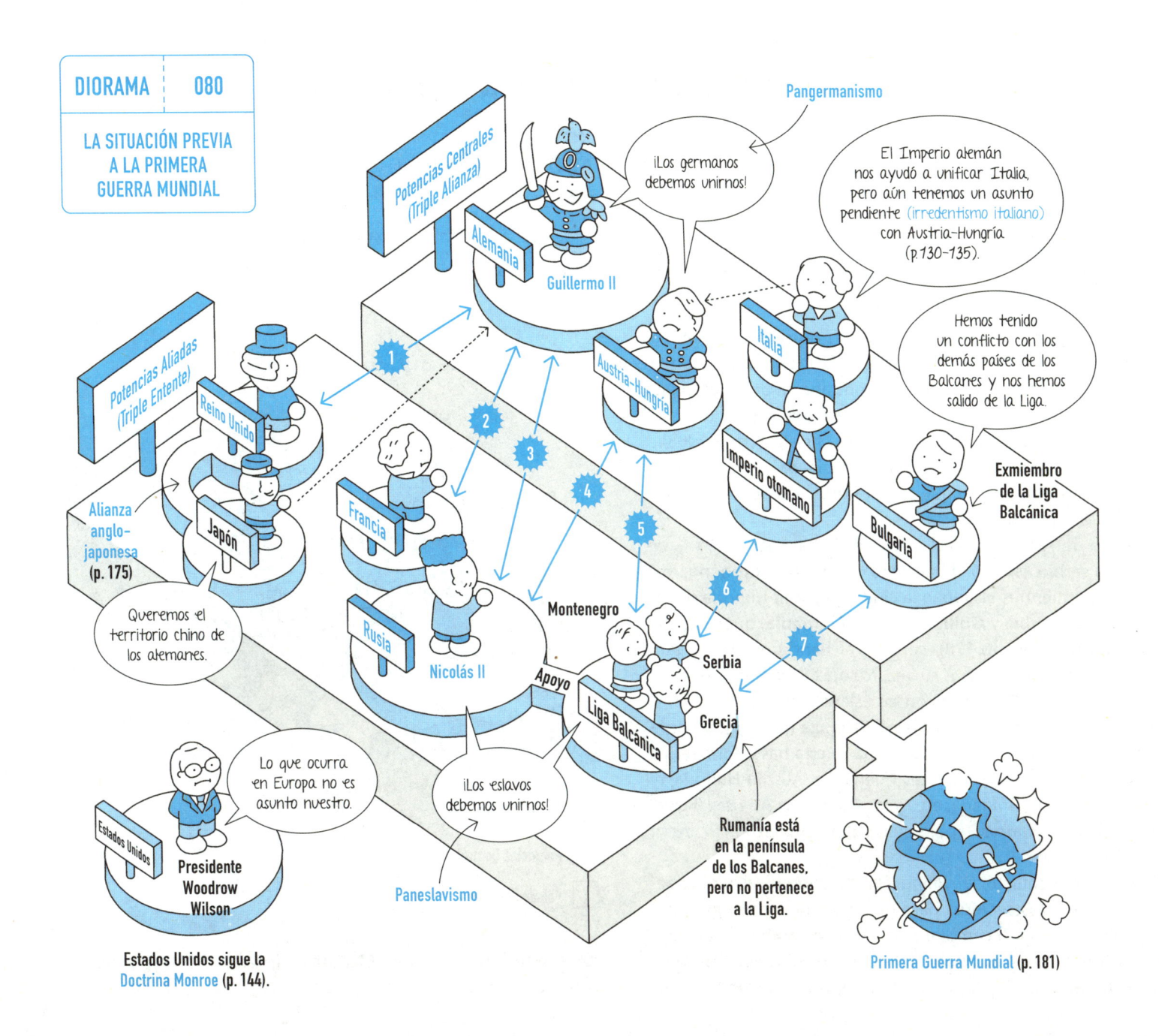

LA SITUACIÓN PREVIA A LA PRIMERA GUERRA MUNDIAL

Potencias Centrales (Triple Alianza)

Alemania — Guillermo II: ¡Los germanos debemos unirnos! *(Pangermanismo)*

Austria-Hungría

Italia: El Imperio alemán nos ayudó a unificar Italia, pero aún tenemos un asunto pendiente (irredentismo italiano) con Austria-Hungría (p. 130-135).

Imperio otomano: Hemos tenido un conflicto con los demás países de los Balcanes y nos hemos salido de la Liga.

Bulgaria — **Exmiembro de la Liga Balcánica**

Potencias Aliadas (Triple Entente)

Reino Unido

Japón: Queremos el territorio chino de los alemanes.
Alianza anglo-japonesa (p. 175)

Francia

Rusia — Nicolás II

Liga Balcánica: Montenegro, Serbia, Grecia
Apoyo — ¡Los eslavos debemos unirnos! *(Paneslavismo)*

Rumanía está en la península de los Balcanes, pero no pertenece a la Liga.

Estados Unidos — Presidente Woodrow Wilson: Lo que ocurra en Europa no es asunto nuestro.

Estados Unidos sigue la **Doctrina Monroe** (p. 144).

Primera Guerra Mundial (p. 181)

081 — LA PRIMERA GUERRA MUNDIAL ①

EL ATENTADO DE SARAJEVO

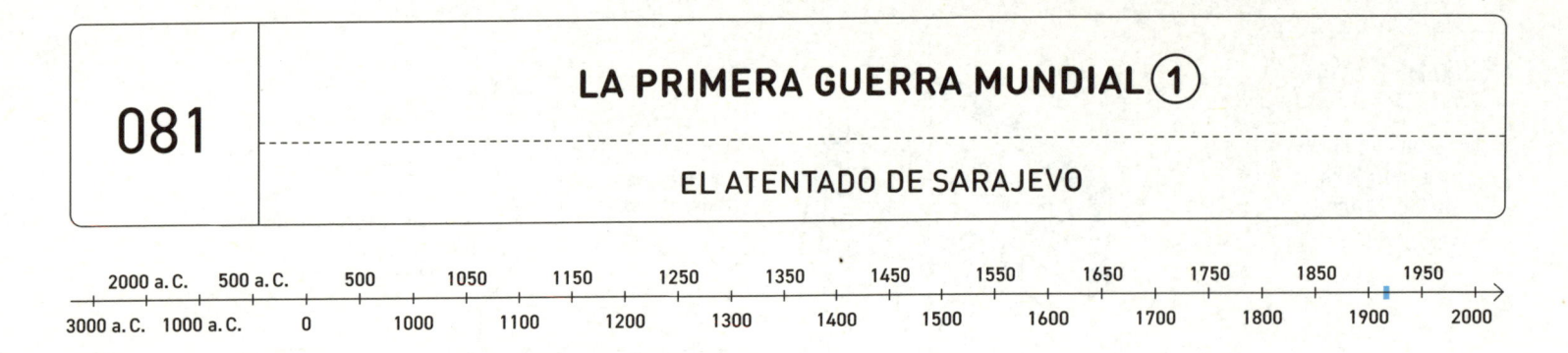

Austria-Hungría aprovechó la confusión causada por la **Revolución de los Jóvenes Turcos** (p. 160) para anexionarse la región de **Bosnia y Herzegovina**, que se encontraba en poder otomano (en el Congreso de Berlín —p. 158— ya se había admitido el control austrohúngaro, pero la anexión no se oficializó hasta 1908).

La región estaba poblada por **serbios** (eslavos como los rusos), croatas y musulmanes, así que se opusieron a la ocupación austrohúngara de sus tierras.

En junio de 1914, ocurrió el **atentado de Sarajevo (1914)**, en el que un serbio asesinó al heredero del trono austrohúngaro y a su esposa mientras visitaban la ciudad. Austria-Hungría declaró la guerra a Serbia y **Guillermo II** de **Alemania**, que apoyaba el **pangermanismo** (p. 178), se unió al bando austrohúngaro por ser de etnia germana. A su vez, **Nicolás II** de **Rusia**, que era **paneslavista** (p. 178), se alió con los eslavos serbios.

Poco a poco, los países de la **Triple Alianza** (p. 176) y la **Triple Entente** (p. 176) fueron entrando en la guerra hasta formar dos bandos: las **Potencias Centrales** (Alemania, Austria-Hungría, el Imperio Otomano, Bulgaria, etc.) y las **Potencias Aliadas** (Rusia, el Reino Unido, Francia, Japón, etc.) y dio comienzo la **Primera Guerra Mundial (1914-1918)**.

Durante el conflicto, el Reino Unido (bloque aliado), pactó varios acuerdos secretos para ganar ventaja: consiguió que Italia (bloque central) cambiara de bando a cambio de cederle los territorios italianos que le faltaban por obtener (**irredentismo italiano**, p. 130) y también otros tratos como el de la correspondencia **Husayn-McMahon** (p. 222) o la **Declaración Balfour** (p. 222).

Europa durante la Primera Guerra Mundial

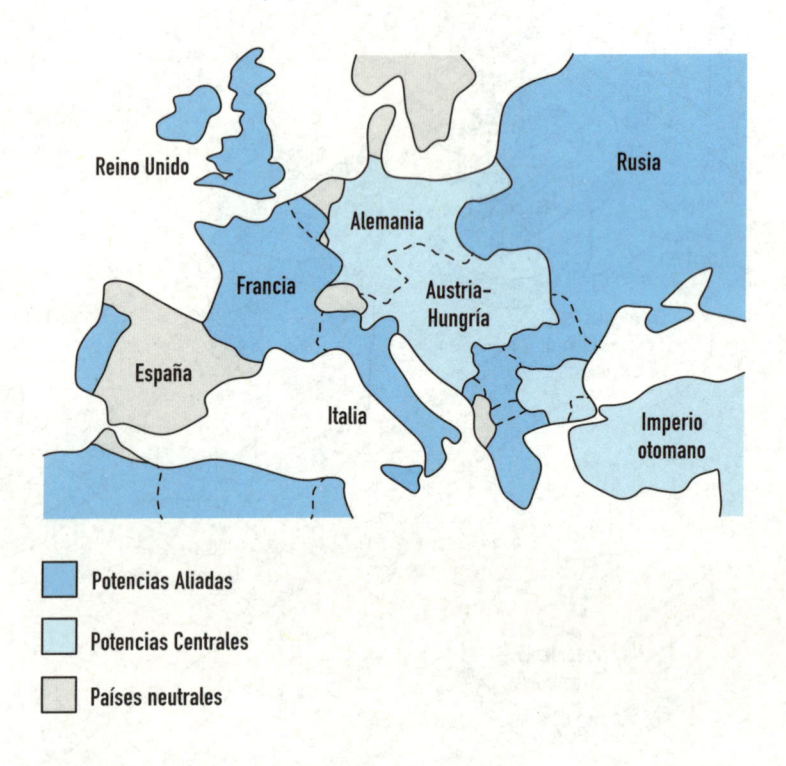

- Potencias Aliadas
- Potencias Centrales
- Países neutrales

DIORAMA 081

LA PRIMERA GUERRA MUNDIAL ①

Austrohúngaros (germanos)

¡Bosnia es territorio austrohúngaro!

Austria-Hungría declara la guerra a Serbia.

Serbios (eslavos)

¡Bosnia y Herzegovina es territorio serbio! ¡Largo de aquí, austrohúngaros!

Inicio de la Primera Guerra Mundial

ATENTADO DE SARAJEVO
Un *serbio* asesina al heredero al trono austrohúngaro y a su esposa mientras visitaban la ciudad de Sarajevo, ubicada en Bosnia y Herzegovina, territorio *serbio* controlado por Austria-Hungría.

¡Nosotros también participamos!

¡Ayudaremos a Serbia por ser una nación eslava!

Francia

Reino Unido

Japón

Rusia

¡Ayudaremos a Austria-Hungría por ser una nación germana!

Alemania

En pleno desfile

COMIENZO

¡Nosotros también participamos!

VS

Austria-Hungría — Serbia

¡30 países participan en el conflicto entre Austria-Hungría y Serbia!

Aviones

Zepelines

Se crean nuevas armas.

Trincheras

Acorazados

Bosnia y Herzegovina es tierra de eslavos. ¡No queremos germanos!

Si ganamos la guerra, os daremos los territorios que os faltan para unificar el país. ¿Os interesa?

Gases tóxicos

Tanques

Italia — Reino Unido

Italia se pasa al bando aliado en mitad de la guerra.

Durante la guerra, el Reino Unido pactó más de tres acuerdos secretos (p. 223).

¡Atacad a cualquier barco sin avisar!

U-BOAT

Nerviosos porque el conflicto se prolonga demasiado, los alemanes apuestan por la guerra submarina indiscriminada (p. 183).

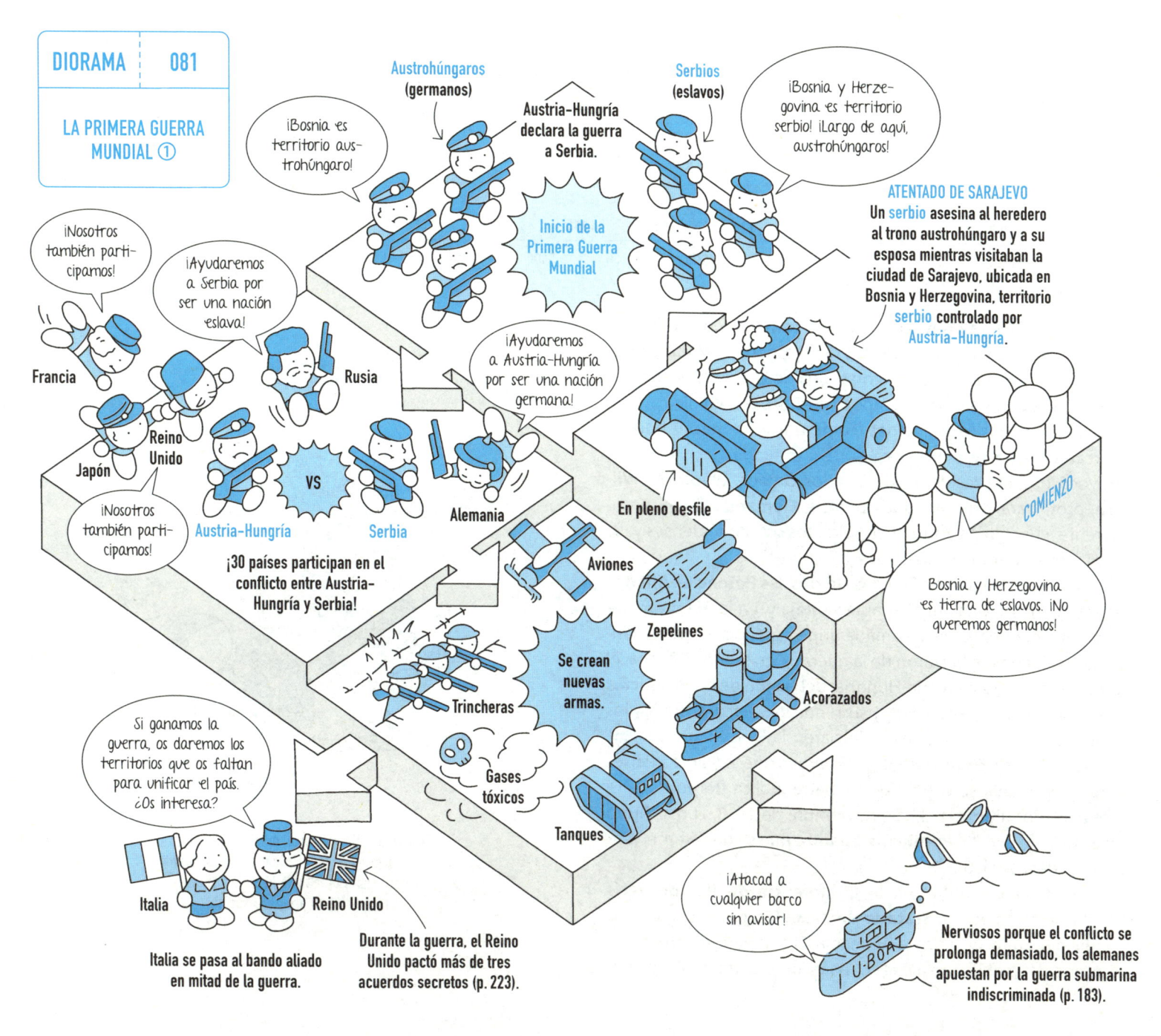

082 — LA PRIMERA GUERRA MUNDIAL ②

LA PARTICIPACIÓN DE ESTADOS UNIDOS Y EL FINAL DE LA GRAN GUERRA

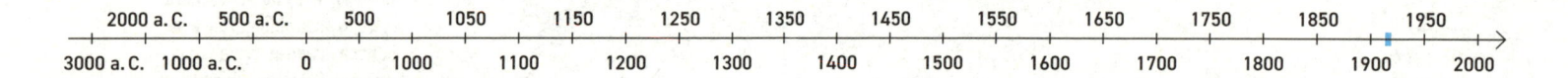

La **Primera Guerra Mundial** (p. 180) se convirtió en una **guerra sin cuartel** y se alargó mucho más de lo esperado. Mientras que el Reino Unido y Francia pudieron seguir abasteciéndose gracias a sus colonias, en Alemania empezó a escasear la comida.

Desesperados, los alemanes comenzaron a atacar buques mercantes **(guerra submarina indiscriminada, 1917)**, lo que provocó que el presidente de Estados Unidos, **Woodrow Wilson**, protestara y declarara la guerra a **Alemania**. El país envió al frente a una gran cantidad de soldados estadounidenses y los alemanes se vieron arrinconados.

Con la participación de Estados Unidos, las **Potencias Aliadas** (p. 180) ganaron una considerable ventaja y, en la primavera de 1918, una pandemia de la llamada gripe española asoló el mundo. Los soldados se hartaron de la guerra y, en otoño, Bulgaria, el Imperio otomano y Austria-Hungría, del bando de las **Potencias Centrales** (p. 180), anunciaron su rendición. Poco después, los militares y los civiles alemanes iniciaron la **Revolución de Noviembre (1918)**, **Guillermo II** (p. 176) tuvo que exiliarse a Países Bajos y Alemania se convirtió en una república **(República de Weimar)**. Por último, el 11 de noviembre de 1918, el país firmó un armisticio con las **Potencias Aliadas**, que se declararon vencedoras del conflicto.

Al terminar la guerra, en la **Conferencia de Paz de París** (p. 188) se estableció el **Tratado de Versalles**, que recogió unas condiciones muy duras para Alemania. El país perdió parte de su territorio y fue obligado a pagar una cuantiosa indemnización.

Los cambios que trajo la Primera Guerra Mundial a la sociedad

¡Nosotras también tendremos derecho a voto!

¡Es una guerra total!

Al final de la guerra, muchas mujeres trabajaron en las fábricas de armamento para suplir la falta de personal, lo cual ayudó a su progreso social.

| DIORAMA | 082 |

LA PRIMERA GUERRA MUNDIAL ②

Guillermo II
"¡¿Qué hacéis ahí parados?! ¡Atacad!"
"No puedo más."
"¡Son demasiados!"

Estados Unidos participa en la Primera Guerra Mundial.

"I WANT YOU FOR U.S. ARMY"

"¡La **guerra submarina indiscriminada de Alemania** es una salvajada! ¡Esto es la guerra!"

Guillermo II abdica y nace la República de Weimar.

"¡Uah!"
"¡Abandona el trono!"
"¡Estoy harto!"

Revolución de Noviembre

Alemania hunde de forma indiscriminada cualquier buque para paralizar la economía de las demás naciones.

Presidente de Estados Unidos **Woodrow Wilson**

COMIENZO

Soldados alemanes
"Me rindo."

Imperio otomano
Bulgaria
Austria-Hungría

Bulgaria, el Imperio otomano y Austria-Hungría se rinden. Además, Hungría se independiza.

República de Weimar
Austria
Hungría
Imperio otomano
Bulgaria

Derrota de las Potencias Centrales

Montenegro
Serbia
Grecia
Francia
Reino Unido
Estados Unidos
Japón

Victoria de las Potencias Aliadas

Fin de la Primera Guerra Mundial

"Alemania, prepárate."

Lenin
"¡Todo el poder a los sóviets!"
"¡Sí!"
"¡Sí!"

Durante la guerra, en Rusia tuvo lugar la Revolución de Octubre (p. 187).

Conferencia de Paz de París

Tratado de Versalles (p. 189)

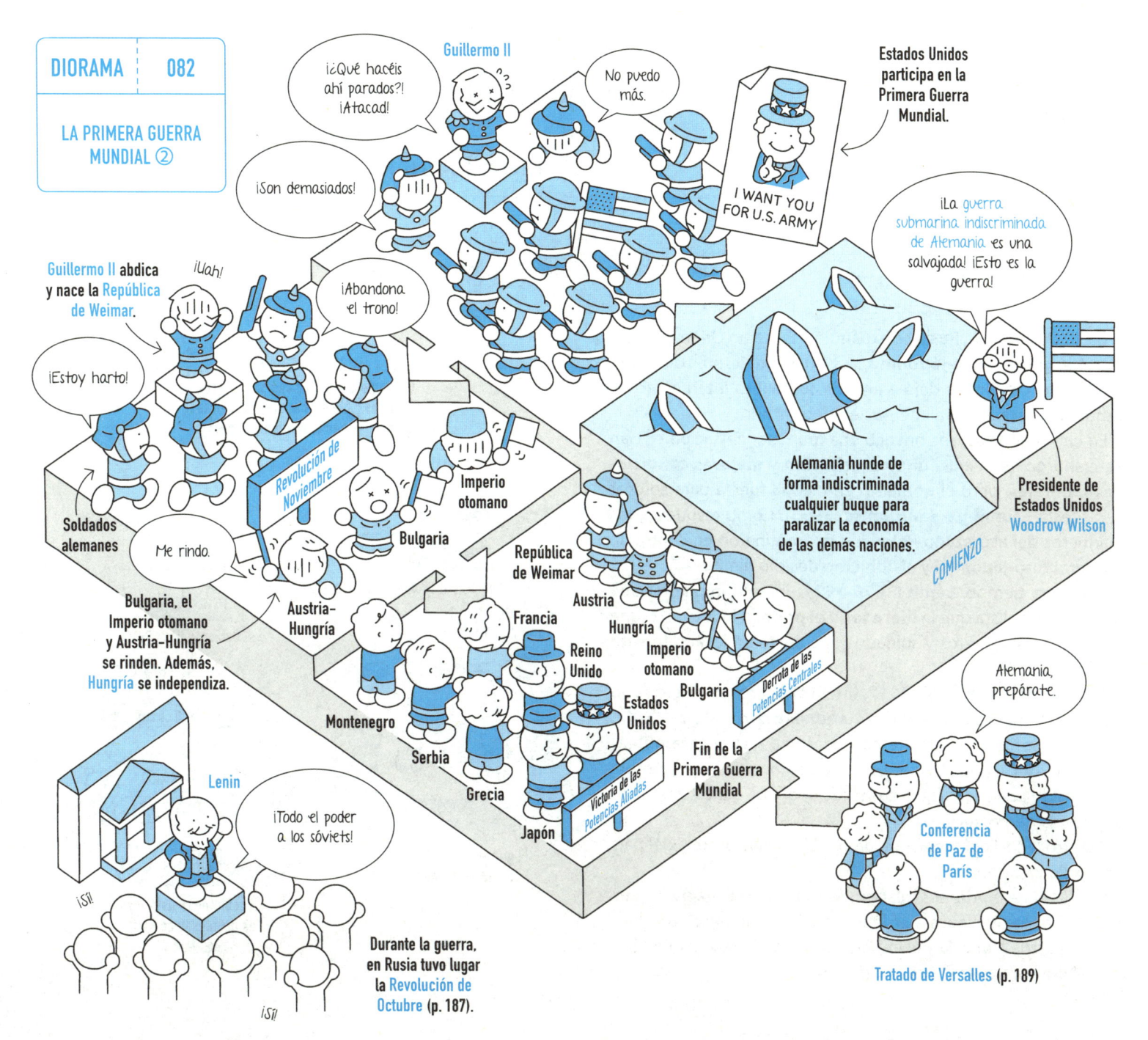

183

083 — LA REVOLUCIÓN RUSA DE 1905

LENIN, EL REVOLUCIONARIO

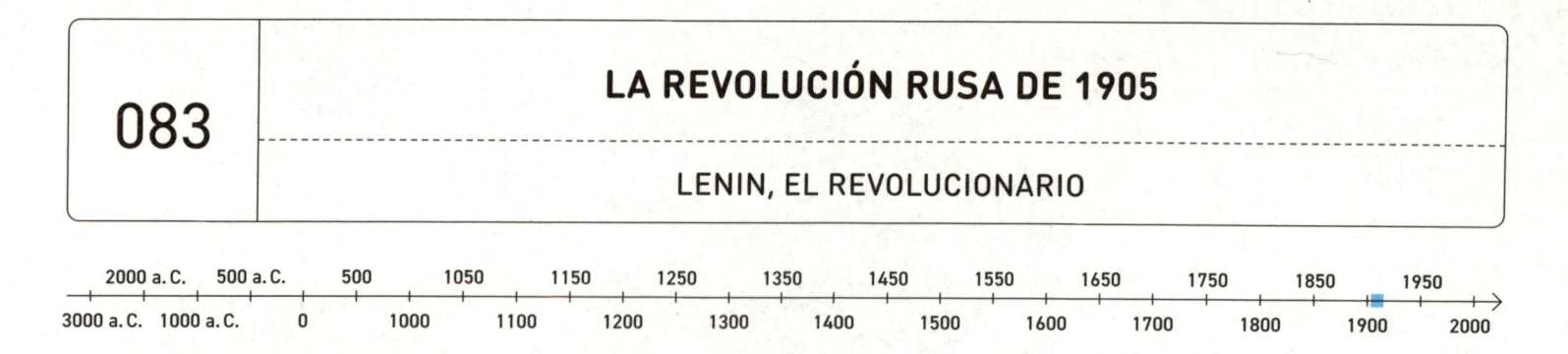

A partir del siglo XIX, Rusia se expandió a Extremo Oriente, y esto causó la **guerra ruso-japonesa** (p. 174). El gobierno ruso priorizó ganar el conflicto y dejó a un lado su política interna, provocando una escasez de alimentos en su territorio.

En enero de 1905, se convocó una gran manifestación en San Petersburgo que exigía **una constitución** y **mejores condiciones laborales**, pero el gobierno empleó la fuerza para sofocar la protesta (**Domingo Sangriento, 1905**). Como respuesta, los marineros del acorazado Potemkin se amotinaron en contra de la guerra ruso-japonesa y el gobierno decidió dimitir.

Al mismo tiempo, **Lenin (1870-1924)** intentó implantar una sociedad socialista que le **diera todo el poder** a los **sóviets** (una agrupación de obreros y soldados) mediante un levantamiento armado.

El zar **Nicolás II (g. 1894-1917)** intentó llegar a un acuerdo con los revolucionarios emitiendo el **Manifiesto de Octubre (1905)**, en el que se comprometía a convocar una **Duma (asamblea) (Revolución rusa de 1905)**. Los ciudadanos rusos apoyaron la creación de una monarquía constitucional que garantizase la libertad y la democracia.

Por otro lado, Lenin, perseguido por el gobierno, huyó del país y se exilió en Suiza.

Nicolás II reanudó sus planes de **expandirse hacia el sur** (p. 176) por los Balcanes, por lo que Rusia se enemistó con Alemania, Austria-Hungría y el Imperio otomano y se encaminó hacia la **Primera Guerra Mundial** (p. 180).

EL SOCIALISMO
Corriente que busca compartir tierras, fábricas y bienes para redistribuir las ganancias equitativamente al pueblo.

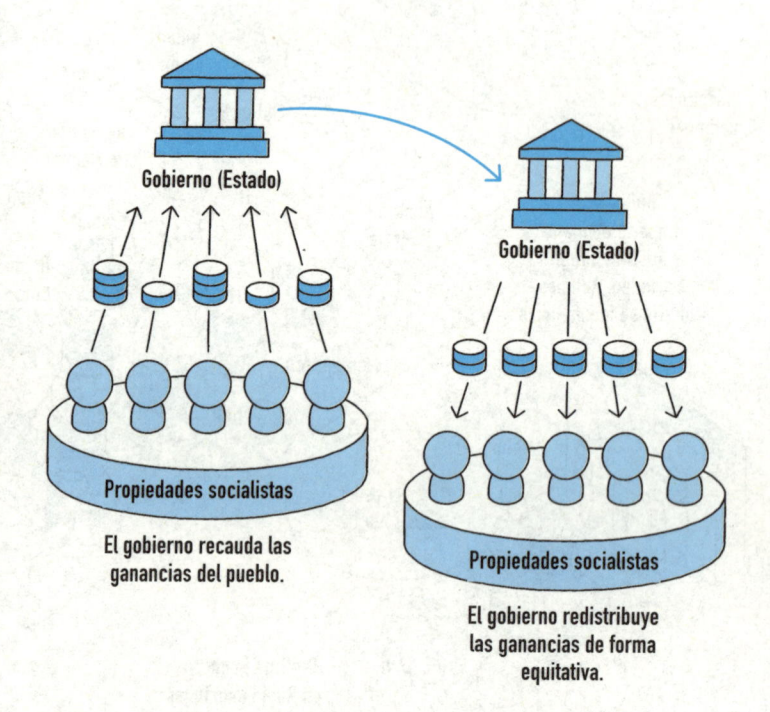

Gobierno (Estado)

Propiedades socialistas

El gobierno recauda las ganancias del pueblo.

Gobierno (Estado)

Propiedades socialistas

El gobierno redistribuye las ganancias de forma equitativa.

| DIORAMA | 083 |

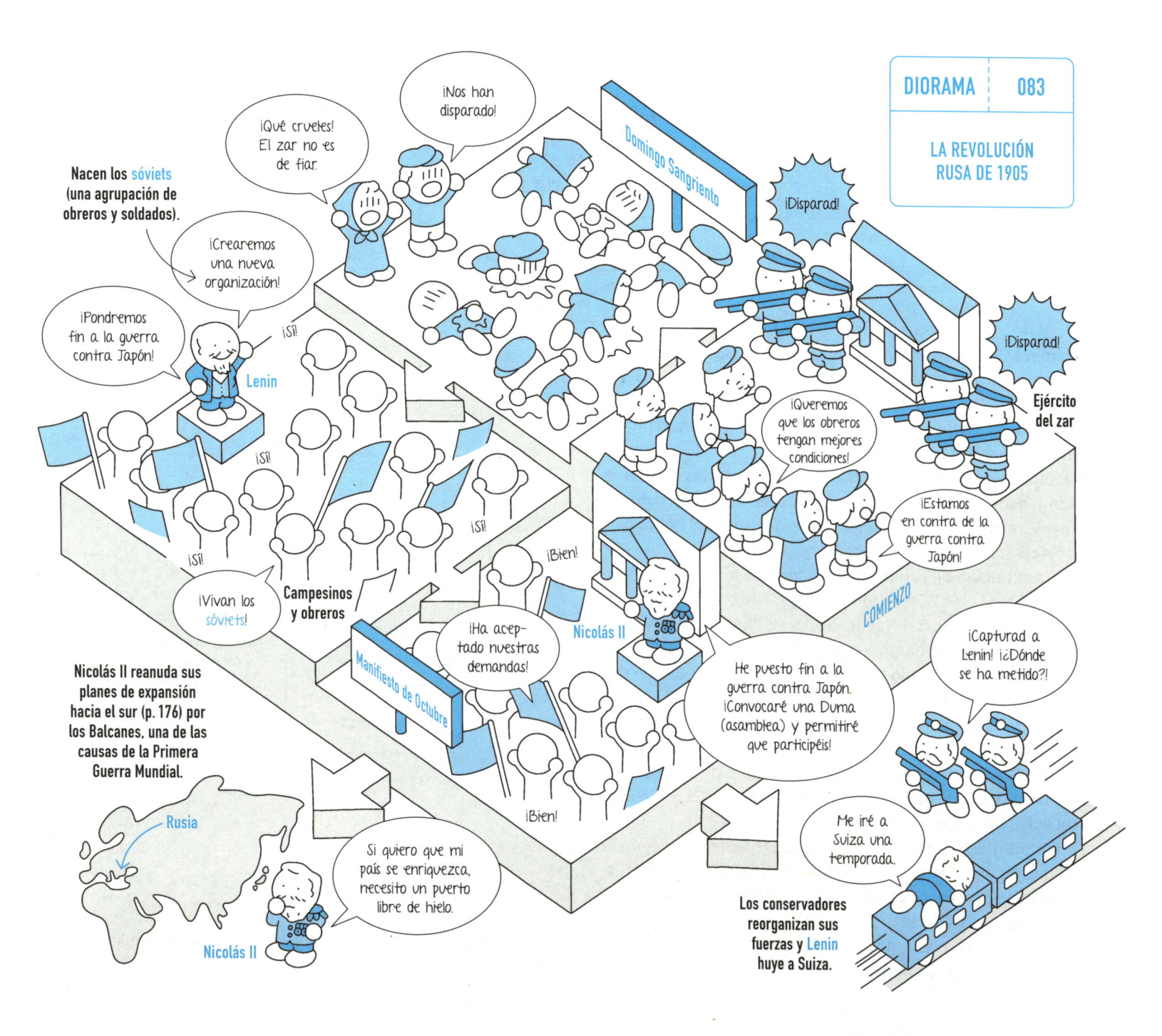

LA REVOLUCIÓN RUSA DE 1905

Nacen los sóviets (una agrupación de obreros y soldados).

¡Qué crueles! El zar no es de fiar.

¡Nos han disparado!

Domingo Sangriento

¡Disparad!

¡Crearemos una nueva organización!

¡Pondremos fin a la guerra contra Japón!

¡Sí!

Lenin

¡Disparad!

¡Queremos que los obreros tengan mejores condiciones!

Ejército del zar

¡Sí!

¡Sí!

¡Estamos en contra de la guerra contra Japón!

¡Sí!

¡Vivan los sóviets!

Campesinos y obreros

COMIENZO

Nicolás II reanuda sus planes de expansión hacia el sur (p. 176) por los Balcanes, una de las causas de la Primera Guerra Mundial.

¡Ha aceptado nuestras demandas!

Nicolás II

He puesto fin a la guerra contra Japón. ¡Convocaré una Duma (asamblea) y permitiré que participéis!

¡Capturad a Lenin! ¡¿Dónde se ha metido?!

Manifiesto de Octubre

¡Bien!

Rusia

Si quiero que mi país se enriquezca, necesito un puerto libre de hielo.

Nicolás II

Me iré a Suiza una temporada.

Los conservadores reorganizan sus fuerzas y Lenin huye a Suiza.

185

084 — LA REVOLUCIÓN DE OCTUBRE

EL NACIMIENTO DE UN ESTADO SOCIALISTA

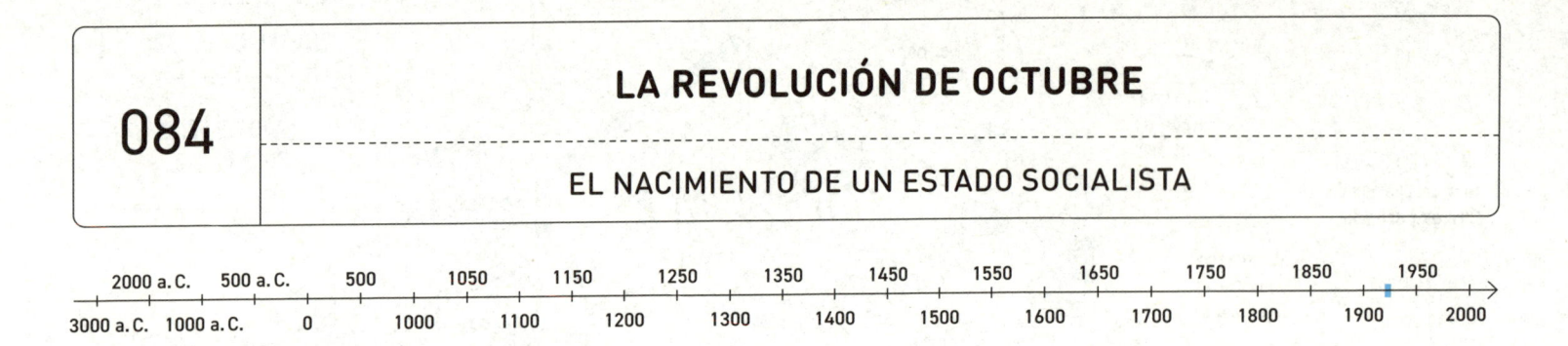

La **Primera Guerra Mundial** (p. 180) se alargó más de lo previsto y el sentimiento en contra de la guerra aumentaba cada día más en Rusia. En 1917, tuvo lugar la **Revolución de Febrero (1917)** y **Nicolás II** (p. 184) se vio obligado a abdicar, poniendo fin a la dinastía Romanov (p. 104).

Cuando se enteraron, **Lenin** y los demás **socialistas** (p. 184) regresaron a toda prisa de su exilio en Suiza, en un tren fletado por Alemania, y empezaron a exigir el fin de la guerra y el poder para los **sóviets** (p. 184).

Tras la extinción de la dinastía Romanov, se formó un **gobierno provisional (1917)**, liderado por **Aleksandr Kérenski (1881-1970)** y el **Partido Social-Revolucionario**, que quería continuar con la guerra. Sin embargo, Lenin organizó un alzamiento armado, derrocó al gobierno provisional e implantó uno soviético **(Revolución de Octubre, Octubre Rojo, 1917)**.

En marzo de 1918, el gobierno soviético firmó un tratado de paz con las Potencias Centrales y Rusia se retiró de la guerra. Durante la misma época, Lenin cambió el nombre de su partido a **Partido Comunista Ruso (1918)** y trasladó la capital de San Petersburgo a Moscú, en el interior del país.

El Reino Unido, Estados Unidos, Francia y Japón, temiendo la propagación del comunismo, enviaron fuerzas a Rusia para rescatar a la Legión Checoslovaca **(intervención aliada en la guerra civil rusa, 1918-1922)**.

A su vez, los rusos conquistaron Bielorrusia, Ucrania y Transcaucasia y formaron la **Unión de Repúblicas Socialistas Soviéticas (Unión Soviética, 1922)**, lo que supuso el comienzo del reinado del terror soviético.

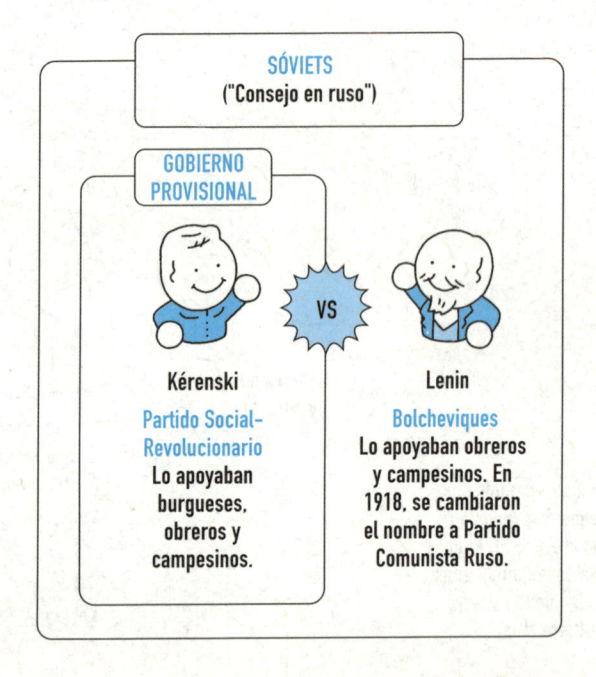

SÓVIETS ("Consejo en ruso")

GOBIERNO PROVISIONAL

Kérenski VS Lenin

Partido Social-Revolucionario
Lo apoyaban burgueses, obreros y campesinos.

Bolcheviques
Lo apoyaban obreros y campesinos. En 1918, se cambiaron el nombre a Partido Comunista Ruso.

DIORAMA 084

LA REVOLUCIÓN DE OCTUBRE

Regresa de Suiza. → Lenin

"¡Lenin ha vuelto!"

"Sigamos en la guerra, así nos enriqueceremos más."

"¡Hasta mis soldados están en mi contra! Está bien, abdico. Se acabó el Imperio ruso."

Kérenski

"¡Todo el poder para los sóviets! ¡Crearemos un país para los obreros!"

Stalin

Gobierno provisional

Primer ministro Kérenski

"Ahora sí es una revolución."

Burgueses Obreros

"¡Se acabó la Primera Guerra Mundial!"

Trotski

"La mayoría eran burgueses."

"El gobierno provisional es un asco."

Nicolás II

Revolución de Febrero

"¡Oh!"

"¡Abajo el zarato!"

"¡Queremos pan!"

Militares

"¡Abdica!"

Revolución de Octubre

"¡Oh!"

"¡Derrocad a los soviéticos!"

COMIENZO

Obreros y campesinos empobrecidos por culpa de la Primera Guerra Mundial. Lenin se encuentra en Suiza.

Ministros del gobierno provisional

"¡Oh!"

Intervención aliada en la guerra civil rusa

Soldados de las grandes potencias y conservadores que estaban en el país.

Lenin

"¡Por fin nace el primer Estado socialista!"

"¡No dejéis que se apague el fuego de la revolución!"

Asesinan a Trotski.

Después de la muerte de Lenin, Stalin militariza e industrializa el país a toda velocidad.

Nacimiento de la Unión Soviética

"Ahora somos el Partido Comunista Ruso."

"Hora de iniciar una dictadura."

Después de la muerte de Lenin, Stalin comienza una dictadura (p. 199).

Las tropas aliadas y los conservadores se retiran.

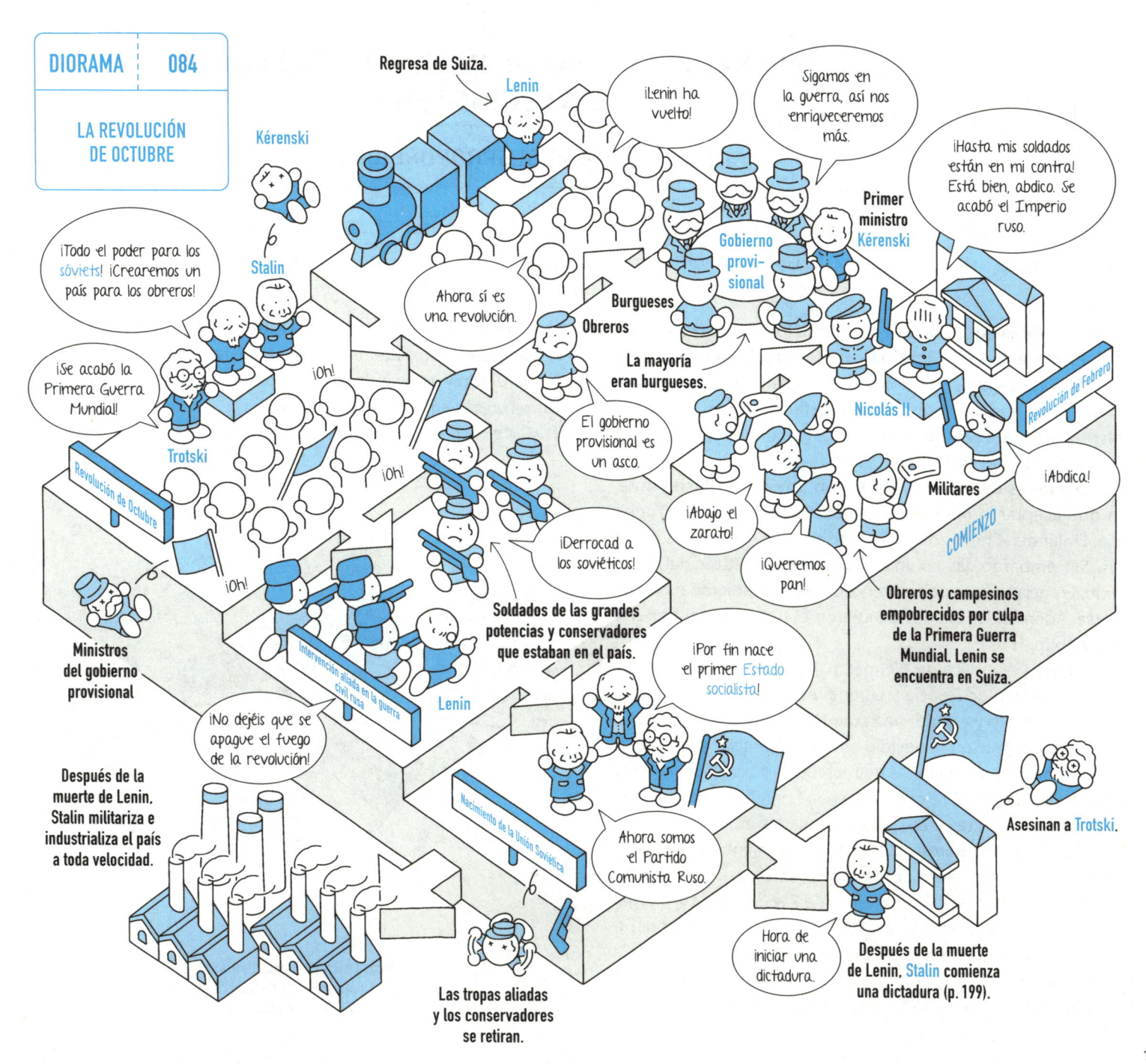

085 LA CONFERENCIA DE PAZ DE PARÍS Y LA CONFERENCIA DE WASHINGTON

UNOS TRATADOS DESPROPORCIONADOS

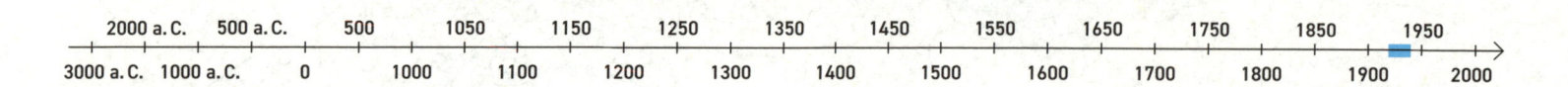

La entrada de Estados Unidos en el conflicto llevó a la conclusión de la **Primera Guerra Mundial** con la **victoria aliada** (p. 182). Los países vencedores se reunieron en la Conferencia de Paz de París (1919), donde el presidente de Estados Unidos, Woodrow Wilson (g. 1913-1921), propuso los Catorce Puntos y se formó la Sociedad de las Naciones (1920).

Las **naciones derrotadas** y la **Unión Soviética (Rusia)** tuvieron que aceptar la independencia de Hungría, Polonia, Yugoslavia, Finlandia, Checoslovaquia, Letonia, Estonia y varios países más. Sin embargo, las colonias africanas y asiáticas del Reino Unido, Francia y otros países vencedores no pudieron independizarse. Además, los aliados dividieron el territorio del **Imperio otomano** (p. 190).

Alemania (República de Weimar, p. 182) perdió todas sus colonias y la región de Alsacia y Lorena. Asimismo, fue obligada a reducir su ejército y a pagar una cuantiosa suma como indemnización (la penalización se decidió en la Conferencia de Paz de París y la suma, 132 mil millones de marcos, casi un billón y medio de euros del año 2023, se concretó en la Conferencia de Londres de 1921). Las estrictas **cláusulas** estipuladas en el Tratado de Versalles (1919) causaron más tarde el alzamiento de los **nazis** (p. 196) al poder y el nacimiento del fascismo.

Un poco después de la Conferencia de Paz de París, tuvo lugar la Conferencia de Washington (1921-1922), convocada por Estados Unidos, en la que se discutieron medidas para asegurar la estabilidad de Asia y el Pacífico tras la guerra. No obstante, el motivo principal de la reunión fue restringir la influencia de Japón, que fue obligado a retirar sus **Veintiuna exigencias** (p. 172) y a reducir su ejército, además de tener que romper su alianza con el Reino Unido y verse aislado de la comunidad internacional (Tratado Naval de Washington, Tratado de las Cuatro Potencias y Tratado de las Nueve Potencias).

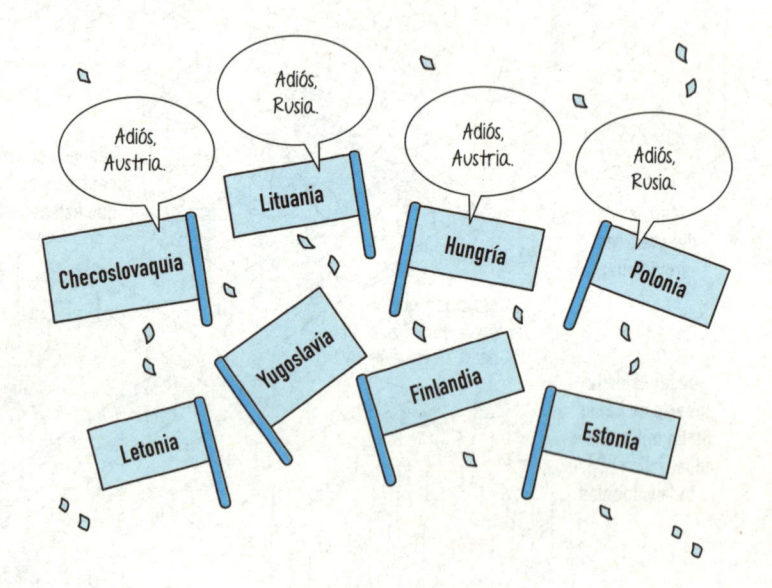

Muchos países se independizaron de las naciones derrotadas y de la Unión Soviética (Rusia).

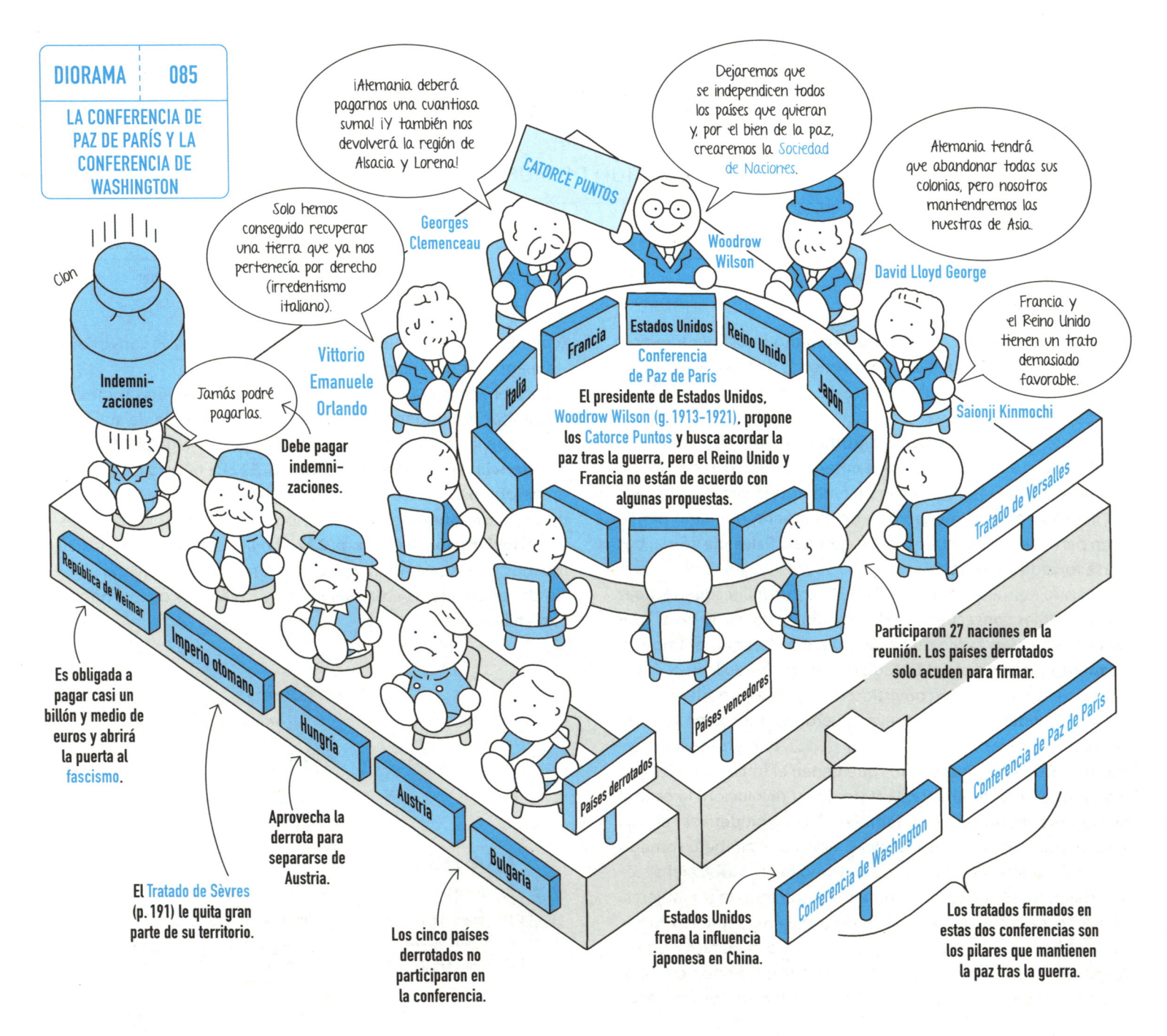

DIORAMA 085
LA CONFERENCIA DE PAZ DE PARÍS Y LA CONFERENCIA DE WASHINGTON

Conferencia de Paz de París
El presidente de Estados Unidos, Woodrow Wilson (g. 1913-1921), propone los Catorce Puntos y busca acordar la paz tras la guerra, pero el Reino Unido y Francia no están de acuerdo con algunas propuestas.

Georges Clemenceau: ¡Alemania deberá pagarnos una cuantiosa suma! ¡Y también nos devolverá la región de Alsacia y Lorena!

Vittorio Emanuele Orlando: Solo hemos conseguido recuperar una tierra que ya nos pertenecía por derecho (irredentismo italiano).

Woodrow Wilson (CATORCE PUNTOS): Dejaremos que se independicen todos los países que quieran y, por el bien de la paz, crearemos la Sociedad de Naciones.

David Lloyd George: Alemania tendrá que abandonar todas sus colonias, pero nosotros mantendremos las nuestras de Asia.

Saionji Kinmochi: Francia y el Reino Unido tienen un trato demasiado favorable.

Clon Indemnizaciones — Jamás podré pagarlas.

- Italia, Francia, Estados Unidos, Reino Unido, Japón — Países vencedores
- República de Weimar: Debe pagar indemnizaciones. Es obligada a pagar casi un billón y medio de euros y abrirá la puerta al fascismo.
- Imperio otomano: El Tratado de Sèvres (p. 191) le quita gran parte de su territorio.
- Hungría: Aprovecha la derrota para separarse de Austria.
- Austria
- Bulgaria
- Países derrotados: Los cinco países derrotados no participaron en la conferencia.

Participaron 27 naciones en la reunión. Los países derrotados solo acuden para firmar.

Tratado de Versalles

Conferencia de Washington: Estados Unidos frena la influencia japonesa en China.

Conferencia de Paz de París: Los tratados firmados en estas dos conferencias son los pilares que mantienen la paz tras la guerra.

086 — LA CAÍDA DEL IMPERIO OTOMANO

LA REVOLUCIÓN DE MUSTAFA KEMAL ATATÜRK

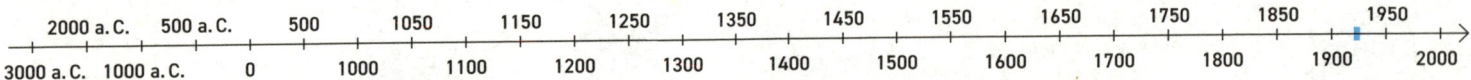

A finales del siglo XVIII, el **Imperio otomano** había perdido gran parte de su territorio debido a las presiones de **Rusia** y sus ansias de expandirse hacia el sur en busca de un **puerto libre de hielo** (p. 160).

Durante la **Primera Guerra Mundial**, se unió al bando de la **Triple Alianza** y luchó contra las potencias de la **Triple Entente**: el Reino Unido, Francia y Rusia. Sin embargo, la victoria se la acabó llevando esta última, por lo que el Imperio otomano perdió gran parte de sus territorios, entre ellos Irak, Palestina y Siria, tras verse forzado a firmar el **Tratado de Sèvres** (1920).

Mustafa Kemal Atatürk (1881-1938) era un militar que, incapaz de aceptar las consecuencias del tratado, se convirtió en el líder de la **Revolución turca** que acabó **desmantelando el Imperio otomano** y derogando el Tratado de Sèvres. Fundó la **República de Turquía** (1923) y se convirtió en su primer presidente. Una vez en el poder, firmó un nuevo acuerdo con los miembros de la Entente, el **Tratado de Lausana** (1923), que protegía los territorios de los turcos (aquellos que tienen el turco como lengua materna) e hizo de Ankara, la base de su revolución, la capital de la nueva república turca. También decidió modernizar el país y abandonar las políticas islámicas. Adoptó el alfabeto romano en vez del árabe, el calendario solar, abolió el **califato** (el sistema islámico de liderazgo) e implantó el sufragio de las mujeres. Con todo, para ello, la República de Turquía tuvo que renunciar a los territorios que tenían el árabe como lengua materna. Como consecuencia, los territorios conocidos hoy en día como Siria y el Líbano pasaron a estar bajo la jurisdicción de los franceses (colonias), mientras que Jordania, Irak y Palestina se convirtieron en mandatos británicos.

En plena Primera Guerra Mundial, el Reino Unido prometió a los árabes del Imperio otomano la independencia de sus territorios con la condición de que cooperaran en la guerra (**Correspondencia de Husayn-McMahon, p. 222**). Por otro lado, con el fin de obtener fondos de guerra de parte de los judíos, también prometieron que se crearía un «hogar nacional judío» en Palestina (**Declaración Balfour, p. 222**). En la década de los años 30, muchos judíos se trasladaron a Palestina, lo que marcaría el inicio de los conflictos entre los judíos y los árabes que ya habitaban en la región.

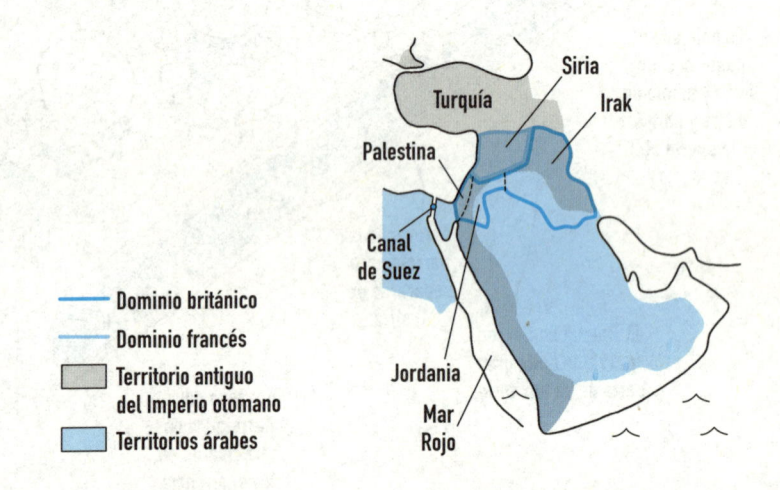

DIORAMA 086

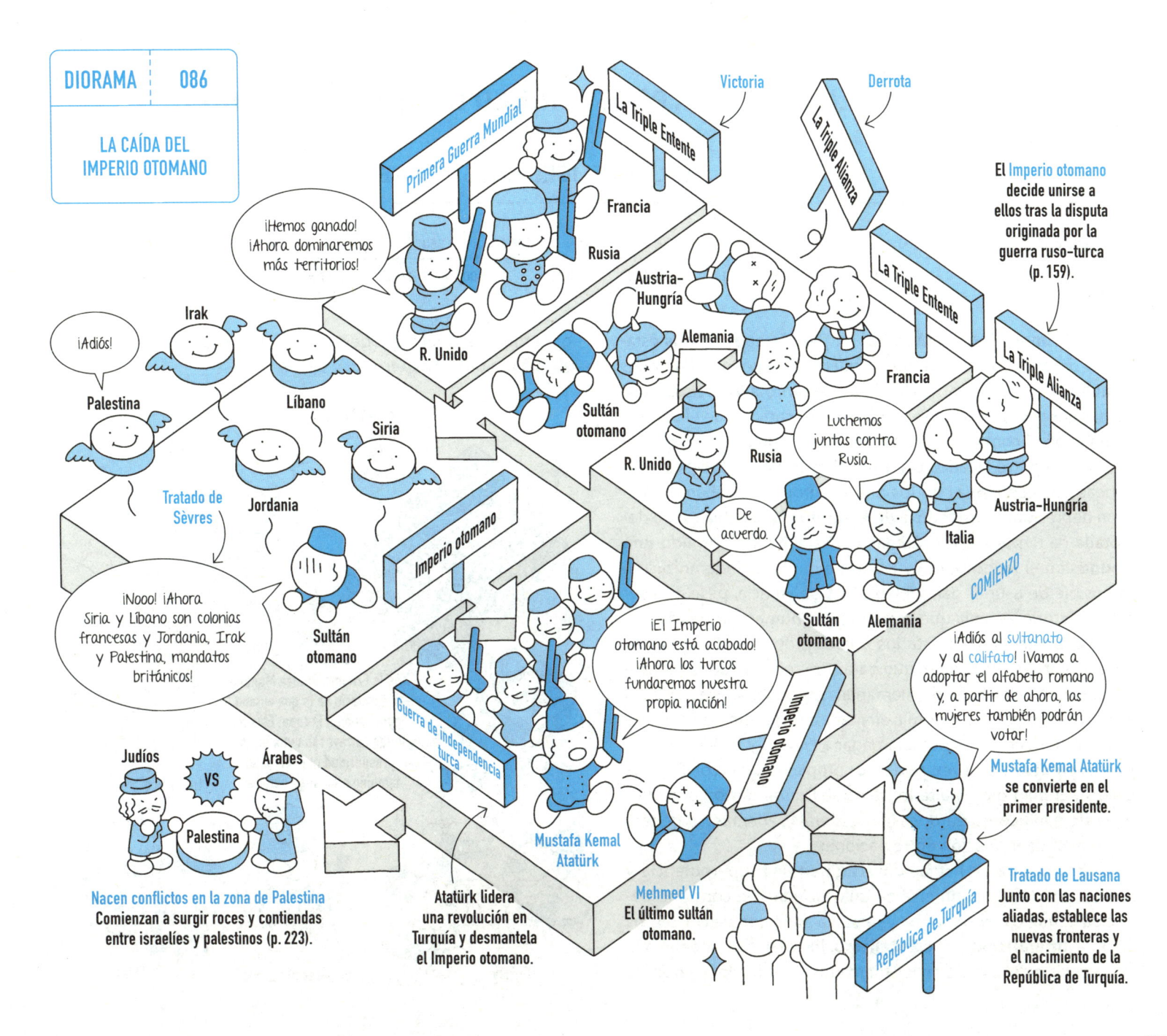

LA CAÍDA DEL IMPERIO OTOMANO

Primera Guerra Mundial

La Triple Entente — Victoria
La Triple Alianza — Derrota

El **Imperio otomano** decide unirse a ellos tras la disputa originada por la guerra ruso-turca (p. 159).

Francia, Rusia, R. Unido — "¡Hemos ganado! ¡Ahora dominaremos más territorios!"

Austria-Hungría, Alemania, Sultán otomano — La Triple Alianza

R. Unido, Francia, Rusia — La Triple Entente

"Luchemos juntas contra Rusia."
"De acuerdo."

Sultán otomano, Alemania, Austria-Hungría, Italia

COMIENZO

Palestina, Irak, Líbano, Siria, Jordania — "¡Adiós!"

Tratado de Sèvres

Sultán otomano: "¡Nooo! ¡Ahora Siria y Líbano son colonias francesas y Jordania, Irak y Palestina, mandatos británicos!"

Imperio otomano

Guerra de independencia turca

"¡El Imperio otomano está acabado! ¡Ahora los turcos fundaremos nuestra propia nación!"

Mustafa Kemal Atatürk

Mehmed VI — El último sultán otomano.

Atatürk lidera una revolución en Turquía y desmantela el Imperio otomano.

Imperio otomano

"¡Adiós al sultanato y al califato! ¡Vamos a adoptar el alfabeto romano y, a partir de ahora, las mujeres también podrán votar!"

Mustafa Kemal Atatürk se convierte en el primer presidente.

República de Turquía

Tratado de Lausana
Junto con las naciones aliadas, establece las nuevas fronteras y el nacimiento de la República de Turquía.

Judíos VS Árabes — Palestina

Nacen conflictos en la zona de Palestina
Comienzan a surgir roces y contiendas entre israelíes y palestinos (p. 223).

087 — EL AUGE Y LA PROSPERIDAD DE ESTADOS UNIDOS

LOS FELICES AÑOS VEINTE

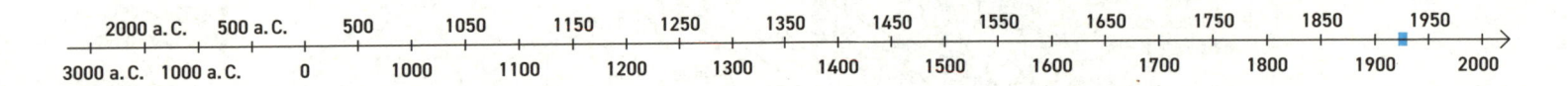

Tras la Primera Guerra Mundial (p. 180), Estados Unidos estaba en boca de todos. Durante la guerra había ganado pingües beneficios con la exportación de armamento a los países de la **Triple Entente** (p. 180). Eso, sumado al hecho de que el conflicto no llegó al continente americano, marcó una clara diferencia económica entre Estados Unidos y el resto de las potencias europeas. Las economías de los países europeos estaban en una gran depresión, sobre todo la de **Alemania**, que había salido derrotada (la República de Weimar, p. 182) y había contraído **una deuda** con el Reino Unido y Francia a modo de indemnización imposible de asumir para el país. Incluso Francia, pese a haber salido victoriosa, tenía que hacer frente a numerosas deudas.

Fue entonces cuando Estados Unidos propuso el **Plan Dawes (1924)**, un préstamo con el que garantizar el pago de reparaciones de guerra por parte de Alemania a los países vencedores y, a su vez, estabilizar la economía alemana. La idea era que, una vez estabilizada, Alemania pudiera pagar a Francia y al Reino Unido y estos pudieran, a su vez, saldar sus propias deudas con Estados Unidos. El plan dio resultado: se estabilizaron tanto las economías alemana como europeas en general y, además, se generó una mayor coordinación entre naciones.

Estados Unidos se había convertido en una superpotencia y su población estaba inmersa en una sociedad de consumo conocida como los **felices años veinte**. La adopción de conceptos como el **liberalismo** y el **capitalismo**, los cuales se oponen a la intervención del Estado en los mercados, también influyeron en gran medida en el auge del país. Estados Unidos parecía haber alcanzado una **prosperidad eterna**.

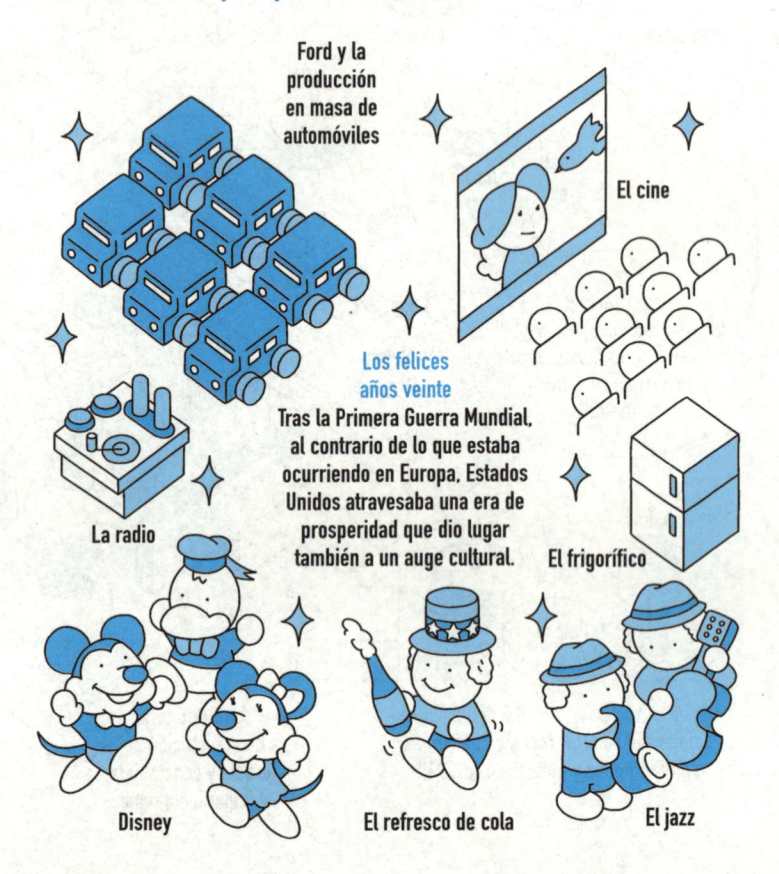

Ford y la producción en masa de automóviles

El cine

La radio

Los felices años veinte
Tras la Primera Guerra Mundial, al contrario de lo que estaba ocurriendo en Europa, Estados Unidos atravesaba una era de prosperidad que dio lugar también a un auge cultural.

El frigorífico

Disney

El refresco de cola

El jazz

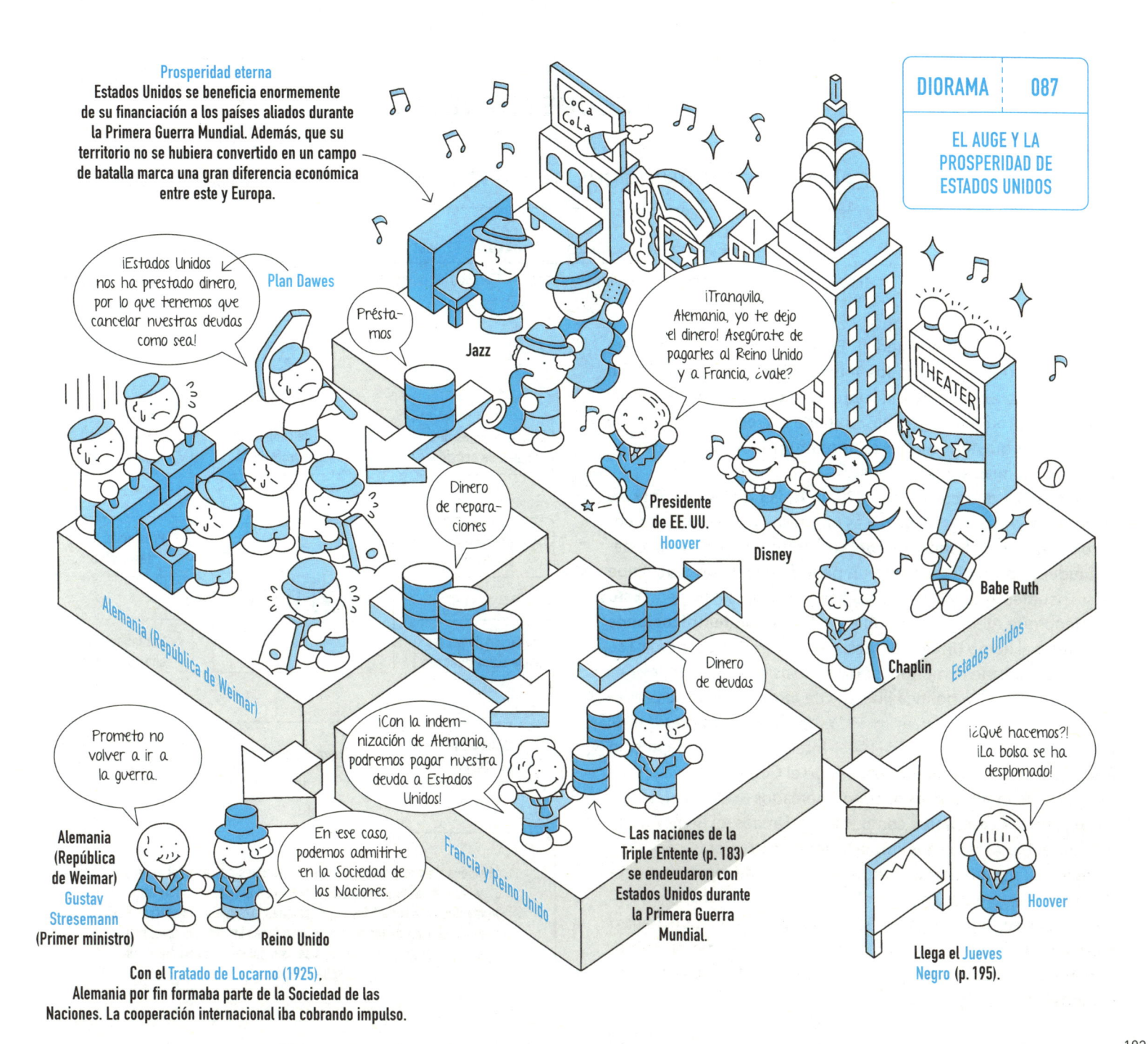

DIORAMA 087
EL AUGE Y LA PROSPERIDAD DE ESTADOS UNIDOS

Prosperidad eterna
Estados Unidos se beneficia enormemente de su financiación a los países aliados durante la Primera Guerra Mundial. Además, que su territorio no se hubiera convertido en un campo de batalla marca una gran diferencia económica entre este y Europa.

¡Estados Unidos nos ha prestado dinero, por lo que tenemos que cancelar nuestras deudas como sea!

Plan Dawes

Préstamos

Jazz

¡Tranquila, Alemania, yo te dejo el dinero! Asegúrate de pagarles al Reino Unido y a Francia, ¿vale?

Presidente de EE. UU. Hoover

Disney

Babe Ruth

Chaplin

Estados Unidos

Dinero de reparaciones

Alemania (República de Weimar)

¡Con la indemnización de Alemania, podremos pagar nuestra deuda a Estados Unidos!

Dinero de deudas

Prometo no volver a ir a la guerra.

Alemania (República de Weimar) Gustav Stresemann (Primer ministro)

En ese caso, podemos admitirte en la Sociedad de las Naciones.

Reino Unido

Francia y Reino Unido

Las naciones de la Triple Entente (p. 183) se endeudaron con Estados Unidos durante la Primera Guerra Mundial.

¡¿Qué hacemos?! ¡La bolsa se ha desplomado!

Hoover

Llega el **Jueves Negro** (p. 195).

Con el **Tratado de Locarno (1925)**, Alemania por fin formaba parte de la Sociedad de las Naciones. La cooperación internacional iba cobrando impulso.

088 EL JUEVES NEGRO

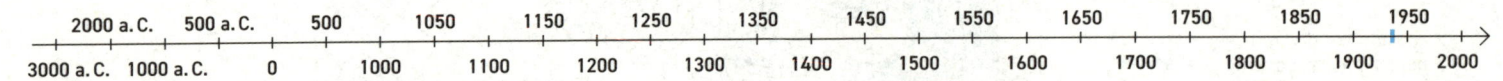

LA DEPRESIÓN ECONÓMICA QUE DARÁ PIE A LA SEGUNDA GUERRA MUNDIAL

Tras la Primera Guerra Mundial, Estados Unidos vivió una era de apogeo conocida como **los felices años veinte** (p. 192). Sin embargo, entre bastidores, la sobreproducción de bienes industriales y de productos agrícolas, sumada al creciente número de trabajadores que tenían unos salarios muy precarios, estrangulaban la economía estadounidense.

El jueves 24 de octubre de 1929, **la bolsa de Nueva York se desplomó** (el Jueves Negro). Las empresas y los bancos empezaron a entrar en bancarrota uno tras otro y la economía estadounidense pasó de repente a un período de recesión en el que se suspendieron todos los préstamos a los países europeos. Esto ocasionó que Alemania no pudiera pagar las **indemnizaciones de guerra** al Reino Unido y Francia y la ola de crisis económica se extendió por todo el mundo, originando así la Gran Depresión.

Al contrario de la política liberal y de *laisser faire* de su predecesor, el presidente Hoover (g. 1929-1933), el nuevo presidente, Franklin Roosevelt (g. 1933-1945) intentó paliar la depresión financiera con unas medidas en las que el Gobierno tenía un papel intervencionista en los distintos mercados (**New Deal**, 1933). Las **potencias coloniales** como Estados Unidos, el Reino Unido o Francia bloquearon las importaciones extranjeras con altos aranceles al mismo tiempo que se abastecían de recursos procedentes de sus propias colonias (bloques económicos).

No obstante, algunos **países sin colonias**, como Japón, Italia o Alemania, se vieron aislados. Los dos últimos decidieron sobreponerse a la recesión invadiendo otros países, lo que promovió el **fascismo**.

LAS MEDIDAS DEL NEW DEAL DE FRANKLIN ROOSEVELT

NEW DEAL
- Establecimiento de un régimen de pensiones
- Creación de centros de formación profesional
- Servicio de subvenciones
- Derecho a sindicarse
- Prestación por desempleo
- Ampliación de proyectos de obras públicas
- Garantía de un ahorro mínimo
- Construcción de presas
- Bloque económico
- Ajuste de los volúmenes de producción

Estados Unidos y otras potencias coloniales como el Reino Unido y Francia protegieron su economía con la imposición de altos aranceles para frenar las importaciones extranjeras mientras ellas se abastecían de los recursos explotados en sus colonias. Esto perjudicó gravemente a los países sin colonias, como Alemania, Italia o Japón.

| DIORAMA | 088 |

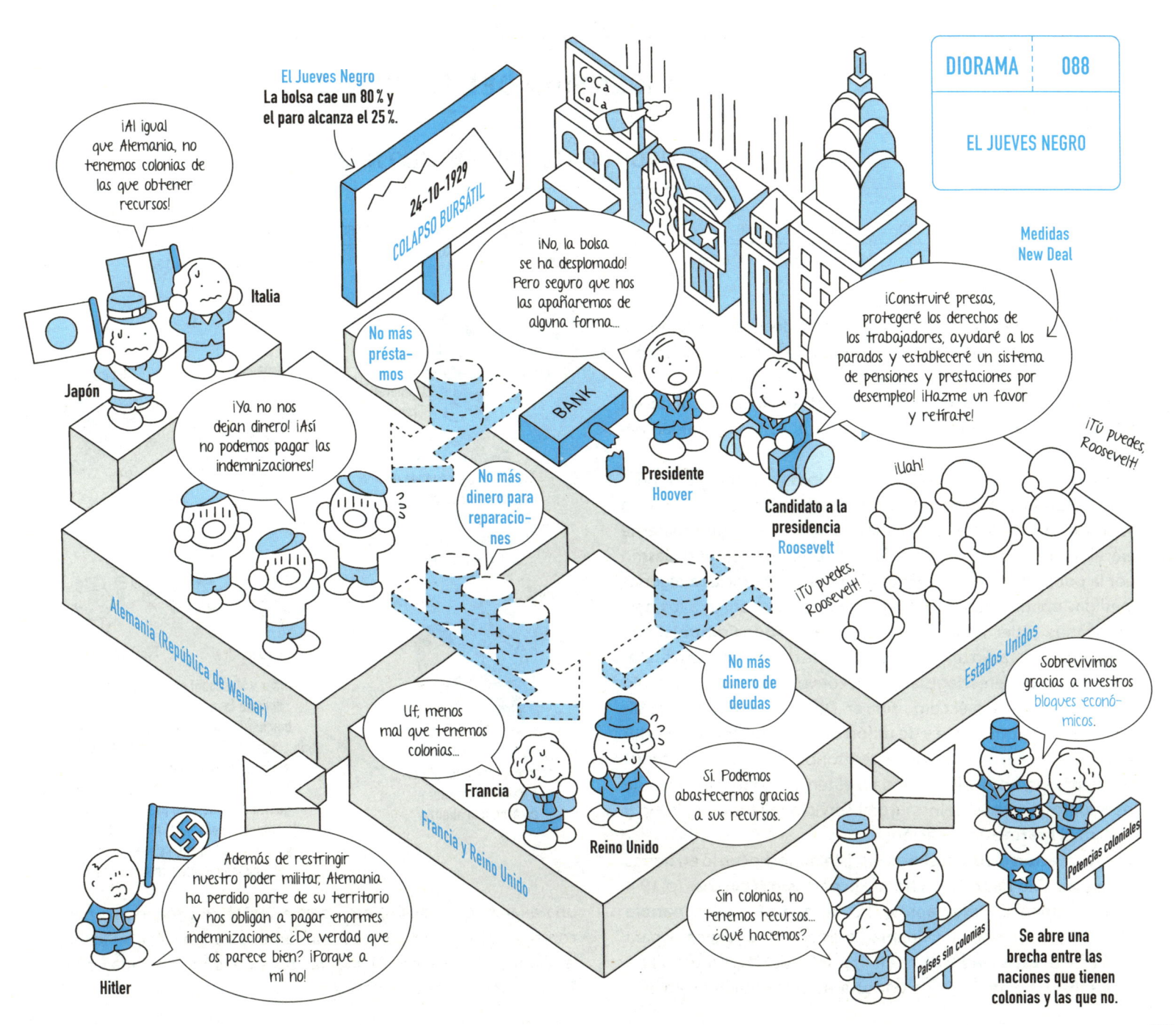

EL JUEVES NEGRO

El Jueves Negro
La bolsa cae un 80 % y el paro alcanza el 25 %.

24-10-1929 COLAPSO BURSÁTIL

Medidas New Deal

¡Al igual que Alemania, no tenemos colonias de las que obtener recursos!

Italia
Japón

¡No, la bolsa se ha desplomado! Pero seguro que nos las apañaremos de alguna forma...

¡Construiré presas, protegeré los derechos de los trabajadores, ayudaré a los parados y estableceré un sistema de pensiones y prestaciones por desempleo! ¡Hazme un favor y retírate!

No más préstamos

¡Ya no nos dejan dinero! ¡Así no podemos pagar las indemnizaciones!

No más dinero para reparaciones

BANK

Presidente Hoover

Candidato a la presidencia Roosevelt

¡Tú puedes, Roosevelt!
¡Uah!
¡Tú puedes, Roosevelt!

Alemania (República de Weimar)

Estados Unidos

No más dinero de deudas

Sobrevivimos gracias a nuestros *bloques económicos*.

Uf, menos mal que tenemos colonias...

Francia

Reino Unido

Sí. Podemos abastecernos gracias a sus recursos.

Además de restringir nuestro poder militar, Alemania ha perdido parte de su territorio y nos obligan a pagar enormes indemnizaciones. ¿De verdad que os parece bien? ¡Porque a mí no!

Francia y Reino Unido

Sin colonias, no tenemos recursos... ¿Qué hacemos?

Países sin colonias
Potencias coloniales

Hitler

Se abre una brecha entre las naciones que tienen colonias y las que no.

195

089 LA ASCENSIÓN DEL FASCISMO

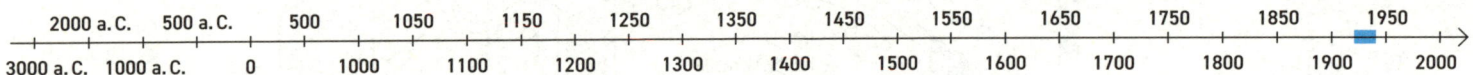

EL NACIMIENTO DEL PARTIDO NAZI

La **Gran Depresión** (p. 194) había causado una agitación sin precedentes en Alemania. La economía se había estancado y empezaba a cundir el descontento entre la población. En este contexto, nació el Partido Nazi **(el Partido Nacionalsocialista Obrero Alemán)** con el lema de construir «una comunidad nacional».

Hitler (1889-1945), el líder del Partido Nazi, se dirigió al pueblo criticando el **Tratado de Versalles** a la vez que defendía la superioridad de los alemanes (aquellos cuya lengua materna era el alemán). Sus discursos fueron recibidos con entusiasmo por la población, cuyo apoyo también se ganó gracias a algunas medidas políticas que promulgaba, como dar trabajo a los desempleados. Hitler liquidó rápidamente al **Partido Comunista de Alemania** e instauró un régimen fascista de **partido único**. Obtuvo plenos poderes: legislativo, ejecutivo y judicial, y el pueblo empezó a dirigirse a él como *führer*. Durante su mandato, la diplomacia **anticomunista** y de **unión del pueblo alemán** condujo al país a la anexión de varios territorios y regiones habitados por alemanes, entre ellos Austria o el territorio checoslovaco de los Sudetes. También reinstauró el servicio militar obligatorio y declaró el **rearme** de la nación.

La **formación de un régimen** fascista no solo ocurrió en tierras germanas, sino también en **Italia**, un país «**sin recursos**» (p. 194) como Alemania. Hitler aprovechó la guerra civil española (1936-1939) —véase el esquema de esta misma página— para acercarse a Mussolini (1883-1945), el líder del fascismo italiano (**el eje Berlín-Roma**, 1936). Por otra parte, también estableció una alianza con **Japón**, otro país oriental «sin recursos», para controlar a la Unión Soviética por ambos flancos. Así, se formó la alianza militar entre Alemania, Italia y Japón conocida como Pacto Antikomintern (1937).

Guerra civil española
España estaba sumida en una guerra civil entre el Partido Fascista del general Franco y la coalición antifascista del Frente Popular.

La guerra civil española acercó a Alemania (Hitler) e Italia (Mussolini) y crearon una alianza.

Hitler y Mussolini ayudaron a Franco durante la guerra civil española y bombardearon indiscriminadamente la ciudad de Guernica, la cual albergaba a muchos partidarios del Frente Popular. El bando franquista acabó ganando la guerra y el gobierno pasó a ser una dictadura. No obstante, más tarde, con la muerte de Franco, se transformaría en una monarquía parlamentaria.

| DIORAMA | 089 |

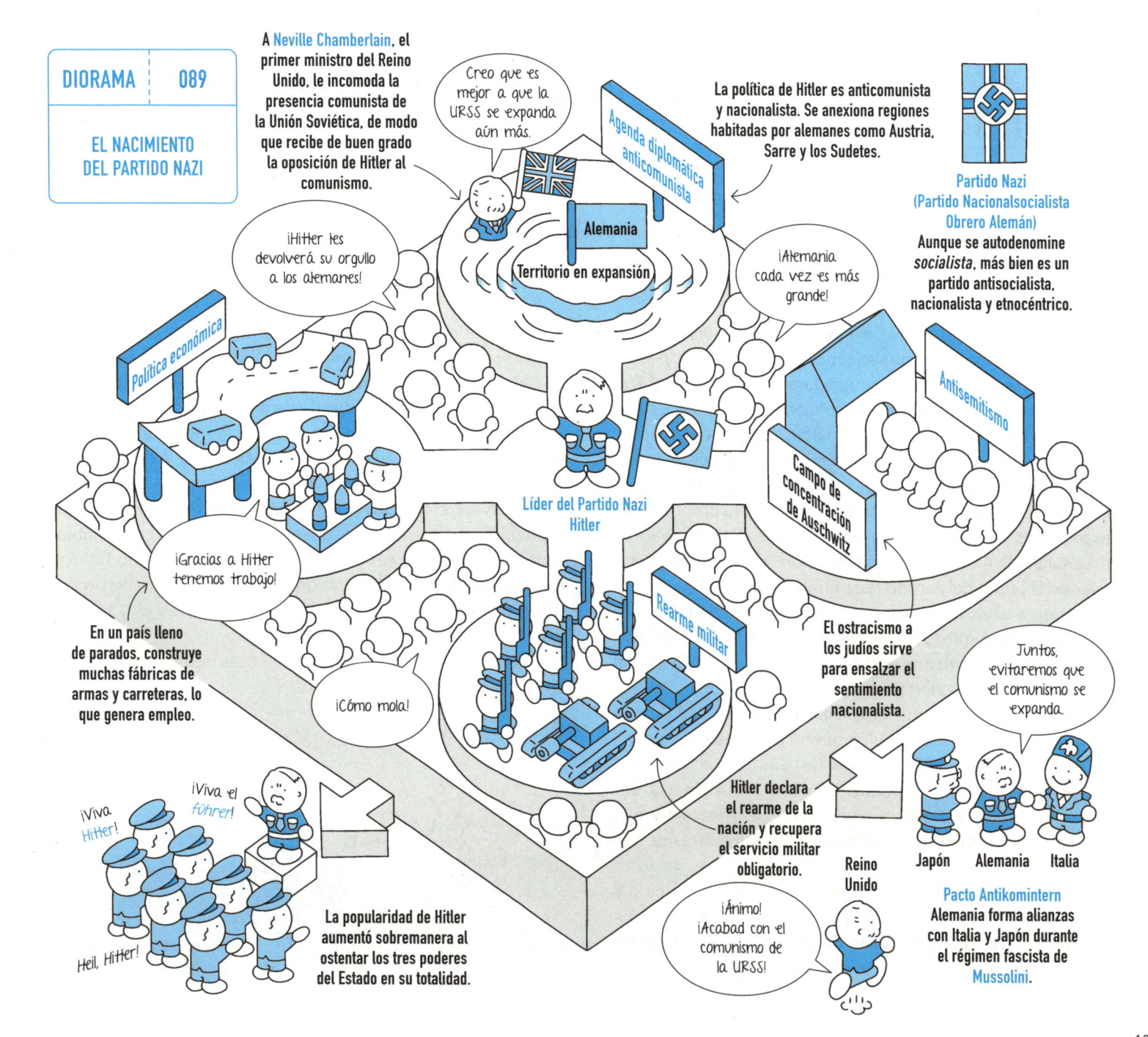

EL NACIMIENTO DEL PARTIDO NAZI

A **Neville Chamberlain**, el primer ministro del Reino Unido, le incomoda la presencia comunista de la Unión Soviética, de modo que recibe de buen grado la oposición de Hitler al comunismo.

"Creo que es mejor a que la URSS se expanda aún más."

Agenda diplomática anticomunista

La política de Hitler es anticomunista y nacionalista. Se anexiona regiones habitadas por alemanes como Austria, Sarre y los Sudetes.

Partido Nazi (Partido Nacionalsocialista Obrero Alemán)
Aunque se autodenomine *socialista*, más bien es un partido antisocialista, nacionalista y etnocéntrico.

"¡Hitler les devolverá su orgullo a los alemanes!"

Alemania — Territorio en expansión

"¡Alemania cada vez es más grande!"

Política económica

Líder del Partido Nazi Hitler

Campo de concentración de Auschwitz

Antisemitismo

"¡Gracias a Hitler tenemos trabajo!"

En un país lleno de parados, construye muchas fábricas de armas y carreteras, lo que genera empleo.

"¡Cómo mola!"

Rearme militar

El ostracismo a los judíos sirve para ensalzar el sentimiento nacionalista.

"Juntos, evitaremos que el comunismo se expanda."

Hitler declara el rearme de la nación y recupera el servicio militar obligatorio.

Reino Unido | Japón | Alemania | Italia

"¡Viva Hitler!" "¡Viva el *führer*!" "Heil, Hitler!"

La popularidad de Hitler aumentó sobremanera al ostentar los tres poderes del Estado en su totalidad.

"¡Ánimo! ¡Acabad con el comunismo de la URSS!"

Pacto Antikomintern
Alemania forma alianzas con Italia y Japón durante el régimen fascista de **Mussolini**.

197

090 LA SITUACIÓN PREVIA A LA SEGUNDA GUERRA MUNDIAL

EL PARTIDO NAZI, DESBOCADO

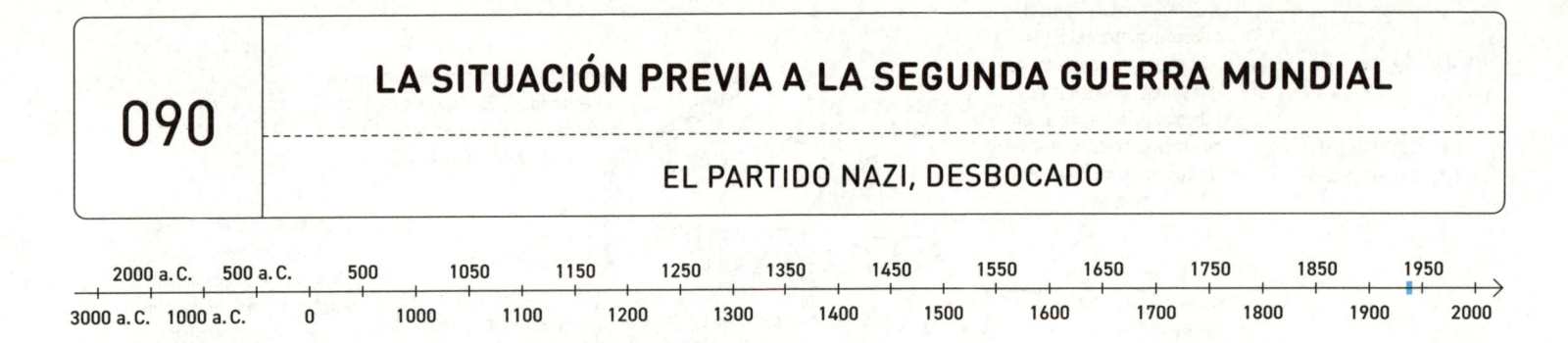

En enero de 1933, en Alemania, el **Partido Nazi** (p. 196) ascendió al poder con **Hitler** como nuevo canciller. Este llamó al pueblo para levantarse en contra de las medidas establecidas en el **Tratado de Versalles** (p. 188), el cual obligaba a Alemania a ceder parte de su territorio y al desarme militar, entre otros aspectos. La primera decisión diplomática del régimen nazi fue que Alemania abandonara la Sociedad de las Naciones en 1933. La razón de su salida se debe a que les habían rechazado su propuesta de que todos los países miembros, no solo Alemania, se desarmaran. La salida de Alemania alertó a la Unión Soviética y Francia y, temiendo el poder del Partido Nazi, firmaron en mayo de 1935 el Pacto franco-soviético para contenerlos. Por otro lado, los británicos esperaban que los Nazis derrotaran a la Unión Soviética, dada su ideología **anticomunista**, y, en junio del mismo año, el Reino Unido permitió ciertas concesiones a Alemania (política de apaciguamiento), entre ellas, **rearmarse (Acuerdo naval anglo-germano)**. Francia también se verá arrastrada por esto.

En septiembre de 1938, durante la Conferencia de Múnich, se firmaron unos acuerdos con los que Alemania adquiría la región de los Sudetes, una parte de Checoslovaquia habitada principalmente por alemanes. Entre los firmantes se encontraban Neville Chamberlain (g. 1937-1940) y Daladier (g. 1933, 1934, 1938-1940), primeros ministros del Reino Unido y Francia, respectivamente. Al año siguiente, en marzo de 1939, Hitler forzó el **desmantelamiento de la República de Checoslovaquia** antes de proceder a invadirla y ocuparla.

Además, Alemania le exigió a **Polonia** que le devolviese la ciudad de Gdansk y el acceso por tierra a Prusia Oriental. No obstante, detuvo sus movimientos en cuanto Francia y el Reino Unido firmaron con Polonia un **acuerdo de defensa**. Entonces, la Unión Soviética, descontenta con la actitud de Francia y el Reino Unido, decidió ponerse en contacto con Alemania y, en agosto de 1939, firmaron un pacto de no agresión germano-soviético en el que, en secreto, incluyeron la **repartición de Polonia**. El 1 de septiembre, los alemanes invadieron **Polonia**, tal y como habían acordado con los soviéticos. Ante esta acción, el Reino Unido y Francia respondieron declarándole la guerra a Alemania, lo que dio comienzo a la Segunda Guerra Mundial (sep. 1939-ago. 1945).

El 17 de septiembre, las tropas soviéticas siguieron a Alemania en su invasión a Polonia.

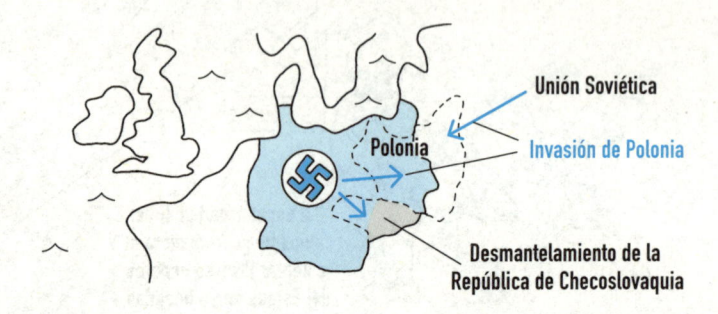

| DIORAMA | 090 |

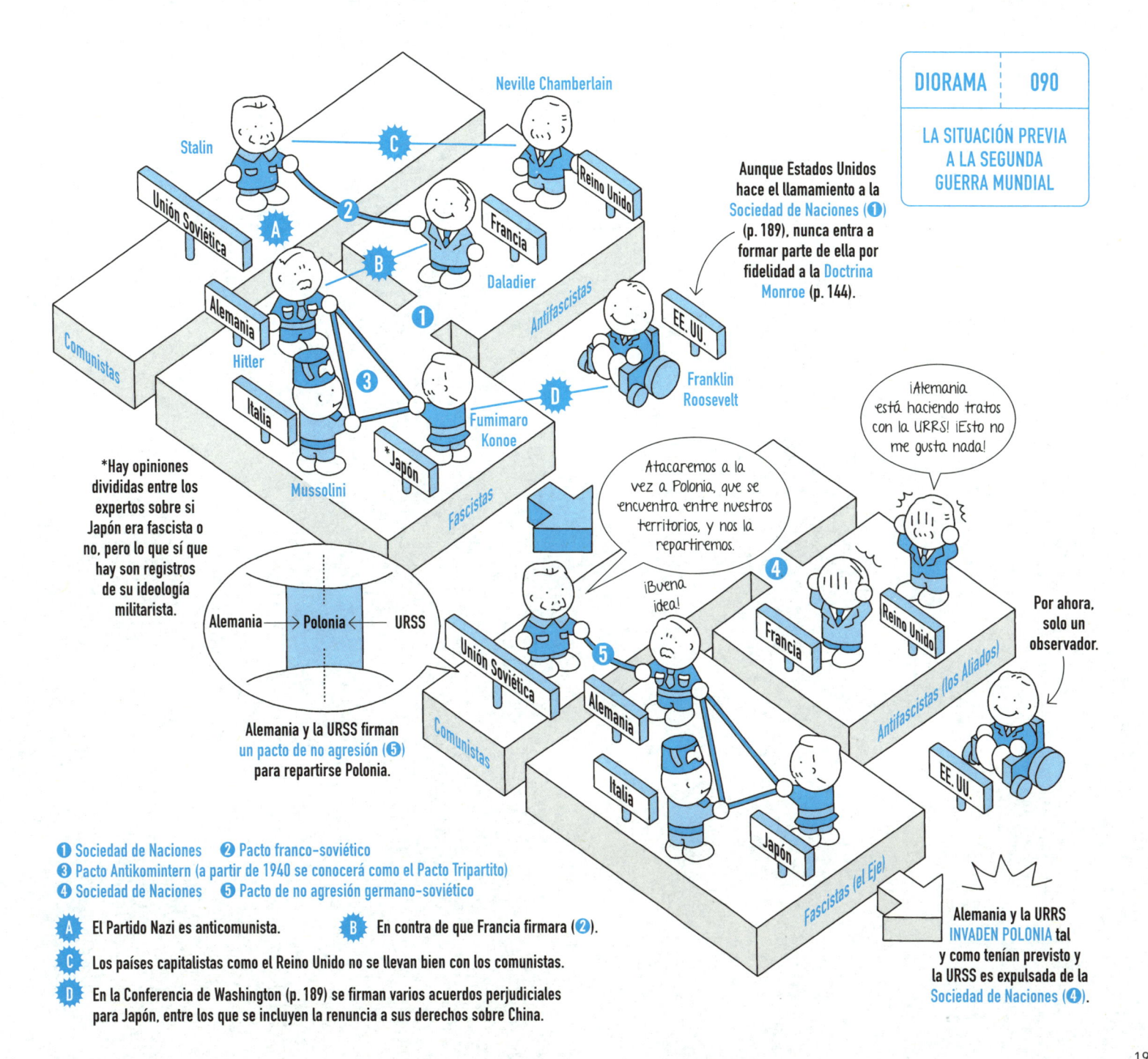

LA SITUACIÓN PREVIA A LA SEGUNDA GUERRA MUNDIAL

Stalin — Unión Soviética — Comunistas

Neville Chamberlain — Reino Unido

Daladier — Francia — Antifascistas

Ⓐ Ⓑ Ⓒ ❷

Hitler — Alemania
Mussolini — Italia
Fumimaro Konoe — *Japón
Fascistas

❶ ❸

Ⓓ

Franklin Roosevelt — EE. UU.

Aunque Estados Unidos hace el llamamiento a la **Sociedad de Naciones (❶)** (p. 189), nunca entra a formar parte de ella por fidelidad a la **Doctrina Monroe** (p. 144).

*Hay opiniones divididas entre los expertos sobre si Japón era fascista o no, pero lo que sí que hay son registros de su ideología militarista.

Alemania → Polonia ← URSS

Alemania y la URSS firman un **pacto de no agresión (❺)** para repartirse Polonia.

«Atacaremos a la vez a Polonia, que se encuentra entre nuestros territorios, y nos la repartiremos.»

«¡Buena idea!»

«¡Alemania está haciendo tratos con la URSS! ¡Esto no me gusta nada!»

Unión Soviética — Comunistas
Alemania
Italia — Japón — Fascistas (el Eje)

❺

Francia — Reino Unido — Antifascistas (los Aliados)

❹

EE. UU. — Por ahora, solo un observador.

Alemania y la URRS **INVADEN POLONIA** tal y como tenían previsto y la URSS es expulsada de la **Sociedad de Naciones (❹)**.

❶ Sociedad de Naciones ❷ Pacto franco-soviético
❸ Pacto Antikomintern (a partir de 1940 se conocerá como el Pacto Tripartito)
❹ Sociedad de Naciones ❺ Pacto de no agresión germano-soviético

Ⓐ El Partido Nazi es anticomunista. Ⓑ En contra de que Francia firmara (❷).
Ⓒ Los países capitalistas como el Reino Unido no se llevan bien con los comunistas.
Ⓓ En la Conferencia de Washington (p. 189) se firman varios acuerdos perjudiciales para Japón, entre los que se incluyen la renuncia a sus derechos sobre China.

EDAD CONTEMPORÁNEA II

091 | LA SEGUNDA GUERRA MUNDIAL ①

LA GUERRA EUROPEA – PRIMERA PARTE

Alemania comienza a invadir la zona occidental de Polonia. → **Polonia** ← La Unión Soviética comienza a invadir la zona oriental de Polonia.

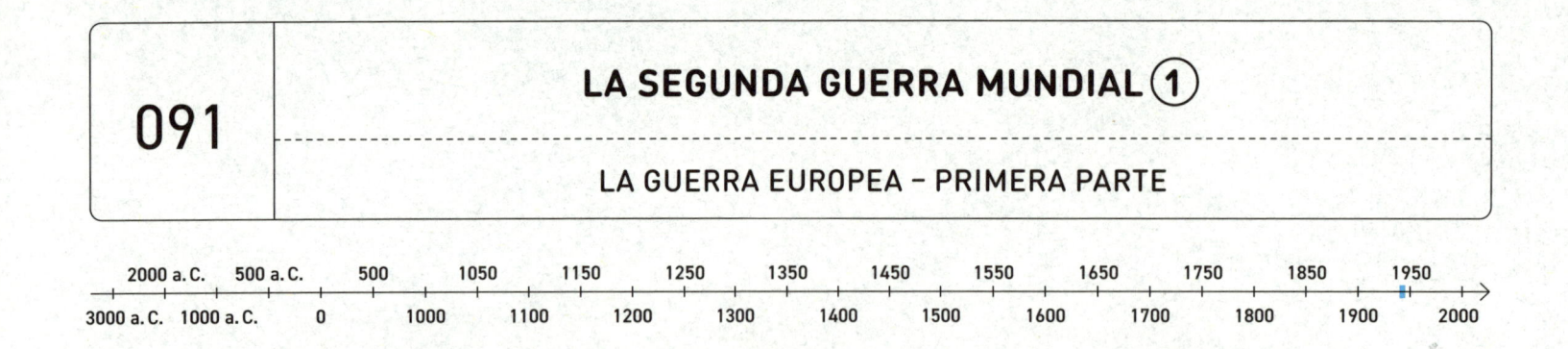

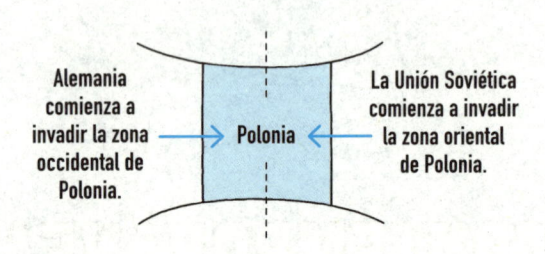

El 1 de septiembre de 1939 marcó el inicio de la **Segunda Guerra Mundial** (sep. 1939-ago. 1945), cuando Alemania, según lo que había acordado con la Unión Soviética (Pacto de no agresión germano-soviético, p. 198), comienza a invadir la región **occidental de Polonia** (**Invasión de Polonia**, 1939). Al año siguiente, en 1940, los alemanes ya ocupaban Dinamarca, Noruega, Países Bajos y Bélgica y, en junio, invadieron Francia y consiguieron llegar hasta **París**. Italia también se unió a Alemania.

De esta forma, el norte de Francia, donde se encuentra París, pasó a estar controlada directamente por Alemania. Solo el sur de Francia se seguía considerando territorio francés y su **Gobierno**, instaurado por el proalemán **Pétain** (1856-1951), estaba asentado en **Vichy**. Durante ese tiempo, el soldado francés **De Gaulle** (1890-1970) huyó del país hasta Londres, donde proclamó la **Francia Libre** (1940) y surgieron varias emisiones radiofónicas a lo largo del territorio francés llamando a la gente a luchar y unirse a **la resistencia** contra Alemania.

Mientras tanto, la Unión Soviética había invadido **Polonia por el este** y después Finlandia, lo que propició su expulsión de la **Sociedad de Naciones**. En 1940 se anexionó los tres países bálticos (Estonia, Letonia y Lituania), por lo que, a excepción de Suecia, España y Portugal, que adoptaron una postura neutral, la Europa continental estaba prácticamente dominada por los **estados totalitarios** de Alemania, Italia y la URSS.

En vista de ello, en 1941, Estados Unidos promulgó la **Ley de Préstamo y Arriendo** y empezó a brindar su ayuda al Reino Unido, que seguía democrático e independiente. Entonces, en junio de ese año, Alemania, con el fin de asegurarse suficiente pan y petróleo, rompió el **pacto de no agresión que tenía con la Unión Soviética** (p. 198) e invadió su territorio, lo que marcó el comienzo de la guerra ruso-alemana, conocida como el Frente Oriental. En julio de ese mismo año, la URSS decidió apostar por el bando democrático y firmó con el Reino Unido una **alianza militar anglo-soviética** (1941) frente a la Alemania nazi.

En agosto del 41, se celebró la **Conferencia del Atlántico**, en la que se reunieron el presidente estadounidense **Franklin Roosevelt** (g. 1933-1945) y el primer ministro británico **Churchill** (g. 1940-1945, 1951-1955) y en la que se presentó la **Carta del Atlántico** (1941), un escrito que ponía de manifiesto una nueva visión mundial libre, democrática y en contra del totalitarismo. A partir de este momento, la Segunda Guerra Mundial entró en una nueva fase.

DIORAMA 091

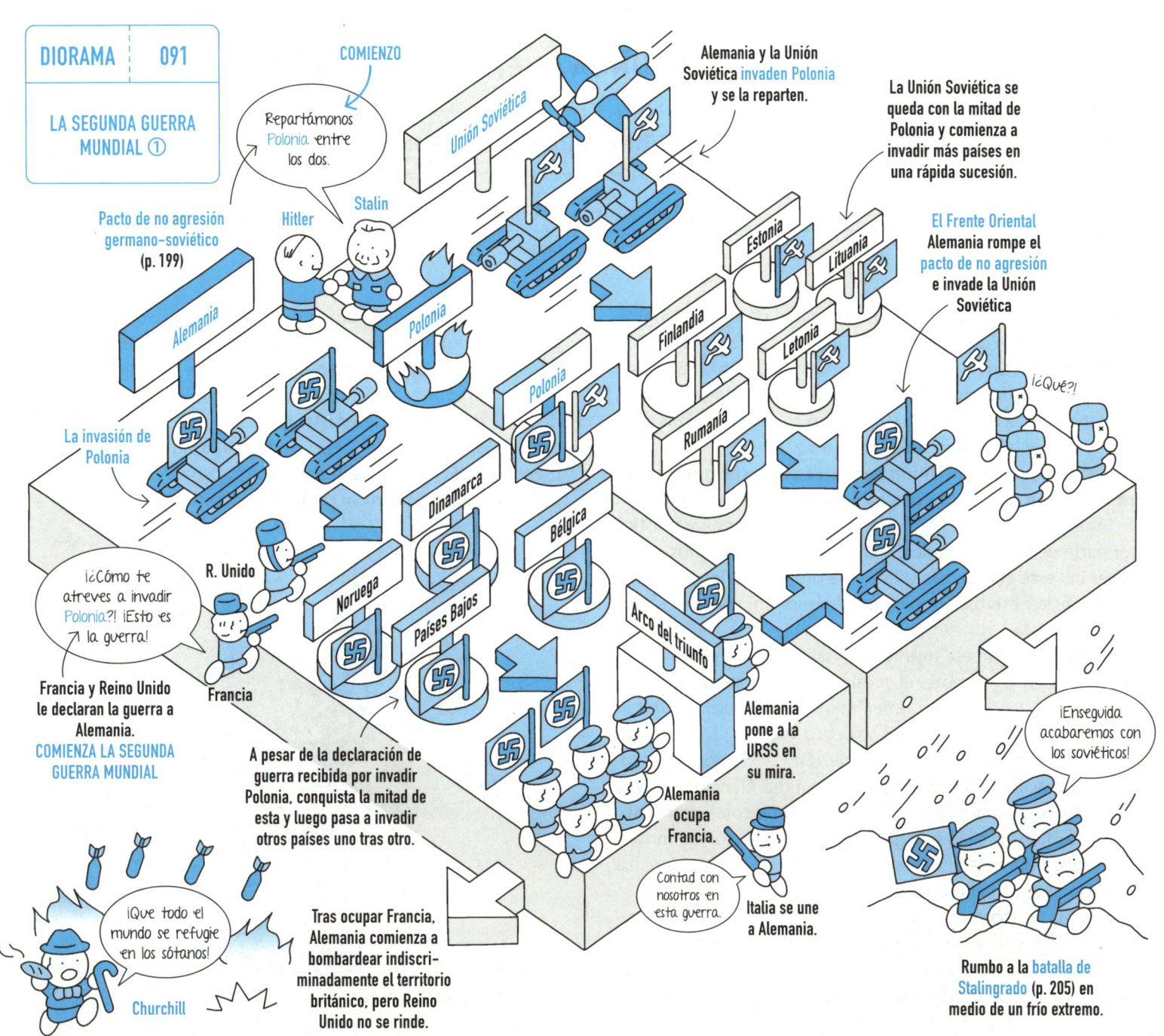

LA SEGUNDA GUERRA MUNDIAL ①

COMIENZO

Repartámonos Polonia entre los dos. — **Hitler**

Stalin

Pacto de no agresión germano-soviético (p. 199)

Alemania

Unión Soviética

Alemania y la Unión Soviética invaden Polonia y se la reparten.

Polonia

La Unión Soviética se queda con la mitad de Polonia y comienza a invadir más países en una rápida sucesión.

Estonia · **Lituania** · **Finlandia** · **Letonia** · **Rumanía**

El Frente Oriental
Alemania rompe el pacto de no agresión e invade la Unión Soviética

¡¿Qué?!

La invasión de Polonia

Polonia

R. Unido

¡¿Cómo te atreves a invadir Polonia?! ¡Esto es la guerra!

Francia

Noruega · **Dinamarca** · **Países Bajos** · **Bélgica**

Arco del triunfo

Francia y Reino Unido le declaran la guerra a Alemania.
COMIENZA LA SEGUNDA GUERRA MUNDIAL

A pesar de la declaración de guerra recibida por invadir Polonia, conquista la mitad de esta y luego pasa a invadir otros países uno tras otro.

Alemania ocupa Francia.

Alemania pone a la URSS en su mira.

Contad con nosotros en esta guerra. — **Italia se une a Alemania.**

¡Enseguida acabaremos con los soviéticos!

¡Que todo el mundo se refugie en los sótanos! — **Churchill**

Tras ocupar Francia, Alemania comienza a bombardear indiscriminadamente el territorio británico, pero Reino Unido no se rinde.

Rumbo a la batalla de Stalingrado (p. 205) en medio de un frío extremo.

203

092 LA SEGUNDA GUERRA MUNDIAL ②

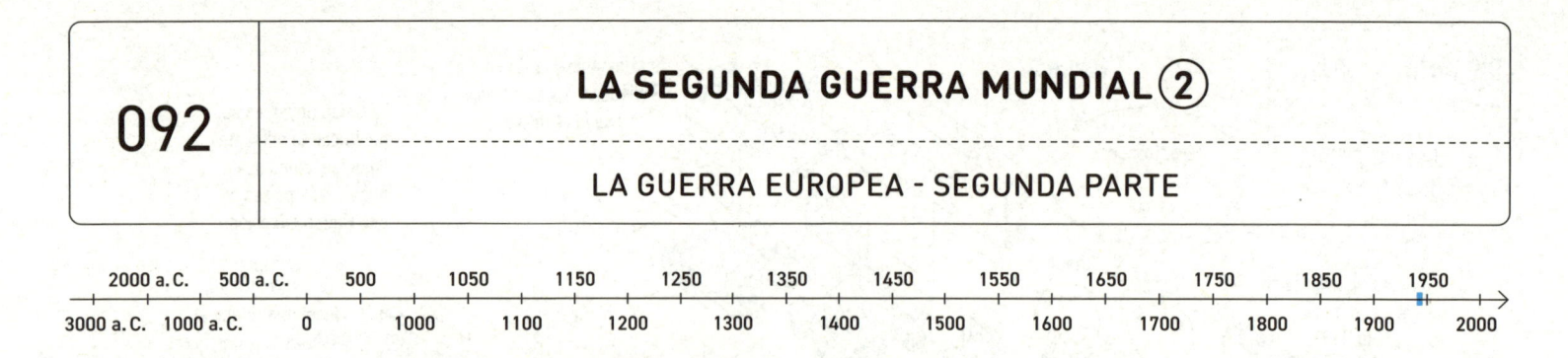

LA GUERRA EUROPEA - SEGUNDA PARTE

En enero de 1942 varios países proclamaron desde Washington DC la Declaración de las **Naciones Unidas**, con Estados Unidos, el Reino Unido, China y la URSS como punta de lanza. Gracias a ella se formó el bando multinacional de los **Aliados**, los cuales abogaban por la democracia y lucharían contra las fuerzas totalitarias del **Eje** (Alemania, Italia y demás...).

En febrero de 1943, **la Unión Soviética seguía en guerra contra Alemania** (p. 202), pero consiguió imponerse en **la batalla de Stalingrado** (1942-1943) gracias a la ayuda armamentística por parte de Estados Unidos. Después de liberar a varios de los países del este europeo, la URSS, para protegerse, los puso bajo su influencia y estableció en ellos gobiernos dirigidos por el Partido Comunista.

En septiembre de ese mismo año, Italia capituló y, dos meses más tarde, en noviembre, el presidente estadounidense **Roosevelt** (g. 1933-1945), el primer ministro británico **Churchill** (p. 202) y el secretario general soviético **Stalin** (1879-1953) se reunieron en la **Conferencia de Teherán** (1943), donde discutieron operaciones conjuntas para derrotar a Alemania. Al año siguiente, con **Eisenhower** (1890-1969) como comandante supremo, las fuerzas aliadas llegaron en tropel a las costas noroeste francesas durante el **desembarco de Normandía** (1944). La operación fue un éxito y los Aliados liberaron París.

Además, en febrero de 1945, Estados Unidos, el Reino Unido y la URSS volvieron a reunirse en la **Conferencia de Yalta** (1945), en la península de Crimea. Entre los puntos que trataron se encontraba el proceso de la posguerra con Alemania, la democratización de la Europa del Este y la creación de una organización internacional que velara por el orden entre naciones. Por otro lado, ese mismo año también se produjo la **guerra soviético-japonesa** (1945), y la URSS adquirió el control del sur de la isla de Sajalín y de las islas Kuriles.

Además, en abril de 1945, **Berlín cayó** ante la implacable ofensiva de los Aliados. Sin nada que hacer al respecto, el 7 de mayo Alemania declaró su **rendición incondicional**.

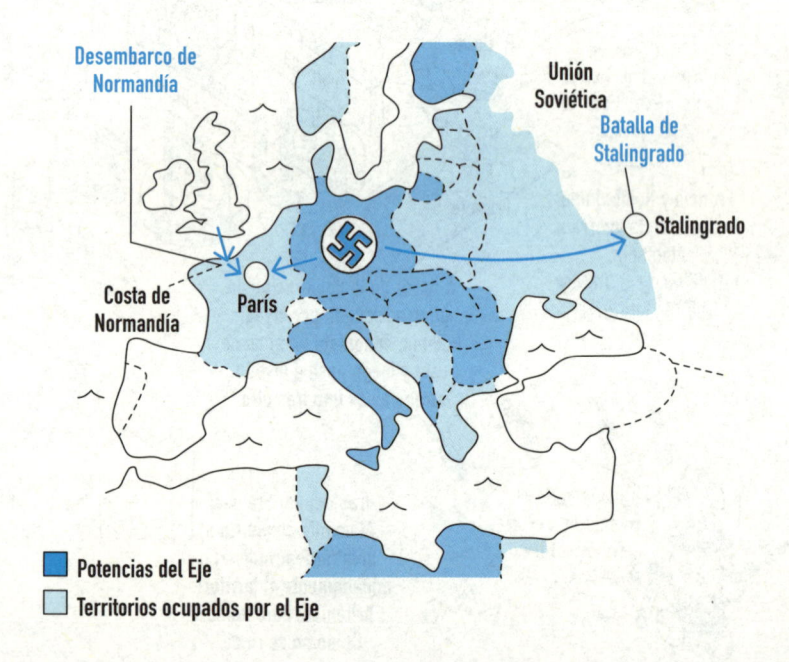

- Potencias del Eje
- Territorios ocupados por el Eje

DIORAMA	092

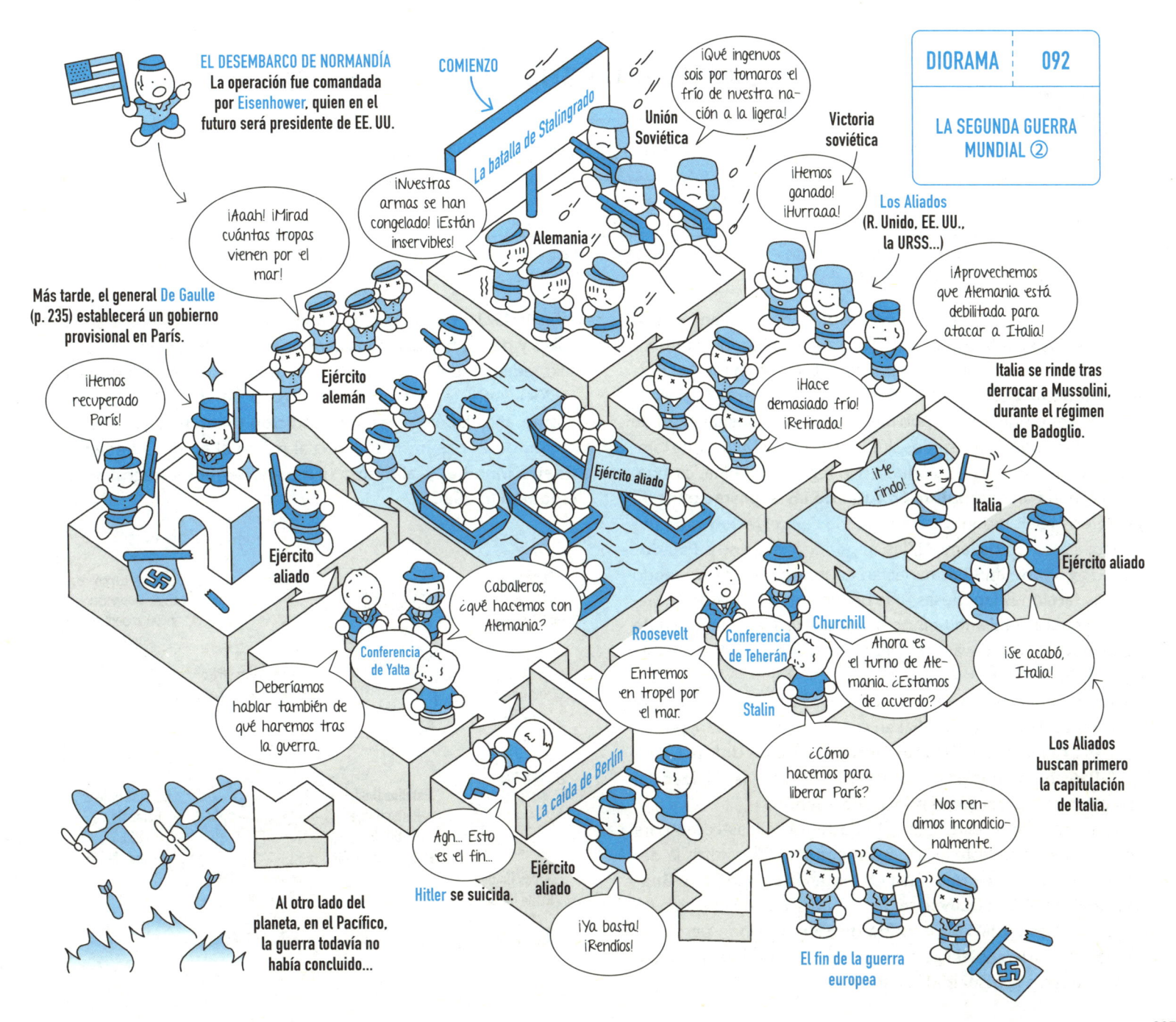

LA SEGUNDA GUERRA MUNDIAL ②

COMIENZO → La batalla de Stalingrado

EL DESEMBARCO DE NORMANDÍA
La operación fue comandada por *Eisenhower*, quien en el futuro será presidente de EE. UU.

Más tarde, el general *De Gaulle* (p. 235) establecerá un gobierno provisional en París.

¡Aaah! ¡Mirad cuántas tropas vienen por el mar!

¡Nuestras armas se han congelado! ¡Están inservibles!

Alemania

¡Qué ingenuos sois por tomaros el frío de nuestra nación a la ligera!

Unión Soviética

¡Hemos ganado! ¡Hurraaa!

Victoria soviética

Los Aliados (R. Unido, EE. UU., la URSS...)

¡Aprovechemos que Alemania está debilitada para atacar a Italia!

¡Hemos recuperado París!

Ejército alemán

¡Hace demasiado frío! ¡Retirada!

Ejército aliado

Italia se rinde tras derrocar a Mussolini, durante el régimen de Badoglio.

¡Me rindo!

Italia

Ejército aliado

Caballeros, ¿qué hacemos con Alemania?

Conferencia de Yalta

Deberíamos hablar también de qué haremos tras la guerra.

Entremos en tropel por el mar.

Roosevelt

Conferencia de Teherán

Churchill

Stalin

Ahora es el turno de Alemania. ¿Estamos de acuerdo?

¿Cómo hacemos para liberar París?

¡Se acabó, Italia!

Los Aliados buscan primero la capitulación de Italia.

La caída de Berlín

Agh... Esto es el fin...

Hitler se suicida.

Ejército aliado

¡Ya basta! ¡Rendíos!

Nos rendimos incondicionalmente.

El fin de la guerra europea

Al otro lado del planeta, en el Pacífico, la guerra todavía no había concluido...

093 | LA SEGUNDA GUERRA MUNDIAL ③

LA GUERRA DEL PACÍFICO

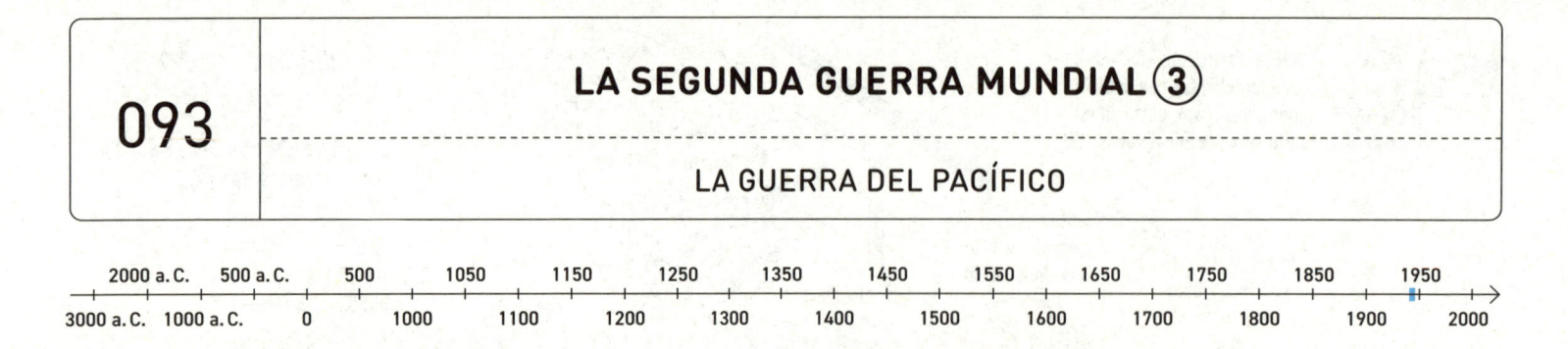

En septiembre de 1940, un año después del comienzo de la **Segunda Guerra Mundial**, Japón había movilizado sus tropas hacia el norte de la Indochina francesa. Ese mismo mes, el **Pacto Antikomintern** (p. 196) se transformó en el **Pacto Tripartito (1940)**. Al año siguiente, Japón pasó también a dominar el sur de la Indochina francesa. Estados Unidos y el Reino Unido, que también tenían intereses y colonias en la región de China, castigaron a Japón con la **prohibición total de las exportaciones de petróleo** al país nipón **(embargo de las exportaciones de petróleo**, 1941). En diciembre, las **negociaciones entre Estados Unidos y Japón** aún permanecían en punto muerto, de modo que las facciones japonesas más beligerantes ocuparon la Malasia británica al mismo tiempo que **atacaron la base naval de Pearl Harbor**, en Hawái **(ataque a Pearl Harbor**, 1941). Había empezado la **guerra del Pacífico** (1941-1945).

La guerra del Pacífico marcó el comienzo de la segunda fase de la Segunda Guerra Mundial en la que se enfrentaban, por un lado, **los Aliados**, con **Estados Unidos**, el **Reino Unido**, **China** y la **URSS** como principales potencias y, por otro, las fuerzas **del Eje**, compuestas por **Alemania**, **Italia** y **Japón**.

Las fuerzas japonesas fueron lo bastante sólidas como para ocupar todo el sudeste asiático. Sin embargo, tras sufrir la derrota en la **batalla de Midway** (1942) y en la **campaña de Guadalcanal**, en Nueva Guinea, se generó un punto de inflexión en la guerra. Más tarde, con la **caída de Saipán**, Japón perdió su bastión defensivo en el Pacífico, lo cual dio pista libre para que bombardearan la **principal isla nipona**.

En 1945, Japón fue testigo de los **bombardeos aéreos** sobre Tokio y de los **bombardeos atómicos** sobre Hiroshima y Nagasaki, además del comienzo de la **guerra soviético-japonesa** (p. 204). Ante tales acontecimientos, el 14 de agosto de ese mismo año, Japón aceptó la **rendición incondicional (Declaración de Potsdam**, 1945), lo cual marcó el fin de la **Segunda Guerra Mundial** y, al mismo tiempo, la **segunda guerra sino-japonesa** (p. 208).

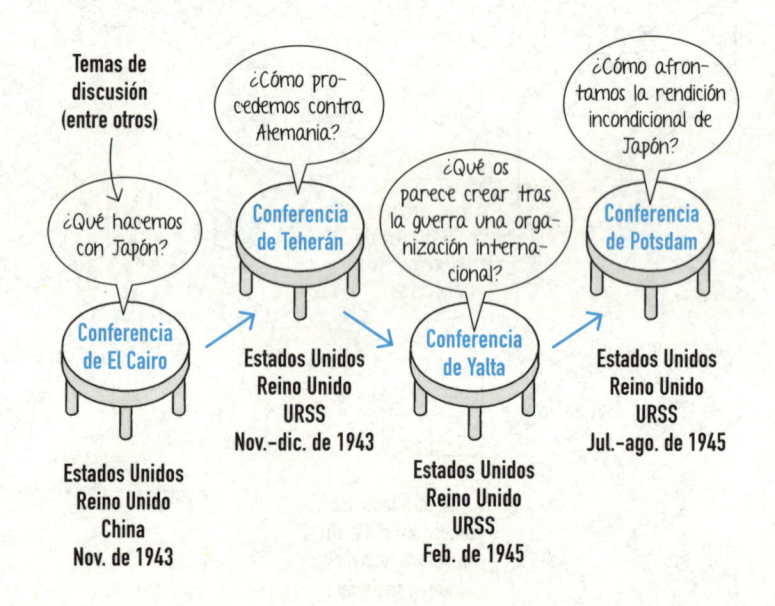

Temas de discusión (entre otros)

¿Qué hacemos con Japón?
Conferencia de El Cairo
Estados Unidos
Reino Unido
China
Nov. de 1943

¿Cómo procedemos contra Alemania?
Conferencia de Teherán
Estados Unidos
Reino Unido
URSS
Nov.–dic. de 1943

¿Qué os parece crear tras la guerra una organización internacional?
Conferencia de Yalta
Estados Unidos
Reino Unido
URSS
Feb. de 1945

¿Cómo afrontamos la rendición incondicional de Japón?
Conferencia de Potsdam
Estados Unidos
Reino Unido
URSS
Jul.–ago. de 1945

| DIORAMA | 093 |

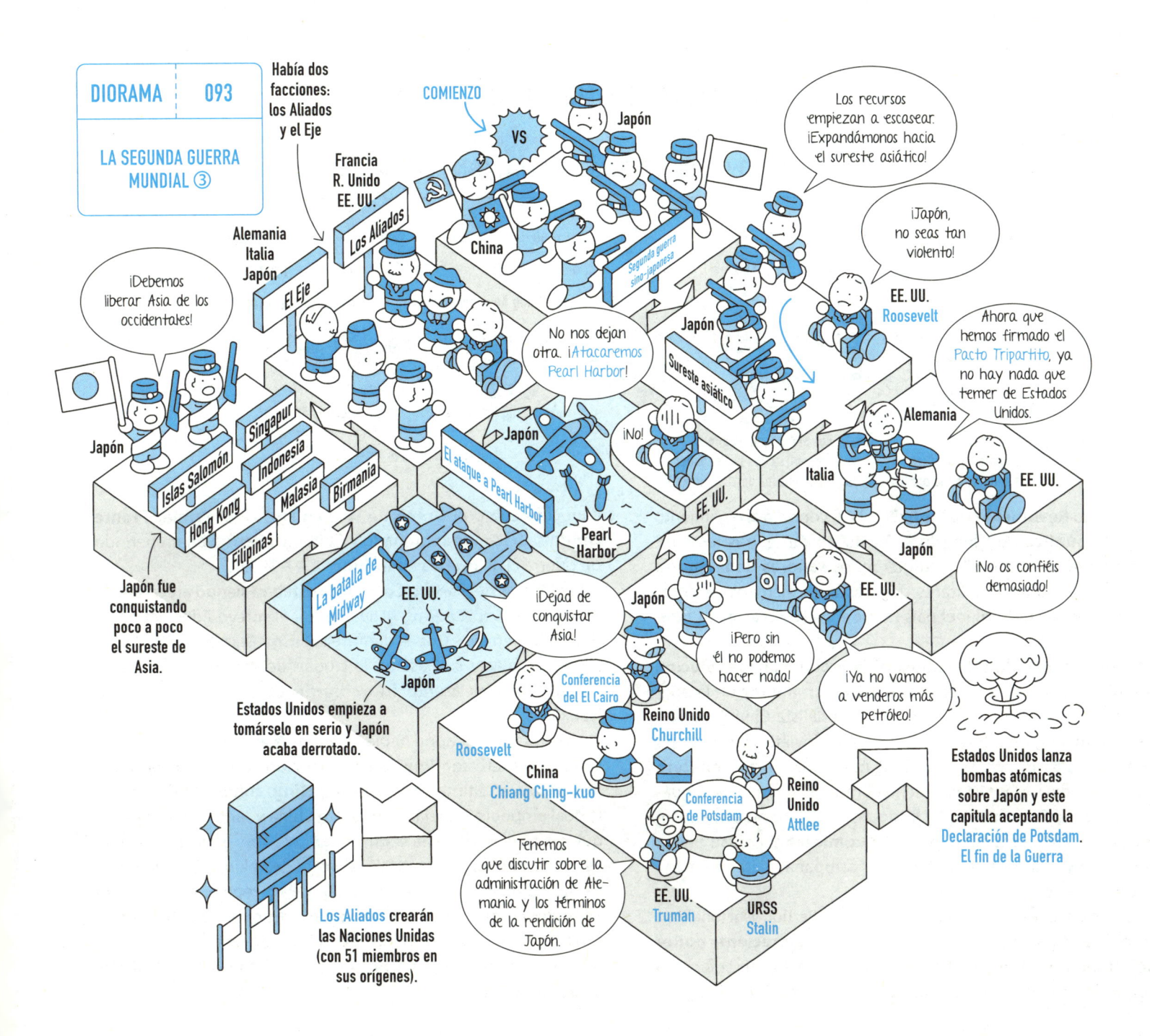

LA SEGUNDA GUERRA MUNDIAL ③

Había dos facciones: los Aliados y el Eje

COMIENZO

Los Aliados: Francia, R. Unido, EE. UU.
El Eje: Alemania, Italia, Japón

Japón VS China — Segunda guerra sino-japonesa

"Los recursos empiezan a escasear. ¡Expandámonos hacia el sureste asiático!" — Japón

"¡Japón, no seas tan violento!" — EE. UU. Roosevelt

"¡Debemos liberar Asia de los occidentales!"

"Ahora que hemos firmado el Pacto Tripartito, ya no hay nada que temer de Estados Unidos." — Alemania, Italia, Japón

"¡No os confiéis demasiado!" — EE. UU.

Japón — Sureste asiático: Islas Salomón, Singapur, Hong Kong, Indonesia, Filipinas, Malasia, Birmania

Japón fue conquistando poco a poco el sureste de Asia.

"No nos dejan otra. ¡Atacaremos Pearl Harbor!" — Japón

El ataque a Pearl Harbor — Pearl Harbor

"¡Dejad de conquistar Asia!" — EE. UU.

"¡Pero sin él no podemos hacer nada!" — Japón (OIL)

"¡Ya no vamos a venderos más petróleo!" — EE. UU.

La batalla de Midway — EE. UU. / Japón

Estados Unidos empieza a tomárselo en serio y Japón acaba derrotado.

Conferencia del Cairo: Roosevelt, China Chiang Ching-kuo, Reino Unido Churchill

Conferencia de Potsdam: EE. UU. Truman, Reino Unido Attlee, URSS Stalin

"Tenemos que discutir sobre la administración de Alemania y los términos de la rendición de Japón."

Estados Unidos lanza bombas atómicas sobre Japón y este capitula aceptando la Declaración de Potsdam. El fin de la Guerra.

Los Aliados crearán las Naciones Unidas (con 51 miembros en sus orígenes).

094 EL RUMBO QUE SIGUE CHINA ①

EL PERÍODO DE COOPERACIÓN NACIONALISTA-COMUNISTA

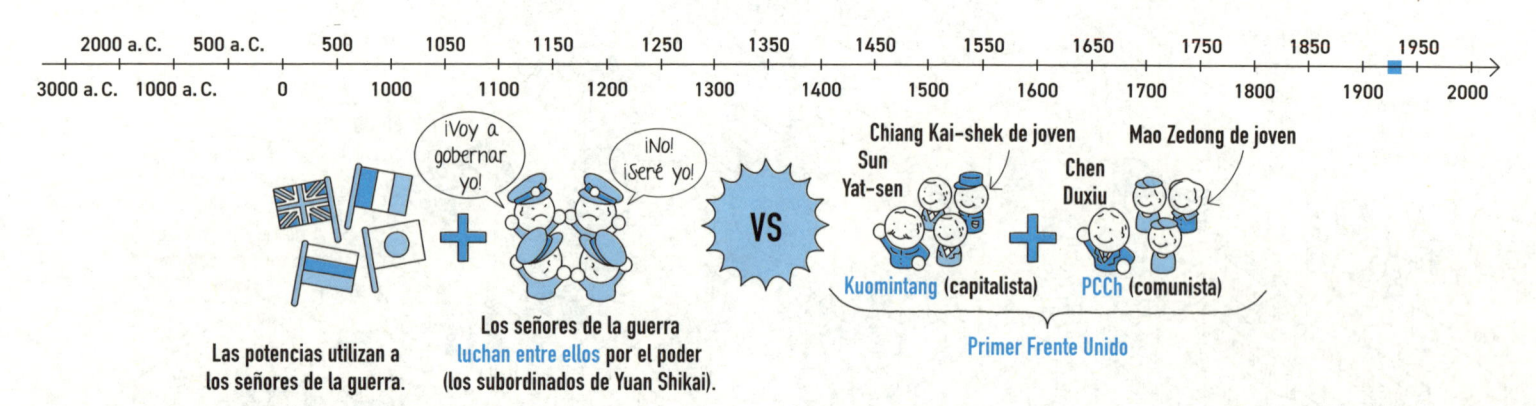

En 1912, la **Revolución de Xinhai** (p. 172) condujo al nacimiento de la **República de China** (p. 172). No obstante, tras la muerte de **Yuan Shikai** (p. 172), surgieron los **señores de la guerra** (p. 172), autoridades militares que alistaron ejércitos privados con la meta de gobernar el país **(era de los señores de la guerra,** 1915-1928).

En medio de todo este contexto, se produjo una **revolución popular** en Pekín para derrocar el **régimen militar** de la época. El **Kuomintang (1919)** (Partido Nacionalista Chino) de **Sun Yat-sen** (p. 172) unió fuerzas con la Unión Soviética y el **Partido Comunista de China (1921)** (PCCh), miembros de la **Komintern** (Internacional Comunista), y luchó contra los señores de la guerra del norte **(Primer Frente Unido,** 1924-1927). Yat-sen encontró una muerte repentina, pero el **Kuomintang**, con su nuevo líder **Chiang Kai-shek**, emprendió la campaña militar de la **Expedición del Norte (1926-1928)**.

La campaña iba viento en popa para el Partido Nacionalista, pero Chiang Kai-shek empezaba a temer por el **creciente poder del PCCh**, por lo que vertió todos sus esfuerzos en sofocar el golpe de Estado de los comunistas en la ciudad de Shanghái, conocido como el **Golpe de Wuhan (1927)**. **El Primer Frente Unido** se había desmoronado y China se adentró en un período de guerra civil **(guerra civil china,** 1927-1937).

Las fuerzas del Partido Comunista estaban siendo atacadas, de modo que **Mao Zedong (1893-1976)**, el nuevo líder del partido, capitaneó a las tropas durante la **Larga Marcha (1934-1936)** hasta establecer su base en la ciudad de Yan'an. Por su parte, Chiang Kai-shek asentó su **gobierno nacionalista (1927)** en Nankín.

Mientras tanto, Japón había hecho de **Manchuria (1932-1945)** su estado títere con **Puyi**, antes conocido como el **emperador Xuantong**, el último de la **dinastía Qing**, como jefe de Estado, lo cual empeoró las relaciones entre China y Japón. El detonante que causó el inicio de la **segunda guerra sino-japonesa (1937-1945)** ocurrió en julio de 1937, al norte de Pekín, con el **incidente del Puente de Marco Polo (1937)**. Para repeler a este nuevo enemigo común, el Kuomintang y el Partido Comunista firmaron una tregua y aunaron fuerzas adoptando un régimen **antijaponés (Segundo Frente Unido,** sep. 1937) con el que **combatir a sus invasores**.

DIORAMA 094

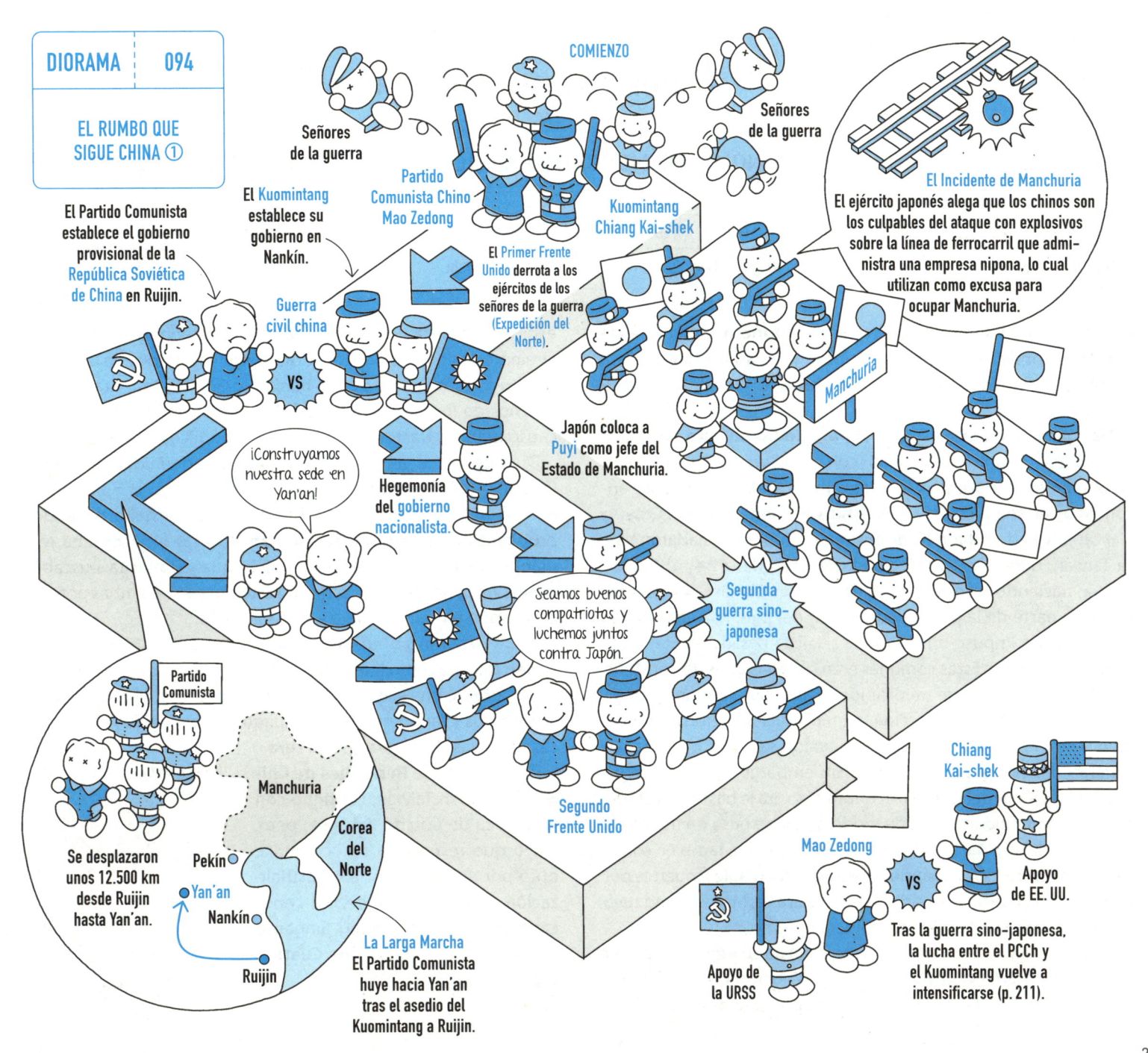

EL RUMBO QUE SIGUE CHINA ①

COMIENZO

Señores de la guerra

Partido Comunista Chino Mao Zedong

Kuomintang Chiang Kai-shek

Señores de la guerra

El Incidente de Manchuria
El ejército japonés alega que los chinos son los culpables del ataque con explosivos sobre la línea de ferrocarril que administra una empresa nipona, lo cual utilizan como excusa para ocupar Manchuria.

El Partido Comunista establece el gobierno provisional de la República Soviética de China en Ruijin.

El Kuomintang establece su gobierno en Nankín.

El Primer Frente Unido derrota a los ejércitos de los señores de la guerra (Expedición del Norte).

Guerra civil china VS

¡Construyamos nuestra sede en Yan'an!

Hegemonía del gobierno nacionalista.

Japón coloca a Puyi como jefe del Estado de Manchuria.

Manchuria

Seamos buenos compatriotas y luchemos juntos contra Japón.

Segunda guerra sino-japonesa

Segundo Frente Unido

Partido Comunista

Manchuria · Pekín · Corea del Norte · Yan'an · Nankín · Ruijin

Se desplazaron unos 12.500 km desde Ruijin hasta Yan'an.

La Larga Marcha
El Partido Comunista huye hacia Yan'an tras el asedio del Kuomintang a Ruijin.

Mao Zedong — Apoyo de la URSS

VS

Chiang Kai-shek — Apoyo de EE. UU.

Tras la guerra sino-japonesa, la lucha entre el PCCh y el Kuomintang vuelve a intensificarse (p. 211).

095 EL RUMBO QUE SIGUE CHINA ②

RUMBO A SU ECONOMÍA DE MERCADO PARTIENDO DE LA REVOLUCIÓN CULTURAL

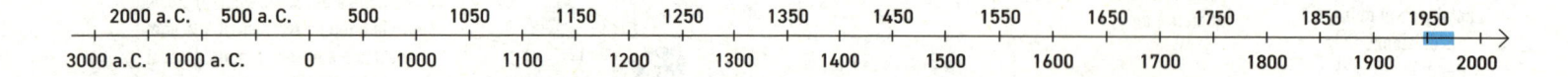

Con el fin de la **segunda guerra sino-japonesa** (p. 208), se reanudó el conflicto entre el **Kuomintang**, o Partido Nacionalista Chino, y el **Partido Comunista de China** (segunda fase de la guerra civil china, 1946).

Tras ganar la guerra en 1949, el **Partido Comunista** declaró la República Popular China (1949) con **Mao Zedong** (p. 208) como su primer **líder supremo** y fijó su capital en Pekín. El país pasó entonces a ser una dictadura unipartidista. Mientras tanto, Chiang Kai-shek y el derrotado **Kuomintang** (p. 208) se trasladaron hasta Taiwán, donde se estableció el gobierno de la República de China, naciendo así el concepto de «las dos Chinas». Mao expropió gran parte de la propiedad privada del país, incluidas tierras y empresas, e impuso un régimen socialista basado en comunas populares (1958). Estas comunas eran subdivisiones del territorio que hacían las veces de municipios locales. Sus habitantes se dividían las tareas de producción, administración, defensa, educación (entre ellas, la enseñanza de los valores del PCCh) y estaban organizadas por el propio Estado. Sin embargo, esta política no llegó a funcionar del todo. La economía no era lo bastante estable ni estaba tan modernizada, de modo que Mao puso en marcha la reforma del Gran Salto Adelante. El proyecto fue también considerado un fracaso y, sumándole a eso las incontables muertes por inanición a causa de varios desastres naturales, Mao Zedong tuvo que renunciar a su puesto como líder supremo.

No obstante, no pasó mucho tiempo hasta su regreso al poder con la Revolución Cultural (o Gran Revolución Cultural Proletaria, 1966-1977), la cual instigó con el pretexto de recuperar el espíritu socialista del país. Pese a que Mao Zedong inició el movimiento, los principales activistas fueron los grupos de la Guardia Roja, estudiantes que le habían jurado lealtad. Atacaron a muchos de los líderes de las facciones más derechistas, lo que causó grandes trastornos sociales y económicos en el país.

Durante estos años, el presidente estadounidense **Nixon** (p. 218) visitó la nación (visita de Richard Nixon a la República Popular de China, 1972). Estados Unidos estaba teniendo problemas en la **guerra de Vietnam** (p. 218) y necesitaba replantearse su política exterior, por lo que esta visita buscaba promover la normalización de las relaciones entre ambas potencias. Japón también se unió a esta iniciativa.

Deng Xiaoping (1901-1997), quien sucedió a Mao Zedong tras su muerte como líder del Estado, aprovechó esta situación y China adoptó una economía capitalista gracias al apoyo de Estados Unidos y Japón mediante un paquete de medidas económicas llamadas «**Reforma y Apertura**».

Por otro lado, la **República de China**, situada en Taiwán, continuó con la política de Chiang Kai-shek, pero, en lo que respecta a su economía, optó por enfocarse en la industrialización y el mundo empezó a conocerla junto con Hong Kong, Singapur y Corea del Sur como «**los Cuatros Tigres Asiáticos**».

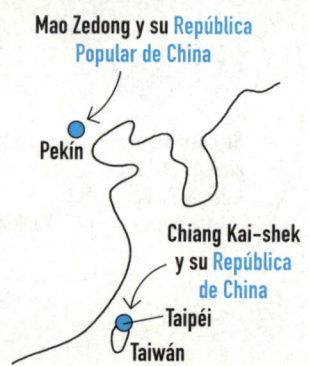

Mao Zedong y su República Popular de China → Pekín

Chiang Kai-shek y su República de China → Taipéi / Taiwán

DIORAMA 095

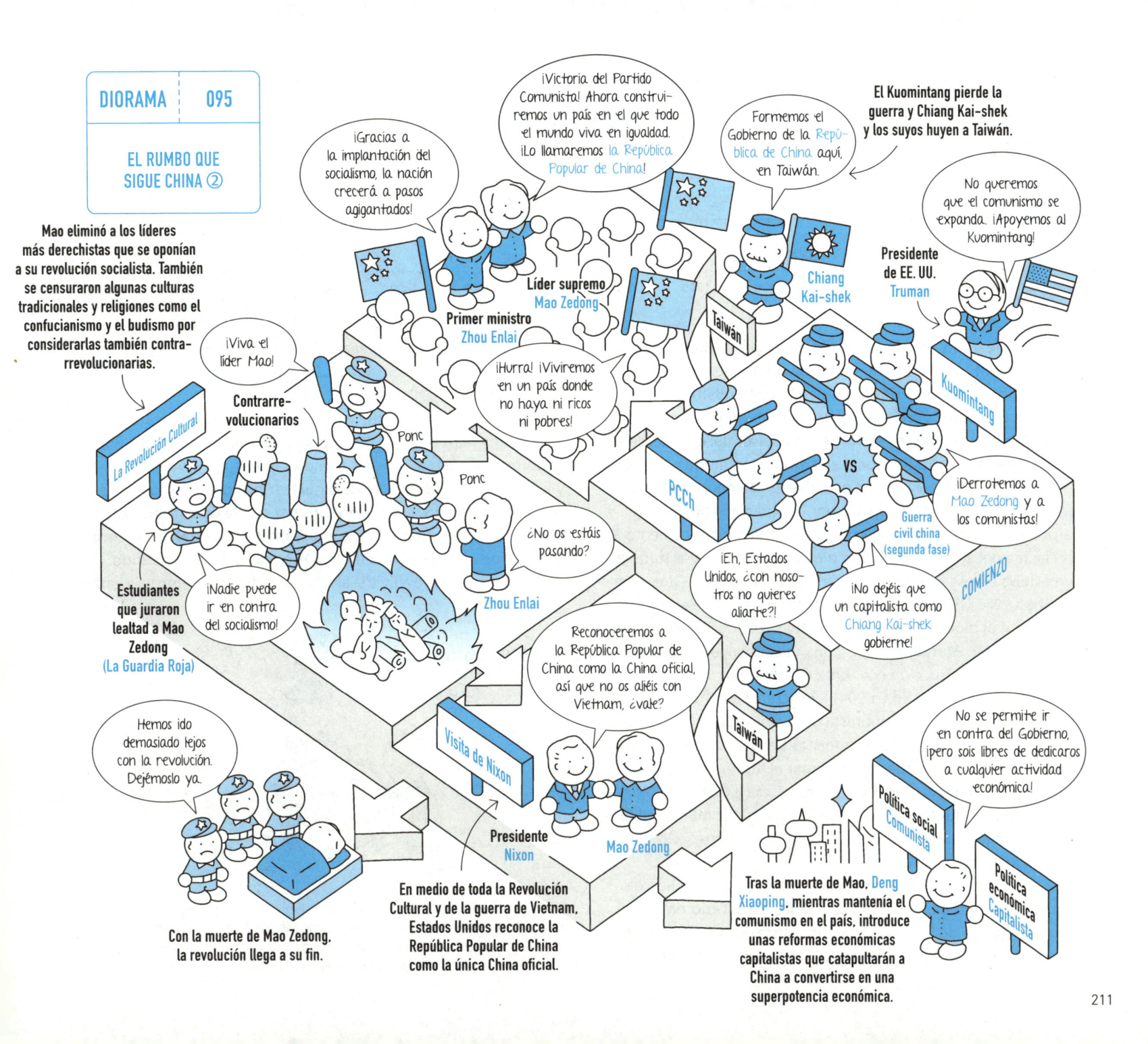

EL RUMBO QUE SIGUE CHINA ②

Mao eliminó a los líderes más derechistas que se oponían a su revolución socialista. También se censuraron algunas culturas tradicionales y religiones como el confucianismo y el budismo por considerarlas también contrarrevolucionarias.

- *¡Victoria del Partido Comunista! Ahora construiremos un país en el que todo el mundo viva en igualdad. ¡Lo llamaremos la República Popular de China!* — **Líder supremo Mao Zedong**
- *¡Gracias a la implantación del socialismo, la nación crecerá a pasos agigantados!* — **Primer ministro Zhou Enlai**
- *Formemos el Gobierno de la República de China aquí, en Taiwán.* — **Chiang Kai-shek** (Taiwán)
- El Kuomintang pierde la guerra y Chiang Kai-shek y los suyos huyen a Taiwán.
- *No queremos que el comunismo se expanda. ¡Apoyemos al Kuomintang!* — **Presidente de EE. UU. Truman**

La Revolución Cultural

- *¡Viva el líder Mao!*
- **Contrarrevolucionarios** — Ponc, Ponc
- *¡Hurra! ¡Viviremos en un país donde no haya ni ricos ni pobres!*
- *¿No os estáis pasando?* — **Zhou Enlai**
- *¡Nadie puede ir en contra del socialismo!* — **Estudiantes que juraron lealtad a Mao Zedong (La Guardia Roja)**

Guerra civil china (segunda fase) — PCCh VS Kuomintang — COMIENZO

- *¡Eh, Estados Unidos, ¿con nosotros no quieres aliarte?!* (Taiwán)
- *¡Derrotemos a Mao Zedong y a los comunistas!*
- *¡No dejéis que un capitalista como Chiang Kai-shek gobierne!*

Visita de Nixon

- *Reconoceremos a la República Popular de China como la China oficial, así que no os aliéis con Vietnam, ¿vale?* — **Presidente Nixon** — **Mao Zedong**

En medio de toda la Revolución Cultural y de la guerra de Vietnam, Estados Unidos reconoce la República Popular de China como la única China oficial.

- *Hemos ido demasiado lejos con la revolución. Dejémoslo ya.*

Con la muerte de Mao Zedong, la revolución llega a su fin.

Tras la muerte de Mao, **Deng Xiaoping**, mientras mantenía el comunismo en el país, introduce unas reformas económicas capitalistas que catapultarán a China a convertirse en una superpotencia económica.

- *No se permite ir en contra del Gobierno, ¡pero sois libres de dedicaros a cualquier actividad económica!* — **Política social Comunista** / **Política económica Capitalista**

211

096 LA GUERRA FRÍA ①

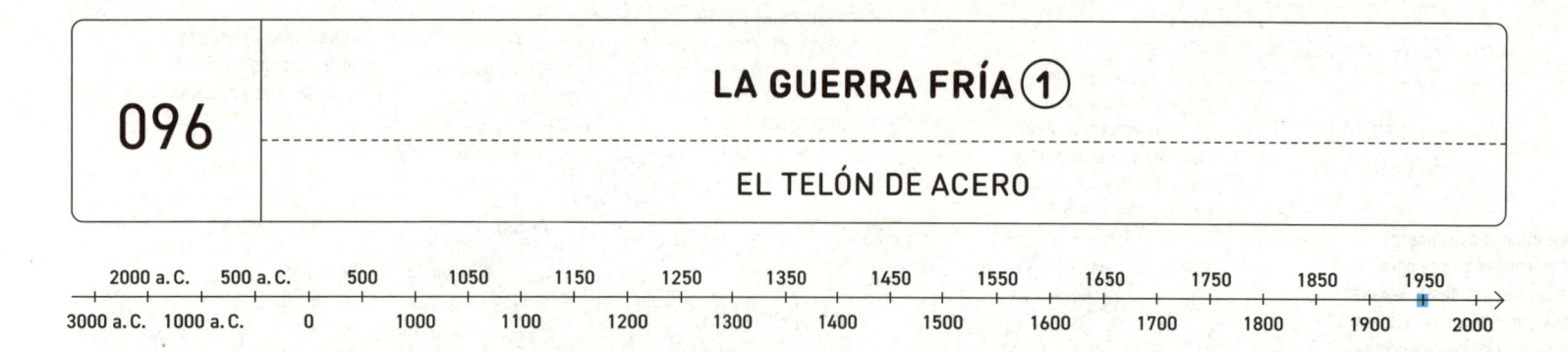

EL TELÓN DE ACERO

En marzo de 1946, tras la **Segunda Guerra Mundial**, el británico **Churchill** (p. 202) afirmó en un discurso que un **«telón de acero»** había caído sobre Europa, desde el mar Báltico hasta el Adriático. Esta expresión hacía referencia al bloqueo de información y aislamiento que se percibía en los países del este del continente que se encontraban bajo el régimen totalitario soviético.

Al año siguiente, en 1947, el presidente estadounidense **Truman** (g. 1945-1953), preocupado por la expansión de la influencia política soviética, anunció que ayudaría económicamente a Grecia, la cual se encontraba en plena guerra civil, y a Turquía, que estaba en ese momento en conflicto con la URSS **(doctrina Truman,** 1947). Se había comenzado una **política de contención** frente al bloque comunista. Además, Estados Unidos dio a conocer el **Plan Marshall** (1947), una iniciativa que tenía como objetivo la reconstrucción económica de Europa.

Como respuesta, **Stalin** (p. 204), el secretario general del Comité Central del Partido Comunista de la Unión Soviética, reunió a los líderes de los partidos comunistas de Francia, Italia y otros seis países del este europeo para formar el **Kominform (Oficina de Información de los Partidos Comunistas y Obreros,** 1947). A partir de este punto, aunque no hubo ningún conflicto militar directo, comenzó un estado de tensión entre Oriente y Occidente conocido como la **Guerra Fría**.

Poco después, en 1948, el Partido Comunista de Checoslovaquia consiguió dar con éxito un **golpe de Estado** en el país gracias al apoyo de la Unión Soviética, instaurando así una dictadura comunista de partido único. Las potencias occidentales europeas se sintieron amenazas, de modo que, junto con Estados Unidos, formaron la **Organización del Tratado del Atlántico Norte (OTAN,** 1949).

Los posteriores **Tratado de Amistad, Alianza y Asistencia Mutua sino-soviético** (1950), la alianza militar entre la URSS y la Europa del Este conocida como el **Pacto de Varsovia** (1955) y la adquisición de armamento nuclear por parte de los soviéticos, entre otras cosas, hicieron suponer que la Guerra Fría pasaría de una confrontación política a una militar. La **guerra de Corea** (p. 214) fue un momento emblemático durante este período. Un gran «telón de acero» dividía al mundo entre Occidente y Oriente.

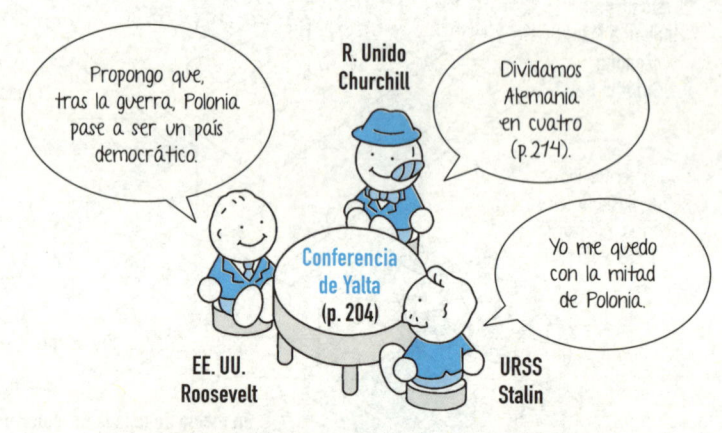

Tras la guerra, durante la Conferencia de Yalta, el Reino Unido, Estados Unidos y la URSS debatieron sobre la división territorial de Europa entre Occidente y el bloque comunista, incidiendo en qué hacer con Alemania y Polonia.

DIORAMA 096

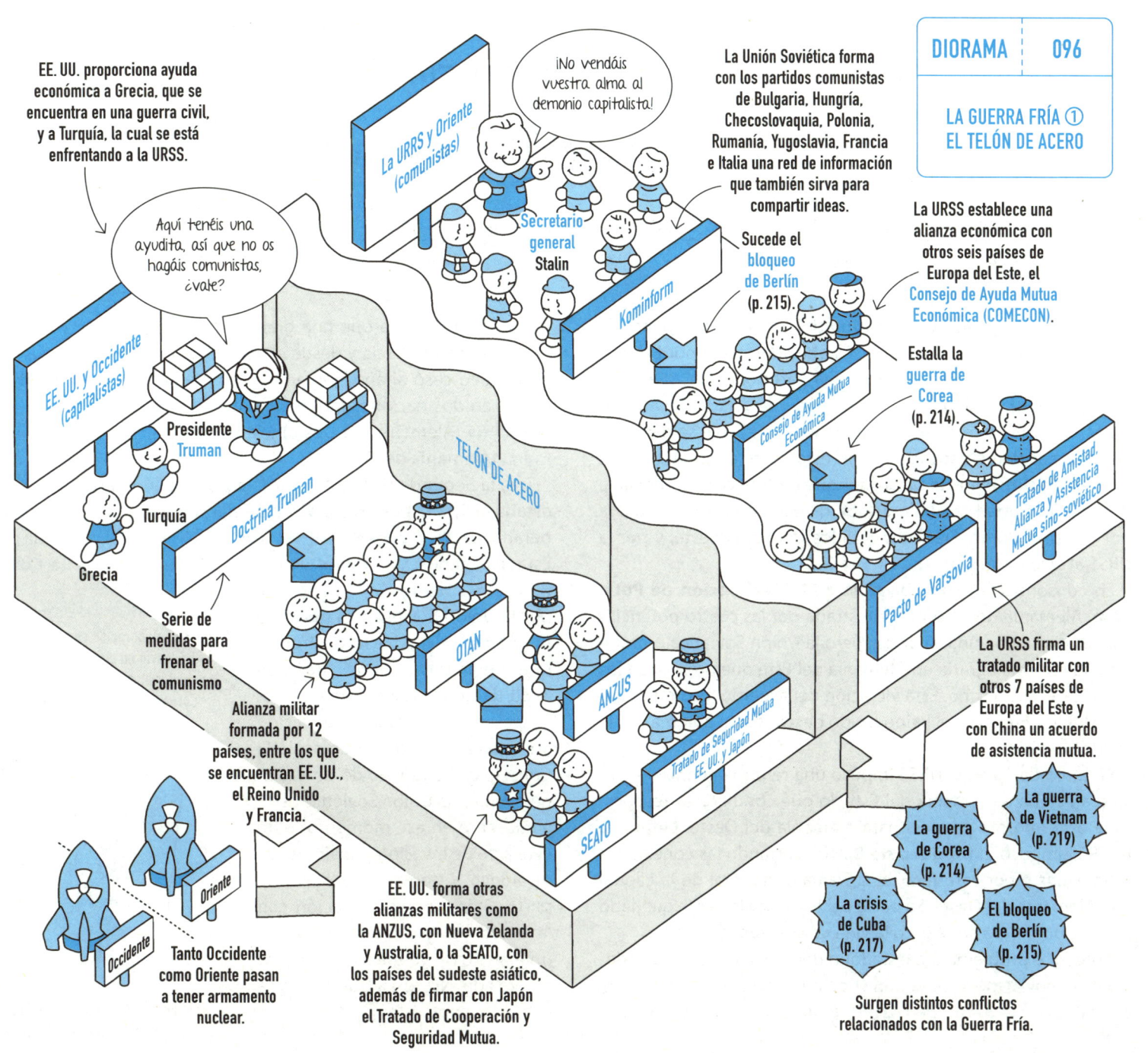

LA GUERRA FRÍA ① EL TELÓN DE ACERO

EE. UU. y Occidente (capitalistas)

EE. UU. proporciona ayuda económica a Grecia, que se encuentra en una guerra civil, y a Turquía, la cual se está enfrentando a la URSS.

Aquí tenéis una ayudita, así que no os hagáis comunistas, ¿vale? — **Presidente Truman**

- Grecia
- Turquía

Doctrina Truman: Serie de medidas para frenar el comunismo.

OTAN: Alianza militar formada por 12 países, entre los que se encuentran EE. UU., el Reino Unido y Francia.

ANZUS / SEATO / Tratado de Seguridad Mutua EE. UU. y Japón

EE. UU. forma otras alianzas militares como la ANZUS, con Nueva Zelanda y Australia, o la SEATO, con los países del sudeste asiático, además de firmar con Japón el Tratado de Cooperación y Seguridad Mutua.

Occidente / Oriente: Tanto Occidente como Oriente pasan a tener armamento nuclear.

TELÓN DE ACERO

La URSS y Oriente (comunistas)

¡No vendáis vuestra alma al demonio capitalista! — **Secretario general Stalin**

Kominform: La Unión Soviética forma con los partidos comunistas de Bulgaria, Hungría, Checoslovaquia, Polonia, Rumanía, Yugoslavia, Francia e Italia una red de información que también sirva para compartir ideas.

Sucede el **bloqueo de Berlín** (p. 215).

Consejo de Ayuda Mutua Económica (COMECON): La URSS establece una alianza económica con otros seis países de Europa del Este.

Estalla la **guerra de Corea** (p. 214).

Pacto de Varsovia / Tratado de Amistad, Alianza y Asistencia Mutua sino-soviético: La URSS firma un tratado militar con otros 7 países de Europa del Este y con China un acuerdo de asistencia mutua.

Surgen distintos conflictos relacionados con la Guerra Fría:
- La guerra de Corea (p. 214)
- La crisis de Cuba (p. 217)
- La guerra de Vietnam (p. 219)
- El bloqueo de Berlín (p. 215)

213

097 LA GUERRA FRÍA ②

EL BLOQUEO DE BERLÍN Y LA GUERRA DE COREA

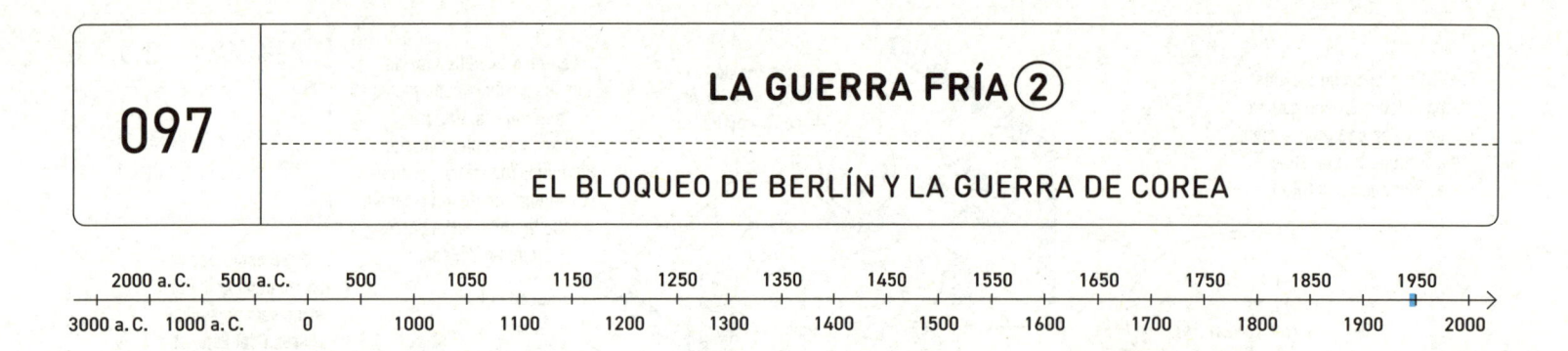

Al acabar la **Segunda Guerra Mundial**, la parte occidental de **Alemania**, Alemania del Oeste, estaba controlada por Estados Unidos, el Reino Unido y Francia, y la parte oriental, Alemania del Este, por la Unión Soviética (ocupación aliada de Alemania, 1945). El Consejo de Control Aliado, en el cual se debatían las reformas democráticas del país, estaba en la capital oriental del país, **Berlín**. Por esta razón, aunque perteneciera a Alemania del Este, la ciudad también estaba dividida en dos: controlada por el Reino Unido, Francia y Estados Unidos al oeste, y por la URSS al este (la separación de Berlín).

En consonancia con lo pactado en la **Declaración de Potsdam**, Alemania debía ser administrada por las cuatro potencias aliadas como una única nación, pero la Unión Soviética promulgó una reforma agraria en Alemania del Este que propiciaba los valores del socialismo. Esta violación del acuerdo hizo que Estados Unidos, Francia y el Reino Unido desconfiaran aún más de la Unión Soviética.

En junio de 1948, la URSS impuso una reforma financiera que solo afectaría a Alemania del Este, lo que condujo, en respuesta, a otra reforma paralela para Alemania del Oeste. Entonces, la URSS impuso el **bloqueo de Berlín**, cortando las conexiones ferroviarias y por carretera de la franja occidental de la capital con Alemania del Oeste. La parte oeste de Berlín había quedado aislada, poniendo en peligro la vida de sus ciudadanos.

Ante este problema, los estadounidenses y los británicos decidieron enviar por aire suministros a la parte occidental de la capital (puente aéreo de Berlín). Tuvieron que tomar medidas extraordinarias para que una gran cantidad de aviones volara de forma constante hacia y desde el aeropuerto de Berlín Occidental. El bloqueo cesó al año siguiente, pero Alemania quedó **dividida** (1949) en dos naciones independientes: la República Federal de Alemania (Alemania del Oeste) y la República Democrática Alemana (Alemania del Este).

Tras la Segunda Guerra Mundial, la península de Corea también estaba ocupada por los aliados y de ella surgieron dos estados soberanos: la República de Corea (Corea del Sur, 1948), apoyada por Estados Unidos, y la República Popular Democrática de Corea (Corea del Norte, 1948), apoyada por la Unión Soviética. El paralelo 38 norte (1945) hacía de frontera entre ambas naciones, pero, en 1950, las fuerzas norcoreanas sobrepasaron ese límite en dirección al sur para reunificar la península. El Consejo de Seguridad de las Naciones Unidas (la Unión Soviética estuvo ausente en ese momento) tildó este acto de invasión y envió tropas de apoyo a Corea del Sur. Por su parte, China, en colaboración con la Unión Soviética, también envió un ejército de voluntarios a apoyar a Corea del Norte. La Guerra Fría se estaba «calentando» en Asia.

LA GUERRA DE COREA

China, en colaboración con la URSS, envió un ejército de voluntarios a favor de Corea del Norte.

Península de Corea

Corea del Norte VS Paralelo 38

Corea del Sur

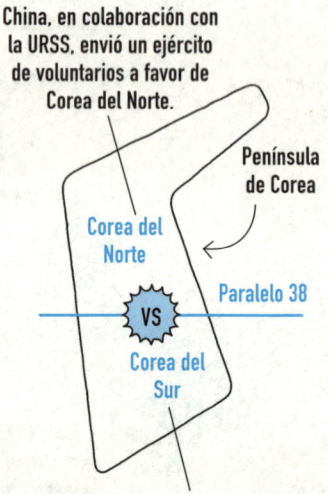

El Consejo de Seguridad de la ONU envió tropas para apoyar a Corea del Sur.

DIORAMA	097

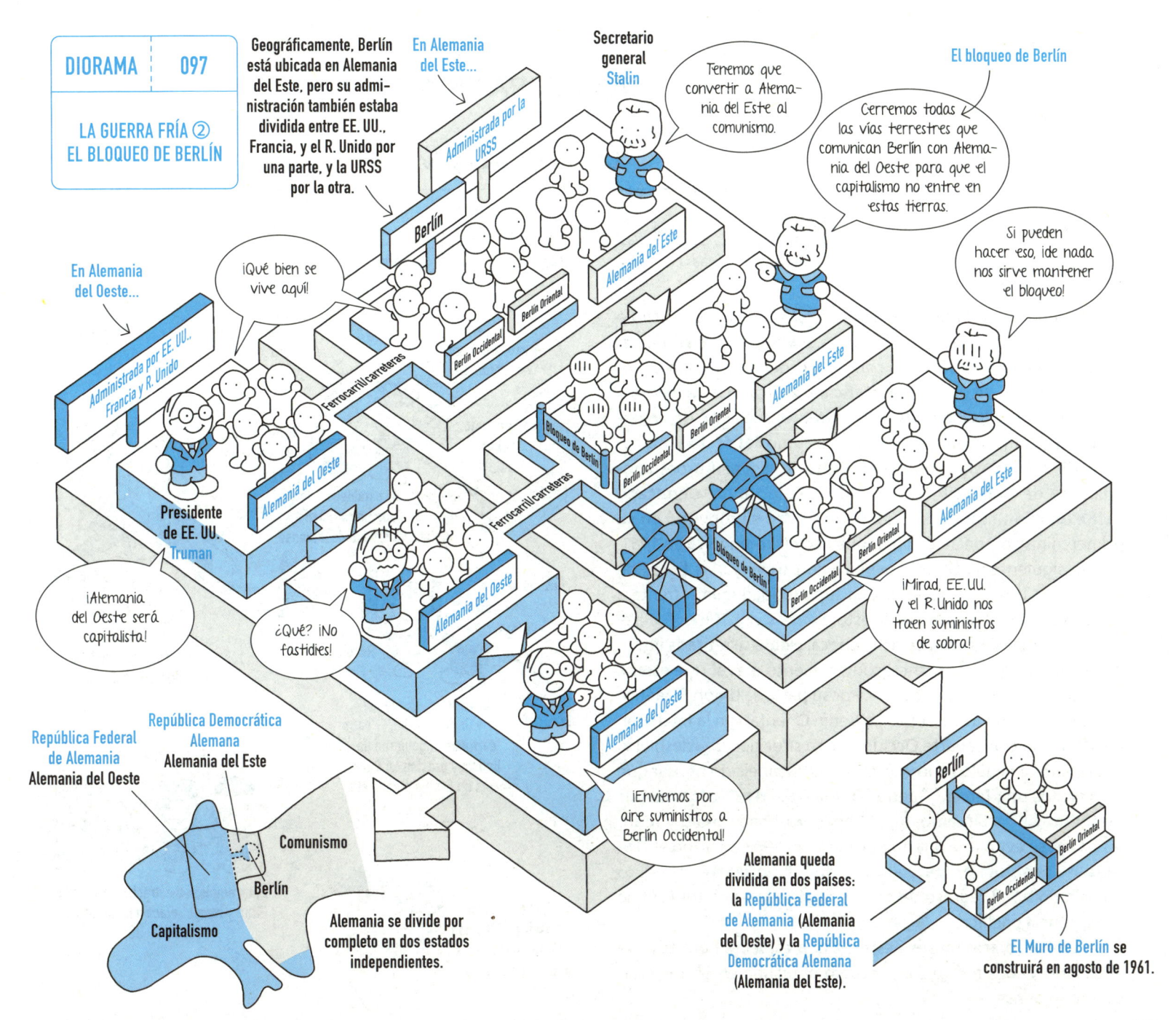

**LA GUERRA FRÍA ②
EL BLOQUEO DE BERLÍN**

Geográficamente, Berlín está ubicada en Alemania del Este, pero su administración también estaba dividida entre EE. UU., Francia, y el R. Unido por una parte, y la URSS por la otra.

En Alemania del Este... — *Administrada por la URSS*

Secretario general Stalin: Tenemos que convertir a Alemania del Este al comunismo.

El bloqueo de Berlín: Cerremos todas las vías terrestres que comunican Berlín con Alemania del Oeste para que el capitalismo no entre en estas tierras.

Si pueden hacer eso, ¡de nada nos sirve mantener el bloqueo!

En Alemania del Oeste... — *Administrada por EE. UU., Francia y R. Unido*

¡Qué bien se vive aquí!

Presidente de EE. UU. Truman: ¡Alemania del Oeste será capitalista!

¿Qué? ¡No fastidies!

¡Mirad, EE. UU. y el R. Unido nos traen suministros de sobra!

¡Enviemos por aire suministros a Berlín Occidental!

República Federal de Alemania — Alemania del Oeste
República Democrática Alemana — Alemania del Este

Comunismo / Berlín / Capitalismo

Alemania se divide por completo en dos estados independientes.

Alemania queda dividida en dos países: la **República Federal de Alemania** (Alemania del Oeste) y la **República Democrática Alemana** (Alemania del Este).

El Muro de Berlín se construirá en agosto de 1961.

098

LA GUERRA FRÍA ③

LA CRISIS DE CUBA

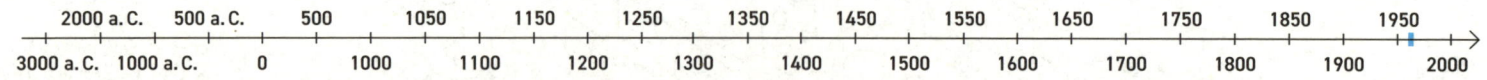

Tras la muerte de Stalin, **Jrushchov** (g. 1953-1964) lo sucedió como dirigente supremo de la Unión Soviética. Su **visita a Estados Unidos en 1959** sirvió como precedente para una diplomacia en busca de una «**coexistencia pacífica**». **Las tensiones entre ambos se habían aliviado (*détente*)** a lo largo de un período que, comúnmente, fue conocido como «**el deshielo**».

En 1959, en la isla caribeña de **Cuba**, el régimen proestadounidense de **Batista** (g. 1940-1944, 1952-1958) fue derrocado **(la Revolución cubana, 1959)**. **Fidel Castro** se convirtió en su primer ministro y declaró el país una nación **comunista** en 1961. Al año siguiente, la Unión Soviética construyó varias bases de misiles en Cuba para obtener una superioridad militar frente a Estados Unidos. Al enterarse de esto, **Kennedy** (g. 1961-1963), el presidente estadounidense de la época, exigió su retirada inmediata. Su firmeza ante dicho acontecimiento era tal que estaba incluso dispuesto a ir a la guerra. Por su parte, la Unión Soviética estaba reuniendo a sus tropas en Berlín Oriental con la intención de invadir su contraparte Occidental. La situación de «deshielo» había dado un vuelco enorme y no era descabellado pensar que se acercaba una Tercera Guerra Mundial **(la crisis de los misiles de Cuba, 1962)**. Sin embargo, al final, Jrushchov cedió y retiró las bases, se evitó una guerra nuclear y, en 1963, se firmó el **Tratado de prohibición parcial de ensayos nucleares** (1963), lo que simbolizó el regreso de ambas potencias a una tesitura de coexistencia pacífica.

Sin embargo, tres meses después, el presidente Kennedy fue asesinado y Johnson (p. 218) recogió el testigo en el gobierno estadounidense.

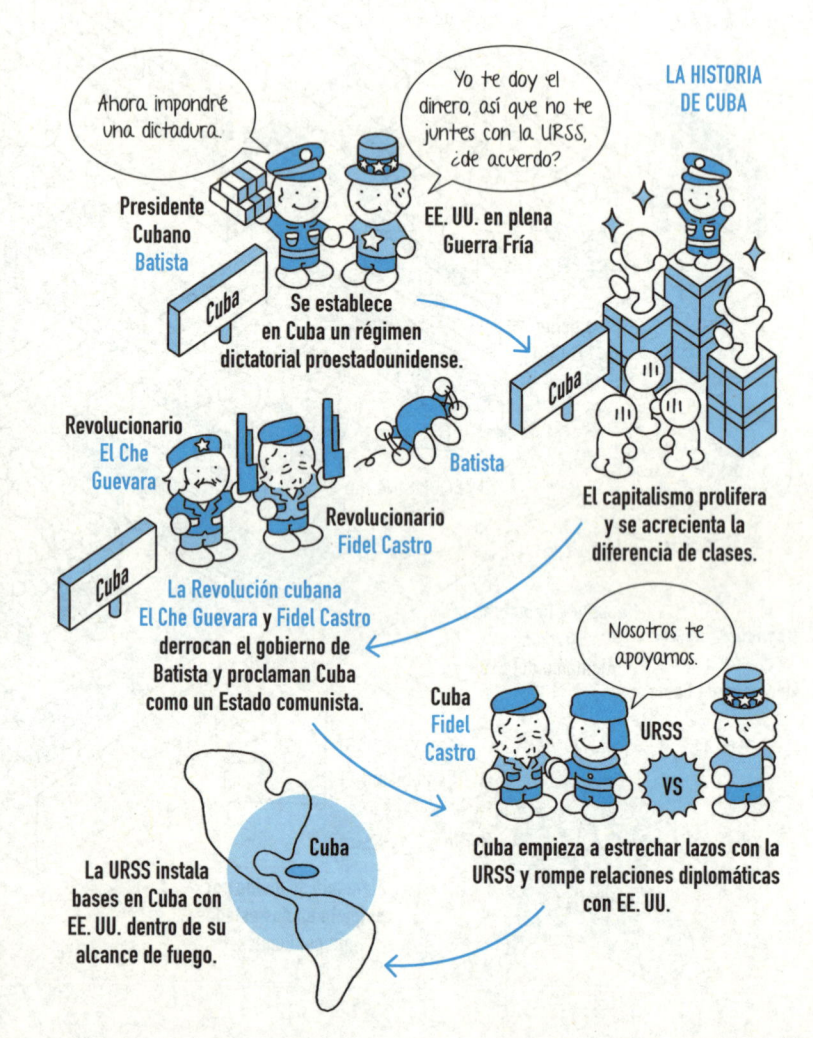

DIORAMA 098

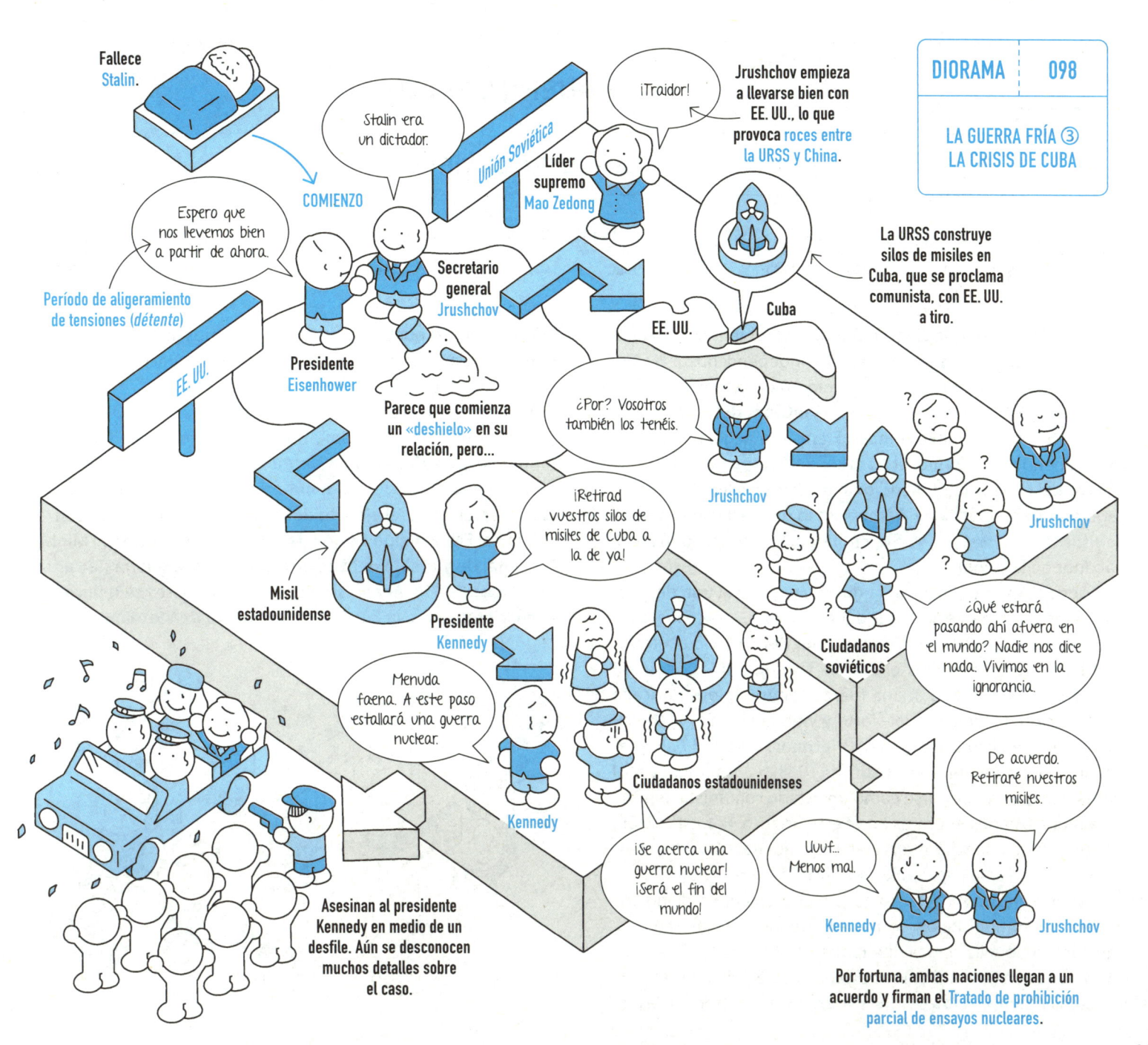

LA GUERRA FRÍA ③ LA CRISIS DE CUBA

Fallece Stalin.

COMIENZO

Período de aligeramiento de tensiones (*détente*)

Unión Soviética

"Espero que nos llevemos bien a partir de ahora." — **Presidente Eisenhower**

"Stalin era un dictador." — **Secretario general Jrushchov**

Parece que comienza un «deshielo» en su relación, pero...

"¡Traidor!" — **Líder supremo Mao Zedong**

Jrushchov empieza a llevarse bien con EE. UU., lo que provoca **roces entre la URSS y China**.

La URSS construye silos de misiles en Cuba, que se proclama comunista, con EE. UU. a tiro.

EE. UU. — Cuba

"¿Por? Vosotros también los tenéis." — **Jrushchov**

"¡Retirad vuestros silos de misiles de Cuba a la de ya!" — **Presidente Kennedy**

Misil estadounidense

"¿Qué estará pasando ahí afuera en el mundo? Nadie nos dice nada. Vivimos en la ignorancia." — **Ciudadanos soviéticos** — **Jrushchov**

"Menuda faena. A este paso estallará una guerra nuclear." — **Kennedy**

"¡Se acerca una guerra nuclear! ¡Será el fin del mundo!" — **Ciudadanos estadounidenses**

"De acuerdo. Retiraré nuestros misiles."

"Uuuf... Menos mal." — **Kennedy** — **Jrushchov**

Asesinan al presidente Kennedy en medio de un desfile. Aún se desconocen muchos detalles sobre el caso.

Por fortuna, ambas naciones llegan a un acuerdo y firman el **Tratado de prohibición parcial de ensayos nucleares**.

099 LA GUERRA FRÍA (4)

LA GUERRA DE VIETNAM

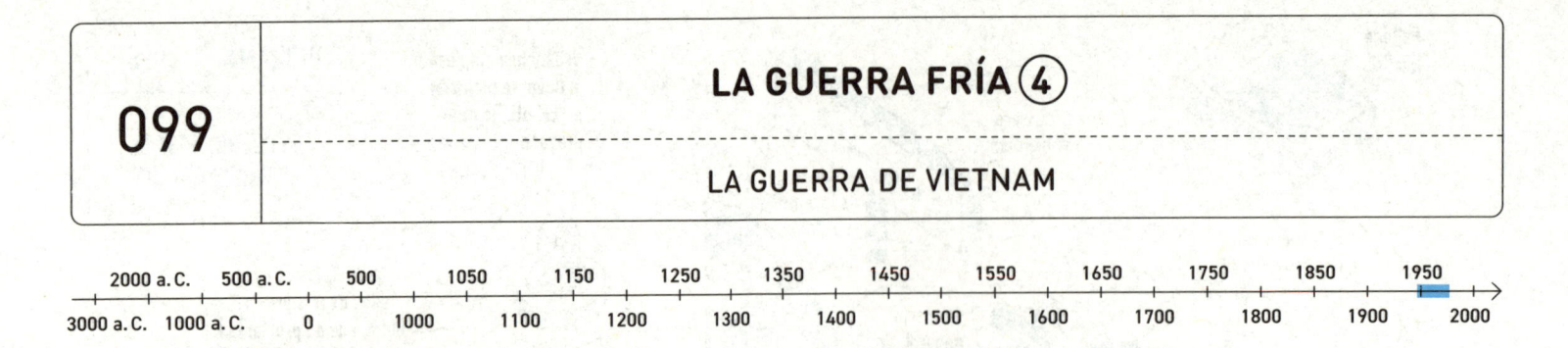

Después de la Segunda Guerra Mundial, en el territorio francés de la **Unión Indochina** (p. 166), el líder independentista **Ho Chi Minh** (1890-1969) proclamó el nacimiento de la **República Democrática de Vietnam** (1945-1976) **(Vietnam del Norte)**, acabando así con el dominio francés. Francia se negó a reconocer su independencia, formó el **Estado de Vietnam** (1949-1955) con capital en la ciudad meridional de Saigón y luchó contra la República Democrática de Vietnam en lo que se llamó la **guerra de Indochina** (1946-1954). Sin embargo, Francia fue derrotada y abandonó la colonia.

Al poco tiempo de finalizar la guerra, y con la ayuda de Estados Unidos, se estableció al sur del **paralelo 17 norte** la **República de Vietnam** (1955-1975) **(Vietnam del Sur)**. No obstante, en 1960, surgió en el país el **Frente Nacional de Liberación de Vietnam (FNLV,** 1960), una fuerza comunista que buscaba la unificación de Vietnam del Norte y Vietnam del Sur y, con su aparición, comenzó la **guerra de Vietnam** (1960-1975). El presidente estadounidense **Johnson** (g. 1963-1969) temía que, si Vietnam llegara a unificarse como un estado comunista, tendría unas repercusiones enormes en el este asiático. Por esta razón, Estados Unidos decidió intervenir en la guerra y **bombardear Vietnam del Norte (Operación Rolling Thunder,** 1965-1968).

La guerra empezó a estancarse y, prácticamente a diario, los medios de comunicación se hacían eco de noticias trágicas. Además, en aquella época, liderados por **Martin Luther King** (1929-1968), en Estados Unidos estaban cogiendo cada vez más fuerza los **movimientos por los derechos civiles** frente a la discriminación del pueblo afroamericano y otras minorías. Entre las críticas hacia el gobierno estadounidense se encontraban muchas **voces exigiendo el fin de la guerra**.

Al terminar el régimen de Johnson, **Nixon** (g. 1969-1974) (p. 210) ocupó su lugar como nuevo presidente y, en 1973, durante los **Acuerdos de Paz de París sobre Vietnam** (1973), el **ejército estadounidense decidió retirar sus tropas del país**. Entonces, en 1975, el ejército de Vietnam del Norte, junto con la ayuda del FNLV, ocupó Saigón (la actual ciudad de Ho Chi Minh), la capital de Vietnam del Sur, poniendo fin a la guerra (**la caída de Saigón,** 1975). Al año siguiente, ambos países se unificaron y renacieron como la **República Socialista de Vietnam** (1976).

Martin Luther King

218

DIORAMA 099

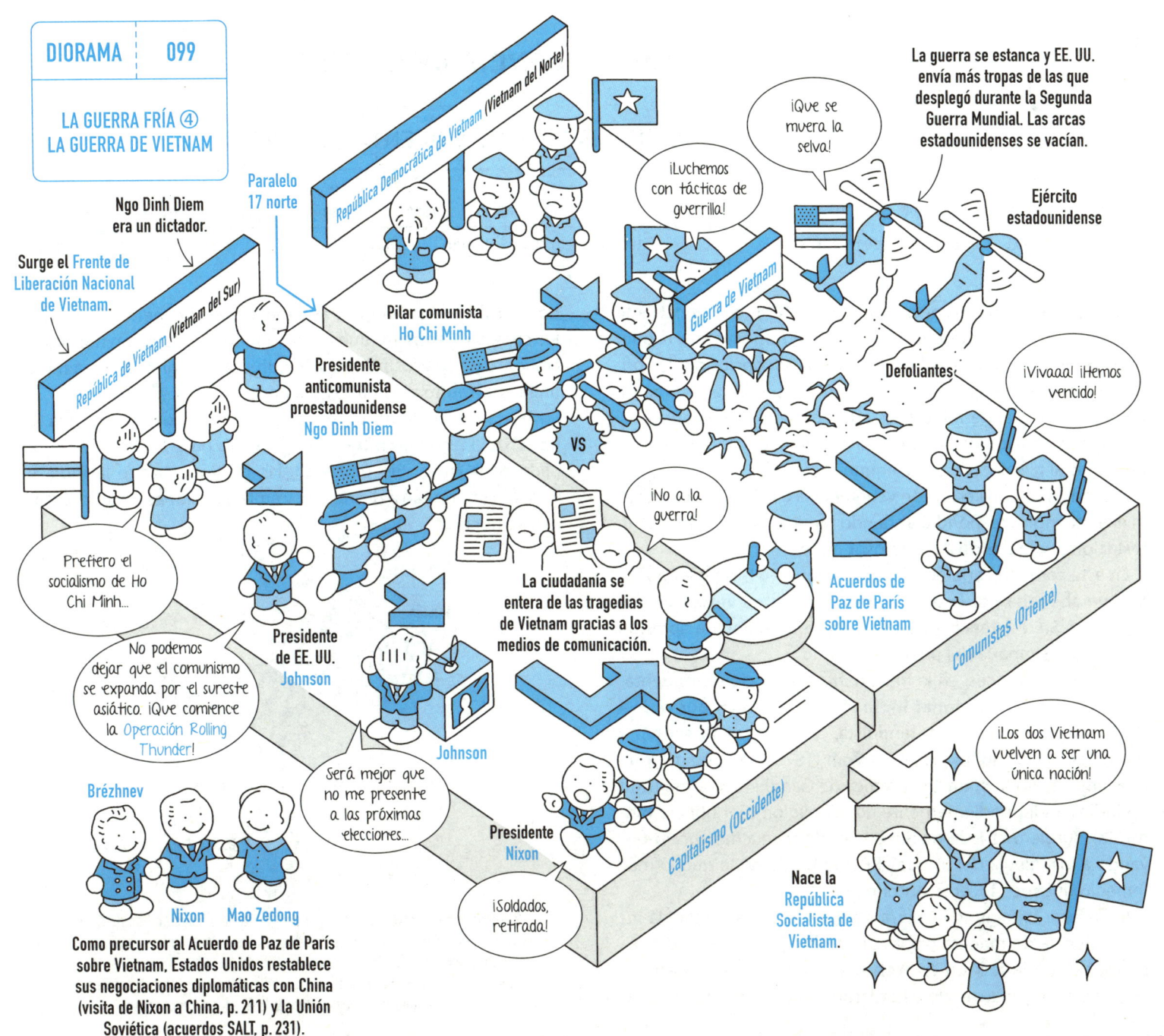

LA GUERRA FRÍA ④ LA GUERRA DE VIETNAM

Ngo Dinh Diem era un dictador.

Surge el **Frente de Liberación Nacional de Vietnam**.

República de Vietnam (Vietnam del Sur)

Paralelo 17 norte

República Democrática de Vietnam (Vietnam del Norte)

Pilar comunista **Ho Chi Minh**

Presidente anticomunista proestadounidense **Ngo Dinh Diem**

"Prefiero el socialismo de Ho Chi Minh..."

"No podemos dejar que el comunismo se expanda por el sureste asiático. ¡Que comience la Operación Rolling Thunder!"

"¡Luchemos con tácticas de guerrilla!"

"¡Que se muera la selva!"

La guerra se estanca y EE. UU. envía más tropas de las que desplegó durante la Segunda Guerra Mundial. Las arcas estadounidenses se vacían.

Ejército estadounidense

Guerra de Vietnam

VS

Defoliantes

"¡Vivaaa! ¡Hemos vencido!"

Presidente de EE. UU. **Johnson**

"¡No a la guerra!"

La ciudadanía se entera de las tragedias de Vietnam gracias a los medios de comunicación.

Acuerdos de Paz de París sobre Vietnam

Comunistas (Oriente)

Johnson

"Será mejor que no me presente a las próximas elecciones..."

Brézhnev Nixon Mao Zedong

Como precursor al Acuerdo de Paz de París sobre Vietnam, Estados Unidos restablece sus negociaciones diplomáticas con China (visita de Nixon a China, p. 211) y la Unión Soviética (acuerdos SALT, p. 231).

Presidente **Nixon**

"¡Soldados, retirada!"

Capitalismo (Occidente)

"¡Los dos Vietnam vuelven a ser una única nación!"

Nace la **República Socialista de Vietnam**.

219

100 — LA INDEPENDENCIA DE LA INDIA

LA DESOBEDIENCIA CIVIL NO VIOLENTA DE GANDHI

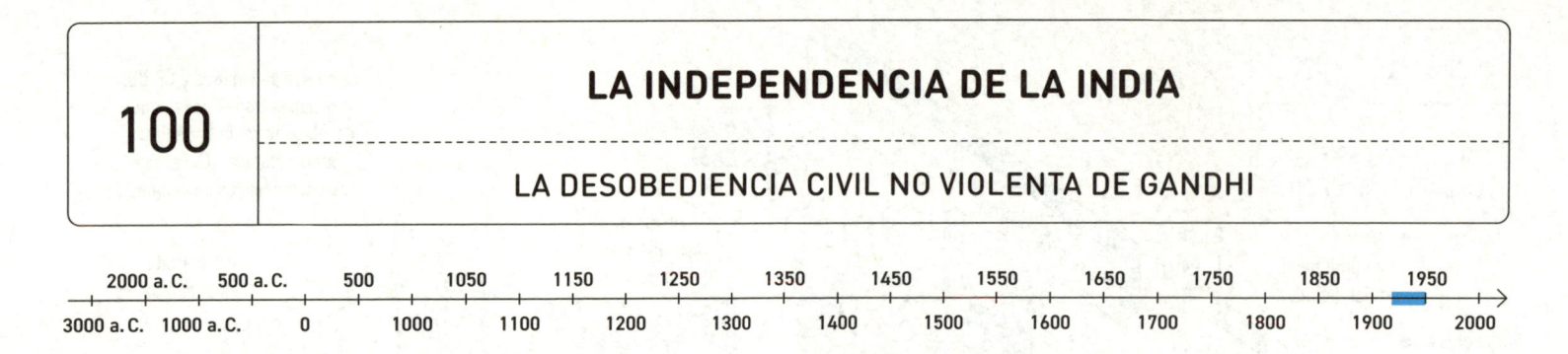

Durante la **Primera Guerra Mundial** (p. 180), el Reino Unido prometió a los indios que reconocería su autonomía tras la guerra si se unían a su causa. No obstante, a su conclusión, los británicos declararon la **Ley Rowlatt** (1919), la cual, a cambio de dicha autonomía, permitía a las autoridades inglesas apresar y encarcelar a cualquier ciudadano indio sin necesidad de una orden judicial ni celebrar juicio alguno.

Los indios se opusieron con vehemencia a la Ley Rowlatt, pero el ejército inglés respondió abriendo fuego en una de sus manifestaciones y matando a numerosos civiles.

En este contexto, aparece **Gandhi** (1869-1948), un líder popular que abogaba por la **desobediencia civil no violenta** (*satyagraha*). Su resistencia pacifista frente a todo tipo de opresión despertó la simpatía del pueblo.

Por aquel entonces, en la India había dos facciones enfrentadas: el **Congreso Nacional Indio** (1885), liderados por **Nehru** (1889-1964), de mayoría hinduista, y la **Liga Musulmana Panindia** (1906), liderados por **Jinnah** (1876-1948), de mayoría musulmana. No obstante, la prédica de Gandhi unió a multitud de indios, independientemente de su religión (Gandhi era hinduista). Surgieron a lo largo de todo el globo muchas voces apoyando a los indios, por lo que al Reino Unido no le quedó más remedio que reconocer su autonomía.

Al finalizar la Segunda Guerra Mundial, la India obtuvo la independencia de manera oficial. Sin embargo, dadas las discrepancias entre la facción de **Nehru** y la facción de **Jinnah**, no llegaron a ningún acuerdo y fundaron cada uno su propio estado: la **Unión de la India** y **Pakistán**, respectivamente. Con todo, los conflictos entre hindúes y musulmanes no cesaron tras el nacimiento de sendos países, y Gandhi, quien anhelaba una India unificada, murió asesinado a manos de un correligionario.

Más tarde, en 1950, se promulgó en la **Unión de la India** la **Constitución de la India** (1950) y el país pasó a llamarse República de la India. Sin embargo, las tensiones entre la India y Pakistán continúan a día de hoy y ambas naciones poseen armamento nuclear.

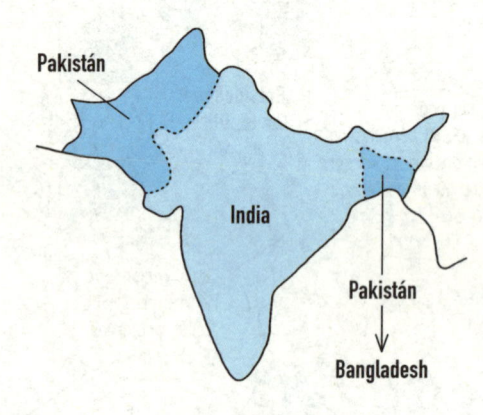

Pakistán era un estado formado por dos territorios: Pakistán Occidental y Pakistán Oriental. Con el tiempo, las disparidades entre ambos provocaron enfrentamientos hasta que Pakistán Oriental se independizó como la República Popular de Bangladesh. La India, donde también se hablaba la lengua bengalí, apoyó a Bangladesh durante el proceso.

DIORAMA 100

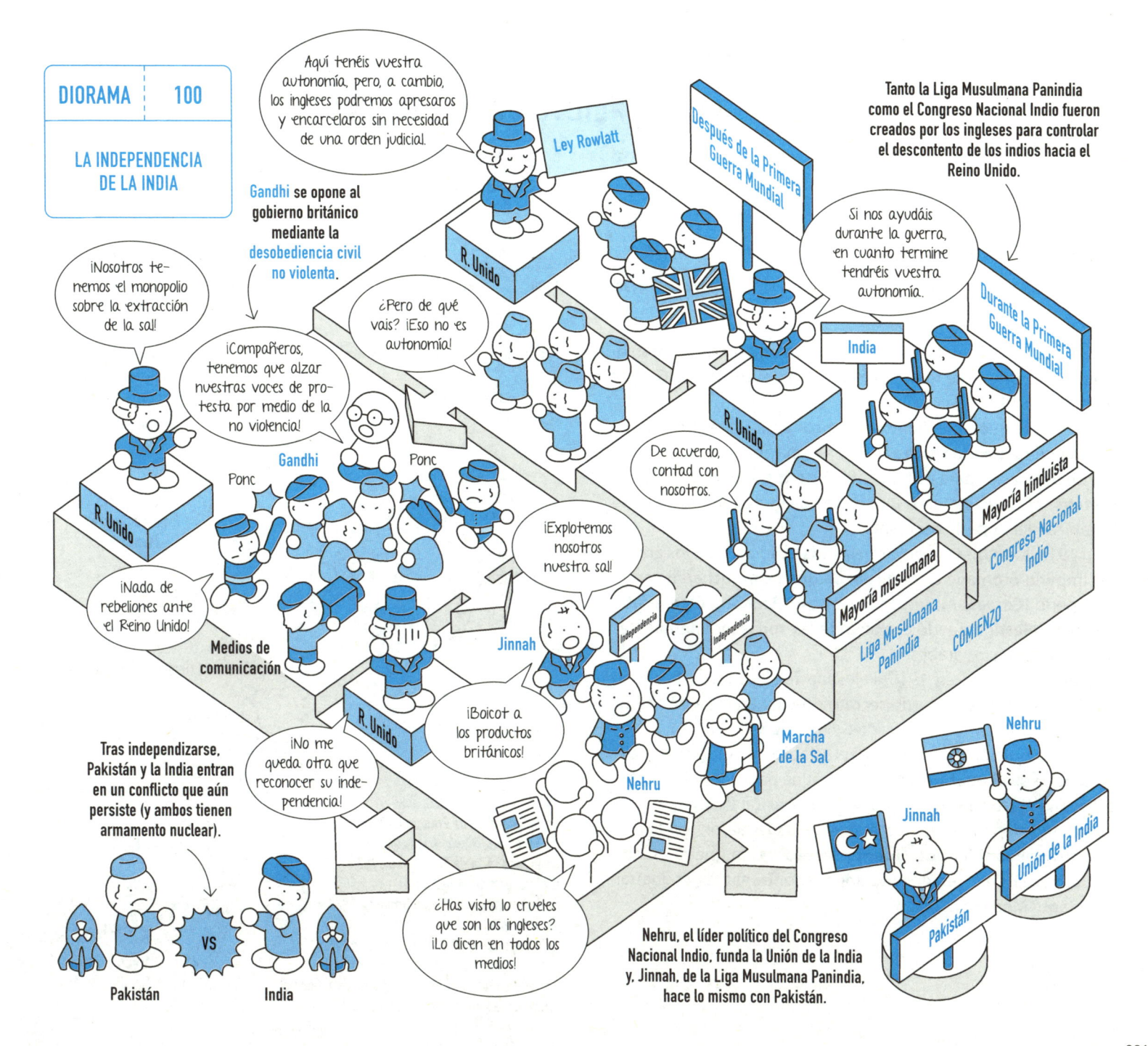

LA INDEPENDENCIA DE LA INDIA

Gandhi se opone al gobierno británico mediante la **desobediencia civil no violenta**.

Tanto la Liga Musulmana Panindia como el Congreso Nacional Indio fueron creados por los ingleses para controlar el descontento de los indios hacia el Reino Unido.

"Aquí tenéis vuestra autonomía, pero, a cambio, los ingleses podremos apresaros y encarcelaros sin necesidad de una orden judicial." — Ley Rowlatt / R. Unido

"Si nos ayudáis durante la guerra, en cuanto termine tendréis vuestra autonomía." — R. Unido / India (Durante la Primera Guerra Mundial)

"De acuerdo, contad con nosotros."

Después de la Primera Guerra Mundial

"¡Nosotros tenemos el monopolio sobre la extracción de la sal!" — R. Unido

"¡Compañeros, tenemos que alzar nuestras voces de protesta por medio de la no violencia!" — Gandhi

"¿Pero de qué vais? ¡Eso no es autonomía!"

Ponc Ponc

"¡Nada de rebeliones ante el Reino Unido!" — Medios de comunicación

"¡Explotemos nosotros nuestra sal!"

"¡Boicot a los productos británicos!" — Jinnah

"¡No me queda otra que reconocer su independencia!" — R. Unido

Nehru — Marcha de la Sal

Mayoría musulmana — Liga Musulmana Panindia
Mayoría hinduista — Congreso Nacional Indio

COMIENZO

"¿Has visto lo crueles que son los ingleses? ¡Lo dicen en todos los medios!"

Nehru, el líder político del Congreso Nacional Indio, funda la Unión de la India y, Jinnah, de la Liga Musulmana Panindia, hace lo mismo con Pakistán.

Jinnah — Pakistán
Nehru — Unión de la India

Tras independizarse, Pakistán y la India entran en un conflicto que aún persiste (y ambos tienen armamento nuclear).

Pakistán VS India

221

101 EL CONFLICTO DE PALESTINA ①

ÁRABES Y JUDÍOS

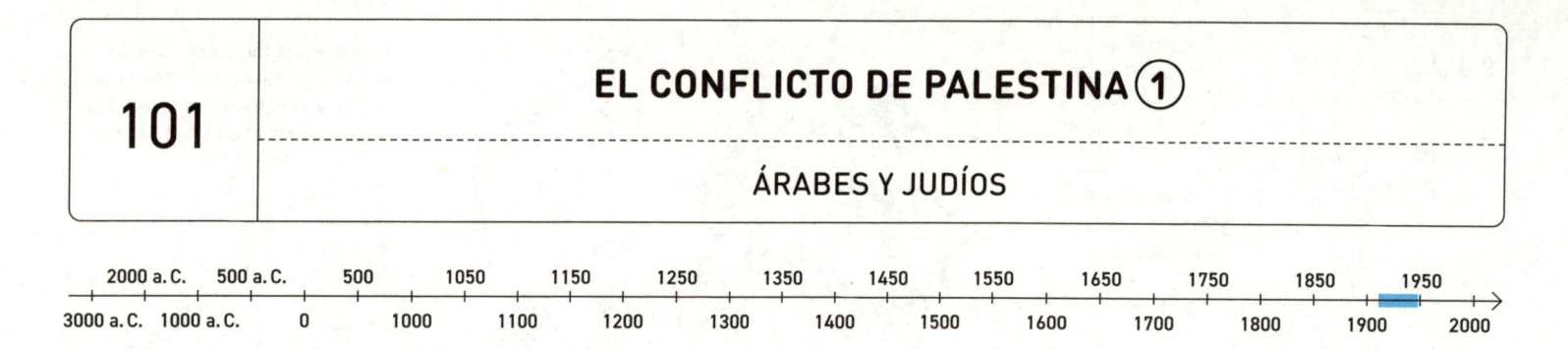

El **conflicto de Palestina** ha sido siempre un problema internacional cuyo origen se remonta a la época de la **Primera Guerra Mundial** (p. 180).

Durante la guerra, el Reino Unido convirtió la **región de Palestina** en una **zona colchón** (esto es, una zona neutral en medio de dos países para evitar conflictos entre estos) con el fin de proteger el canal de Suez, uno de los pilares de la prosperidad británica, del Imperio otomano.

En 1915, los ingleses apoyaron la independencia de los árabes del Imperio otomano a condición de que estos lucharan contra el Imperio **(Correspondencia Husayn-McMahon)**. En el acuerdo final, Palestina quedó excluida de las zonas independientes que serían para los árabes.

Al año siguiente, en 1916, Palestina fue declarada territorio inglés en virtud del acuerdo secreto que tenían el Reino Unido, Francia y Rusia entre sí **(Acuerdo Sykes-Picot)**.

Además, el Reino Unido autorizó el establecimiento de un hogar nacional para el **pueblo judío** en Palestina para cubrir los gastos bélicos con la fortuna de los judíos **(Declaración Balfour,** 1917).

Estas discrepancias diplomáticas se convirtieron en los cimientos del **conflicto de Oriente Medio** tras la guerra, donde árabes y judíos han tenido reiterados encontronazos (las guerras de Oriente Medio, p. 224).

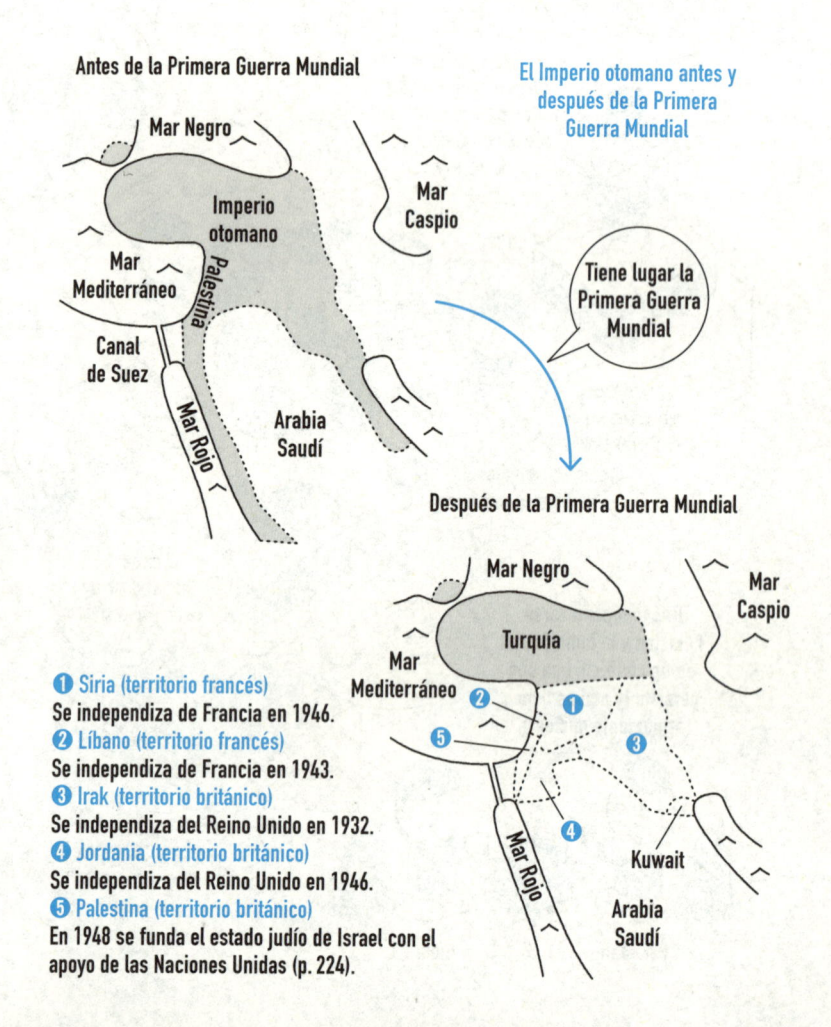

El Imperio otomano antes y después de la Primera Guerra Mundial

Antes de la Primera Guerra Mundial

Tiene lugar la Primera Guerra Mundial

Después de la Primera Guerra Mundial

❶ **Siria (territorio francés)**
Se independiza de Francia en 1946.
❷ **Líbano (territorio francés)**
Se independiza de Francia en 1943.
❸ **Irak (territorio británico)**
Se independiza del Reino Unido en 1932.
❹ **Jordania (territorio británico)**
Se independiza del Reino Unido en 1946.
❺ **Palestina (territorio británico)**
En 1948 se funda el estado judío de Israel con el apoyo de las Naciones Unidas (p. 224).

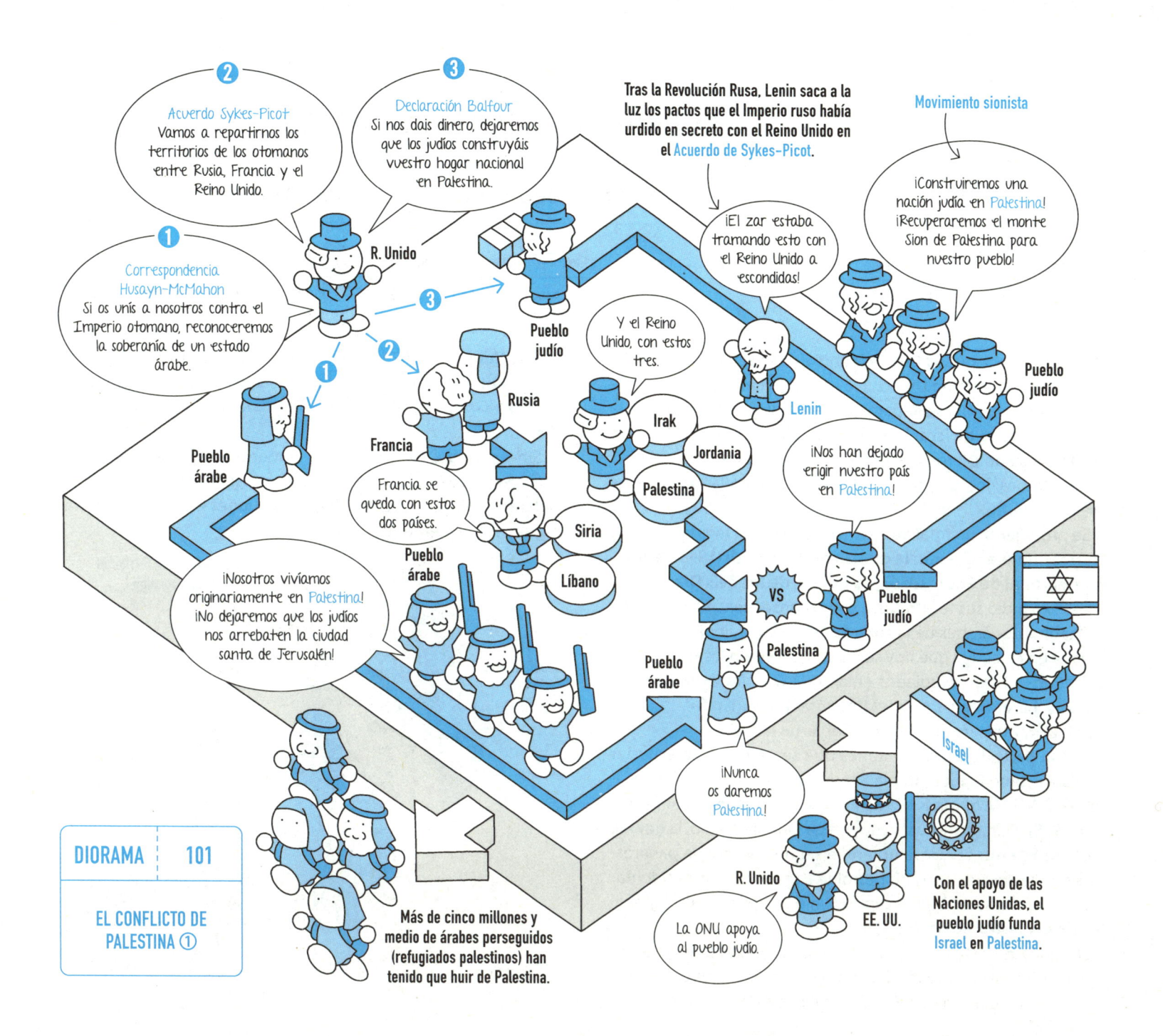

DIORAMA 101
EL CONFLICTO DE PALESTINA ①

① Correspondencia Husayn-McMahon
Si os unís a nosotros contra el Imperio otomano, reconoceremos la soberanía de un estado árabe.

② Acuerdo Sykes-Picot
Vamos a repartirnos los territorios de los otomanos entre Rusia, Francia y el Reino Unido.

③ Declaración Balfour
Si nos dais dinero, dejaremos que los judíos construyáis vuestro hogar nacional en Palestina.

R. Unido

Pueblo judío

Tras la Revolución Rusa, Lenin saca a la luz los pactos que el Imperio ruso había urdido en secreto con el Reino Unido en el Acuerdo de Sykes-Picot.

¡El zar estaba tramando esto con el Reino Unido a escondidas!

Movimiento sionista
¡Construiremos una nación judía en Palestina! ¡Recuperaremos el monte Sion de Palestina para nuestro pueblo!

Pueblo árabe

¡Nosotros vivíamos originariamente en Palestina! ¡No dejaremos que los judíos nos arrebaten la ciudad santa de Jerusalén!

Rusia

Francia

Francia se queda con estos dos países.

Pueblo árabe

Siria
Líbano

Irak
Jordania
Palestina

Y el Reino Unido, con estos tres.

Lenin

Pueblo judío

¡Nos han dejado erigir nuestro país en Palestina!

VS

Palestina
Pueblo árabe

Pueblo judío

¡Nunca os daremos Palestina!

Más de cinco millones y medio de árabes perseguidos (refugiados palestinos) han tenido que huir de Palestina.

R. Unido
EE. UU.

La ONU apoya al pueblo judío.

Israel

Con el apoyo de las Naciones Unidas, el pueblo judío funda Israel en Palestina.

102 — EL CONFLICTO DE PALESTINA ②

LAS GUERRAS DE ORIENTE MEDIO Y LAS CONTINUAS TENSIONES

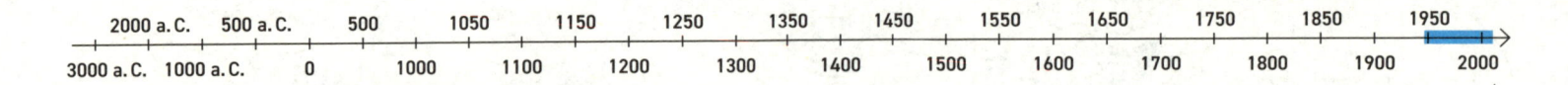

Después de la Segunda Guerra Mundial, las Naciones Unidas (Estados Unidos, el Reino Unido...) le otorgaron más de la mitad de **Palestina** al pueblo judío para que se asentara en la zona y este fundó el **Estado de Israel** (p. 222). No solo los palestinos que ya vivían allí se opusieron a esta decisión, sino también los demás países árabes, lo que preparó el escenario para las **guerras de Oriente Medio**.

Se produjeron un total de cuatro guerras en la región. Durante las tres primeras guerras: **la guerra árabe-israelí** (1948), **la guerra del canal de Suez** (1956) y **la guerra de los Seis Días** (1967), Israel expandió sus territorios y, como consecuencia, muchos de los habitantes árabes de la zona fueron perseguidos, lo que dio lugar a un colectivo que hoy se les conoce como los «refugiados palestinos». Estos refugiados crearon la **OLP (la Organización para la Liberación de Palestina,** 1964) con **Arafat** (g. 1969-2004) al frente para oponerse al Gobierno israelí.

Por su parte, los Estados árabes que se dedicaban a exportar petróleo como Egipto, Arabia Saudí o Kuwait, entre otros, crearon la **OPEP (Organización de Países Exportadores de Petróleo,** 1968). Durante la cuarta guerra de Oriente Medio, la **guerra de Yom Kimpur** (1973), emprendieron una estrategia para restringir las exportaciones de petróleo a las potencias occidentales aliadas de Israel, lo que supuso un duro golpe a nivel global **(crisis del petróleo de 1973)**.

Después de estos acontecimientos, el entendimiento entre árabes e israelíes no avanzaba como se esperaba, pero en 1993, gracias a la mediación de Estados Unidos, **Arafat**, el líder palestino, y **Rabin** (g. 1992-1995), el presidente israelí, firmaron la **Declaración de Principios sobre las Disposiciones relacionadas con un Gobierno Autónomo Provisional (los Acuerdos de Oslo,** 1993).

Sin embargo, la paz lograda comenzó a flaquear de nuevo cuando en 1995 un joven ultranacionalista judío asesinó al presidente Rabin. En la actualidad, las tensiones entre ambas partes siguen más vigentes que nunca.

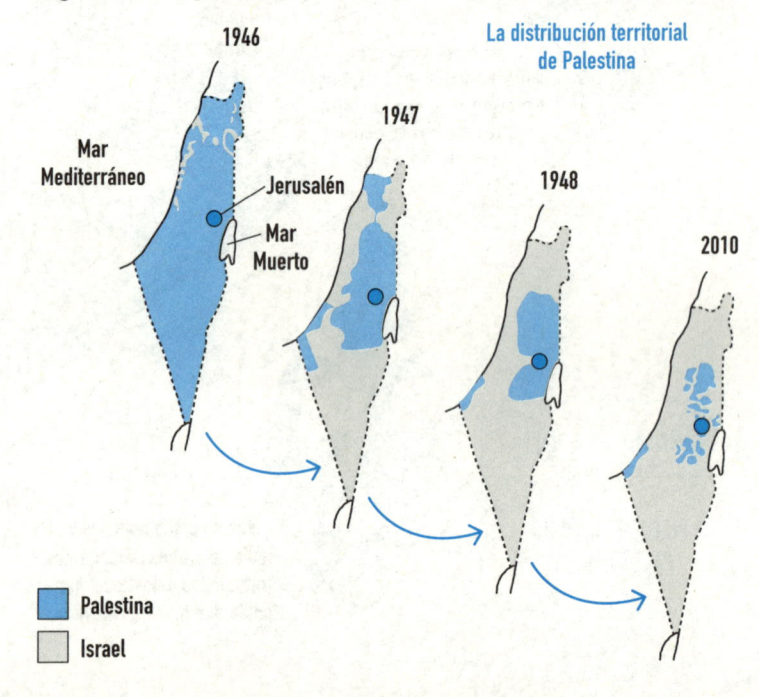

La distribución territorial de Palestina

1946 — 1947 — 1948 — 2010

- Palestina
- Israel

DIORAMA 102

EL CONFLICTO DE PALESTINA ②

Después de la Segunda Guerra Mundial, **se funda el Estado de Israel** con el apoyo de las Naciones Unidas.

¡Hurra! ¡Por fin los judíos tenemos nuestro propio país!

La ONU ha decidido cómo se repartirán las tierras.

Si los árabes vivíamos antes aquí, ¿por qué nuestro territorio es tan pequeño?

Palestina — Territorio árabe
Israel — Territorio judío

Durante las tres primeras guerras, Israel va controlando cada vez más terrenos.

Tres primeras guerras de Oriente Medio

Cuarta guerra de Oriente Medio

Ejército israelí VS Organización para la Liberación de Palestina (OLP)

Se incrementa el número de **refugiados palestinos**.

¡Los palestinos hemos formado la **OLP** para hacerte frente en la guerra a los israelíes!

Arafat Presidente

Crisis del petróleo de 1973

¡Qué faena!

Durante la cuarta guerra de Oriente Medio, la Organización de Países Exportadores de Petróleo (OPEP), compuesta por varios países árabes, restringe su exportación.

¡Ya no os vamos a vender más petróleo!

Palestina (cuenca del río Jordán)
Israel
Palestina (región de Gaza)

Esta es su división en la actualidad, pero los conflictos entre ambas naciones continúan. Cada región está amurallada.

Presidente Clinton (EE. UU.)

Se firman los **Acuerdos de Oslo** (oficialmente, Declaración de Principios sobre las Disposiciones relacionadas con un Gobierno Autónomo Provisional). No obstante, la paz vuelve a tambalearse con el asesinato del presidente Rabin.

Presidente Arafat (OLP)   **Presidente Rabin (Israel)**

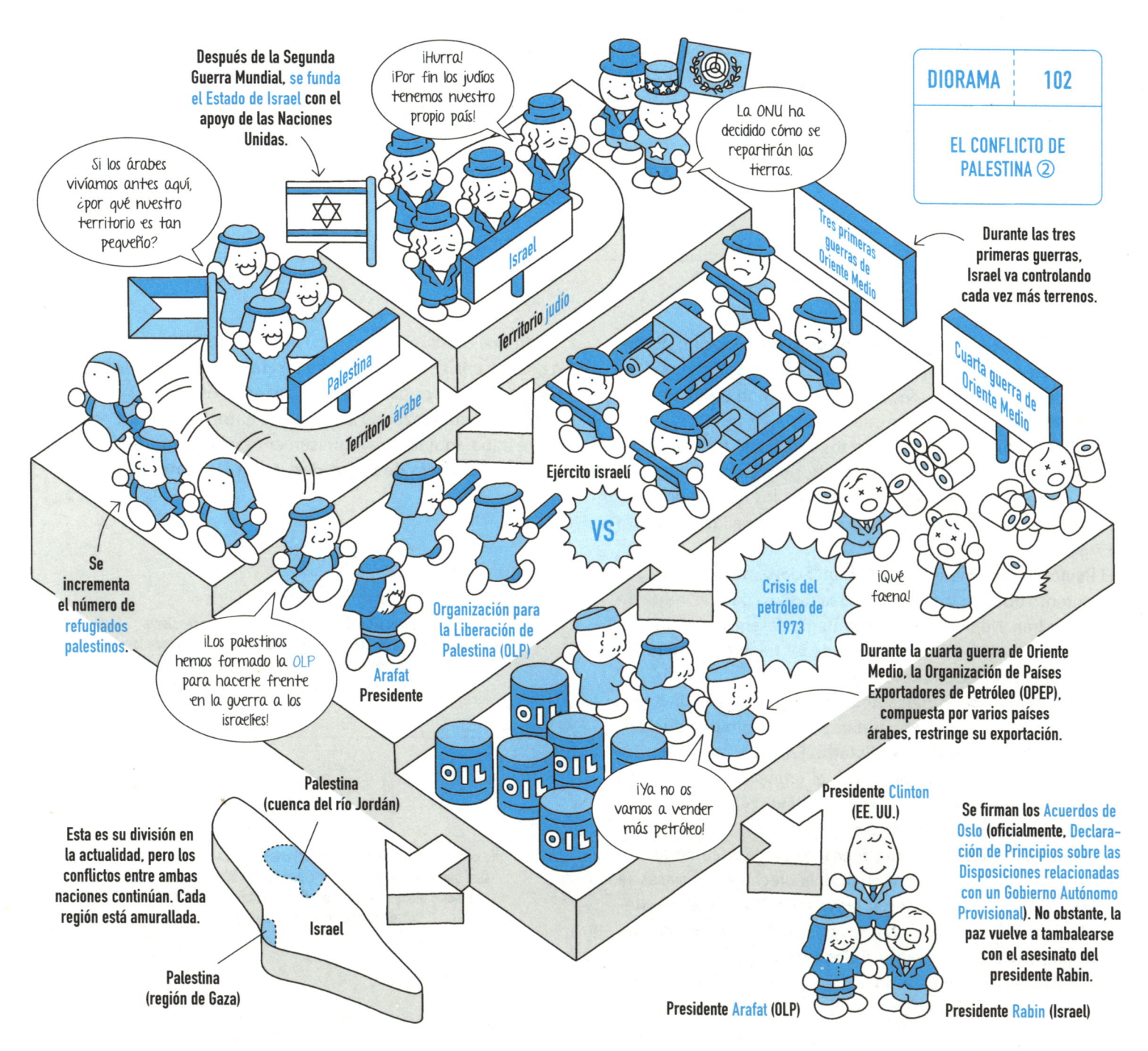

103 IRÁN E IRAK ①

LA GUERRA ENTRE IRÁN E IRAK

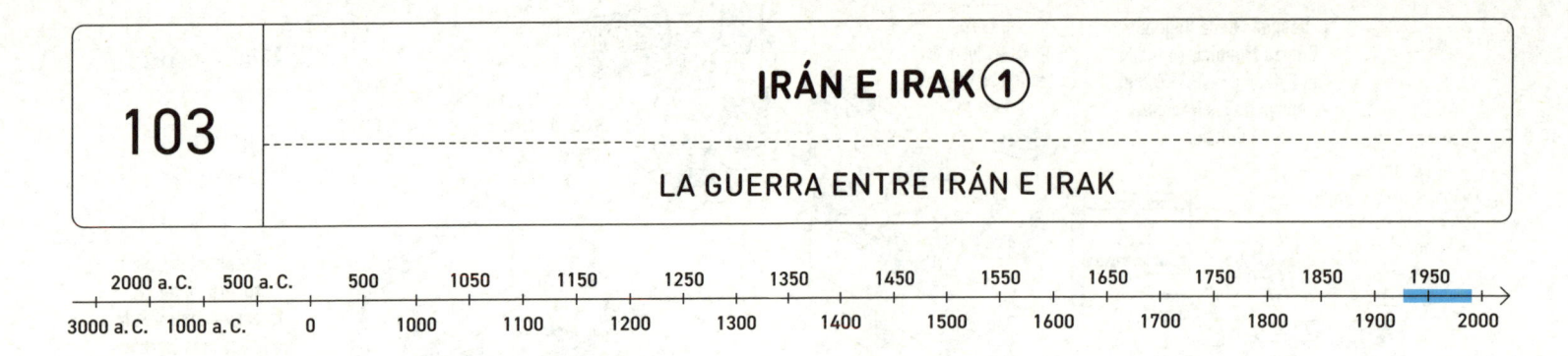

```
2000 a.C.  500 a.C.   500   1050   1150   1250   1350   1450   1550   1650   1750   1850   1950
3000 a.C. 1000 a.C.  0   1000   1100   1200   1300   1400   1500   1600   1700   1800   1900   2000
```

A principios del siglo XVI, en **Irán**, o como era conocido por los europeos en aquella época, **Persia**, la **dinastía Safávida (1501-1736)**, que pertenecía a la **facción chiita**, ascendió al poder.

Sin embargo, en el siglo XIX, la **dinastía Kayar (1796-1925)** (que unificó Irán tras la caída de los safávidas) fue derrotada por los invasores rusos. Como resultado, perdieron el control de Georgia, Azerbaiyán y Armenia y, además, los rusos que vivían en Irán gozaban del privilegio de la extraterritorialidad (**Tratado de Turkmenchay,** 1828).

El Reino Unido también intentó beneficiarse de la dinastía Kayar e intentó obtener los **derechos exclusivos para la venta de tabaco** en Irán. No obstante, su estrategia desencadenó un **boicot al tabaco (1891-1892)** por parte de los iraníes y aumentó la conciencia nacional de sus gentes.

Para salvar al Imperio persa de una debilitada dinastía Kayar, **Reza Jan (1878-1944)**, el comandante del ejército de aquel entonces, organizó un **golpe de Estado**. En 1925, consiguió derrocar a los Kayar, se autoproclamó el emperador **Reza Shah (g. 1925-1941)** e instauró la **dinastía Pahlaví (1925-1979)**.

Su sucesor, **Mohammad Reza Pahlaví (1941-1979)**, emprendió una serie de reformas que fueron conocidas como la **Revolución Blanca (1963)**. Sin embargo, la brecha entre clases se convirtió en un problema social grave y en 1979 estalló la **Revolución iraní (1979)**, liderada por el ayatolá **Jomeini** (chiita), quien quería recuperar los principios islámicos para el país. La dinastía Pahlaví cayó y se fundó la **República Islámica de Irán**.

Entonces, **Sadam Huseín** (g. 1979-2003) (sunita), el presidente de Irak, su país vecino, advierte de «**la exportación de la revolución chiita**» por parte de Irán, de modo que toma la iniciativa y lo invade, comenzando así la guerra entre Irán e Irak. Con todo, Irak estaba agotado económicamente y la guerra terminó por orden del **Consejo de Seguridad de las Naciones Unidas**.

LOS CHIITAS

Defienden que el líder del islam debe ser un descendiente directo del profeta Mahoma, su fundador. Comprende alrededor del 10 % de la población musulmana, pero el 90 % de la población de Irán y el 60 % de la población iraquí.

LOS SUNITAS

No consideran que el liderazgo del islam deba ser hereditario, sino que se debería hacer hincapié en el Hadiz, esto es, los hechos y dichos de Mahoma. Representa en torno al 90 % de la población musulmana.

DIORAMA 103

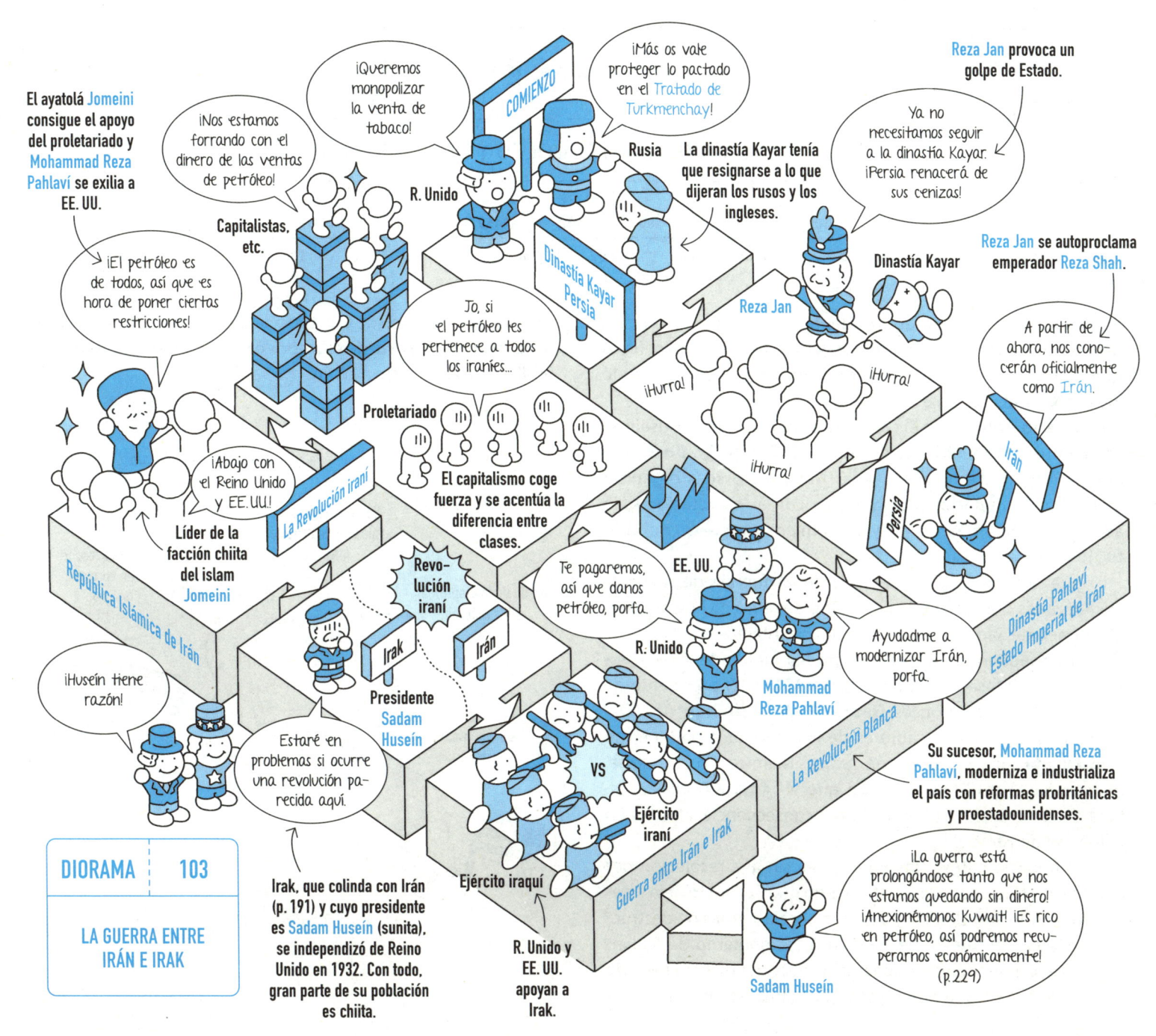

LA GUERRA ENTRE IRÁN E IRAK

COMIENZO

¡Más os vale proteger lo pactado en el Tratado de Turkmenchay!

Rusia

La dinastía Kayar tenía que resignarse a lo que dijeran los rusos y los ingleses.

Dinastía Kayar Persia

¡Queremos monopolizar la venta de tabaco!

R. Unido

¡Nos estamos forrando con el dinero de las ventas de petróleo!

Capitalistas, etc.

Jo, si el petróleo les pertenece a todos los iraníes...

Proletariado

El capitalismo coge fuerza y se acentúa la diferencia entre clases.

Reza Jan provoca un golpe de Estado.

Ya no necesitamos seguir a la dinastía Kayar. ¡Persia renacerá de sus cenizas!

Dinastía Kayar

Reza Jan

¡Hurra! ¡Hurra! ¡Hurra!

Reza Jan se autoproclama emperador **Reza Shah**.

A partir de ahora, nos conocerán oficialmente como Irán.

Persia → **Irán**

Dinastía Pahlaví Estado Imperial de Irán

Su sucesor, **Mohammad Reza Pahlaví**, moderniza e industrializa el país con reformas probritánicas y proestadounidenses.

Ayudadme a modernizar Irán, porfa.

Mohammad Reza Pahlaví

Te pagaremos, así que danos petróleo, porfa.

R. Unido **EE. UU.**

La Revolución Blanca

El ayatolá **Jomeini** consigue el apoyo del proletariado y **Mohammad Reza Pahlaví** se exilia a EE. UU.

¡El petróleo es de todos, así que es hora de poner ciertas restricciones!

¡Abajo con el Reino Unido y EE. UU.!

La Revolución iraní

Líder de la facción chiita del islam Jomeini

República Islámica de Irán

Revolución iraní

Irak **Irán**

Presidente Sadam Huseín

Estaré en problemas si ocurre una revolución parecida aquí.

¡Huseín tiene razón!

Irak, que colinda con Irán (p. 191) y cuyo presidente es **Sadam Huseín** (sunita), se independizó de Reino Unido en 1932. Con todo, gran parte de su población es chiita.

VS

Ejército iraní

Ejército iraquí

R. Unido y EE. UU. apoyan a Irak.

Guerra entre Irán e Irak

¡La guerra está prolongándose tanto que nos estamos quedando sin dinero! ¡Anexionémonos Kuwait! ¡Es rico en petróleo, así podremos recuperarnos económicamente! (p. 229)

Sadam Huseín

227

104 — IRÁN E IRAK ②

LA GUERRA DEL GOLFO Y LA GUERRA DE IRAK

Sadam Huseín (p. 226), el presidente iraquí, quería suplir los gastos de **la guerra entre Irán e Irak** (p. 226) con los beneficios que otorgaba la exportación de petróleo, de modo que decidió invadir **Kuwait**, rico en este recurso.

Al ver esto y temiendo el creciente poder de Sadam Huseín, el presidente estadounidense de la época, **George W. Bush (padre)** (g. 1989-1993), propuso a las Naciones Unidas organizar una fuerza multinacional para acabar con él. La votación salió adelante, bombardearon Irak y dio comienzo la **guerra del Golfo** (1991).

La guerra terminó con la victoria de las fuerzas de coalición encabezadas por Estados Unidos e Irak se retiró de Kuwait, pero el régimen de Sadam Huseín permanecía intacto.

El 11 de septiembre de 2001 se produjo una cadena de **atentados terroristas en Estados Unidos (11-S)**. El presidente de Estados Unidos de entonces, **George H. W. Bush (hijo)** (g. 2001-2009), concluyó que los autores de los atentados pertenecían a **Al Qaeda**, una organización radical islámica. En respuesta, bombardeó Afganistán alegando que el **régimen talibán** estaba dando cobijo a Al Qaeda. Como consecuencia, el régimen talibán se derrumbó.

A continuación, Bush (hijo) atacó Irak sin una resolución por parte de las Naciones Unidas afirmando que Sadam Huseín estaba «apoyando a Al Qaeda» y que Irak poseía «armas de destrucción masiva» **(la guerra de Irak,** 2003). El gobierno de Sadam Huseín cayó, pero nunca se llegaron a encontrar dichas armas de destrucción masiva ni pruebas de que estuviese apoyando a la organización yihadista. Con todo, la dictadura de Sadam Huseín, que reprimía a los **kurdos** (grupos étnicos de habla kurda) y a los **chiitas** (p. 226), llegó a su fin.

Las razones sobre la guerra de Irak y su evolución

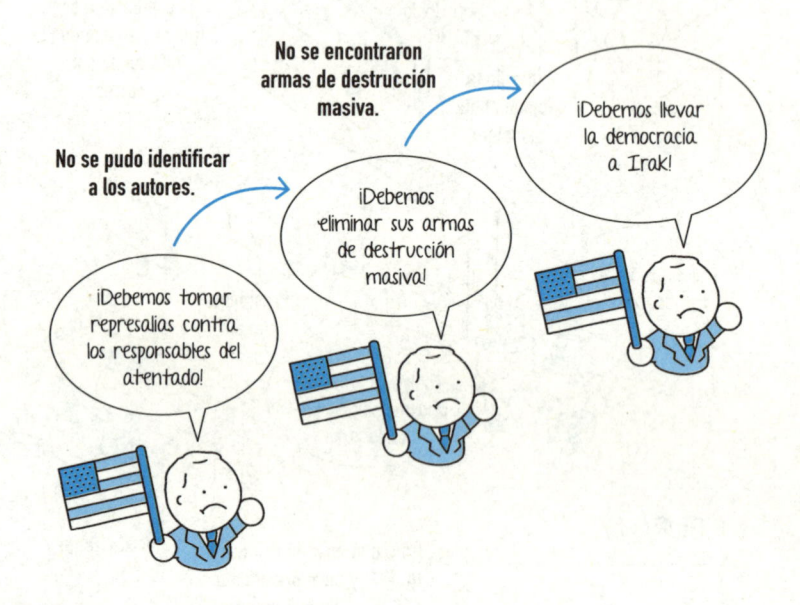

No se pudo identificar a los autores. → ¡Debemos tomar represalias contra los responsables del atentado!

No se encontraron armas de destrucción masiva. → ¡Debemos eliminar sus armas de destrucción masiva!

¡Debemos llevar la democracia a Irak!

DIORAMA 104

LA GUERRA DEL GOLFO Y LA GUERRA DE IRAK.

¡No tan deprisa! ¡No ataquéis Kuwait!

Kuwait

Presidente de EE. UU. Bush (padre)

¡A partir de ahora, Kuwait será nuestro!

Presidente de Irak Huseín

Irak

Ejército de coalición con EE. UU. como punta de lanza.

No enviaron tropas durante la guerra de Irak.

Esta guerra no tiene ninguna causa justa.

Presidente de Francia Chirac

¡Sadam Huseín tiene armas de destrucción masiva y encima está apoyando a los yihadistas de Al Qaeda!

Presidente de EE. UU. Bush (hijo)

La invasión de Kuwait

¡Larguémonos de Kuwait! ¡Retirada!

La guerra del Golfo

¿Aún venís con ganas de guerra?

Sadam Huseín

Canciller de Alemania Schröder

EE. UU. invita al Reino Unido a atacar Irak sin obtener la aprobación de la ONU.

VS

VS

Pruebas vinculantes a Al Qaeda

Armas de destrucción masiva

La guerra de Irak

No se encontraron ni armas de destrucción masiva ni pruebas de que Sadam Huseín estuviera apoyando a Al Qaeda.

El régimen de Sadam Huseín se derrumba.

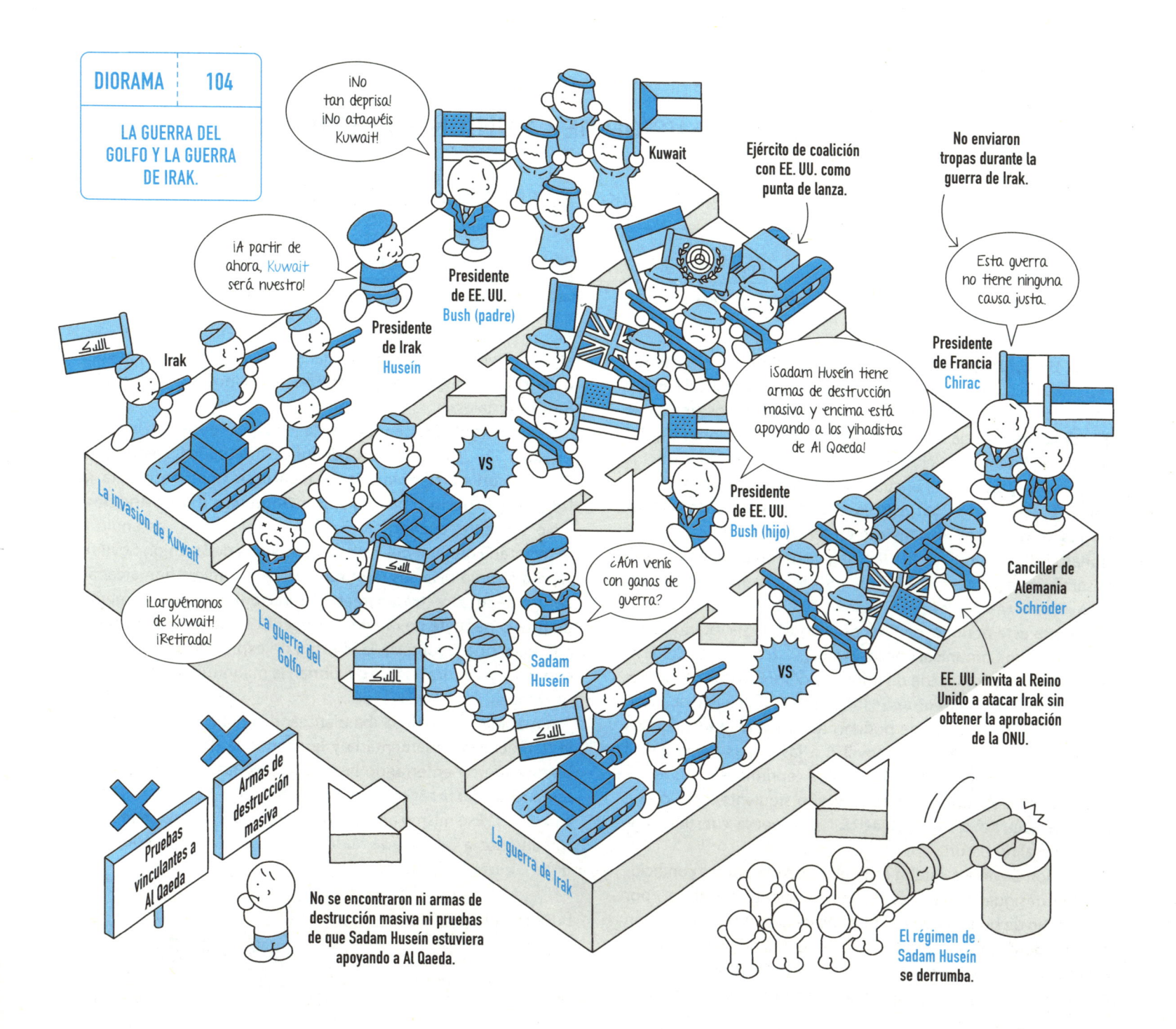

105 · LA DISOLUCIÓN DE LA UNIÓN SOVIÉTICA (1)

LA PERESTROIKA Y EL FIN DE LA GUERRA FRÍA

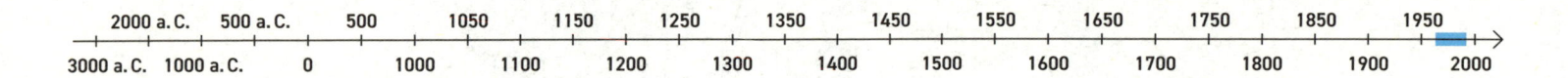

En la URSS, **Jrushchov** (p. 216) fue destituido y **Brézhnev** (g. 1964-1982) pasó a ser el nuevo secretario general del Partido Comunista. La cooperación entre la URSS y Estados Unidos se mantenía intacta y la Asamblea General de las Naciones Unidas aprobó el **Tratado de No Proliferación Nuclear (TNP, de sus siglas en inglés,** 1689), el cual cuenta con el respaldo de 190 países. El *détente* (p. 216), esto es, el **aligeramiento de las tensiones** entre ambos, se convirtió en tendencia política internacional y Estados Unidos y la URSS llegaron a un consenso para el desarme en la primera de las **Conversaciones sobre Limitación de Armas Estratégicas (SALT I,** 1969-1972).

Durante este período, en Checoslovaquia, el secretario general del Partido Comunista Checoslovaco, **Dubcek** (g. 1968-1969), pone en marcha una serie de reformas democráticas conocidas como **la Primavera de Praga** (1968). La Unión Soviética, preocupada por el impacto que podrían tener sobre el resto de los países del bloque del Este, movilizó a las tropas adheridas al **Tratado de Varsovia** (1955-1991) para reprimirlas (**Operación Danubio,** 1968). Sumado a esto, al año siguiente, estalló una **disputa fronteriza sino-soviética** (1969) por la cuestión concerniente al río Ussuri.

La Unión Soviética estaba muy preocupada por las condiciones tan desiguales entre las distintas naciones socialistas, por eso recibió de buen grado ese período de *détente* y la distensión con Occidente progresó todavía aún más. Cuando se celebró en Finlandia la **Conferencia sobre la Seguridad y Cooperación en Europa (CSCE,** 1975), en la que participaron 35 países, se emitió el **Acta de Helsinki** (1975), la cual incluía un principio que abogaba por el «respeto a los derechos humanos y las libertades fundamentales».

Sin embargo, todo cambió con la **invasión soviética de Afganistán** (1979). Estados Unidos denunció a la Unión Soviética y en 1980 boicotearon las **olimpiadas de Moscú**. Como respuesta, la URSS hizo lo mismo con los **Juegos Olímpicos de Los Ángeles**.

No obstante, cuando **Gorbachov** (g. 1985-1991) ascendió a la secretaría general del Partido Comunista de la Unión Soviética, emprendió diversas reformas socioeconómicas enmarcadas dentro de su **perestroika** (reestructuración). También promulgó un nuevo paquete de medidas conocido como **glásnost** (transparencia) que favorecían la libertad de expresión a raíz de descubrir varios informes que encubrían la magnitud del **accidente nuclear de Chernóbil** (1986).

A medida que la URSS iba planteándose una transición hacia la democracia parlamentaria y la economía de mercado, también se fueron enterrando las rencillas de las guerras pasadas; en 1989, se dio **la retirada de las tropas soviéticas de Afganistán** (1989). Ese mismo año, Bush (padre) y Gorbachov se reunieron durante la **Cumbre de Malta** (1989), donde declararon el **fin de la Guerra Fría** (dic. 1989).

La Cumbre de Malta
La Guerra Fría había comenzado con la Conferencia de Yalta (p. 204) y acabó con la Cumbre de Malta, lo que dio lugar a la expresión «de Yalta a Malta».

URSS Gorbachov — EE. UU. Bush (padre)

DIORAMA 105
LA DISOLUCIÓN DE LA UNIÓN SOVIÉTICA ① EL FIN DE LA GUERRA FRÍA

Pacto de Varsovia (p. 213)

¡Subyugadlos! — Brézhnev

¿Qué haremos si otros países empiezan a copiarlos?

¡Checoslovaquia está en vías de alcanzar la democracia!

Firma varios acuerdos con EE. UU. como los Tratados SALT, entre otros.

*¡Trataré de llevarme bien con EE. UU. (*detènte*), pero no permitiré que se perturbe el socialismo!*

La URSS invade Afganistán. EE. UU. responde con fuerza y las tensiones entre ambos vuelven al punto de partida.

Dubcek

Operación Danubio

¡Libertad de expresión!

Sec. general Dubcek

Ejército soviético

Ciudadanos checoslovacos

¡Libertad de prensa!

Checoslovaquia

¡Libertad de movimiento!

Sec. general Brézhnev sucede a Jrushchov (p. 216).

Burócratas

Afganistán

La Primavera de Praga

URSS

Detènte (p. 217)

COMIENZO

La invasión soviética de Afganistán

¡La URSS debe cambiar! ¡Tenemos que liberar los mercados! ¡Permitir la aparición de empresas privadas y acordar salarios según las habilidades de los trabajadores!

Sec. general Gorbachov

¡En Checoslovaquia, nuestra aliada, se están promoviendo movimientos antisocialistas!

URSS

Burócratas

Accidente nuclear de Chernóbil

El mismo año en que se celebra la Cumbre de Malta tiene lugar la retirada de las tropas soviéticas de Afganistán.

Perestroika (reestructuración)

Las medidas de Gorbachov no le sentaron muy bien al resto del Gobierno.

URSS

Tampoco fue para tanto, hombre.

Gorbachov Burócratas

Ya no estamos en una época en la que debamos ocultarnos información. Lleguemos a un acuerdo.

Glásnost (transparencia)

Gorbachov insistió en la importancia de su reforma glásnost (transparencia) y promovió otras medidas políticas.

¡Tenéis que hacer público lo sucedido!

URSS Gorbachov Fin de la Guerra Fría EE. UU. Bush (padre)

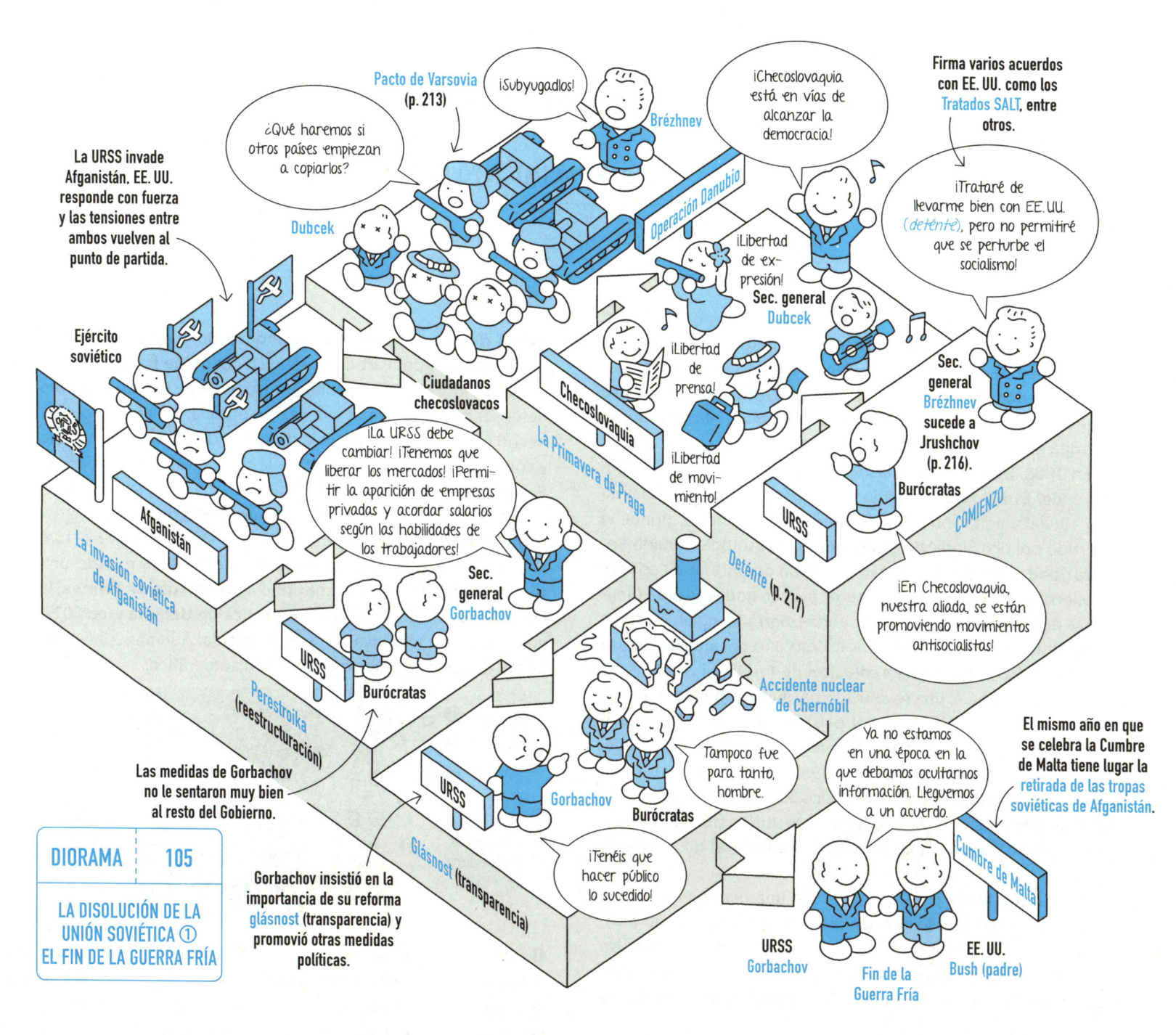

Cumbre de Malta

231

106 LA DISOLUCIÓN DE LA UNIÓN SOVIÉTICA ②

EL RENACIMIENTO DE RUSIA

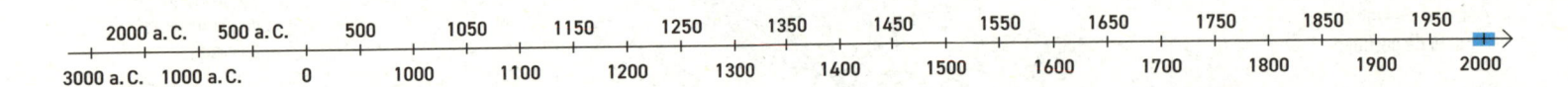

En 1989 **terminó la Guerra Fría** (p. 230), pero este final no solo tuvo repercusiones sobre las relaciones con Occidente: la política exterior, cooperativa y abierta de **Gorbachov,** según su **«nuevo pensamiento»**, se extendió también a otros países de Europa del Este.

En 1988, Gorbachov rechazó el liderazgo soviético sobre Europa del Este, lo que condujo al colapso del bloque socialista en 1989. La agitación política comenzó con Polonia, donde el partido político Sindicato Independiente y Autogestionado **Solidaridad** obtuvo una aplastante victoria durante las elecciones nacionales y acabó formándose el primer gobierno no-comunista del Bloque Este tras la Segunda Guerra Mundial. A esto lo siguieron en noviembre de ese mismo año la **caída del Muro de Berlín** (nov. 1989) y la **Revolución de Terciopelo** (nov. 1989) en Checoslovaquia, una revolución pacífica contra el totalitarismo del régimen comunista del país. En contraste con el pacifismo checoslovaco, durante la **Revolución rumana** (dic. 1989) se ejecutó a **Ceausescu** (g. 1967-1989), el líder comunista de entonces, y se puso fin a la República Socialista de Rumanía. Al año siguiente, en 1990, tuvo lugar la **reunificación de Alemania** (1990) (con el nombre de **República Federal de Alemania** (p. 214)).

Gorbachov había puesto en marcha una gran oleada de reformas entre las que se incluían la abolición de la dictadura comunista y una transición hacia una economía de mercado. No obstante, fueron tan rápidas que provocaron un enorme caos socioeconómico que más tarde desembocó en un **intento de golpe de Estado contra su mandato** por parte de los más conservadores del Partido Comunista. El golpe fracasó gracias a **Yeltsin** (g. 1991-1999), político ruso, rival de Gorbachov pero defensor de sus reformas y de la democracia. Sin embargo, este hecho puso en tela de juicio la dirección del Partido Comunista y condujo en diciembre de 1991 a la **disolución de la Unión de Repúblicas Socialistas Soviéticas** (1991) y el ascenso de Yeltsin como primer presidente de la **Federación de Rusia**.

Tras el gobierno de Yeltsin, **Putin** (g. 2000-2008, 2012-Actualidad), el nuevo presidente, trató de mostrarle al mundo una «Rusia fuerte». En 2014 se anexionó la **península de Crimea**, la cual pertenecía entonces a la **República de Ucrania** y, en 2022, volvió a lanzar una invasión sobre Ucrania. Además, a nivel interno, también estableció un régimen autocrático.

❶ Estonia
❷ Letonia
❸ Lituania
❹ Bielorrusia
❺ Ucrania (★ Península de Crimea)
❻ Moldavia
❼ Georgia
❽ Armenia
❾ Azerbaiyán
❿ Kazajistán
⓫ Uzbekistán
⓬ Turkmenistán
⓭ Kirguistán
⓮ Tayikistán

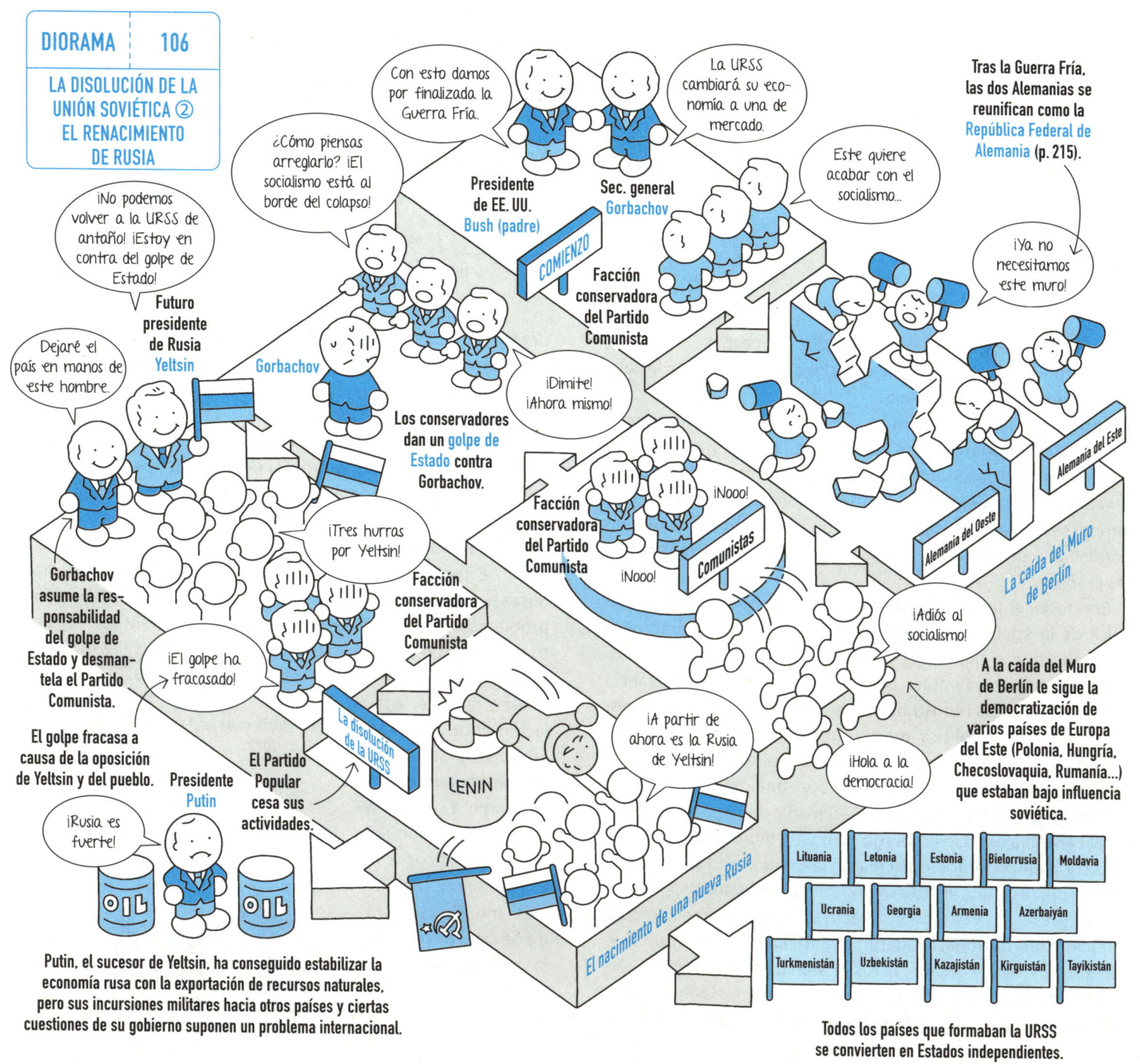

DIORAMA 106
LA DISOLUCIÓN DE LA UNIÓN SOVIÉTICA ②
EL RENACIMIENTO DE RUSIA

Tras la Guerra Fría, las dos Alemanias se reunifican como la República Federal de Alemania (p. 215).

COMIENZO

- "Con esto damos por finalizada la Guerra Fría."
- "La URSS cambiará su economía a una de mercado."
- Presidente de EE. UU. **Bush (padre)** / Sec. general **Gorbachov**
- "¿Cómo piensas arreglarlo? ¡El socialismo está al borde del colapso!"
- "Este quiere acabar con el socialismo..."
- "¡Ya no necesitamos este muro!"

Facción conservadora del Partido Comunista

- "¡No podemos volver a la URSS de antaño! ¡Estoy en contra del golpe de Estado!"
- Futuro presidente de Rusia **Yeltsin**
- "Dejaré el país en manos de este hombre." — **Gorbachov**
- "¡Dimite! ¡Ahora mismo!"

Los conservadores dan un **golpe de Estado** contra Gorbachov.

Alemania del Oeste / **Alemania del Este** — La caída del Muro de Berlín

A la caída del Muro de Berlín le sigue la democratización de varios países de Europa del Este (Polonia, Hungría, Checoslovaquia, Rumanía...) que estaban bajo influencia soviética.

- "¡Tres hurras por Yeltsin!"
- Facción conservadora del Partido Comunista
- "¡Nooo!" **Comunistas** "¡Nooo!"
- "¡Adiós al socialismo!"

Gorbachov asume la responsabilidad del golpe de Estado y desmantela el Partido Comunista.

- "¡El golpe ha fracasado!"

El golpe fracasa a causa de la oposición de Yeltsin y del pueblo.

La disolución de la URSS

El Partido Popular cesa sus actividades.

LENIN

- "¡A partir de ahora es la Rusia de Yeltsin!"
- "¡Hola a la democracia!"

Presidente **Putin**
- "¡Rusia es fuerte!"
- OIL / OIL

Putin, el sucesor de Yeltsin, ha conseguido estabilizar la economía rusa con la exportación de recursos naturales, pero sus incursiones militares hacia otros países y ciertas cuestiones de su gobierno suponen un problema internacional.

El nacimiento de una nueva Rusia

Lituania	Letonia	Estonia	Bielorrusia	Moldavia
Ucrania	Georgia	Armenia	Azerbaiyán	
Turkmenistán	Uzbekistán	Kazajistán	Kirguistán	Tayikistán

Todos los países que formaban la URSS se convierten en Estados independientes.

233

107 EUROPA, RUMBO A LA UNIDAD

EL NACIMIENTO DE LA UNIÓN EUROPEA

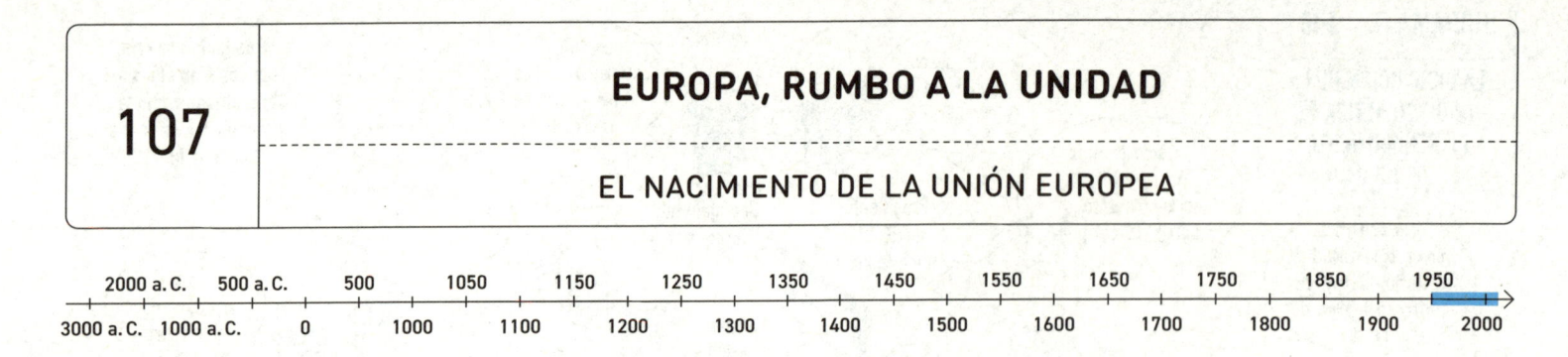

Tras acabar la Segunda Guerra Mundial, empezó a creerse que Europa nunca llegaría a prosperar si no se enmendaba la relación entre Francia y Alemania.

Con ello en mente, **Schuman (1886-1963)**, el ministro francés de Asuntos Exteriores, consideraba que el río Rin era un tesoro para los recursos industriales y propone en su declaración, la **Declaración Schuman** (1950), que «se someta el conjunto de la producción franco-alemana de carbón y de acero a una Alta Autoridad común, en una organización abierta a los demás países de Europa».

Con todo, el futuro presidente de Francia, gran potencia política de la época, **De Gaulle** (p. 202) se opuso a la propuesta alegando que el plan dejaba a Francia en desventaja. Por otro lado, los británicos también pensaban que, si Alemania y Francia unían sus recursos industriales, alterarían el equilibrio de poder en el marco de la política internacional. Sin embargo, al plan de Schuman se unieron los tres países del Benelux e Italia, de modo que, en 1952, nació la **Comunidad Europea del Carbón y del Acero (CECA)** (1952) con Francia, Alemania del Oeste, Italia, Bélgica, Países Bajos y Luxemburgo como miembros fundadores.

Con el tiempo también se crearon la **Comunidad Europea de la Energía Atómica (EURATOM)** (1958) y la **Comunidad Económica Europea (CEE)** (1958). Estas tres organizaciones de cooperación internacional ayudaron a centralizar y unir a sus países miembros y, con el tiempo, se fusionaron bajo el nombre de **Comunidades Europeas (CC. EE.)** (1967). La organización permitió el libre comercio y la libertad de movimiento de los trabajadores dentro de los Estados miembros y, en 1973, tres países más se añadieron: el Reino Unido, Irlanda y Dinamarca, pasando a ser conocida como la **Comunidad Europea Ampliada** (1973).

Más tarde, en 1992, los países miembros de la Comunidad Europea firmaron el **Tratado de Maastricht** (1992), el cual marcó al año siguiente el nacimiento de la **Unión Europea (UE)** (1993) y se emitió una moneda única, el **euro**, con el objetivo de crear una Europa unificada.

En los últimos años ha ido creciendo hasta contar en 2022 con 27 Estados miembros. Sin embargo, las diferencias económicas o de temperaturas de los distintos países que abarca y el problema de la inmigración han estado últimamente en el punto de mira. Uno de sus efectos fue que, en 2020, el Reino Unido salió de la Unión Europea en el llamado **Brexit** (2020).

Por otra parte, la relación entre la Unión Europea y Rusia ha ido empeorando con el tiempo a raíz de la adhesión de antiguos países soviéticos a la organización.

El mundo seguirá de cerca el devenir de la Unión Europea.

Países miembros de la UE 2022

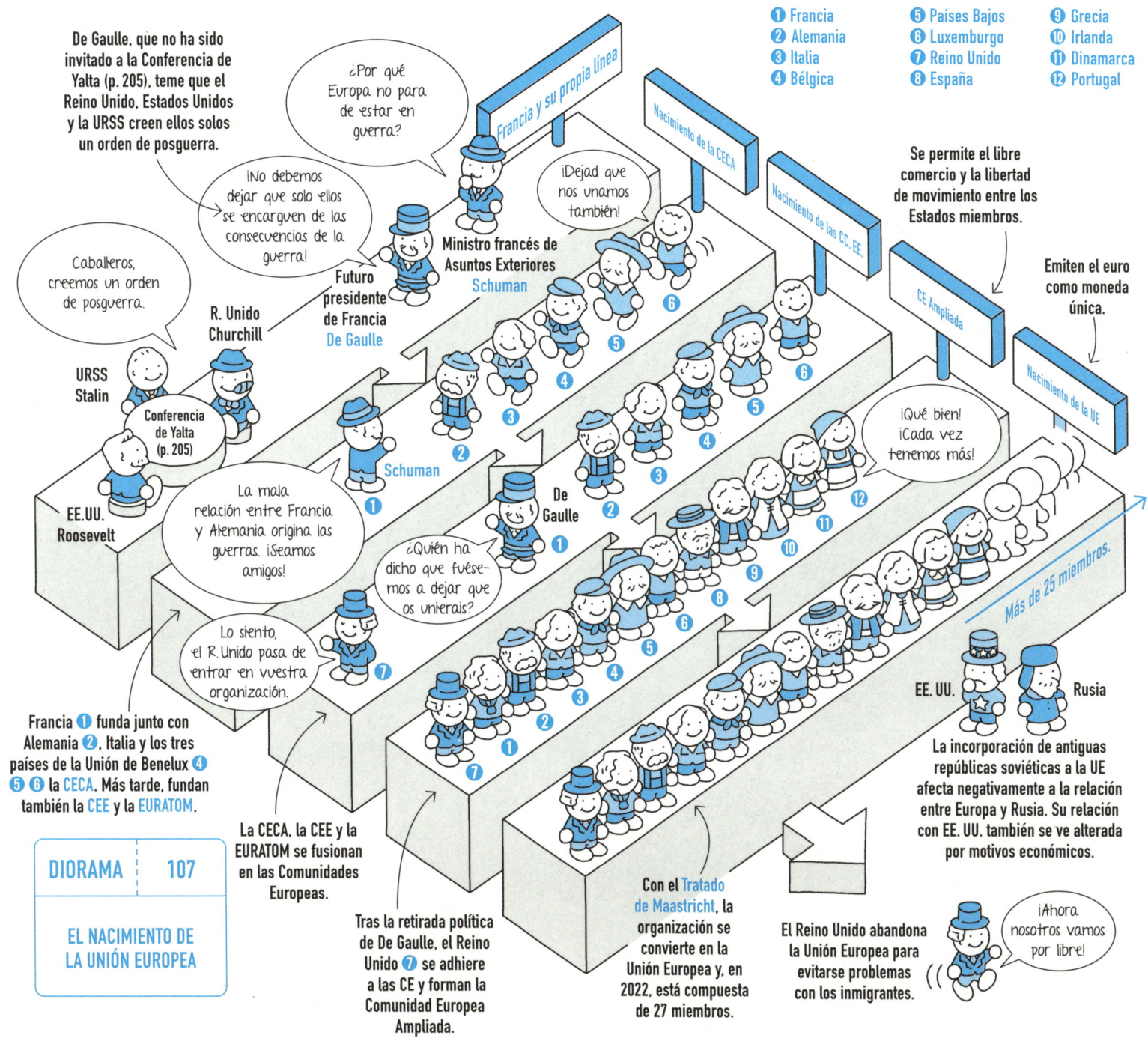

DIORAMA 107 — EL NACIMIENTO DE LA UNIÓN EUROPEA

① Francia
② Alemania
③ Italia
④ Bélgica
⑤ Países Bajos
⑥ Luxemburgo
⑦ Reino Unido
⑧ España
⑨ Grecia
⑩ Irlanda
⑪ Dinamarca
⑫ Portugal

Conferencia de Yalta (p. 205)

- **EE.UU. Roosevelt:** "Caballeros, creemos un orden de posguerra."
- **URSS Stalin**
- **R. Unido Churchill:** "¡No debemos dejar que solo ellos se encarguen de las consecuencias de la guerra!"

De Gaulle, que no ha sido invitado a la Conferencia de Yalta (p. 205), teme que el Reino Unido, Estados Unidos y la URSS creen ellos solos un orden de posguerra.

- **Futuro presidente de Francia — De Gaulle:** "¿Por qué Europa no para de estar en guerra?"
- **Ministro francés de Asuntos Exteriores — Schuman:** "La mala relación entre Francia y Alemania origina las guerras. ¡Seamos amigos!"
- "¡Dejad que nos unamos también!"

Nacimiento de la CECA

Francia ① funda junto con Alemania ②, Italia ③ y los tres países de la Unión de Benelux ④ ⑤ ⑥ la CECA. Más tarde, fundan también la CEE y la EURATOM.

Nacimiento de las CC. EE.

La CECA, la CEE y la EURATOM se fusionan en las Comunidades Europeas.

- **De Gaulle:** "¿Quién ha dicho que fuésemos a dejar que os unierais?"
- "Lo siento, el R. Unido pasa de entrar en vuestra organización."

Francia y su propia línea

CE Ampliada

Tras la retirada política de De Gaulle, el Reino Unido ⑦ se adhiere a las CE y forman la Comunidad Europea Ampliada.

Se permite el libre comercio y la libertad de movimiento entre los Estados miembros.

"¡Qué bien! ¡Cada vez tenemos más!"

Nacimiento de la UE

Emiten el euro como moneda única.

Con el Tratado de Maastricht, la organización se convierte en la Unión Europea y, en 2022, está compuesta de 27 miembros.

El Reino Unido abandona la Unión Europea para evitarse problemas con los inmigrantes.

"¡Ahora nosotros vamos por libre!"

Más de 25 miembros.

La incorporación de antiguas repúblicas soviéticas a la UE afecta negativamente a la relación entre Europa y Rusia. Su relación con EE. UU. también se ve alterada por motivos económicos.

EE. UU. — Rusia

GLOSARIO

10 de agosto de 1792 **114, 115**
11-S **228**

A

Abdulhamid II **160, 161**
Abdulmecid I **160, 161**
Abolición del feudalismo **112**
Abraham Lincoln **144, 146, 147**
Accidente nuclear de Chernóbil **230, 231**
Acta de Helsinki **230**
Acta de Uniformidad **84**
Acuerdo naval anglo-germano **198**
Acuerdo Sykes-Picot **222, 223**
Acuerdos de Oslo **224, 225**
Acuerdos de Paz de París sobre Vietnam **218, 219**
Adriano **32, 34**
Alejandría **25**
Alejandro I **121, 123**
Alejandro II **158, 159**
Alejandro Magno **24, 25**
Alemania del Este **214, 215**
Alemania del Oeste **214, 215**
Alianza anglo-japonesa **175, 179, 188**
Alianza China **172**
Alianza entre ciudades **60**
Alianza militar anglo-soviética **202**
Almirante Nelson **120, 121**
Alta burguesía **92, 94**
Américo Vespucio **78**
Ana de Gran Bretaña **94**
Anarquía militar **34, 35**

Andrew Jackson **144**
Anexión del Véneto **132, 133**
Anglosajones **42**
Aníbal Barca **26, 27**
Antiguo Régimen **99, 110, 111**
Antonino Pío **32, 34**
Aqueos **18**
Arafat **224, 225**
Archiducado de Austria **100, 101**
Armada Invencible **88, 89, 92, 93**
Asamblea General Legislativa **112, 113**
Asamblea Nacional **110, 111**
Ataque a Pearl Harbor **206, 207**
Atenas **18-21**
Atentado de Anagni **62, 63**
Atentado de Sarajevo **180, 181**
Augusto **32-34**
Australopiteco **14**
Autonomía de Irlanda **126**

B

Bai Shangdi Hui **168**
Bárbaros **24**
Bartolomé Díaz **76, 77**
Batalla de Accio **33**
Batalla de Austerlitz **120, 121**
Batalla de Crécy **70, 71**
Batalla de Gaugamela **25**
Batalla de Gettysburg **146, 147**
Batalla de Issos **24, 25**
Batalla de las Naciones **120, 121**
Batalla de Leipzig **120, 121**
Batalla de Lepanto **89**
Batalla de Midway **206, 207**
Batalla de Naseby **92**
Batalla de Plassey **96, 97**

Batalla de Poitiers **44, 45, 70, 71**
Batalla de Queronea **22, 24**
Batalla de Stalingrado **204, 205**
Batalla de Trafalgar **120**
Batalla de Valmy **114, 115**
Batalla de Waterloo **120**
Batalla de Yorktown **142, 143**
Batista **216**
Benjamin Disraeli **126, 127, 129**
Benjamin Franklin **143**
Bloqueo de Berlín **214, 215**
Bloques económicos **194, 195**
Boccaccio **75**
Bóeres **129, 165**
Boicot al tabaco **226**
Bolcheviques **186**
Bonifacio VIII **62**
Bombardeo sobre Vietnam del Norte **218, 219**
Botticelli **75**
Bóxers **170, 171**
Brézhnev **219, 230, 231**
Brissot **116, 117**
Bruto **30, 31**
Bula de oro **66, 67**

C

Caída de Berlín **205**
Caída de Saigón **218**
Caída del Muro de Berlín **232, 233**
Califato **190, 191**
Calígula **32, 34**
Calvinismo **82-84, 90, 91**
Campaña de Egipto **118**
Campaña italiana **118**
Canal de Panamá **152, 153**
Carlomagno **44, 45**

Carlos I **78, 79, 87-89, 92, 93**
Carlos II **94, 95**
Carlos Luis Napoleón Bonaparte **124**
Carlos Martel **44, 45**
Carlos V **87, 88**
Carlos VII **71**
Carlos X **124, 125**
Carlos XII **105**
Carta del Atlántico **202**
Carta Magna **64, 65**
Cartismo **125, 127**
Casa de Habsburgo **66, 67, 86-88**
Casa de Lancaster **70, 71**
Casa de Valois **70**
Casa de York **70, 71**
Catalina II **104, 105**
Catorce Puntos **188, 189**
Cautiverio de Aviñón **62, 63**
CC. EE. (Comunidades Europeas) **234, 235**
Ceausescu **232**
CECA (Comunidad Europea del Carbón y el Acero) **234, 235**
Cecil Rhodes **129, 165**
CEE (Comunidad Económica Europea) **234, 235**
Charles George Gordon **170**
Che Guevara **216**
Chiang Kai-shek **208-211**
Chirac **229**
Churchill **202-205, 207**
Ciudad-república independiente **60**
Civilización china **16, 17**
Civilización cretense **18, 19**
Civilización del valle del Indo **16, 17**
Civilización egea **16-19**
Civilización egipcia **16, 17**

Civilización inca **136, 137**
Civilización maya **136, 137**
Civilización mesopotámica **16, 17**
Civilización micénica **18, 19**
Civilización minoica **18**
Civilización olmeca **136, 137**
Civilización teotihuacana **136, 137**
Civilización troyana **18**
Civilizaciones andinas **16, 17, 136, 137**
Civilizaciones megalíticas **16, 17**
Civilizaciones mesoamericanas **16, 17, 136, 137**
Civilizaciones orientales **16, 17**
Claudio **32, 34**
Clemente de Metternich **122, 123**
Cleopatra **32, 33**
Clodoveo **44, 45**
Código Civil de Francia **118**
Código Napoleónico **118**
Colonia del Cabo **90, 91, 122, 123, 165**
COMECON (Consejo de Ayuda Mutua Económica) **213**
Comercio con Oriente **60, 61**
Comercio de tránsito **90**
Comercio triangular **96, 97, 138, 139**
Compañía Británica de las Indias Orientales **92, 93, 127, 140, 141, 162, 163**
Compañía de Jesús **82, 83**
Compañía Neerlandesa de las Indias Occidentales **91**
Compañía Neerlandesa de las Indias Orientales **91**
Comuna de París **125**
Comunas populares **210**
Comunidad Económica Europea **234**

Comunidad Europea Ampliada **234, 235**
Comunidad Europea de la Energía Atómica **234**
Comunidad Europea del Carbón y del Acero **234, 235**
Comunidades Europeas **234**
Concilio de Clermont **56, 57**
Concilio de Trento **82**
Conde de Cavour **130, 131**
Confederación Alemana del Norte **132, 133**
Confederación de Estados independientes **100**
Confederación Germánica **122, 123, 132, 133**
Conferencia de Berlín **164, 165**
Conferencia de El Cairo **206, 207**
Conferencia de Paz de París **188, 189**
Conferencia de Potsdam **206, 207**
Conferencia de Teherán **204-206**
Conferencia de Washington **188, 189**
Conferencia de Yalta **204-206, 212, 230, 235**
Conferencia del Atlántico **202**
Conferencia sobre la Seguridad y la Cooperación en Europa **230**
Conferencias Panamericanas **152, 153**
Conflicto de Palestina **222-225**
Conflicto norirlandés **126, 127**
Congreso de Berlín **158**
Congreso de Viena **122, 123**
Congreso Nacional Indio **220, 221**
Conquista normanda **50**
Conquistadores **137-139**
Consejo de Ayuda Mutua Económica **213**

Constantino **34, 36, 37**
Constantinopla **36, 51-59, 176**
Constitución de 1791 **112, 113**
Constitución de la India **220**
Constitución de los Estados Unidos **142, 143**
Constitución de Midhat **160, 161**
Cónsul **26**
Cónsul de Francia **119**
Cónsul vitalicio **118**
Contrarreforma **82, 83**
Convención Nacional **114, 115**
Corea del Norte (República Popular Democrática de Corea) **214**
Corea del Sur (República de Corea) **214**
Corona de Aragón **68, 69**
Corona de Castilla **68, 69**
Coronación de Carlomagno **44, 45**
Correspondencia Husayn-McMahon **222, 223**
Corriente farisea **38, 39**
Cosme de Médici **75**
Craso **30, 31**
Criollos **150**
Crisis de los misiles de Cuba **216, 217**
Crisis del petróleo de 1973 **224, 225**
Crisis del siglo III **34, 35**
Crisis marroquíes de Tánger y Agadir **164, 165**
Cristianismo **36, 38-39**
Cristianización del Imperio romano **36, 37, 39**
Cristóbal Colón **78, 79**
Cruzadas **56-61**
CSCE (Conferencia sobre la Seguridad y Cooperación en Europa) **230**
Cuádruple Alianza **122, 123**
Cuarta Coalición **120, 121**
Cuatro grandes civilizaciones **16, 17**
Cultura azteca **136, 137**
Cultura chavín **136, 137**
Cultura griega **18, 19**
Cultura helénica **24**
Cultura nazca **136, 137**
Cumbre de Malta **230, 231**

D

Da Vinci **74, 75**
Daladier **198, 199**
Dante **75**
Danton **116, 117**
De Gaulle **202, 205, 235**
«De Yalta a Malta» **230**
Declaración Balfour **222, 223**
Declaración de Derechos **94, 95**
Declaración de la libertad de derechos **111-113**
Declaración de las Naciones Unidas **204**
Declaración de Potsdam **206, 207, 214**
Declaración de Principios sobre las Disposiciones relacionadas con un Gobierno Autónomo Provisional de Palestina **224, 225**
Declaración Schuman **234**
Decreto de Berlín **120, 121**
Demagogos **22, 23**
Democracia directa **20**

Deng Xiaoping **210, 211**
Derecho divino de los reyes **92**
Derechos exclusivos para la venta de tabaco en Irán **226**
Desembarco de Normandía **204, 205**
Deshielo **216, 217**
Desobediencia civil no violenta **220, 221**
Despotismo ilustrado **100, 102-104**
Destino manifiesto **144, 145**
Détente **216, 217, 230, 231**
Diezmo **48**
Dinastía antigónida **25**
Dinastía aqueménida **20, 21**
Dinastía Capeta **62, 63**
Dinastía de los Borbones **98**
Dinastía de los Habsburgo **88**
Dinastía Kayar **226, 227**
Dinastía normanda **50, 51**
Dinastía Pahlaví **226, 227**
Dinastía ptolemaica **25**
Dinastía Romanov **104**
Dinastía Safávida **226**
Dinastía seleúcida **25**
Dinastía Tudor **70**
Diocleciano **34, 35, 37**
Diplomacia del gran garrote **152, 153**
Diplomacia misionera **152, 153**
Directorio **116, 117**
Discurso de Gettysburg **147**
Disolución de la Unión de Repúblicas Socialistas Soviéticas **232, 233**
Disputa fronteriza sino-soviética **230**
Doctrina Monroe **144, 179, 199**
Doctrina Truman **212, 213**
Domingo Sangriento **184, 185**
Dominus **34, 35**
Donación de Pipino **45**
Dorios **18**
Dubcek **230, 231**
Ducado de Bohemia **52, 53**
Ducado de Normandía **50, 51**
Ducado de Polonia **52, 53**
Ducado de Prusia **100, 101**
Duma **184, 185**
Duque de Orleans **117**

E

Ecclesia **20**
Edad de Hielo **14, 15**
Edad de los Metales **14, 15**
Edad del Bronce **14**
Edad del Hierro **14**
Edicto de Milán **36, 37, 39**
Edicto de Nantes **98, 99**
Eduardo III **70, 71**
Eduardo, el Príncipe Negro **70, 71**
Éire **126**
Eisenhower **204, 205, 217**
Eje Berlín-Roma **196**
Ejército Siempre Victorioso **170**
El congreso no avanza, baila **122**
El eje **199, 204, 206, 207**
El Estado soy yo **63, 98, 99**
El imperio donde nunca se pone el sol **78, 88, 89**
El rey reina, pero no gobierna **94, 95**
El sentido común **142, 143**
Embargo de las exportaciones de petróleo **206**
Emperador Guangxu **170**
Emperador Xuantong **172, 173, 208**
Emperatriz Cixi **170, 171**
Empresa por el Atlántico **78, 79**
Enrique **64, 65**
Enrique el Navegante **76, 77**
Enrique II **64, 65**
Enrique IV **48, 49, 98**
Enrique VI **71**
Enrique VII **70, 71**
Enrique VIII **84, 85, 87**
Entente Cordiale **164**
Era de los descubrimientos **76-79**
Era de los señores de la guerra **172, 173**
Escipión **26, 27**
Eslavos **50-53**
Esparta **18, 20**
Espartaco **28, 29**
Especialización del trabajo **15**
Espléndido aislamiento **134, 177**
Estado de Vietnam **218**
Estado Libre Irlandés **126**
Estado nación **86, 87**
Estados Confederados de América **146, 147**
Estados Federados Malayos **128, 129, 166, 167**
Estados Pontificios **68, 69**
Estados Unidos **140-149**
Estrategia de las tres ces **164, 176, 178**
Estrategia del mar Caribe **152, 153**
EURATOM (Comunidad Europea de la Energía Atómica) **234, 235**
Expansión rusa hacia el sur **104, 156-159**
Expedición del Norte **208, 209**
Expedición oriental **24, 25**

F

Fábrica del mundo **108**
Facción chiita **226**
Facción sunita **226**
Faraón **16**
Fascismo **196, 197**
Federico Guillermo III **123**
Federico I **56**
Federico II **102, 103**
Felices años veinte **192**
Felipe **99**
Felipe II **62, 63, 78, 79, 88, 89**
Felipe IV **62, 63, 59**
Felipe V **99**
Felipe VI **71**
Fernando **69**
Fernando de Magallanes **78, 79**
Ferrocarril de Bagdad **176-178**
Ferrocarril transcontinental **148, 149**
Ferrocarril transiberiano **158, 159**
Feudalismo **46, 61**
Feudo **46, 47, 61**
Fidel Castro **216**
Fiebre del oro **144, 145**
Filipo II **24, 25**
Fin de la Guerra Fría **230, 231**
Fin de la Reforma de los Cien Días **170, 171**
Francia Libre **202**
Francia occidental **46, 47**
Francia oriental **46, 47**
Francisco I **87**
Francisco II **131**
Francisco Javier **82, 83**
Francisco José I **131, 133**
Francisco Pizarro **78, 79, 138**
Franklin Roosevelt **194, 195, 199, 202, 204, 205**
Frente Nacional de Liberación de

Vietnam **218, 219**
Frente Popular **196**
Frente Unido **208, 209**
Frontera **144, 145**
Fuga de Varennes **112, 113**

G

Gandhi **220, 221**
Garibaldi **130, 131**
General Franco **196**
George W. Bush (padre) **228, 229**
George W. H. Bush (hijo) **228, 229**
George Washington **142-144**
Giotto **75**
Girondinos **114, 117**
Glásnost **230, 231**
Gobierno nacionalista **208, 209**
Gobierno provisional **186, 187**
Gobierno provisional de la República Soviética de China **209**
Golpe de Estado del 18 de brumario **118, 119**
Golpe de Estado del 9 de termidor **116, 117**
Golpe de Wuhan **208**
Gorbachov **230, 231**
Gran Depresión **194**
Gran Exposición de Londres **127**
Gran Guerra del Norte **104, 105**
Gran imperio alejandrino **24, 25**
Gran Interregno **66, 67**
Gran Principado de Moscú **52, 53, 104**
Gran Revolución Cultural Proletaria **210, 211**
Gran Salto Adelante **210**
Grandes plantaciones **138**

Gregorio VII **48, 49**
Gremio **60**
Griego **18**
Guardia Roja **210, 211**
Guerra austro-prusiana **132, 133**
Guerra civil china **208, 209**
Guerra civil china (segunda fase) **210, 211**
Guerra civil española **196**
Guerra de Corea **214**
Guerra de Crimea **156, 157**
Guerra de Flandes **88, 89, 90, 91**
Guerra de independencia griega **161**
Guerra de Indochina **218**
Guerra de Irak **228, 229**
Guerra de la Independencia de los Estados Unidos **142, 143**
Guerra de la reina Ana **97**
Guerra de las Dos Rosas **70, 71**
Guerra de los Cien Años **70, 71**
Guerra de los Siete Años **102, 103**
Guerra de los Treinta Años **100, 101**
Guerra de Secesión **146, 147**
Guerra de sucesión austríaca **101-103**
Guerra de sucesión española **98, 99**
Guerra de Vietnam **218, 219**
Guerra del Golfo **228, 229**
Guerra del Pacífico **206, 207**
Guerra del Peloponeso **22, 23**
Guerra entre Irán e Irak **226, 227**
Guerra franco-indígena **96, 97, 140, 141**
Guerra franco-prusiana **134, 135**
Guerra Fría **212-219**
Guerra hispano-estadounidense **152, 153**
Guerra mexicano-estadounidense **144, 145, 150**

Guerra ruso-alemana **202, 203**
Guerra ruso-japonesa **174, 175**
Guerra ruso-turca **158, 159, 161**
Guerra soviético-japonesa **204, 206**
Guerra submarina indiscriminada **182, 183**
Guerras anglo-neerlandesas **90, 91**
Guerras carnáticas **96, 97**
Guerras de los bóeres **129, 165**
Guerras de oriente medio **224, 225**
Guerras de religión francesas **98**
Guerras italianas **86, 87**
Guerras médicas **20, 21**
Guerras púnicas **26, 27**
Guillermo I (duque de Normandía) **50, 51, 64, 65**
Guillermo I (Prusia) **132**
Guillermo II **176, 177, 179, 183**
Guillermo III **94, 95**
Guillermo, príncipe de Orange **90, 91**
Gustav Stresemann **193**

H

Henry Morton Stanley **164**
Herbert **116, 117**
Hermanos Graco **28, 29**
Hernán Cortés **78, 79, 138**
Hiladora Hidráulica **108**
Hiladora Jenny **108**
Hitler **196, 197, 199, 203, 205**
Ho Chi Minh **218, 219**
Hombre de Cromañón **14**
Hombre de Java **14**
Hombre de Neandertal **14**
Hombre primitivo **14**
Hominino **14**

Homo sapiens **14**
Hong Xiuquan **168, 169**
Hoover **193-195**
Hoplitas **20**
Hugo Capeto **62, 63**
Hugonotes **83, 98**
Humano antiguo **14**
Humano arcaico **14**
Humano moderno **14, 15**
Humanos **14**
Hunos **42, 43**

I

Indias Orientales Neerlandesas **166, 167**
Iglesia anglicana **84, 85**
Iglesia católica **38, 39, 84**
Iglesia de Wittenberg **80**
Iglesia ortodoxa **38, 39, 54, 55, 84**
Ignacio de Loyola **82, 83**
Ilotas **20**
Imágenes religiosas **44, 45**
Imperialismo **154, 155**
Imperio alemán **134, 135**
Imperio azteca **136**
Imperio bizantino **36, 54, 55**
Imperio de Occidente **36, 37, 43**
Imperio de Oriente **36, 37, 54, 55**
Imperio inca **136, 137**
Imperio latino **59**
Imperio otomano **53, 55, 156-161, 190-191**
Imperio persa **20, 21**
Imperio romano **32-35**
Incidente de Fachoda **164, 165**
Incidente de Manchuria **209**
Incidente del Puente de Marco

Polo **208**
Incursiones a la Galia **30, 31**
Indulgencias **80, 81**
Inicio de la Reforma de los Cien Días **170, 171**
Intervención aliada en la guerra civil rusa **186, 187**
Invasión napoleónica de Rusia **120, 121**
Invasión soviética de Afganistán **230, 231**
Irredentismo italiano **130, 179**
Isabel **69, 78, 79**
Isabel I **84, 85, 92, 93**
Isla de Elba **120, 121**
Iván el Terrible **104**
Iván III **52, 53**
Iván IV **104**

J

Jacobinos **114-117**
Jacobo I **92, 93**
James Hargreaves **108**
James Monroe **144**
Jean-Baptiste Colbert **98, 99**
Jefferson Davis **146, 147**
Jesús **38, 39**
Jinnah **220, 221**
John Hay **153**
John Kay **108**
Johnson **218, 219**
Jomeini **226, 227**
Jonios **18**
Jorge I **94, 95**
José de San Martín **150, 151**
Joseph Chamberlain **129, 165**
Joven Italia **125**

Jrushchov **216, 217**
Juan **64, 65**
Juan Calvino **82, 83**
Juan II **71**
Juana de Arco **70, 71**
Judaísmo **38, 39**
Judíos **38**
Jueves Negro **194, 195**
Julio César **30, 31**
Juramento del Juego de Pelota **110, 111**
Justiniano **54, 55**

K

Kamehameha I, el Grande **166**
Kanato de Bulgaria **52, 53**
Kang Youwei **170, 171**
Kennedy **216, 217**
Kérenski **186, 187**
Kominform (Oficina de Información de los Partidos Comunistas y Obreros) **212, 213**
Kuomintang **208, 209**

L

La democracia es el gobierno del pueblo, por el pueblo y para el pueblo **146, 147**
La Fayette **112**
La Jacquerie **61**
La Marsellesa **114, 115**
Lanzadera volante **108**
Larga Marcha **208, 209**
Las noventa y cinco tesis **80, 81**

Latifundios **28**
Latinos **26**
Legitimismo **122**
Lenin **184-187, 223**
León X **80, 81**
Leopoldo II **115**
Leopoldo II de Bélgica **164, 165**
Lépido **30-33**
Levantamiento de los bóxers **170, 171**
Ley de Asentamientos Rurales **146, 147**
Ley de Préstamo y Arriendo **202**
Ley Rowlatt **220, 221**
Li Hongzhang **170, 171**
Liberación de Orleans **70, 71**
líderes agitadores (demagogos) **22, 23**
Liga Balcánica **178, 179**
Liga de Delos **22, 23**
Liga de los Tres Emperadores **134, 176, 177**
Liga de Neutralidad Armada **142, 143**
Liga del Peloponeso **22, 23**
Liga Hanseática **57, 60**
Liga Lombarda **57, 60**
Liga Musulmana Panindia **220, 221**
Lili'uokalani **166**
Lin Zexu **168, 169**
Lord protector **94, 95**
Lorenzo de Médici **75**
Los aliados **199, 204-207**
Los cinco emperadores buenos **32**
Ludismo **108, 109**
Luis Felipe **124, 125**
Luis IX **56**
Luis XIII **98**
Luis XIV **98, 99**
Luis XVI **110-115**

Luis XVIII **123, 124**
Luteranismo **80, 84**

M

Machu Picchu **136**
Madame Roland **116, 117**
Magistrado **26**
Manchuria **208, 209**
Mancomunidad de Inglaterra **92, 93**
Manifiesto de Octubre **184, 185**
Manuel I **77**
Mao Zedong **208-211, 217, 219**
Maquiavelo **75**
Máquina hiladora multibobina **108**
Marcha sobre Versalles **112, 113**
Marco Antonio **30-33**
Marco Aurelio **32, 34**
Margarita **68, 69**
María Antonieta **102, 103, 110, 111, 117**
María I **84, 85**
María II **94, 95**
María Teresa **102, 103**
Martín Lutero **80, 81**
Martin Luther King **218**
Maximiliano I **88**
Mayflower **92**
Mazarino **98**
McKinley **152-154**
Mendigos **83, 90, 91**
Mercadería blanca **97**
Mercadería negra **97**
Mercenarios **22, 23**
Metales **14, 15**
Metternich **125**
Miguel Ángel **74, 75**
Miguel Hidalgo **150, 151**

Mil camisas rojas **131**
Mohammad Reza Pahlaví **226, 227**
Monarquía constitucional **94, 95**
Monarquía de Julio **124, 125**
Monarquías absolutas **86-89, 92-95, 98, 99**
Montañeros **114**
Motín de los Cipayos **162, 163**
Motín del té **140, 141**
Movimiento de autofortalecimiento **170, 171**
Movimiento del 4 de Mayo **172, 173**
Movimiento sionista **223**
Movimientos por los derechos civiles **218**
Muro de Berlín **215, 216**
Mustafa Kemal Atatürk **190, 191**
Nacimiento de la República de China **172**

N

Napoleón I **118-121**
Napoleón III **124, 125, 131**
Nardoniki **158, 159**
Negociaciones entre Estados Unidos y Japón **206**
Nehru **220, 221**
Neolítico **14, 15**
Nerón **32, 34, 39**
Nerva **32, 34**
Neville Chamberlain **198, 199**
New Deal **194, 195**
Ngo Dinh Diem **219**
Nicolás I **156, 157**
Nicolás II **177, 179, 184, 185, 187**
Nixon **210, 211, 218, 219**
No hay tributación sin representación **140, 141**
Normandos **50, 51**
Nueva Inglaterra **140**
«Nuevo pensamiento» **232**

O

Octaviano **30-33**
Ocupación aliada de Alemania **214**
Odoacro **42, 43**
Olimpiadas **18, 19**
Oliver Cromwell **92-95**
OPEP (Organización de Países Exportadores de Petróleo) **224, 225**
Operación Danubio **230, 231**
Operación Rolling Thunder **218, 219**
Organización de Países Exportadores de Petróleo **224, 225**
Organización del Tratado del Atlántico Norte **212, 213**
Organización para la liberación de Palestina **224, 225**
Ortodoxia Rusa **84**
OTAN (Organización del Tratado del Atlántico Norte) **212, 213**
Otón I **46, 47**
Otto von Bismarck **132-135, 158, 164-167, 176, 177**

P

Pablo **38, 39**
Pacto Antikomintern **196**
Pacto de no agresión germano-soviético **198, 199, 202, 203**
Pacto de Varsovia **212, 213**
Pacto franco-soviético **198, 199**
Pacto Tripartito **199, 206, 207**
Padres peregrinos **92, 93, 96**
Palacio de Versalles **98, 99**
Paleolítico **14, 15**
Pan y circo **28, 29**
Paneslavismo **178, 179**
Pangermanismo **178, 179**
Paralelo 17 norte **218, 219**
Paralelo 38 norte **214**
Parlamento bipartidista **126, 127**
Parlamento modelo **64, 65**
Partido Comunista de China **208-211**
Partido Comunista Ruso **186, 187**
Partido Conservador **126, 127**
Partido Liberal **126, 127**
Partido Nazi **196, 197**
Partido Social-Revolucionario **186**
Patricios **26**
Pax Britannica **126**
Pax Romana (paz romana) **32-34**
Paz de Augsburgo **80, 81, 101**
Paz de Westfalia **100, 101**
Pedro **38, 39**
Pedro I **104, 105, 150**
Penitencia de Canosa **48, 49, 63, 67**
Perestroika **230, 231**
Período de crisis **28**
Período helenístico **24**
Peste **60, 61**
Peste negra **60, 61**
Pétain **202**
Piedra pulida **14**
Piedra tallada **14**
Pipino **44, 45**
Plan Dawes **192, 193**
Plan Marshall **212**
Plantaciones **97, 138, 139**

Plebeyos **26**
PLO (Organización para la Liberación de Palestina) **224, 225**
Polis **18, 19, 21-23**
Política de apaciguamiento **198**
Política de contención **212**
Política de puertas abiertas **170, 173**
Política del Gran Salto Adelante **210**
Política italiana **66, 67**
Pompeyo **30, 31**
Potencias Aliadas (Primera Guerra Mundial) **179, 180, 182, 183**
Potencias Centrales **179, 180, 182, 183**
Predestinación **82, 83**
Presbiterianos **83**
Primavera de los Pueblos **124**
Primavera de Praga **230, 231**
Primer Frente Unido **208, 209**
Primer imperio colonial británico **96**
Primer Imperio francés **118, 119**
Primer Triunvirato **30, 31**
Primera Coalición **114, 115, 117**
Primera guerra anglo-afgana **163**
Primera guerra anglo-neerlandesa **94, 95**
Primera guerra de los Balcanes **178**
Primera guerra del opio **168, 169**
Primera Guerra Mundial **178-183**
Primera guerra sino-japonesa **170, 171, 174, 175**
Primera República francesa **114, 115**
Primeras Conversaciones sobre Limitación de Armas Estratégicas **230**
Primer estado **110**

Princeps (primer ciudadano) **32, 33**
Principado **32-35**
Privilegiados **110**
Proclamación de Emancipación **144, 146, 147**
Proclamación de la República de China **173**
Prosperidad eterna **192, 193**
Protestantes **80-85**
Pueblos germanos **42, 43**
Puente aéreo de Berlín **214**
Puerto libre de hielo **105, 175, 176, 185, 190**
Puritanos **93, 92, 93, 96**
Putin **232, 233**
Puyi **172, 173**

Q

Querella de las investiduras **48, 49**

R

Rabin **224, 225**
Rafael **74, 75**
Raj británico **129, 162, 163**
Raniero **132**
Rebelión de Taiping **168**
Reconquista **68, 69**
Reforma protestante (alemana) **80, 81**
Reforma protestante (inglesa) **94, 85**
Reforma protestante (suiza) **82, 83**
Refuerzo de la Marina Imperial **176, 177**
Refugiados palestinos **224, 225**

Régimen miliar **208**
Régimen Talibán **228**
Región de Silesia **102, 103**
Reina Victoria **126-129**
Reinado del Terror **116, 117**
Reino Celestial Taiping **168, 169**
Reino de Francia **46, 47**
Reino de Italia **46, 47, 130, 131**
Reino de las Dos Sicilias **50, 51, 68, 130, 131**
Reino de Macedonia **23, 24**
Reino de Prusia **100, 101**
Reino de Serbia **52, 53**
Reino franco **44, 45**
Reino Unido de los Países Bajos **122, 123**
Rembrandt **90, 91**
Renacimiento **74, 75**
Renacimiento carolingio **45**
Renacimiento nórdico **74**
República de China **172, 173, 210, 211**
República de Corea **214**
República de Irlanda **126**
República de los Siete Países Bajos Unidos **90, 91**
República de Roma **26, 28, 29, 34**
República de Turquía **190, 191**
República de Vietnam **218, 219**
República de Weimar **182**
República Democrática Alemana **214, 215**
República Democrática de Vietnam **218, 219**
República Federal de Alemania **214, 215, 232, 233**
República Islámica de Irán **226, 227**
República Popular de China **210, 211**
República Popular Democrática de Corea **214**
República Socialista de Vietnam

218, 219
Restauración borbónica **122, 123**
Restauración inglesa **94, 95**
Retirada de las tropas soviéticas de Afganistán **230, 231**
Retirada del ejército estadounidense de Vietnam **218**
Reunificación de Alemania **232, 233**
Reunión de los Estados Generales **62, 63, 110, 111**
Revolución Blanca **226, 227**
Revolución cubana **153, 216**
Revolución Cultural **210, 211**
Revolución de Febrero **124, 125, 186, 187**
Revolución de Julio **124, 125**
Revolución de las Trece Colonias **142**
Revolución de los Jóvenes Turcos **160, 161**
Revolución de Marzo **124, 125**
Revolución de Noviembre **182, 183**
Revolución de Octubre **186, 187**
Revolución de Terciopelo **232**
Revolución de Xinhai **172, 173**
Revolución Diplomática **102, 103**
Revolución francesa **110-117**
Revolución gloriosa **94, 95**
Revolución Industrial **108, 109**
Revolución iraní **226, 227**
Revolución puritana **92-94**
Revolución rusa de 1905 **184, 185**
Revolución turca **190, 191**
Revuelta de los campesinos **61**
Rey Sol **98**
Reza Jan **226, 227**
Reza Shah **226, 227**
Ricardo I **56**
Richelieu **98**
Robert Stewart **123**

Robespierre **115-117**
Rollón **50, 51**
Rus de Kiev **50-53**
Rus de Nóvgorod **50-53**
Rusos **50-53**
Ruta marítima que rodea África **76, 77**

S

Sacro Imperio Romano Germánico **46, 47, 66, 67, 100, 101, 120, 121**
Sadam Huseín **226-229**
Saint-Just **116**
Saladino **56**
Sangre y hierro **132**
Santa Alianza **122, 123**
Satyagraha **220**
Schröder **229**
Schuman **234, 235**
Segunda Coalición **118, 119**
Segunda guerra anglo-afgana **162, 163**
Segunda guerra de independencia italiana **130, 131**
Segunda guerra de los Balcanes **178**
Segunda guerra del opio **168, 169**
Segunda Guerra Mundial **198, 199, 202-207**
Segunda guerra sino-japonesa **207-209**
Segunda República **124, 125**
Segunda Revolución Industrial **146, 148, 149, 152, 154**
Segundo Congreso Continental **142, 143**
Segundo estado **110**
Segundo Frente Unido **208, 209**

Segundo Imperio **124, 125**
Segundo imperio colonial británico **128**
Segundo Triunvirato **30, 31, 33**
Senado **26, 30, 31**
Señores de la guerra **172, 173, 208, 209**
Separación de Berlín **214**
Servidumbre **46, 61**
Siervo **46, 47, 61**
Siete príncipes electores **66, 67**
Simón Bolívar **150, 151**
Sistema asiático de comercio triangular **168**
Sistema de campos cerrados **108**
Sistemas bismarckianos **134, 176, 177**
Soberanía **86**
Sociedad de las Naciones **188, 189**
Solidaridad **232**
Sóviets **184, 185**
Stalin **187, 199, 203-205, 213, 215**
Stonehenge **16, 17**
Sueño americano **148, 149**
Sumerios **16**
Sun Wen **172, 173**

T

Talleyrand **122, 123**
Tanzimat **160, 161**
Tebas **22, 23**
Telón de acero **212, 213**
Teodorico **42**
Teodosio **34, 36, 37**
Tercer estado **110**
Tercera Coalición **120, 121**
Tercera República **125**
Tercera Roma **52**
Territorio **28, 32, 34, 66, 67, 100, 101**
Theodore Roosevelt **152, 153**
Thomas Jefferson **142-144**
Thomas Paine **142, 143**
Tiberio **32, 34**
TNP (Tratado de No Proliferación Nuclear) **230**
Toma de la Bastilla **110, 111**
Toma de Roma **134, 135**
Toscanelli **78**
Toussaint Louverture **150**
Trajano **32, 34**
Tratado de Amistad, Alianza y Asistencia Mutua sino-soviético **212, 213**
Tratado de Berlín **158, 159**
Tratado de Lausana **190, 191**
Tratado de Locarno **193**
Tratado de Maastricht **234, 235**
Tratado de Nankín **169**
Tratado de No Proliferación Nuclear **230**
Tratado de París **97, 156, 157**
Tratado de París (1783) **142**
Tratado de Portsmouth **174, 175**
Tratado de prohibición parcial de ensayos nucleares **216**
Tratado de San Stefano **158, 159**
Tratado de Sèvres **190, 191**
Tratado de Shimonoseki **174**
Tratado de Tianjing **169**
Tratado de Turkmenchay **160, 161, 226, 227**
Tratado de Utrecht **99**
Tratado de Versalles **188**
Tratado de Xinchou **170, 171**
Tratados SALT I (Primeras conversaciones sobre Limitación de Armas Estratégicas) **230**
Trece colonias **96, 97, 140, 141**
Tribuno **26**
Triple Alianza **134, 176, 177, 179**
Triple Entente **176, 177, 179**
Triple Intervención **174, 175**
Trotski **187**
Troyanos **18**
Truman **211-213, 215**

U

UE (Unión Europea) **234, 235**
Una espina clavada **126**
Unificación alemana **132-135**
Unificación italiana **130, 131**
Unión de Kalmar **68**
Unión de Repúblicas Socialistas Soviéticas **186, 187**
Unión Europea **234, 235**
Unión Indochina **166, 167**
Unión Soviética (Unión de Repúblicas Socialistas Soviéticas) **186, 187**
Unión Sudafricana **128, 129, 164, 165**
Urbano II **56, 57**

V

Vasco de Gama **76, 77**
Veintiuna exigencias **172, 173**
Vermeer **90, 91**
Víctor Manuel II **130, 131**
Vietnam del Norte (República Democrática de Vietnam) **218, 219**
Vietnam del Sur (República de Vietnam) **218, 219**
Vikingos **50**
Visita de Richard Nixon a la República Popular de China **210, 211**

W

William Gladstone **126, 127**
Wilson **152, 153, 188, 189**
Xiangfeng **168, 169**
Yeltsin **232, 233**
Yuan Shikai **172, 173**
Yugo tártaro **52**

Z

Zar **104**
Zarismo **104**
Zeng Guofan **170, 171**
Zhou Enlai **211**